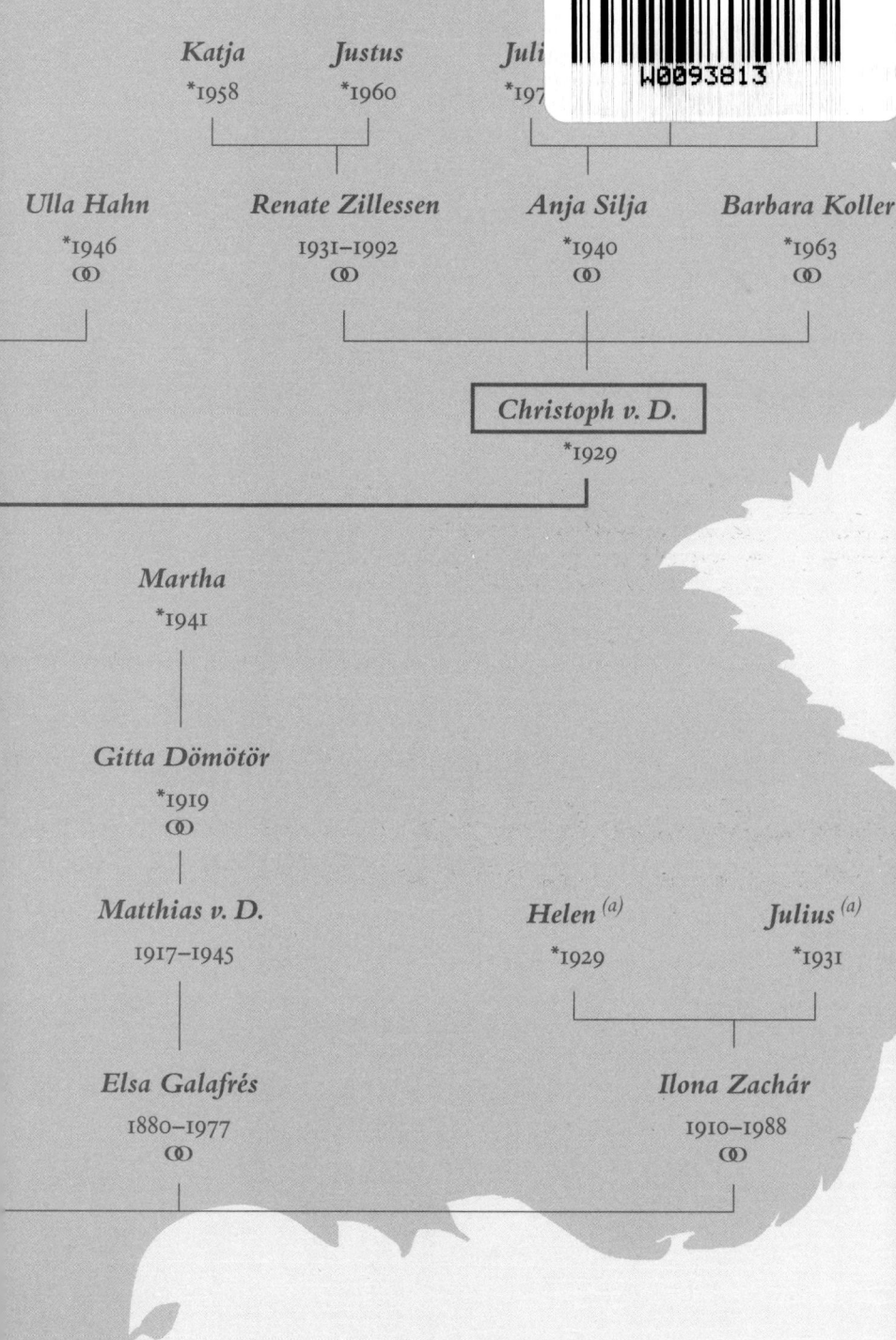

Jochen Thies
Die Dohnanyis

Jochen Thies

Die Dohnanyis

Eine Familienbiografie

Propyläen

Propyläen Verlag
Propyläen ist ein Verlag der Ullstein Buchverlage GmbH

ISBN 3-549-07190-6

© 2004 by Ullstein Buchverlage GmbH
Alle Rechte vorbehalten. Printed in Germany
Lektorat: Julika Jänicke und Habakuk Traber
Gesetzt aus der Sabon
bei LVD GmbH Berlin
Druck und Bindung: Clausen & Bosse, Leck

INHALT

Vorwort 7

I. Ernst von Dohnányi

Kindheit in Preßburg 11
Budapest I 23
Der Schritt zum Weltstar 34
In Berlin 45
Budapest II 55
Im Zenit 69
Auf der Flucht 83
Finale in Tallahassee 99

II. Hans von Dohnanyi

Kindheit im Grunewald 114
Eine folgenreiche Begegnung: die Bonhoeffers . . . 124
In Hamburg 139
Berliner Intermezzo 150
Mit Gürtner im Reichsjustizministerium 159
Der rastlose Verschwörer 180
Hoffen bis zum letzten Augenblick 195
Der Kampf um das Vermächtnis 207

III. Klaus von Dohnanyi

Die große Deutschlandreise 219
Der Vordenker 234
In der Politik 251

Zurück in Hamburg 278
Elder Statesman and More 294

IV. Christoph von Dohnányi

Kindheit in widriger Zeit 313
Der Weg zur Musik 325
Erste Stationen 335
Generalmusikdirektor und Intendant 350
Cleveland 362
Coming home 380

Anmerkungen 390
Danksagung 406
Bildnachweis 407
Personenregister 408

Vorwort

Die Familiengeschichte der Dohnanyis, um die es in diesem Buch geht, ist nicht als Heldenepos gedacht. Berichtet wird vielmehr von einer Reihe bedeutender Menschen, von Ausnahmetalenten mit allen Stärken und Schwächen, die ihre Erfolge durch eigene Leistung erzielten und im hier behandelten Zeitraum von 125 Jahren und drei Generationen Bemerkenswertes erreichten. Unverkennbar ist dabei eine ausgeprägte Verteilung der Begabungen zwischen den Musikern Ernst und Christoph von Dohnányi auf der einen Seite, dem Juristen im Staatsdienst Hans und dem Politiker Klaus von Dohnanyi auf der anderen. Aber das Fundament, auf dem sie bauten, war dasselbe. Hier verbanden sich kreatives Denken mit Organisationstalent, die Fähigkeit zu gestalten mit Perfektionsdrang, Kunstsinn mit Verantwortungsbewusstsein. Alle vier stehen für Gradlinigkeit und Aufrichtigkeit, für Unabhängigkeit des Denkens, das sich nach eigenen Einsichten und Gewissheiten, nicht nach taktischer Opportunität richtet. In einer Demokratie sind die Konsequenzen dieser Haltung tragbar, unter den Bedingungen einer Diktatur bedeuten sie höchstes Risiko.

Die Geschichte der Dohnanyis verzeichnet Erfolge in Konzertsälen und auf dem Felde der Politik. Sie ist aber auch eine Geschichte ungeheurer persönlicher Verluste und der Trauer – bis zum heutigen Tage. Im Schicksal der Familie spiegeln sich beispielhaft die Wechselfälle der europäischen und deutschen Geschichte des 20. Jahrhunderts. Man muss ergänzen: im Schicksal der Familien Dohnányi-Kunwald und Dohnanyi-Bonhoeffer. Denn vor allem in der Jugendzeit der drei Hans-Kinder Barbara, Klaus und Christoph von Dohnanyi war der Bonhoeffer'sche Einfluss stärker als der Dohnanyi'sche. Klaus von Dohnanyi hat einmal geschrieben: »Die Bonhoeffers waren eine Familie zwischen Wissenschaft, Theologie, Musik und den Künsten, eine Familie eigentlich fern der Politik, aber nahe an bürgerlicher Verantwortung und erzogen im zivilen Anstand: doch am Ende wurde die Familie zerstört eben von dieser zu lange auf Abstand gehaltenen Politik.« Den familiären Hintergrund der Dohnanyis könnte man ganz ähnlich beschreiben.

In kondensierter Form ist die Familienbiografie der Dohnanyis ein Kapitel der europäischen Geschichte der vergangenen eineinhalb Jahrhunderte mit Brennpunkten im Budapest und Wien der k. u. k. Monarchie, im Berlin des späten Kaiserreichs und der Weimarer Republik, wiederum im Budapest der zwanziger und dreißiger Jahre, erneut im Berlin des Dritten Reiches und des Zweiten Weltkriegs, schließlich mit einem amerikanischen Nachkriegskapitel und einem guten Ende in der Bonner Republik und im Hamburg der Gegenwart. Hier, in der Hansestadt, lebt Klaus von Dohnanyi seit den achtziger Jahren, hierher ist sein Bruder Christoph im Laufe des Jahres 2004 zurückgekehrt. Beide empfinden Verantwortung für das deutsche Kulturleben, beide engagieren sich für ein Deutschland, »das sich finden möge durch die erfolgreich vollzogene Einheit«, nachdem es sich in der Katastrophe des Dritten Reiches »in wenigen Jahren selbst verloren hat«, wie Klaus von Dohnanyi schrieb.

Am Ende kehrt die Familienbiografie der Dohnanyis zu ihren Wurzeln zurück, verschränkt sich mit der Geschichte des seit 1989 wieder zusammenwachsenden europäischen Kontinents. Vor allem in Ungarn hat mit der friedlichen Revolution in Osteuropa die Erinnerung an Ernst von Dohnányi eingesetzt, den großen Komponisten. Sie geht einher mit der Wiederentdeckung seines musikalischen Œuvres, das zuvor eher in den Vereinigten Staaten von Amerika gepflegt wurde, wo Ernst von Dohnányi am Ende seines Lebens letzte Zuflucht fand.

Die Sängerin Anja Silja, zweite Ehefrau Christoph von Dohnányis, schrieb einmal auf entwaffnende Weise: »Sein Name war es, der mich zuerst faszinierte. Ich höre und schreibe ihn heute, wo er schon fast nicht mehr zu mir gehört, immer noch gerne.« Es gibt zwei Schreibweisen und zwei Aussprachen dieses klangvollen Namens. Barbara und Klaus von Dohnanyi haben die in den zwanziger Jahren durch ihren Vater erfolgte Eindeutschung beibehalten, Christoph schreibt sich wie sein ungarischer Großvater mit Akzent auf dem a. Die Musikwelt hätte es nicht anders akzeptiert.

Alle Dohnanyis wollten in die Welt hinaus. Ernst und Christoph von Dohnányi wurden durch die Musik zu Weltreisenden. Hans von Dohnanyi, dem Widerständler gegen das NS-Regime aus tiefster sittlicher Überzeugung, war es nicht vergönnt, seine Weltoffenheit zu erproben. Die immer engeren Fesseln, die die Nationalsozialisten der deutschen Gesellschaft anlegten, bedeuteten für ihn schließlich Haft und brutale Ermordung. Sein Sohn Klaus schuf sich, kaum waren diese Fesseln gesprengt, schon als Student die Grundlagen für ein politisches Leben weit über die Grenzen Deutschlands hinaus. So ist die Biografie der Dohnanyis auch eine Geschichte von Weltbürgern.

Wie kam es zu diesem Buch? Am Anfang steht – wie so oft – der Zufall. Ende der siebziger Jahre lernte ich einen Teil der Dohnanyi-Familie kennen, bei einem bald darauf stattfindenden Familienfest den gesamten Dohnanyi/Bonhoeffer-Clan. Seit dieser Zeit habe ich mich immer wieder, erst gelegentlich, dann intensiver, mit dieser außergewöhnlichen Familienbiografie befasst. Dabei lernte ich den familiären Zusammenhalt bewundern, der für große deutsche Familien der Vorkriegszeit so typisch war und heute so selten ist, im Falle der Dohnanyis auch eine Art »Notgemeinschaft«, die die weit verzweigte Familie aufgrund des bitteren Schicksals von Hans und seinen Schwägern in gewisser Weise immer noch ist.

Dieser Zusammenhalt ist nicht zuletzt das Verdienst Barbara von Dohnanyis, des ältesten Kindes von Hans von Dohnanyi und Christine Bonhoeffer. An ihrem siebzehnten Geburtstag schrieb ihr der Vater aus der Berliner Gefängniszelle, dass er im Gegensatz zu den meisten Vätern froh sei, als Erstgeborene eine Tochter zu haben. »Und noch heute finde ich«, fuhr er fort, »dass meine Älteste im Haus der Atmosphäre ein gewisses Etwas gibt, je älter sie wird umso mehr, das ich nicht missen möchte.«

Nach dem Erscheinen der verdienstvollen Doppelbiografie von Marikje Smid über Christine und Hans von Dohnanyi schrieb der Historiker Peter Steinbach: »Jetzt müsste auf der Grundlage dieser Studie eine kürzere Lebensschilderung veröffentlicht werden, die Dohnanyi und seine Frau wahrhaft populär machen könnte. Das wäre wichtig für die historisch-politische Bildung.« Sein Wunsch ist auch Anliegen dieses Buches.

Den schwersten Gang bei den Recherchen trat ich gemeinsam mit dem Berliner Historiker Winfried Meyer im Sommer 2003 an. Er führte uns zum ehemaligen Konzentrationslager Sachsenhausen, in dem Hans von Dohnanyi die letzten Tage und Wochen seines Lebens verbringen musste. Wir gingen über das Gelände, auf dem er seine letzten Schritte tat, wir betraten die Häftlingsbaracken, in denen er seine letzten Stunden verbrachte. Dann traten wir in ein unscheinbar wirkendes, barackenähnliches Gebäude, in dem der KZ-Kommandant residiert hatte. In der holzgetäfelten Bibliothek, die sich im Originalzustand befindet und die man an einem derartigen Ort nicht vermutet hätte, hatte das SS-Standgericht Anfang April 1945 das Todesurteil gegen Dohnanyi verkündet.

»Die Leiden bleiben zwischen den Zeilen verborgen«, schrieb Klaus von Dohnanyi 1992 in einem Begleitwort zu Winfried Meyers Buch *Unternehmen Sieben,* das eine Rettungsaktion Hans von Dohnanyis für bedrohte Juden schildert. »Die Geschichte ist vergangen, nur die Wahrheit bleibt. An ihr können wir uns nicht wärmen. Aber wir sollten versuchen, sie zu erinnern.«

Berlin, im April 2004

I. Ernst von Dohnányi

Kindheit in Preßburg

Ernst von Dohnányi oder – wie sein Name auf Ungarisch lautet – Ernö Dohnányi wurde am 27. Juli 1877 in der heutigen Hauptstadt der Slowakischen Republik, Bratislava, geboren. Vom Alter her stand er zwischen dem drei Jahre älteren Arnold Schönberg und dem vier Jahre jüngeren Béla Bartók oder, wenn man zeitlich weiter ausgreifen will, zwischen Gustav Mahler und Paul Hindemith. Er gehörte also der Generation an, die zum Träger der Moderne in der europäischen Musik werden sollte. An dieser biografischen Zufälligkeit wurde sein kompositorisches Schaffen später oft gemessen. Weil er sich der Wendung zur Moderne nicht anschloss, wurden seine Werke als konservativ oder gar epigonenhaft beiseite geschoben. Schlimmer noch: Aus dem musikalischen Konservatismus, den er nie zum allgemein gültigen Grundsatz erklärte, wurde unbesehen auf einen politischen Konservatismus geschlossen. Daraus entstanden Dohnányi nach dem Zweiten Weltkrieg erhebliche Schwierigkeiten. Die Urteile, auf denen sie beruhten, wurden zwar vielfach widerlegt, aber sie wirkten wie manch andere Legende und manches Vorurteil, mit dem sich die Dohnányis auseinander zu setzen hatten, weiter. Die dramatischen politischen Begleitumstände, die Ernst von Dohnányis Lebensweg prägten, machten ihn, wie später seinen Sohn Hans und seine Enkel Klaus und Christoph, nicht nur zum Europäer, sondern zum Weltbürger.

Als Ernst von Dohnányi geboren wurde, trug die Stadt, die sich vom linken Donauufer bis zu den Ausläufern der Kleinen Karpaten erstreckt, offiziell einen Doppelnamen. Auf Deutsch – und so sprachen um 1880 fast zwei Drittel der 60 000 Bewohner – hieß sie Preßburg, auf Ungarisch, in der Sprache der zweitstärksten Bevölkerungsgruppe, wurde sie Pozsony genannt. In der Habsburger Monarchie, die ihr politisches Zentrum in Wien hatte, gehörte Preßburg/Pozsony zum Königreich Ungarn, das 1867 weit reichende Autonomierechte auf dem Gebiet der Kultur erhalten hatte. Die Stadt, die nur sechzig Kilometer donauabwärts von Wien liegt, hatte für alle Ungarn, auch für die Familie Dohnányi, eine hohe symbolische Bedeutung. Sie fungierte von 1536 bis 1784 als Hauptstadt (West-)Ungarns. In diesen zweieinhalb Jahrhunderten war ein großer Teil des Landes von den Türken besetzt. Restungarn war in ein Fürstentum Siebenbürgen und ein westliches, von Habsburg kontrolliertes Gebiet geteilt. Im Dom von Pozsony wurden zwischen 1653 und 1830 insgesamt neunzehn ungarische Könige gekrönt. Auskünfte über seine Kindheit begann Dohnányi häufig mit der Feststellung, er sei in der ungarischen Krönungsstadt geboren. Noch heute künden die ehemalige Festung, das Wahrzeichen der Stadt, und manches repräsentative Gebäude im Zentrum von einer großen Vergangenheit.

Wie viele andere Städte in der großen Habsburger Monarchie gewann Preßburg seine Vitalität und Attraktivität durch das Zusammenleben verschiedener Bevölkerungsgruppen und das Zusammentreffen unterschiedlicher kultureller Traditionen. Diese Koexistenz verlief nicht konfliktfrei. Im 19. Jahrhundert kam es wiederholt zu Pogromen. Die wechselnden politischen Konstellationen veränderten die Zusammensetzung der Preßburger Bevölkerung einschneidend. 1880 lag der Anteil der Deutschsprachigen bei 63 Prozent. 1910 stellten sie nur noch die zweitgrößte Gruppe in der Einwohnerschaft der Stadt, vierzig Prozent hatten Ungarisch zur Muttersprache, fünfzehn Prozent gehörten zur slowakischen, zehn Prozent zur jüdischen Bevölkerungsgruppe. Die harte Magyarisierungspolitik, die um die vorletzte Jahrhundertwende von der ungarischen Regierung noch forciert wurde, hatte die Gewichte innerhalb einer Generation entscheidend verschoben.[1]

Wirtschaftlich florierte die Stadt und tut es noch heute. Denn auch im Zeitalter der Globalisierung hat Preßburg mit seinen 500 000 Einwohnern eine strategisch günstige Lage. Die fruchtbaren Hänge am Rand der Kleinen Karpaten dienten schon den Römern als Anbaugebiet für Wein. Die Donau bot als eine der wichtigen Wasserstraßen in Europa ideale Voraussetzungen für eine Blüte des Handels. So konnte ein wohlhabendes Bürgertum entstehen, das etwas auf Bildung und Kultur hielt. Musik wurde in den Familien gepflegt. Man spielte selbst, man lud Gäste zu Kammermusikabenden, die von professionellen Künstlern gestaltet wurden. Opern- und Konzertbesuche waren selbstverständlich. Preßburg war eine Musikstadt.[2] Das lässt sich unter anderem an den Namen derer ablesen, die von dort stammten und musikalische Karriere machten. Knapp hundert Jahre vor Dohnányi war dies Johann Nepomuk Hummel, der Klaviervirtuose und Komponist. Ferenc Erkel, der »Smetana der ungarischen Oper«, begann in Preßburg seine Komponistenlaufbahn. Zur Generation Dohnányis gehörte der wenig ältere Franz Schmidt, der als Komponist von Symphonien und Oratorien noch heute hin und wieder zur Aufführung kommt.

Béla Bartók erlebte sechs prägende Jahre seiner Jugendzeit in Preßburg, wo seine Mutter nach dem frühen Tod des Vaters als Klavierlehrerin arbeitete. Doch große Namen allein machen noch kein Musikleben aus. Die Orchester, die Chöre, Musikunterricht und Musikpflege an den Schulen und in den Kirchen gehörten dazu – und die eigene Beschäftigung mit der Tonkunst, der sich die Gebildeten stellten, auch wenn sie keine Meister der Komposition, des Gesangs oder Instrumentalspiels wurden. Die gebildete Schicht in Städten wie Preßburg, Lemberg, Tarnopol, Tschernowitz, Klausenburg – von Wien, Prag und Budapest ganz zu schweigen – brachte aufgeklärte Weltbürger hervor. Ein wesentlicher Teil der kulturellen Elite im 20. Jahrhundert stammte aus ihren Kreisen. Viele der Eigenheiten, die Preßburg auszeichneten, durchziehen wie Konstanten das Leben und Wirken Ernst von Dohnányis. Er kam aus einer der bildungsbürgerlichen Familien, in denen das Spannungsverhältnis zwischen deutschen und ungarischen Traditionen eine bestimmende Rolle spielte.

Ursprünglich stammten die Dohnányis aus dem südsächsischen Städtchen Dohna im Landkreis Pirna bei Dresden. Es entstand im Mittelalter unterhalb der Burg, mit der Friedrich Barbarossa im Jahre 1156 die Grafen von Dohna belehnte, damals ein wichtiger Ort auf dem Handelsweg nach Böhmen. Über diese Route zogen die Vorfahren der Dohnányis im Mittelalter vermutlich nach Oberungarn. Dort dürfte die Familie ihren heutigen Namen erhalten haben, denn er bedeutet so viel wie »Die aus Dohna Gekommenen«; ein ungarischer Wortstamm, der eine andere Erklärung bieten könnte, lässt sich nicht nachweisen. Diese Form der Namensgebung war im Übrigen sehr verbreitet: Fremde hießen nach dem Ort, aus dem sie stammten oder aus dem sie vertrieben worden waren. Später siedelten die Dohnányis in der heutigen Westslowakei, in Trencsény (Ungarisch) oder Trencín (Slowakisch) und im Gebiet von Nyitra oder Nitra. Dort leben ihre Nachfahren noch heute. Ein kleines Dorf in der Gegend trägt den Familiennamen.

Die Dohnányis etablierten sich schon früh als Grundbesitzer und als Mitglieder des akademisch gebildeten Bürgertums. Der Adelstitel wurde der Familie wegen ihrer Verdienste in den Türkenkriegen 1697 vom österreichischen Kaiser Ferdinand II. verliehen. Ein gewisser Georg von Dohnányi und dessen Sohn hatten eine belagerte Stadt mit Lebensmitteln versorgt, so dass sie dem Angriff der Türken standhalten konnte. Die auf den 12. September 1697 datierte Urkunde befindet sich im Staatsarchiv Hamburg. Das damals mitverliehene Familienwappen zeigt einen Pelikan, der seine Jungen mit seinem eigenen Blut füttert, während der Hintergrund des Wappens von einem starken Männerarm beherrscht wird, der drei Pfeile in sicherem Griff hält.

Musikalischen Spitzenbegabungen begegnet man in der Familiengeschichte der Dohnányis immer wieder. Vater und Großvater Ernst von Dohnányis zählten zu diesen Ausnahmetalenten, ohne daraus eine Profession zu machen. Istvan Dohnányi,

Ernös Großvater, lebte in der Gegend von Nyitra als Notar. Er spielte hervorragend Flöte und Violine. Sein Sohn Frigyes oder Friedrich, Ernsts Vater, 1843 geboren, kam dem Beruf des Musikers schon näher. In Wien, wo er an der Technischen Universität studierte, nahm er außer Malkursen auch Cellounterricht bei Karl Schlesinger, Mitglied des berühmten Hellmesberger-Quartetts, des führenden Wiener Streichquartetts. Einige Kompositionen von Friedrich Dohnányi sind überliefert. Ein Verzeichnis aus dem Jahre 1964 (Katalog Podhradsky) listet an erhaltenen Werken zwei Chorlieder, ein Offertorium für Chor und Streichquartett, ein Presto für Violoncello und Klavier, ein Streichquartett sowie eine Violoncellosonate in Es-Dur auf.[3] Doch als sein Vater starb, verfolgte Friedrich von Dohnányi das Berufsziel des Musikers nicht mehr weiter. Der hoch talentierte Mann mit breit gefächerten Interessen konzentrierte sich nun auf seine zweite, seine naturwissenschaftliche Begabung. Er wurde nach dem Studium Gymnasiallehrer für Mathematik und Physik. Das war der höchste akademische Rang, den er in Nordwest-Ungarn, im Gebiet der heutigen Slowakei, erreichen konnte. Universitäten gab es dort nicht. Wer studieren wollte, musste sich nach Wien oder nach Pest begeben. Den Lehrern höherer Schulen kam daher im Bildungssystem eine bedeutsame Rolle zu. Sie schufen den Unterbau für die universitäre Forschung und Lehre durch Experimente und Studien, die anschließend an den Universitäten verwertet wurden. Testreihen der Pädagogen in den Schullabors erbrachten mitunter wissenschaftliche Ergebnisse, die sich Universitätsprofessoren in den benachbarten Regionen zu Nutze machten. Gelegentlich führte das zu wissenschaftlichen Durchbrüchen und in einigen Fällen zum Nobelpreis. So experimentierte Friedrich von Dohnányi in seinem Röntgen-Kabinett mit ionisierenden Strahlen.[4] Der kreative Systematiker mit der musisch-wissenschaftlichen Doppelbegabung, ein hoch gewachsener, blonder, sanftmütiger Mann, entwickelte neben anderen Erfindungen auch ein neues Stenographiersystem, mit dem er sich jedoch außerhalb der Schule nicht durchsetzen konnte.

Ottilie Szlabey, die Mutter Ernst von Dohnányis, war zehn Jahre jünger als ihr Mann, eine kleine, energiegeladene Person, die ihren Kindern einen eisernen Willen, den Sinn für Gerechtigkeit, aber auch Humor und die Fähigkeit zur Selbstbeherrschung vermittelte. Offenbar ergänzten sich die Eltern außerordentlich gut. Ernst schwärmte jedenfalls später immer von der besonderen Atmosphäre, die in seinem Elternhaus herrschte. Zur eineinhalb Jahre jüngeren Schwester Maria oder »Mitzi«, wie sie zu Hause genannt wurde, bewahrte er zeitlebens eine sehr enge Beziehung.[5]

Das Haus in der Clarissengasse im Zentrum von Preßburg, in dem Ernst von Dohnányi im zweiten Stock geboren wurde, steht heute noch. Aber es befindet sich in schlechtem Zustand. Im Herbst 2003 war das in hellgrüner Farbe gestrichene Gebäude, das gegenüber einem Kloster liegt, eingerüstet. Der Zugang zum Hof, den es umschließt, war verbarrikadiert. Ein Dachausbau hatte die Statik des Gebäudes außer Balance gebracht und gefährliche Risse an der Hausfassade verursacht. Keine Gedenktafel, kein Hinweis, nichts war zu finden, was darauf hindeutete, dass in diesem Haus einer der großen Pianisten und Komponisten des letzten Jahrhunderts geboren wurde und seine Jugend verbrachte.[6]

In diesem Haus wuchs Ernst seit frühester Kindheit mit Musik auf. Schon bald begleitete er seinen Vater zu Wohltätigkeitskonzerten. Friedrich trat mit renommierten Künstlern auf: Als Cellist konzertierte er im Rahmen der Kirchenmusikalischen Gesellschaft von St. Martin unter anderem mit Anton Rubinstein und Franz Liszt – ein Zeichen dafür, dass er die Fähigkeiten zum Berufsmusiker besaß und sie bei einem anderen Lebensverlauf durchaus mit Erfolg hätte ausspielen können. Bereits mit drei Jahren machte Ernst von Dohnányi auf seine außergewöhnliche musikalische Sensibilität aufmerksam. Er beobachtete, im großen Armsessel des Wohnzimmers sitzend, das Cellospiel seines Vaters und bat ihn, ein Stück immer wieder aufs Neue zu spielen. Schließlich wollte er es selbst versuchen, nahm den Bogen in die Hand und strich mit Hilfe des Vaters geschickt über die Saiten. Friedrich erkannte das außergewöhnliche Talent seines Ältesten. Als fürsorglicher, weit blickender Vater wollte er jedoch, dass sein Sohn eine ganz normale Kindheit verbrachte, und trieb den Jungen nicht zu außerschulischen Höchstleistungen an. Das war auch nicht nötig, denn der junge Ernst bestimmte das Tempo seiner Ausbildung und seiner Fortschritte in der Musik selbst, und er legte eine forsche Gangart vor.

Mit sechs Jahren erhielt er seinen ersten Klavierunterricht. Schon ein Jahr später wünschte er sich zu Weihnachten Notenpapier und begann zu komponieren. Es entstanden ein Gebet und sechs Stücke für Geige und Klavier. Er spielte praktisch fehlerfrei vom Blatt und behielt nahezu alles, was er sich einmal vergegenwärtigt hatte, abrufbar im Gedächtnis. Er las Noten wie andere Kinder ihre Sagen- und Märchenbücher. Weitere Klavierkompositionen entstanden ab Mitte der 1880er Jahre, darunter nun auch größere Werke wie Sonaten. Im Rückblick kann man in den Jugendwerken bereits Konturen und Merkmale der musikalischen Handschrift erkennen, die das Œuvre des erwachsenen Komponisten auszeichnen sollte.[7] Seinen Kompositionen gab er Titel wie Bagatelle, Etüde, Phantasiestück, Impromptu, Mazurka, Novelette, Pastorale, Romance, Scherzo, Scherzino, Scherzando, Tarantella und Walzer. Sie zeigen, aus welchen Quellen sich die Artikulation seines musikalischen Empfindens vor allem speiste: aus dem romantischen Charakterstück, aus der Art von musikalischer Poesie, die vor allem Robert Schumann und Johannes Brahms entwickelten. Die pädagogische Klavierliteratur und die Bände für das Musizieren zu Hause waren voll von solchen Stücken.

Als Pianist aber war Ernst von Dohnányi bereits im Grundschulalter in der Welt der großen Musik angekommen, er spielte Werke von Haydn, Mozart, Beethoven, Schumann, Brahms und anderen großen Komponisten. Er brachte alles mit, was ein Wunderkind auszeichnet. Aber er wurde nicht in das harte Leben einer Wunderkindkarriere gezwungen. Ihm blieben genügend Zeit und Freiheit, etwa mit seiner Schwester Puppen zu spielen oder Stühle zusammenzurücken, um per Eisenbahn durch das Land der kindlichen Fantasie zu reisen.

Die erste Etappe der musikalischen Ausbildung betreute der Vater. Obwohl der junge Ernö noch nicht öffentlich aufgetreten war, sprach sich seine außergewöhnliche Musikalität in Preßburg herum. Zum Stadtgespräch wurde das begabte Kind, als Istvan Thomán, der eine Professur an der Königlich-Ungarischen Musikakademie innehatte, die Familie besuchte und den Jungen bat, ihm etwas vorzuspielen. Ernst entschied sich unbekümmert für den Weg des Risikos, Lampenfieber kannte er nicht. Er wählte ein Stück, das er noch nie gespielt hatte: die Etüde in B-Dur von Stephen Heller, einem britischen Komponisten, den Schumann sehr schätzte, nicht eben ein leichtes Stück. Konzentriert und locker, wie es auch später seine Art war, setzte sich der junge Künstler ans Klavier und begann zu spielen. Nur ein kleines Missgeschick unterlief ihm. Er übersah einen Wechsel des Notenschlüssels und spielte einen falschen Ton. Als der prominente Gast aus Budapest anschließend das Stück seinerseits vortrug und an die entscheidende Stelle kam, fragte Vater Dohnányi vorwurfsvoll: »Hörst du, was falsch war?« Der Junge brach in Tränen aus und war untröstlich.[8]

Als Ernst acht Jahre alt war, stellte der Vater die Weichen für die Zukunft. In der Studienratsfamilie wurde darauf geachtet, dass neben der Förderung des besonderen Talents auch die notwendige Allgemeinbildung nicht zu kurz kam. Sie lag zunächst in der Zuständigkeit der Mutter. Ottilie von Dohnányi unterrichtete ihren Sohn in den elementaren Disziplinen Lesen, Schreiben, Rechnen, Zeichnen. Nun wurde Ernst in eine kleine Privatschule geschickt. Ein junger Pädagoge arbeitete mit ihm und einem Dutzend weiterer Schüler den Stoff durch, den sie zur Aufnahme in das Gymnasium beherrschen mussten. Mit neun Jahren – ein Jahr früher als üblich – wurde Ernst nach bestandener Prüfung in die Schule seines Vaters, das Königliche Katholische Hauptgymnasium von Preßburg, aufgenommen. Es war in dem Kloster in der Clarissengasse beheimatet. Er war ein guter, aber kein überragender Schüler. Wann immer sich die

Gelegenheit dazu bot, kritzelte er Noten und Harmonien auf Papier, das unter seinen Schulbüchern versteckt lag. Um zum Unterricht zu kommen, mussten Vater und Sohn nur die Straße überqueren. Zum Mittag traf man sich dann am heimischen Tisch, Vater, Mutter, Kinder und die Großmutter väterlicherseits, die Ernst und Maria sehr liebten. Wenn die Kinder nach der Schule in die Wohnung stürmten, pflegte sie ihnen zuzurufen: »Kinder, macht's keinen Zug!«

Im Hause Dohnányi wurde sowohl Ungarisch als auch Deutsch gesprochen und geschrieben, dazu kam im täglichen Umgang das so genannte »Küchenlatein«, ein Mischmasch aus den Sprachen, die in Preßburg gesprochen wurden. Es hielt sich noch lange in der Preßburger Region, auch nachdem sich die Gewichte zwischen den dort lebenden Volksgruppen erheblich verändert hatten.

Die zweite Weichenstellung betraf Ernst von Dohnányis musikalische Ausbildung. Der Achtjährige, meinte sein Vater, müsse nun besser von einem Berufsmusiker unterrichtet werden. Er wandte sich deswegen an Karl Forstner, den Preßburger Domorganisten. Der solide Kirchenmusiker lehrte nach dem damals üblichen Rezept: Fingerübungen und Etüden für die pianistische Technik, anspruchsvolle Literatur als Krönung des Unterrichts. Die Methode löste bei dem Hochbegabten noch weniger Begeisterung aus als bei durchschnittlichen Klavierschülern. Aber aufgrund seiner ungewöhnlich schnellen Auffassungsgabe konnte der junge Ernst den mechanischen Teil des Übens auf ein Minimum reduzieren und sich dem musikalisch Interessanten zuwenden. Seiner pianistischen Technik schadete dies nicht. Er bewahrte sich zeitlebens eine selbstverständliche Souveränität und Brillanz selbst bei extrem schweren Werken. Auf dem Wege der unmittelbaren Erfahrung eignete er sich die Harmonielehre an. Ihre Gesetze und Regeln waren ihm aus der Praxis geläufig, noch ehe er die entsprechenden Fachbegriffe lernte.

Dohnányi wuchs ganz ohne elterlichen Druck in ungewöhnlich jungen Jahren ins Musikleben von Preßburg hinein.

Er trat bei Wohltätigkeitsveranstaltungen, Musikfesten und einmal im Jahr beim großen Schulkonzert auf. Als Neunjähriger spielte er mit renommierten Preßburger Musikern Mozarts Klavierquartett in g-Moll, das an Schwierigkeit den Klavierkonzerten des Wiener Meisters nicht nachsteht. Dies war wohl sein erster öffentlicher Auftritt. Drei Jahre später, im Alter von zwölf Jahren, spielte er Schumanns technisch und musikalisch überaus anspruchsvolles Klavierquartett Es-Dur. Der Eindruck eines Wunderkindes verstärkte sich dadurch, dass Ernst noch jünger wirkte, als er war. Der Preßburger *Grenzbote* prognostizierte am 13. Dezember 1889: »Er wird leicht ein berühmter Musiker werden.«[9]

Seinen ersten Klavierabend bestritt Ernst am 28. Dezember 1890 im großen Saal des Preßburger Rathauses. Er spielte eine Nocturne von Chopin, ein Scherzo von Mendelssohn, die achte Ungarische Rhapsodie von Franz Liszt und eine Auswahl eigener Stücke. Von nun an trat er auch in den Landhäusern und Stadtpalästen der Adligen auf, die in dieser Zeit des wirtschaftlichen und kulturellen Aufschwungs große, weltoffene Häuser führten.

In den Jahren vor seinem Abitur entdeckte der gut aussehende, knapp einen Meter siebzig große Jugendliche mit den strahlend blauen Augen seine Wirkung auf das andere Geschlecht. Widmungen von Stücken und kleine Gedichte, die leider verloren gegangen sind, weisen auf den Kreis der Verehrerinnen hin, der im Lauf der Jahre beträchtlich zunahm.

Die Entwicklung der pianistischen und kompositorischen Talente ging mit der Zunahme des gesellschaftlichen Ansehens Hand in Hand. In den Jahren 1891/92 schrieb Ernst von Dohnányi neben Klavierwerken bemerkenswerte Stücke für den Schulchor und das Schulorchester, die unter der Leitung seines Vaters aufgeführt wurden. Er sang regelmäßig im Chor des Gymnasiums mit und spielte Geige im Orchester. Karl Forstner gab ihm außer Klavier- auch Orgelunterricht. Er spielte im Dom, auch auf der sehr viel schlechteren Orgel des Gymnasiums. Auf ihr begleitete er 1892 eine Messe, die er eigens zum Ausgang des Schuljahres geschrieben hatte. Das Werk wurde in den Folgejahren mehrfach wiederholt und noch gespielt, als der Junge nach bestandenem Abitur die Schule und seine Heimatstadt bereits hinter sich gelassen hatte. Auch in Breznóbánya, dem oberungarischen Ferienort, wo ihm der Vater im Haus der Großeltern die ersten Klavierstunden erteilt hatte, konnte Ernst während der Schulferien Orgel spielen. Daraus entwickelte sich eine Sonntagsbeschäftigung, die zu einer bescheidenen Einnahmequelle für den Jungen wurde und ihm die Erfahrung vermittelte, dass man mit Musizieren auch Geld verdienen konnte. Für jeden Einsatz bei der sonntäglichen Schulmesse erhielt er fünf Forint und vier Kreuzer. Dafür konnte man sich damals ein paar Schuhe kaufen.

Das Orgelspiel brachte schließlich drei Jugendliche zusammen, die als die »Preßburg-Jungen« in die Musikgeschichte eingingen. Ernst übernahm den Platz an der Orgel vom zwei Jahre älteren Franz Schmidt, der 1888 mit seiner Familie nach Wien zog, wo er 1890 das Studium am Konservatorium der Gesellschaft der Musikfreunde aufnahm.[10] Auch Schmidt stammte aus einer zweisprachigen Familie, in seinem Werk treten immer wieder Einflüsse und Nachklänge der ungarischen Musik hervor. Er spielte lange Jahre als Cellist bei den Wiener Philharmonikern, unterrichtete am Wiener Konservatorium und leitete es nach der Umbenennung in Musikhochschule sechs Jahre lang. In seine Amtszeit fallen entscheidende Reformen wie die Angliederung einer Abteilung für darstellende Kunst, die Max Reinhardt leitete. Mit den Komponisten der Wiener Moderne hielt er guten Kontakt, führte ihre Werke auf und setzte sich mit ihrer musikalischen Ästhetik auseinander. Selbst kam er über einen spätromantischen Stil nicht wesentlich hinaus. Das trug ihm das Etikett des Konservativen ein. Ins Zwielicht brachte er sich dadurch, dass er kurz vor seinem Tod 1939 einen Kompositionsauftrag der Nationalsozialisten annahm. Er führte die Kantate »Deutsche Auferstehung«, die anlässlich des fünfzigsten Geburtstags von Adolf Hitler aufgeführt werden sollte, jedoch nicht mehr zu Ende. Freunde und Angehörige Schmidts weisen auf seine prekäre Gesundheit und auf den enormen Druck hin, der auf dem Komponisten wegen der psychischen Krankheit seiner ersten Frau lastete (sie fiel 1942 dem Euthanasieprogramm der Nationalsozialisten zum Opfer). Andere werfen ihm Opportunismus oder gar Sympathie für die nationalsozialistische Ideologie vor. In seinem Werk lassen sich außer der unvollendeten Kantate jedoch keine Hinweise auf eine derartige Einstellung finden.

Mit seiner Entscheidung für den Musikerberuf gab Franz Schmidt den Weg vor, den Ernst von Dohnányi wenige Jahre später einschlagen sollte. Ernst seinerseits wurde zum Vorbild für den vier Jahre jüngeren Béla Bartók, der wie Dohnányi das Hauptgymnasium in der Clarissengasse besuchte. Bartók übernahm vom älteren Mitschüler das Organistenamt und tat sich schon bald darauf wie jener im Musikleben Preßburgs als Interpret und Komponist von Kammermusik hervor. Beide schlossen kurz vor Ernsts Abitur eine enge Freundschaft. Sie hielt bis Ende der dreißiger Jahre, als Bartók aus Ungarn emigrierte, während sich Dohnányi zunächst entschloss, in Budapest zu bleiben. Er wählte erst 1944, vier Jahre nach Bartók, den Weg ins Exil. Beide starben am selben Ort in der Ferne: in New York.

Eine Einladung nach Wien im März 1894 gab den Auftakt zu einer fast atemberaubenden Entwicklung, die Ernst als Pianist zwischen 1894 und 1900 durchlief. Ein bekannter Maler und Porträtist hatte den Sechzehnjährigen mit seinem selbst komponierten Klavierquartett gehört. Er arrangierte für den Nachwuchspianisten einen Konzertabend in Wien, der beim Publikum und in der Hauptstadtpresse ein sensationelles Echo fand. Erstmalig präsentierte sich Ernst außerhalb seines bisherigen Lebensschwerpunktes als Interpret und Komponist. Kein Zweifel, dieser Abend bestärkte ihn in seiner Entscheidung für eine Karriere als Musiker. Wenige Monate später, am 13. Juni 1894, legte er in seiner Heimatstadt die Matura ab. Er entschied sich für ein Studium in Budapest, nicht in Wien. Dieser Entschluss kam 1894 einem Bekenntnis gleich. »Der ungarische Anteil an seiner Seele«, schrieb der Musikhistoriker Christian Heindl unlängst anlässlich des 125. Geburtstags von Ernst, habe den Ausschlag für die erste jener drei europäischen Hauptstädte gegeben, die in seinem ereignisreichen Leben eine gewichtige Rolle spielen sollten.[11] Während Wien bereits eine große Tradition vorweisen konnte, existierte die Budapester Musikakademie erst seit 1875. Franz Liszt war ihr erster Präsident, Ferenc Erkel ihr erster Direktor.

Friedrich von Dohnányi war sich im Klaren darüber, dass das Interesse seines Sohnes ganz der Musik galt. Dennoch bestand er darauf, dass sich Ernst bei der akademischen Ausbildung zunächst eine Alternative zur Musik offen hielt. Und so schrieb sich der Siebzehnjährige außer an der Musikakademie auch an der Philosophischen Fakultät der Universität in den Fächern Ungarische und Deutsche Literatur ein. Graf Csaky, ein Großgrundbesitzer aus der Gegend von Preßburg, der Ernst am Klavier wiederholt gehört hatte, trug mit einem Stipendium dazu bei, dass sich der Abiturient nach den Sommerferien 1894 mit klopfendem Herzen auf die Reise nach Budapest begeben konnte.

Budapest I

In den ersten Septembertagen des Jahres 1894 bestieg Ernst von Dohnányi in Preßburg einen Zug und fuhr nach Budapest. Dort wurde er auf dem Bahnhof von seinem Onkel Ernst Szlabey empfangen. Szlabey, ein Bruder von Dohnányis Mutter, war ein hoher Beamter bei den Ungarischen Staatsbahnen. Der gelernte Diplomingenieur war mit einer deutschen Frau verheiratet, die er bei einem Studienaufenthalt in Großbritannien kennen gelernt hatte. Er brachte seinen Neffen in einer bescheiden möblierten Unterkunft am Hunyadi-Platz unter, nicht weit von der Musikakademie entfernt. Ernst packte seine Habseligkeiten aus und schrieb sich, dem väterlichen Wunsch entsprechend, auch an der Universität ein. Doch noch im Verlauf des ersten Semesters gab er das Literaturstudium auf, um sich ganz der Musik widmen zu können.

Seinen eigentlichen Einstand hätte er allerdings beinahe verpasst: Der Termin für das Vorspielen der Pianisten, die sich um einen Studienplatz an der Königlichen Musikakademie bewarben, verstrich, ohne dass Ernst von Dohnányi in dem Gebäude an der Andrássy-Straße, in dem Franz Liszt einmal gewohnt hatte, gesehen worden wäre. Professor István Thomán, der das Wunderkind acht Jahre zuvor beim Vortrag der Heller-Etüde erlebt hatte, sandte eine Depesche an die Eltern in Preßburg, um zu erfahren, was geschehen sei. Friedrich von Dohnányi alarmierte seinen Sohn per Telegramm. Ernst eilte unmittelbar nach Erhalt des dringlichen Mahnschreibens in die Akademie und meldete sich im Rektorat. Edmund von Mihalovich, der amtierende Direktor, befand sich gerade im Gespräch mit einem der Professoren. »Warten Sie!«, beschied er den Studienanwärter und fügte nach kurzer Pause hinzu: »Ich möchte nicht gestört werden. Ich habe wichtige Dinge zu besprechen.« Einige Minuten später wurde Dohnányi aus dem Vorzimmer wieder zum Direktor gerufen. Der rügte die Verspätung und das Terminversäumnis heftig, schlug dann aber rasch einen konzilianteren Ton an. Noch am selben Tag durfte Ernst nach Einzahlung der Studiengebühren von fünf Forint vorspielen. Er bestand die Eingangsprüfung. István Thomán, der die Situation gerettet hatte, nahm ihn in seine Klavierklasse auf.[12]

Bereits am darauf folgenden Tag betrat der Student in spe das Akademiegebäude erneut, dieses Mal mit eigenen Manuskripten. Er spielte – nun termingerecht – dem Programmausschuss für Komposition aus eigenen Werken vor. Sechzig Titel umfasste sein Verzeichnis bereits. Was der junge Mann erklingen ließ, fand das Wohlgefallen der Juroren, sie zweifelten nur an seiner Urheberschaft. Um Gewissheit zu erlangen, forderten sie den Prüfling auf, zu improvisieren. Hier befand sich Dohnányi nun vollends in seinem Element. Er überzeugte die Kommission und wurde – zunächst probeweise – in das dritte Semester aufgenommen, übersprang also das erste Studienjahr. Er wurde der Kompositionsklasse von Hans Koessler, dem älteren Cousin Max Regers, zugewiesen. Koesslers kompositorisches Idol war Johannes Brahms. Mit dem zwanzig Jahre älteren Kollegen traf er sich des Öfteren in Wien, um über Musik zu philosophieren. Von seinen Kompositionen, die sich durch hohes handwerkliches Können auszeichnen, hat sich fast nichts im Repertoire gehalten, allenfalls einige Chorwerke werden hin und wieder aufgeführt.

Zwar konnte sich die Budapester Akademie nicht mit dem Wiener Konservatorium in Tradition und Prominenz messen, doch fand Dohnányi in István Thomán und Hans Koessler äußerst engagierte Lehrer. Beide waren leidenschaftliche Pädagogen – unter Künstlern nicht eben eine Selbstverständlichkeit. Bei Koessler studierten alle namhaften Komponisten, die das ungarische Musikleben über die Wende zum 20. Jahrhundert zum Teil bis in die Jahrhundertmitte und darüber hinaus trugen: Béla Bartók, Zoltán Kodály, Leo Weiner, Imre Kálmán (um einen Spitzenmann der leichten Muse zu erwähnen) und eben Ernst von Dohnányi. Besser hätte es Dohnányi in Wien nicht treffen können. Wer an der Musikakademie unterrichtete, kämpfte auch für das Ansehen der relativ jungen Institution.

Als diese 1875 gegründet wurde, konnten zunächst nur Pianisten ausgebildet werden. Franz Liszt, der Initiator, übernahm trotz seiner zahlreichen Verpflichtungen die Meisterklasse selbst. Bald jedoch wurde das Ausbildungsprogramm um weitere Fächer wie Gesang, Geige, Violoncello und andere Instrumente erweitert, auch um die Musiktheorie. Im Herbst 1894, als Ernst sein Studium aufnahm, waren rund 250 Studentinnen und Studenten eingeschrieben, und es wurde bald eng in dem Haus an der Andrássy-Straße. 1907 konnte die Akademie endlich ein geräumigeres Gebäude am Liszt-Platz im VI. Bezirk beziehen, einen prachtvollen Bau im Sezessionsstil, in dem sie sich noch heute befindet. Seit 1925, dem Jahr ihres fünfzigjährigen Bestehens, heißt sie Franz-Liszt-Akademie.

Die ungarische Hauptstadt, die Ernst in seiner Kindheit bei Verwandtschaftsbesuchen ein wenig kennen gelernt hatte, befand sich in diesen Jahren wirtschaftlich und politisch im Aufwind. Gerade zweiundzwanzig Jahre war es her, seit die beiden sich an der Donau gegenüberliegenden Städte auch offiziell vereint und zur ungarischen »Haupt- und Sitzstadt« erklärt worden waren: Buda, rechts des Stromes ins malerische Hügelland gebaut, und Pest am linken Ufer, in der Tiefebene gelegen. Seit 1849 waren beide Städte durch einen imposanten Brückenneubau miteinander verbunden. Die Kettenbrücke, die britische Ingenieure konstruierten, wurde zu einem der Wahrzeichen Budapests. Die Vereinigung unter einer Verwaltung beschleunigte die urbane Entwicklung der Stadt. Nach London erhielt Budapest – noch vor Berlin – als erste Stadt auf dem Kontinent eine Untergrundbahn. Sie wurde 1896 vom österreichischen Kaiser Franz Josef I. eingeweiht. Die restaurierten Originalzüge fahren noch heute. Während der Studienjahre von Ernst florierte in der Hauptstadt ein umfangreiches Bankwesen. Für die Geldinstitute wurden prachtvolle Gebäude errichtet, sie bestimmen noch heute das Bild des Stadtzentrums.[13]

Budapest entwickelte sich in den Jahren vor 1900 zu einer der vitalsten und attraktivsten Hauptstädte Europas. Hier lag das Zentrum der Industrialisierung Ungarns, das seinen Rückstand gegenüber den westlichen Nachbarn Schritt für Schritt verringerte. Das neue politische Selbstbewusstsein schuf sich monumentalen Ausdruck in dem neugotischen Parlamentsgebäude, das von 1883 bis 1902 am Pester Donauufer errichtet wurde. Mit dem Aufschwung des Wirtschaftszentrums Budapest verschärften sich aber auch die sozialen Konflikte im Land. Aus den agrarischen Gegenden strömten ungelernte Arbeitskräfte in die Hauptstadt in der Hoffnung, dort etwas vom großen Boom abzubekommen. Die meisten von ihnen fanden schließlich in den hastig errichteten Armenvierteln hinter den Ringstraßen der Stadt eine Bleibe. Zugleich verarmte die Landbevölkerung. Viele suchten die Rettung in der Emigration und wanderten nach Amerika aus. Politischer Ausdruck der sozialen Konflikte war 1890 die Gründung der Sozialdemokratischen Partei, die ähnlich wie ihre deutsche Schwester zunächst ein außerparlamentarisches Dasein fristete, dann jedoch zu einem bedeutenden Faktor in der ungarischen Politik aufstieg und dies bis 1948 blieb.

Dohnányi war empfänglich für den rasanten Stimmungswandel, den die ungarische Hauptstadt durchlebte. An den städtebaulichen und technischen Entwicklungen, an den bahnbrechenden Erfindungen dieses Zeitalters nahm er lebhaften Anteil. Er selbst erlebte vor allem die positiven Auswirkungen des Booms, den Aufschwung der Künste, der mit dem wirtschaftlichen einherging. Am gesellschaftlichen und kulturellen Leben beteiligte er sich intensiv. Die Studenten der Akademie hatten Anspruch auf Freikarten für die Oper und für zahlreiche Konzertveranstaltungen. Häufig wurden sie als Musizierende oder als Gäste auch zu privaten Hauskonzerten gebeten. Die Tradition solcher Soireen und Matineen übernahm das wohlhabende Bürgertum von den Adeligen, deren Palais seit je auch Treffpunkt der Gebildeten und Kunstsinnigen waren. Ernst nutzte die Chancen, die ihm die hauptstädtische Kulturszene bot.

Zu den studienbedingten Kontakten kamen private Begegnungen hinzu. Kurz nach seiner Ankunft in Budapest nahm Dohnányi Verbindung zur Familie Kunwald auf, in der es vier Kinder gab. Anton (oder Antal), der Vater, Ingenieur von Beruf, war ein guter Geiger, Elza, die älteste Tochter, eine überaus begabte Pianistin. Sie studierte wie Dohnányi an der Akademie; gerühmt wurde vor allem ihr feines, nuancenreiches Chopin-Spiel. Margit, ihre jüngere Schwester, ebenfalls eine talentierte Pianistin, heiratete später einen Geiger der Budapester Philharmoniker. Ihr Sohn war der berühmte Dirigent Antal Dorati. Caesar, der ältere Bruder, gab seine Ingenieurslaufbahn zugunsten der Malerei auf. Er studierte in Weimar zusammen mit Max Beckmann, lebte danach in Paris, in der Bretagne, in Berlin und ab 1939 in Dänemark, der Heimat seiner zweiten Frau. Ein eindrucksvolles Porträt Ernst von Dohnányis, das Caesar 1908 anfertigte, hängt noch heute im Direktorenzimmer der Liszt-Akademie, eine weitere Radierung, die ebenfalls Ernst darstellt, in einer Sonderausstellung der Széchényi-Nationalbibliothek. Caesar erwarb sich mit seinem naturalistischen Malstil rasch internationalen Ruf. 1912 heiratete er Hedwig Vendel. Aus der Verbindung gingen zwei Kinder hervor.

Dohnányi hatte die kunstsinnige Familie Kunwald, die in ihrem Haus am Köröhd, einem Rondell in der Andrássy-Straße, regelmäßig Kammermusikabende veranstaltete und dazu auch Professoren der Akademie einlud, bereits 1891 bei einem Besuch mit seinen Eltern in Budapest kennen gelernt. Schon damals hatte die ein wenig ältere Elza einen starken Eindruck auf ihn gemacht. Die Beziehung der beiden vertiefte sich, als sie Kommilitonen an der Musikakademie wurden. Sechs Jahre später heirateten sie.

Gleich zu Beginn seines Studiums traf Ernst von Dohnányi einen Freund aus Kindertagen wieder, mit dem er oft die Sommerferien verbracht hatte. Julius Zachár studierte inzwischen Jura an der Universität. Er wurde später Jurist am Obersten Gerichtshof. Mit Peter König, einem Kommilitonen aus der Steiermark, den der bekannte Pianist Emil von Sauer an die Akademie empfohlen hatte, schloss Dohnányi enge Freundschaft. Der junge Künstler aus Preßburg war also schon bald in ein vielfältiges Netzwerk sozialer und künstlerischer Beziehungen eingebunden. Eine bessere Basis hätte er sich kaum wünschen können.

Um seine bescheidenen Einkünfte aufzubessern, gab Ernst neben seinem Studium auch Privatunterricht. Zu seinen ersten Schülern gehörte die damals einunddreißig Jahre alte Emma Gruber (1863–1958), eine wohlhabende Kunstmäzenin.[14] Professor Thomán hatte sie an Dohnányi empfohlen. Sie stammte aus einer angesehenen jüdischen Familie, die ihren Familiennamen Schlesinger in Sándor magyarisiert hatte. Pál Sándor, ihr Bruder, war ein einflussreicher Abgeordneter. In jungen Jahren hatte Emma Sándor den Kaufmann Henrik Gruber geheiratet. Selbst eine begabte Komponistin und Pianistin, förderte sie eine ganze Reihe von Nachwuchskünstlern und bildete sich selbst beständig weiter. Bei Dohnányi nahm sie Klavierstunden, bei

Béla Bartók, der einige Jahre später die Musikakademie absolvierte, Unterricht in Komposition und Musiktheorie. Dohnányi widmete ihr zwei Werke: den vierhändigen Walzer fis-Moll op. 3 sowie die Variationen und Fuge über ein Thema, das die Adressatin selbst erfunden hatte, mit der Opusnummer 4. Beide Werke entstanden im Jahre 1897. Nach dem Tod ihres Mannes Henrik heiratete Emma Gruber 1910 den neunzehn Jahre jüngeren Zoltán Kodály, den Dritten im Bunde der jungen Komponisten, auf denen damals die Hoffnungen des ungarischen Musiklebens ruhten.

Überblickt man Dohnányis erste Monate in Budapest, kann man von einem Traumstart sprechen. Ihm waren schon im ersten Semester berufliche Erfolge beschieden, von denen examinierte Musiker nur träumen können. Schon wenige Monate nach Studienbeginn bat ihn Jenö Hubay darum, ihn am Klavier zu begleiten. Hubay war der prominenteste Geiger des Landes, eine internationale Größe, der sich auch als Komponist brillanter Werke hervortat. Er hatte mit Künstlern wie Franz Liszt konzertiert. Für Dohnányi wurde das Konzert mit Hubay zu einem der ersten Karrierehöhepunkte, vergleichbar nur mit seinem ersten triumphalen Auftritt 1894 in Wien.

Karl Goldmark, ein damals bekannter Komponist, war im Februar 1895 von der Interpretation seines ersten Klavierquintetts durch Dohnányi und seine Kommilitonen so angetan, dass er sich für die Uraufführung eines zweiten Werkes dieser Gattung wiederum Dohnányi als Pianisten erbat. Nach dem Erfolg auch dieser Aufführung schrieb Dohnanyi selbst ein mehrsätziges Stück für Klavier und Streichquartett. Am 16. Juni 1895 wurde es zum ersten Mal öffentlich gespielt. Der junge Komponist gab ihm die Opuszahl eins und ließ es als erstes Werk aus seiner Feder verlegen. Noch heute gehört das Klavierquintett c-Moll zum Repertoire von Kammermusik-Ensembles.

Die Sommerferien verbrachte Ernst von Dohnányi 1895 wie in den Jahren zuvor mit seiner Familie in Breznóbánya. Dort erreichte ihn ein dringender Brief, dieses Mal von Professor Koessler, seinem Kompositionslehrer und väterlichen Freund.

Koessler schrieb, Johannes Brahms sei sehr an Dohnányis Klavierquintett interessiert und bitte ihn darum, mit seinem neuen Werk ins österreichische Salzkammergut nach Bad Ischl zu kommen. Ernst hatte jedoch nicht das Geld für die Fahrt und sein Vater auch nicht. Das Notenmanuskript wurde daher per Post in die Sommerfrische der Wiener Künstlerszene gesandt. Zufällig hielt sich das international bekannte Kneisel-Quartett aus Boston in Bad Ischl auf. Seine Mitglieder waren Konzertmeister und Stimmführer des Boston Symphony Orchestra. Man darf sie als Pioniere der Kammermusikpflege in den Vereinigten Staaten betrachten. Im Sommer 1895 konnten sie ihr zehnjähriges Bestehen als Kammermusikvereinigung feiern. Sie spielten die Streicherparts in Dohnányis Quintett. Arthur Nikisch, noch Leiter der Budapester Oper, mit Beginn der neuen Saison Chef der Berliner Philharmoniker und des Leipziger Gewandhausorchesters, übernahm den Klavierpart. »Ich hätte das Stück nicht besser schreiben können«, kommentierte Brahms,[15] der Lob nicht eben großzügig verteilte. Diese Bemerkung bedeutete für Ernst so etwas wie einen musikalischen Ritterschlag. Brahms veranlasste eine weitere Aufführung des Stücks im Wiener Tonkünstlerverein, dessen Präsident er war. Dieses Mal konnte der junge Komponist selber kommen. Das Klavierquintett wurde in Wien im November 1895 insgesamt dreimal gespielt.

Ernst erhielt aus diesem Anlass auch eine private Einladung zu Brahms, der in der Karlsgasse Nr. 4 im IV. Bezirk unweit des Stephansdoms wohnte. Auch das war eine Auszeichnung, die der große Musiker nicht oft gewährte. Von einem Hausdiener wurde der achtzehnjährige Student durch die Privatgemächer in das Studierzimmer des Komponisten geführt. Brahms begrüßte ihn freundlich, bat ihn, auf dem Sofa Platz zu nehmen. Der schmächtige junge Mann versank in den riesigen Lederpolstern. Auf die Frage, woran er gegenwärtig arbeite, erwiderte Ernst, dass er an seiner ersten Symphonie schreibe. »So, so, eine Symphonie. Erste Symphonien werden immer in Moll geschrieben.« Einer historischen Überprüfung hält diese Behauptung nicht stand. Sie muss zu Brahms' launischen Sarkasmen gegenüber seinen Zeitgenossen gerechnet werden. Ernst entgegnete schlagfertig: »Meine muss eine Ausnahme sein. Sie steht in F-Dur.«

Diese Begegnung war für Ernst so bedeutsam, dass er zeit seines Lebens immer wieder auf sie zu sprechen kam. Die Symphonie, die er erwähnte, blieb allerdings unveröffentlicht, sie wurde wohl auch nie aufgeführt. Fünf Jahre später schrieb Dohnányi seine erste »offizielle« Symphonie, gab ihr eine Opusnummer und ließ sie verlegen. Sie steht, als sollte sie im Nachhinein Brahms' ironische Bemerkung bestätigen, in d-Moll.[16] Johannes Brahms starb am 3. April 1897. Ernst wurde zusammen mit drei Kommilitonen als Delegation der Akademie zum Begräbnis nach Wien entsandt. Wegen seiner besonderen Beziehung zu Brahms sprach er die offiziellen Abschiedsworte im Namen der Budapester Institution.

1896 sollte für Ungarn ein besonderes, ein großes Jahr werden. Tausend Jahre zuvor hatten sich, so die Geschichtsschreibung, die Magyaren nach einer langen kriegerischen Ära im Karpatenbecken niedergelassen, in einer Region, deren Kernlande bis heute ungarisches Staatsgebiet sind. Nach Jahrhunderten türkischer Besatzung und der Befreiung von ihr, nach erfolgreichem Kampf um Autonomierechte im habsburgischen Vielvölkerstaat begriff das damals moderne, aufstrebende Ungarn die Gegenwart als eine Zeit des »rinascimento«, der nationalen Wiedergeburt. Von diesem Selbstbewusstsein kündet noch heute der monumentale Heldenplatz in Budapest mit seinem gigantischen Millenniumsdenkmal, in dessen symmetrischer, bogenförmiger Anlage der streitbare Engel Gabriel von einer hohen Säule auf die steinerne Ehrengalerie der ungarischen Nationalhelden herabschaut.

Die großen Feierlichkeiten waren im Sommer 1896 in der Hauptstadt konzentriert. Sie wurden auch zu einer Demonstration der kulturellen Errungenschaften des Landes. Für die besten Kompositionen zum Jubeljahr wurden gut dotierte Preise ausgeschrieben. Der österreichische Kaiser selbst, der in Personalunion auch König von Ungarn war, stiftete sie. Vier »Königliche Preise« waren vorgesehen: ein erster Preis (2 000 Forint) für ein Werk beliebiger Gattung, ein zweiter Preis (1 000 Forint) für eine Symphonie, ein dritter für ein Kammermusikwerk und ein vierter für eine Orchester-Ouvertüre. Für beide waren 500 Forint ausgelobt. Für den Wettbewerb zugelassen waren ungarische Komponisten. Ein erster Preis wurde nicht vergeben. Den zweiten Preis errang Ernö Dohnányi für seine F-Dur-Symphonie, von der er Brahms erzählt und die er nun in letzter Sekunde vollendet hatte. Auch der vierte Preis wurde ihm zuerkannt für seine Ouvertüre zu »Zrínyi«. Das Stück Programmmusik passte zum Anlass: Miklós Zrínyi, der im Krieg gegen die Türken gefallen war, genoss Heldenstatus. Mit einem Streichsextett hatte sich Dohnányi auch um den Kammermusikpreis beworben. Er erhielt jedoch »nur« eine lobende Erwähnung. Man munkelte allerdings, dass die Jury auch dieses Werk ursprünglich gesetzt, dann aber aus den Preisrängen genommen habe, damit nicht einem Komponisten alle vergebenen Prämien und Auszeichnungen zuteil würden. Keines der drei Werke zum nationalen Jahr ließ Dohnányi übrigens veröffentlichen. Mit den 1500 Forint Preisgeld aber war er von materiellen Sorgen fürs Erste befreit. Für sein letztes Studienjahr mietete er sich ein besseres Quartier und zog um.

Die Ausbildung an der Königlichen Musikakademie Budapest war auf acht Semester angelegt. Dohnányi aber wurde wegen seiner Leistungen schon nach drei Studienjahren zur Abschlussprüfung zugelassen. Am 16. Juni 1897 gab er das öffentliche Konzert, das traditionell den Studienabschluss im Hauptfach Klavier bildete. Im Programm hatte er mit Liszts »Don-Juan-Fantasie« ein ungemein schwieriges, unter Pianisten gefürchtetes Stück. Eine große Budapester Zeitung urteilte: »Sein Auftritt übertraf alle Erwartungen. Nur wenige Pianisten haben so ein enormes Talent wie dieser junge Mann. Er ist einer der Titanen moderner Spielkunst, der, sobald er öffentlich auftritt, nur mit [Eugen] d'Albert und [Emil von] Sauer verglichen werden

1   Ernst von Dohnányi mit Schwester Mitzi, um 1880.

2   Ernst im Alter von elf Jahren zur Ferienzeit in den Kleinen Karpaten nördlich von Preßburg.

3 Ernst (2. von links) mit den Eltern Friedrich und Ottilie sowie Schwester Mitzi (rechts), um 1900.

4 Als Zwanzigjähriger 1897 in Budapest.

5 Karneval in Budapest. Dohnányi (links) mit Béla Bartók (Mitte) und Zoltán Kodály, um 1900.

6 Elza von Dohnányi mit ihren Kindern Hans und Grete, um 1907.

7 Elsa Galafrés als junge Schauspielerin in Wien, 1908.

8 Der junge Komponist 1921 in New York.

9 Die Dohnányis in Budapest, um 1924. Von links nach rechts: Ernst, Johannes, Ferenc Kováts, Elsa, Mitzi, Franci, Lucy, Matthias, Ottilie Dohnányi und Minna Galafrés.

10 Stiefsohn Johannes und Sohn Matthias im New York, 1925.

11   Dohnányi mit Edward Kilenyi in Tallahassee, um 1955.

12   Dohnányi dirigiert das Ohio University Symphony Orchestra, um 1955.

13 Die Dohnányis 1952 in ihrem Garten in Tallahassee. Hinten von links: Christoph, Helen und Julius, vorne Ilona und Ernst.

14 Dohnányi mit Ehefrau Ilona und Edward Kilenyi an seinem 80. Geburtstag, 1957.

kann.«[17] Hier wurden die Maßstäbe formuliert, an denen Ernst von Dohnányi nunmehr gemessen wurde.

Der Beifall für den Hochschulabsolventen wollte an diesem Abend kein Ende nehmen. Und dann geschah etwas, das es an der Budapester Musikakademie bei einem Studentenkonzert noch nie gegeben hatte: Das Publikum erhob sich von den Plätzen, umringte das Podium und forderte den Pianisten zum Weiterspielen auf. Die anwesenden Professoren, unter ihnen einige Stars der hauptstädtischen Musikszene, trugen es mit Fassung. Ihnen war klar: An diesem Abend hatten sie ihren künftig schärfsten und wohl überlegenen Konkurrenten erlebt.

Am 27. Juni 1897 erhielt Ernst sein Abschlussdiplom für Klavier und Kompositionslehre mit Auszeichnung. Damit war, einen Monat vor seinem zwanzigsten Geburtstag, eine weitere Etappe in seinem Leben abgeschlossen. Eine neue begann. Noch ehe er sich in das harte Leben eines reisenden Virtuosen stürzte, verlobte er sich mit Elza Kunwald. Über die Einwände seines Vaters setzte er sich hinweg. Der hatte gemahnt: »Überdenke deinen Entschluss. Keiner von euch beiden hat Geld. Du bist am Beginn deiner Karriere. Denk an deine ständige Abwesenheit infolge von Konzert-Tourneen. Elza ist ein wenig älter als du. Erwartest du wirklich, dass sie so lange auf dich wartet? Und glaubst du nicht, dass eure unterschiedliche Religionszugehörigkeit [Elza war evangelisch, Ernst katholisch] Zwietracht säen wird?«

Ernst ließ mit seiner Antwort keine Zweifel offen: »Ich denke, sie ist die beste Gefährtin, die du mir wünschen könntest. Sie versteht meine musikalischen Ziele. Sie wird eine gute Wegbegleiterin werden und immer zur Stelle sein, wenn ich Aufmerksamkeit und Zuwendung benötige. Ich liebe Elza.«[18] Er hatte sich entschieden. Friedrich von Dohnányi musste einsehen, dass sein Einspruch zwecklos war. Er bat seinen Sohn, der unmittelbar vor dem Durchbruch zu einer internationalen Pianistenkarriere stand, allerdings darum, die Verlobung vorerst geheim zu halten.

Dohnányi reiste nun nach Bernried am Starnberger See, wo er in der Nähe von Eugen d'Albert den Sommer verbrachte.

D'Albert, den Franz Liszt für seinen bedeutendsten Schüler hielt, war damals dreiunddreißig Jahre alt und befand sich auf dem Höhepunkt seiner Pianistenkarriere. Unter seiner Anleitung erweiterte Ernst sein Repertoire und verfeinerte seine Technik. Darüber hinaus genoss er im Hause d'Alberts das Bohème-Dasein inmitten von Musikern und Malern, die teilweise schon bekannt waren oder wie er am Beginn einer großen Karriere standen. In München traf er mit Koessler zusammen. Der private Kontakt mit seinem ehemaligen Lehrer sollte sich in den folgenden Jahren weiter vertiefen.

Das gesamte Programm dieser unbeschwerten Sommerwochen des Jahres 1897 diente einem Ziel: der Vorbereitung einer Konzertreise nach Berlin. Sie sollte am 1. Oktober beginnen. Nach fünfwöchiger Zusammenarbeit entließ Eugen d'Albert Ernst von Dohnányi mit den Worten: »Du kannst nun auf eigene Faust weitermachen. Ich habe dir alles, was ich kann, beigebracht.«[19]

Der Schritt zum Weltstar

Im Herbst 1897 kam Ernst von Dohnányi mit einem Stapel von Empfehlungsbriefen in Berlin an, aber er nutzte sie nicht. Die Rolle eines Bittstellers lag ihm nicht, sie widersprach seiner Erfahrung. Bisher hatten sich ihm die Türen zum Erfolg wie von selbst geöffnet. Etwas anderes kannte er nicht. Die Atmosphäre in der deutschen Hauptstadt und die Reaktionen des Publikums in den Konzertsälen erlebte Dohnányi wie viele Künstler vor und nach ihm als kühl und reserviert. Im Kampf um die musikalische Anerkennung stand er hier ganz am Anfang, ohne Heimvorteil, ohne Vorschusslorbeeren, ein Neuling im Musikbetrieb, den kaum jemand kannte. Seine ersten Konzerte waren schwach besucht, das Publikum reagierte interessiert, aber zurückhaltend und nicht so enthusiastisch, wie er es aus Budapest und Wien gewohnt war. Zu allem Übel war auch der Vertrag mit der Konzertagentur schlecht ausgehandelt. Er erhielt keine Spesen, musste für seinen Lebensunterhalt selbst aufkommen, sein Anteil an den Einnahmen deckte die Kosten nicht. Auf einer Postkarte an seine Eltern heißt es lapidar: »Frack 120 M, Hut 13,50 M, Schuhe und Galoschen 27 M, Krawatte 6 M etc. etc. – ergo: Bitte Geld (500 Mark reichen) Ernö.«[20] Mit seiner finanziellen Lage ging Ernst von Jugend an entspannt um. Bis zur ersten Festanstellung, bis zum Bezug eines ordentlichen Gehaltes, sollten noch acht Jahre vergehen. Dennoch vertraute er instinktiv darauf, aufgrund seines Könnens und seines Fleißes einmal genügend Geld zu verdienen, um die Schulden zu begleichen, die sich schon bald anhäuften. Dieses Spannungsverhältnis von stattlichen Einnahmen einerseits und hohen laufenden Kosten andererseits begleitete ihn sein Leben lang. Der chronische Geldmangel hinderte ihn nicht daran, die Vorzüge des Großstadtlebens zu genießen. Man begegnete ihm dort, wo die Berliner Bohème sich traf, im Café »Austria« und im Café »Größenwahn«.

Etwas besser lief es für Ernst in Leipzig. Dort trat er nicht mit einem reinen Klavierprogramm, sondern als Solist beim Gewandhausorchester auf, das Arthur Nikisch dirigierte. Außerdem konzertierte er in diesen Monaten in Gotha, Köln und Dresden. Zum Glücksfall wurde die Zusammenarbeit mit Hans Richter. Der erfahrene Dirigent, der 1876 das Bayreuther Festspielhaus eröffnet hatte und in England ebenso angesehen war wie auf dem Kontinent, lud Dohnányi im Spätherbst 1897 zu einer Konzertserie nach Budapest und Preßburg ein. Eugen d'Albert hatte ihm den Pianisten wohl ans Herz gelegt. Als Ernst in jenen Preßburger Konzertsaal zurückkehrte, in dem er als Kind großen Interpreten gelauscht hatte, kämpfte er mit seinen Emotionen. Bei dem Konzert waren nicht nur die eigene Familie und viele Freunde anwesend, sondern auch die Erzherzogin Isabella zusammen mit ihrem Hofstaat.

Der erste gemeinsame Auftritt in Budapest am 17. November 1897 verlief so gut, dass Richter Dohnányi zu weiteren Konzertserien nach Wien und London verpflichtete. In der britischen Hauptstadt wohnte er bei zwei Damen, die ihm zur großen Beruhigung des Vaters ein echtes Zuhause boten. Die eine, Caroline Geisler-Schubert, »Linchie« genannt, stammte aus Preßburg, war ausgebildete Pianistin, hatte unter anderem bei Clara Schumann Unterricht; ihr Großvater war der Bruder von Franz Schubert. Die andere, Marguerite Oliverson, kam aus sehr wohlhabenden Verhältnissen und wohnte an der vornehmen »Inverness Terrace« unweit der Kensington Gardens. Die beiden Frauen hatten sich bei Konzerten in Wien kennen gelernt und waren unzertrennliche Freundinnen geworden. Marguerite erinnerte Ernst offenbar an seine Mutter. Er gab später an, stark von ihr geprägt worden zu sein.[21]

Die beiden zeigten ihrem jungen Gast die Stadt, führten ihn durch Galerien und Museen. Ernst ließ seine Familie an seinen neuen Erlebnissen in Briefen teilhaben, die er regelmäßig, wenn auch mit abnehmender Frequenz, nach Hause schickte. Der Vater, inzwischen Direktor des Preßburger Gymnasiums, bedankte sich bei Frau Oliverson; er sei »glücklich, dass Ernö in dieser Riesenstadt solch wohlwollende Gönner und Freunde gefunden« habe. »Das ordentliche, regelmäßige Leben der Engländer wird gewiß einen wohltuenden Einfluß auf ihn ausüben.«[22] Ganz sicher war sich Friedrich jedoch nicht, denn schon bald darauf haderte er mit der Unzuverlässigkeit seines Sohns. In einem weiteren Schreiben an Mrs. Oliverson ist von einem gefährdeten Konzerttermin die Rede. Weiter heißt es dort: »... auf das Schreiben meines Sohnes kann ich mich nicht verlassen.«[23] Als sich bald darauf die ersten großen Konzerterfolge einstellten, verflogen die Sorgen des Vaters rasch. Er träumte nun davon, dass Ernst schon bald sehr reich sein werde.[24]

Die Briefe, die Ernst selbst in diesen Jahren schrieb, weisen einen leichten, humorvollen Stil auf. Urlaubserlebnisse und Konzertreisen bilden zumeist den Inhalt. Wenn Worte nicht ausreichen, zeichnet er. Auch die Illustrationen verraten Geschick und Humor. In seinen in ungarischer Sprache verfassten Briefen siezt er Eltern und Schwester. Auf Deutsch wählt er dagegen das vertrauliche Du.

Am 24. Oktober 1898 versammelte sich ein elegantes Publikum in der Queen's Hall, die bis auf den letzten Platz ausverkauft war. Die jährlichen »Richter Concerts« waren damals in London eine Institution, ein begehrter Markenartikel. Den Pianisten, der für diesen Abend in der 20. Saison des deutsch-ungarischen Dirigenten angekündigt war, kannte niemand. Doch als Ernst von Dohnányi nach gut einer halben Stunde die drei kräftigen Schlussakkorde von Beethovens Viertem Klavierkonzert gespielt hatte, wusste jeder im Saal: An diesem Abend war er Zeuge einer der größten Sensationen geworden, die das hauptstädtische Musikleben in den letzten Jahrzehnten hervorgebracht hatte. Dohnányi wurde enthusiastisch gefeiert.[25] In der *Times* hieß es am nächsten Tag: »Nicht einmal die verwöhntesten und anspruchsvollsten Hörer hätten auf die künstlerische Darbietung auf höchstem Niveau vorbereitet sein können, die Ernst von Dohnányi, der junge ungarische Pianist, bei seiner wundervollen Interpretation von Beethovens Klavierkonzert in G-Dur zeigte. Er hat sich die Gunst des Publikums erobert. Seine Technik ist nicht nur fehlerlos, sein Ton exquisit sauber, sein Ausdruck klar, sondern er besitzt auch bereits eine seltene Stilreife. In der Anschlagskultur gehört er zu den ganz Großen seines Faches.«[26]

Für den jungen Künstler bedeutete dieses Konzert nach den enttäuschenden Berliner Erfahrungen einen ersten internationalen Durchbruch. Er wurde danach zu Konzerten in Edinburgh, Glasgow, Manchester, Leeds und für weitere Auftritte in London unter Vertrag genommen. Bálint Vázsonyi, Dohnányis Biograph, der selbst lange Jahre als Pianist in London lebte, bemerkt dazu, dass sich die britische Presse in dieser Zeit »den Grenzzonen des ›Oxford English Dictionary‹ annäherte«. Weniger britisch ausgedrückt: Sie war aus dem Häuschen. Dohnányi entwickelte von dieser Konzertsaison an ein Faible für England und die angelsächsische Welt insgesamt. Hans Richter aber durfte sich in seinem Wagnis, dem Londoner Publikum den jungen Ungarn als Entdeckung zu präsentieren, bestätigt fühlen. Er bestärkte Dohnányi auch darin, sich trotz seiner Erfolge als Pianist genügend Zeit zum Komponieren zu nehmen. Aus der Freundschaft mit den großen Musikern Europas wusste er, wie schwierig es ist, die Doppelbelastung als komponierender und konzertierender Künstler in eine befriedigende Balance zu bringen. Dohnányi folgte dem Rat des Älteren, so gut er konnte. Gelegentlich bat er seine Eltern, ihm Werke, die er zu Hause gelassen hatte, oder Notenpapier zu schicken. Er konnte unter allen möglichen äußeren Voraussetzungen arbeiten, lediglich am Beginn einer Komposition brauchte er Ruhe. Unter Termindruck war er besonders produktiv. Oft erlaubte es allerdings der Konzertplan nicht, dass er ein Werk zu Ende führte. Er ließ es dann entweder im Stadium des Fragments, um später die Arbeit daran wieder aufzunehmen, oder er versah es mit einem provisorischen Abschluss, den er zu einem späteren Zeitpunkt revidierte.

Für die Saison 1899 war Ernst erneut nach Großbritannien verpflichtet worden. In London wohnte er wieder bei seinen Gönnerinnen. Diese Spielzeit verlief – zwangsläufig – nicht so spektakulär wie die erste. Dafür sorgte Ernst andernorts für Schlagzeilen. Er gewann den Bösendorfer-Wettbewerb, für den er im Jahr zuvor sein Klavierkonzert op. 5 eingereicht hatte. Ludwig Bösendorfer, Inhaber einer exklusiven Klavierbau-Werkstatt in Wien, schrieb den Preis anlässlich des fünfundzwanzigjährigen Bestehens des firmeneigenen Konzertsaals aus. Eine fünfköpfige Jury, zusammengesetzt aus bekannten Musikern, wählte aus den Einsendungen drei Stücke aus, zwischen denen die endgültige Entscheidung fallen sollte, darunter auch Dohnányis Klavierkonzert. Er hatte sich am 26. März 1899 wie seine Mitbewerber einem erwartungsvollen Publikum zu stellen, das nach der Präsentation der Werke über den Gewinner abstimmte. Er gewann, wenn auch nicht überlegen, und erhielt den Großen Preis im Wert von 2000 Kronen.

Nach einem kurzen Wiedersehen mit Marguerite Oliverson und »Linchie« schiffte sich Dohnányi am 7. März 1900 in Liverpool auf dem Transatlantikdampfer »Ocean« ein und reiste zum ersten Mal in seinem Leben in die USA. Er gastierte in Cambridge/Mass., Boston, Philadelphia, Baltimore, Brooklyn, Providence und am 22. März 1900 erstmalig in der New Yorker Carnegie Hall. Hier konzertierte er mit dem Boston Symphony Orchestra und trat zweimal mit dem Kneisel-Quartett auf, das fünf Jahre zuvor sein Klavierquintett in Bad Ischl aufgeführt hatte. In Boston, wo das Quartett beheimatet war, und in New York saß der Komponist nun selbst am Flügel. Wie in Großbritannien reagierte auch in den USA die Presse überschwänglich. »Er spielte wie der junge Apoll«, kommentierte die *New York Times*. Ernst von Dohnányi hatte, dreiundzwanzig Jahre jung, den Durchbruch zum Weltruhm geschafft.

Die vielen Auslandsreisen hatten daheim die Frage aufgeworfen, wie es zwischen Ernst und Elza weitergehen würde. Elzas Mutter drängte auf eine Entscheidung. Sie wollte sich offenkundig nicht länger dem Hauptstadtgeflüster und der Standardfrage aussetzen, wann endlich die Hochzeit stattfinde. Anfang Juli 1900 legte Ernst seinem Vater in einem Brief die Gründe für die Eheschließung dar. Er war auf väterliche Ablehnung gefasst und hätte sich dem Einspruch auch vorübergehend unterworfen. »Das Schreiben«, so meinte er, »hat außerdem noch den Vorteil, dass es öfter gelesen werden kann und dass man dadurch über alle Kleinigkeiten besser nachdenken kann.« Danach schilderte er seine finanzielle Lage. Er brauche zusammen mit Elza großzügig gerechnet 2000 Forint im Monat zum Leben. Für die bevorstehende zweite USA-Tournee seien 18 000 Forint garantiert worden, außerdem habe er den gleichen Betrag an Erspartem.

Daraus zog er drei Schlussfolgerungen: »1. Die ohnehin schon lange währende Verlobung ist künftig unhaltbar. Meiner Gesundheit wird es auf jeden Fall gut tun, wenn ich heirate. 2. Ich habe es satt, allein zu reisen, und fühle oft das Fehlen einer weiblichen Hand. 3. Elza kann nicht mehr zu Hause gelassen werden. Die Arme würde sich in meiner Abwesenheit zu Tode grämen, zumindest würde sie in großem Ausmaß entnervt sein ...«[27] Das klingt nach Vernunft und Einsicht, nicht nach Leidenschaft und Liebe. Die Hochzeit wurde nicht im großen

Stil gefeiert. Bei einem kurzen Aufenthalt des Künstlers in Budapest schlossen Ernst und Elza am 11. Oktober 1900 die Ehe. Die standesamtliche Trauung fand spätabends statt, die kirchliche musste aus Zeitgründen ausfallen. Elza trat, wie damals üblich, zum römisch-katholischen Glauben ihres Mannes über. Eine nicht unerhebliche Rolle bei dem plötzlichen Entschluss von Ernst spielte sicherlich der Umstand, dass er gerade seine zweite USA-Konzerttournee vorbereitete und durch die Ehe der drohenden Einberufung zum einjährigen Militärdienst entgehen konnte.

Die erste gemeinsame Wohnung bezog das Paar ein Jahr später in der Wiener Theobaldgasse. Das Pendeln zwischen Preßburg, Budapest und Wien hatte für Ernst damit ein Ende, nicht jedoch das Junggesellenleben, das er in Wien pflegte, wenn er sich nicht gerade auf einer Konzertreise befand. Mit Freunden war er Stammgast im bekannten Weinhaus von Bertha Kunz und im »Trocadero«. Kaum jemand, der in dieser Zeit seine flüchtige Bekanntschaft machte, wäre auf die Idee gekommen, dass dieser noch immer ziemlich jungenhaft wirkende Bonvivant verheiratet war.

Kurz nach der Hochzeit im Oktober 1900 brach Dohnányi zu seiner zweiten USA-Tournee auf. Seine Frau begleitete ihn. Schon bald zeigte sich allerdings, wie unterschiedlich beide empfanden, wie verschieden ihre Lebensauffassungen waren und wie gegensätzlich sie auf viele Situationen reagierten. Ernst genoss die Reise, das Leben in den USA, die unbekannten Orte und die technischen Neuigkeiten, die es in Europa noch nicht gab. Elza teilte die Entdecker- und Kontaktfreude ihres Mannes allerdings nicht. Auf der Überfahrt wurde sie seekrank. An den Konzertorten blieb sie am liebsten im Hotel und schrieb Briefe nach Hause. Partys hasste sie, für ihre Begriffe tummelten sich dort zu viele laute, oberflächliche und extrovertierte Menschen. Nur in Montreal, der kanadischen Stadt mit sehr europäischer Ausstrahlung, fühlte sich Elza von Dohnányi einigermaßen wohl.

Ernsts Erinnerungen an die franko-kanadische Metropole

wurden durch ein ganz anderes Erlebnis geprägt: Während des Soloabends, den er dort gab, fiel der Strom aus, die Lichter im Saal erloschen. Doch er ließ sich nicht beirren und spielte zur Freude des Publikums im Dunkeln weiter. Die Rückfahrt nach Europa war von heftigen Stürmen begleitet. Als Ernst und Elza von Dohnányi nach überstandenen Unwettern in England ankamen, entschlossen sie sich, vor ihrer Weiterreise nach Wien eine zweimonatige Zwischenstation in London einzulegen. Ernst besuchte zahlreiche Konzerte, besonders die Abende, die das Joachim-Quartett gab. Das Ensemble um den Geiger Joseph Joachim, der 1844 als Dreizehnjähriger von Mendelssohn mit überwältigendem Erfolg in das Londoner Musikleben eingeführt worden war, galt als Spitzenformation seiner Art.

Noch in London stellte Elza fest, dass sie ein Kind erwartete. Johann Georg, genannt Hans, kam am 1. Januar 1902 in Wien zur Welt. Vierzehn Monate später, am 7. März 1903, wurde seine Schwester Margarete, genannt Grete, in Budapest geboren. Die letzten Monate der zweiten Schwangerschaft verbrachte Elza im Hause ihrer Eltern in der eleganten Andrássy-Straße 18. Die Rufnamen der Kinder wurden offenbar den beiden Grimm'-schen Märchenfiguren entlehnt. Hans' Pate wurde Hans Koessler, der Kompositionslehrer aus Budapester Akademietagen.

Nach den Belastungen, die mit der USA-Tournee verbunden waren, beschloss Ernst von Dohnányi, vorerst keine Engagements in den Vereinigten Staaten mehr anzunehmen. Insgesamt reduzierte er die Zahl seiner Auftritte ab 1901 deutlich, um mehr Zeit für seine Frau und die Kinder zu haben. Zum ersten Mal verbrachte er 1901 den Sommerurlaub mit Elza nicht bei den Eltern, sondern in Gmunden am Traunsee, einem Feriendomizil, das sie auch in den beiden Folgejahren mit ihren kleinen Kindern wählten. Die guten Einkünfte aus den Konzertreisen gestatteten es dem jungen Ehepaar, einen Koch und ein Zimmermädchen anzustellen. Als die Eltern zusammen mit Schwester »Mitzi« im Sommer 1901 zum Besuch nach Gmunden kamen, hatte Friedrich von Dohnányi einen völlig neuartigen Gegenstand im Gepäck: einen Photoapparat. Ernst, der die

Technikbegeisterung seines Vaters teilte, war fasziniert und beschaffte sich selbst bald darauf die notwendigen Gerätschaften, um zu Hause Filme entwickeln und Abzüge herstellen zu können. Er war ein Mann des 20. Jahrhunderts.

Das gesellschaftliche und gesellige Leben kam in der alpinen Sommerfrische ebenfalls nicht zu kurz. Ernst musizierte mit Freunden, schloss neue Bekanntschaften oder vertiefte Kontakte, wie den zu Joseph Joachim, dem Gründer und Direktor der Königlich Preußischen Musikhochschule in Berlin. Dieser war Gast von Marie, der Exkönigin von Hannover, die 1867 ihrem Mann ins österreichische Exil gefolgt war und eine Residenz am Traunsee besaß. Der weltbekannte Geiger und enge Freund von Johannes Brahms war 1853 bis 1868 Konzertmeister am Königlichen Hoftheater in Hannover gewesen. Er stammte aus einer jüdischen Kaufmannsfamilie, die in der Nähe von Preßburg gelebt hatte, ehe sie nach Budapest zog und später ihren hoch begabten Sohn zum Studium nach Wien schickte. Der 1869 gegründeten Berliner Musikhochschule wollte Joachim als ihr Gründungsdirektor in Konkurrenz zu den entsprechenden Institutionen in Wien, Leipzig und Paris ein hohes internationales Ansehen verschaffen. Dafür versuchte er vor allem junge, aufstrebende Künstler als Lehrkräfte zu gewinnen. Auch Dohnányi wurde bald Teil seiner ambitionierten Planungen.

Ein Treffen der besonderen Art führte Dohnányi in Gmunden mit dem Wiener Musikkritiker Eduard Hanslick zusammen. Mit dem Meister der spitzen Feder und der scharfen Pointen maß er sich auf dem Gebiet, auf dem er, der junge Künstler, den Ton angab: Sie spielten vierhändig Klavier. Ernst forderte seinen Partner heraus, zog das Tempo an und verschärfte es ständig. Doch der Kritiker meisterte die Schwierigkeiten und hielt bis zum Schluss mit, um dann genauso wie der Künstler erst einmal erschöpft durchzuatmen.

Während des Gmunden-Urlaubs im Sommer 1903 traf Ernst von Dohnányi Béla Bartók wieder. Er ermunterte den Zweiundzwanzigjährigen, als Komponist weiterzuarbeiten, auch wenn er, wie Bartók seiner Mutter später klagte, »1000 und 1 Dinge zu beanstanden hatte, meist unbedeutende Sachen«.[28] Ernst war vom Typus her das genaue Gegenteil des introvertierten Bartók. Anfang 1903 schrieb dieser an seine Mutter: »Er [Ernst von Dohnányi] wird mich unterrichten, aber nur dann, wenn ich hierüber niemandem etwas sage; denn er will keinen anderen unterrichten.« Die Freunde aus Preßburger Zeiten unterhielten sich auch über die Politik. Dabei ging es oft hitzig zu, ihre Meinungsunterschiede prallten hart aufeinander. Der viel gereiste Ernst hatte offenkundig einen weiteren Horizont als sein jüngerer Kollege. Der wiederum warf dem Älteren einen »Mangel an Patriotismus« vor und nannte dies eine unverzeihliche Sünde, die ein »näheres Verhältnis« unmöglich mache. »Wir diskutieren viel mit Dohnányi – über die politische Lage«, schrieb Bartók seiner Mutter. »Es ist ganz natürlich, dass er die nationalen Forderungen nicht für richtig hält, wir konnten einander aber nicht überzeugen« – ein großes Missverständnis, denn Ernst war auf seine Weise ein ebenso überzeugter ungarischer Patriot wie Bartók.

In den drei Sommerurlauben am Traunsee entwickelte Dohnányi eine ausgeprägte Leidenschaft für das Bergsteigen. Das Fliegen – zunächst im Ballon – kam später hinzu. Während seines ganzen Lebens suchte er in den langen Saisonpausen die Alpen auf und verbrachte dort seine Urlaube. Er trat der Bozener Sektion des Alpenvereins bei. In den Bergen erholte er sich von den Strapazen ausgedehnter Konzerttourneen. Amerika hatte er zwar aus familiären Rücksichten aus seinen Planungen gestrichen. Doch die europäischen Verpflichtungen nahmen zu, nicht nur in Großbritannien, Deutschland und Österreich-Ungarn.

Zum ersten Mal konzertierte Dohnányi 1904 in Polen, das damals noch geteilt war und keine staatliche Souveränität genoss; Warschau, wo er auftrat, stand unter russischer Herrschaft. Neu erschloss er sich das aufstrebende Musikleben in Skandinavien. Eine besondere Zuneigung entwickelte er dabei zu der Stadt Kopenhagen. Außerdem erweiterte er seinen Aktionsradius auch auf musikalischem Gebiet: Am 12. Februar 1902 gab er sein Debüt als Dirigent. Er dirigierte in Wien die Zrínyi-

Ouvertüre und spielte danach unter der Stabführung von Ferdinand Löwe mit dem Orchester des Concertvereins das zweite Klavierkonzert von Brahms.

Die weiten Fahrten mit der Bahn, die häufigen Ortswechsel und die immer neu herausgeforderte Konzentration verlangten ihren Tribut. Ernst hatte mit gesundheitlichen Problemen zu kämpfen, litt an Erschöpfungszuständen und blieb für eine längere Genesungsphase zu Hause. Die kleine Familie wohnte inzwischen in einem eigenen Haus, das sie im Herbst 1903 bezogen hatte, in der Dittesgasse 52 im XIX. Bezirk, einem Villenviertel. Zum ersten Mal wohnten die Dohnanyis nicht möbliert, sondern mussten die sieben Zimmer selber einrichten. Für das Familienleben wirkte sich die Atempause, die sich Ernst gönnen musste, günstig aus. Nach einer Zeit deutlicher Entfremdung, die nach der Geburt der Tochter einsetzte, kamen sich die beiden Ehepartner wieder etwas näher. Die Ärzte rieten – ganz in Dohnányis Sinne – zu Touren in den Bergen, um die Physis zu kräftigen.

Im Mai 1905 nahm Ernst mit Joseph Joachim am Beethoven-Festival in Bonn, der Geburtsstadt des Komponisten, teil. Die Presse beurteilte seine Auftritte in Deutschland überschwänglich. Bald darauf reiste er nach Madonna di Campiglio in den Dolomiten und entwickelte sich dort unter Anleitung von Bergführern zu einem begeisterten, wagemutigen Bergsteiger. Gegen Ende der Ferien holte Elza ihren Mann ab und reiste mit ihm nach Venedig weiter. Sie hatten viel zu besprechen.

Anfang 1905 erhielt Dohnányi gleich zwei attraktive Angebote: eine Professur für Klavier an der Budapester Musikakademie und eine gleich lautende Offerte für Berlin. Das Reiseleben ohne den Rückhalt einer festen Position sollte acht Jahre nach dem Examen für ihn damit ein Ende finden. In Ungarn hatte er viele Neider, er galt als arrogant. Für Lajos Lesznai war er ein selbstherrlicher Künstlertyp. Zu schnell erschien den Kollegen der phänomenale Aufstieg des Preßburger Talents in die Weltspitze. Offenbar waren die einschlägigen Budapester Kreise unfähig, mehrere weltberühmte Musiker gleichzeitig zu ertragen und zu fördern und nicht nur auf einen Star zu setzen. Darüber hinaus war Dohnányi der Hauptstadtpresse suspekt; sie kritisierte ihn als zu international und nahm Anstoß an der Vertonung deutscher Dichtungen, überhaupt am Gebrauch der deutschen Sprache. Ernst hatte weder Lust noch Zeit, sich mit seinen Gegenspielern auseinander zu setzen.Vielleicht entschied er sich am Ende deswegen für Berlin, weil ihn Budapest in den letzten Jahren schlecht behandelt hatte und weil das Angebot aus Deutschland etwas früher gekommen war.

Joseph Joachim, der vierundsiebzigjährige väterliche Freund aus Gmundener Tagen, hatte seine Ankündigung wahr gemacht, Dohnányi in die Hauptstadt des deutschen Kaiserreiches zu holen. In einem Schreiben an den preußischen Erziehungsminister lobte Joachim im Frühjahr 1905 Ernst in höchsten Tönen. Die Berufung und ein deutlich über dem Durchschnitt liegendes Gehalt begründete er damit, dass nur ein Klaviervirtuose wie Ernst – jung und doch mit internationaler Reputation – der Hochschule »das Ansehen und den Glanz verleiht, welcher bedeutende Talente veranlasst, ihre Ausbildung vorzugsweise da zu suchen«. Mit allen Mitteln der Rhetorik seiner Zeit warb Joachim darum, Dohnányi an die Akademie »zu fesseln«.[29] Es sollte ein schicksalhafter Entschluss werden, weniger für Ernst von Dohnányi als für seine Familie.

In Berlin

Als Ernst mit seiner Familie im Herbst 1905 nach Berlin kam, war die Hauptstadt des deutschen Kaiserreichs im Begriff, sich zu einer Weltstadt zu entwickeln. In den acht Jahren, die seit seinem ersten Auftritt vergangen waren, hatte sich die Stadt gewaltig verändert. Seit der Jahrhundertwende wurde sie in einem Atemzug mit London, Paris und NewYork genannt, auch wenn die Ausstrahlung der deutschen Metropole noch nicht so weit reichte. Aber der Ehrgeiz, mit den anderen Weltmächten, somit auch mit ihren Hauptstädten mitzuhalten, war unübersehbar. Das Kaiserreich begab sich auf die hektische Suche nach einem »Platz an der Sonne«, nach Kolonien, und sicherte sich im Ankunftsjahr Dohnányis in Berlin ein paar Südseeinseln. Zu dieser Zeit bahnte sich die erste Marokkokrise an, begann die Politik der Einkreisung Deutschlands, entscheidend verursacht durch das maritime Wettrüsten mit dem britischen Empire, das jetzt die ersten »Dreadnoughts« auf Kiel legte. Rosa Luxemburg geißelte in bewegenden Artikeln im *Vorwärts* die deutsche Flottenpolitik, und wenige Monate nach Ernsts Ankunft wurde Theodor Wolff zum Chefredakteur des *Berliner Tageblatts* berufen, seinerzeit eine der einflussreichsten Zeitungen. In der Hauptstadt erschienen damals 1100 Zeitungen und Zeitschriften – angesichts der heutigen Medienkonzentration eine schier unglaubliche Zahl. Es waren die Jahre, in denen in der Friedrichstraße und ihrer Umgebung die großen Kaufhäuser wie Wertheim und Hertie gebaut wurden und um den Hausvogteiplatz herum die neuen Zentren der Mode und der Bekleidungsindustrie entstanden. Die Mobilität Berlins nahm 1905 durch die Aufnahme des öffentlichen Autobusverkehrs erheblich zu.

Berlin zog jetzt die besten Köpfe aus Wissenschaft und Kunst an, deutsche Wissenschaftler gewannen einen Nobelpreis nach dem anderen. Im Zentrum der Stadt wurde gerade das einmalige Bauensemble der Museumsinsel vollendet. Max Reinhardt übernahm 1905 die Leitung des Deutschen Theaters. In Dresden entstand die expressionistische Künstlervereinigung um Erich Heckel, Ernst Ludwig Kirchner und Karl Schmidt-Rotluff, zu der später auch Emil Nolde und Max Pechstein hinzustießen, und gab sich den Namen »Die Brücke«. Wenige Monate später lachte die Nation über den Schuster Wilhelm Voigt, der mit einer spektakulären Aktion den Uniformfimmel des Kaiserreichs karikierte und als »Hauptmann von Köpenick« in die Geschichte einging.[30]

Legendär waren der Kulturhunger und das Amüsierbedürfnis der Berliner: Dreißig Bühnen mit 45000 Plätzen warben 1900 fast täglich um die Gunst des Publikums. Die Berliner Philharmoniker hatten sich seit ihrer Selbstgründung zu einem der angesehensten Konzertorchester in Europa hochgespielt. Arthur Nikisch, der Dohnányi zu seinem Debüt beim Leipziger Gewandhausorchester verholfen hatte, war seit 1895 ihr Chefdirigent. Als moderne Institution profilierten sie sich nicht nur durch ihre Klangkultur und ihren fast revolutionären Status der Selbstverwaltung, sondern auch durch ihre Programmpolitik. Der Gegenwartsmusik in all ihren Spielarten wurde außergewöhnlich breiter Raum gewährt. Ihr Haus in der Bernburger Straße, eine ehemalige Rollschuhbahn, bildete neben dem Beethovensaal in der Köthener Straße das Zentrum des hauptstädtischen Musiklebens. International renommierte Künstler, große Pianisten, Geiger, Primadonnen, Sänger, Dirigenten und Kammermusikvereinigungen traten hier auf. Viele von ihnen wurden damals von der Konzertagentur Hermann und Luise Wolff, den Pionieren professionellen Konzertmanagements, nach Berlin geholt. Richard Strauss brachte seit 1898 frischen Wind in die Königliche Hofoper, die heutige Staatsoper Unter den Linden. Dem öffentlichen Musikbetrieb entsprach – zumindest in gehobenen Kreisen – die häusliche Musikpflege. In jedem bürgerlichen Haushalt Berlins stand damals ein Flügel oder ein Klavier; im späteren Stadtteil Kreuzberg gab es ein ganzes Viertel mit Pianoforte-Fabriken.

Am 2. November 1902 wurde der neobarocke Neubau der Königlich Preußischen Musikhochschule an der Hardenberg- und Fasanenstraße in Charlottenburg eingeweiht. In dem Gebäude, das im Zweiten Weltkrieg stark zerstört und nur zum Teil im alten Stil wieder aufgebaut wurde, werden bis heute junge Musikerinnen und Musiker aus der ganzen Welt auf ihre professionelle Laufbahn vorbereitet. In der Zeit des Kaiserreichs hatte die Hochschule im Schnitt 250 bis 400 Schüler. Hier nahm Dohnányi mit dem Wintersemester 1905/06 seine Tätigkeit als Dozent für Klavier auf. Joseph Joachim hatte dafür gesorgt, dass er einen äußerst komfortablen Vertrag erhielt. Sein Gehalt lag deutlich über dem, was sonst Dozenten in Preußen gezahlt wurde. Nur acht Stunden pro Woche musste er unterrichten, die Zahl seiner Schüler war auf höchstens zwölf begrenzt. Außerdem hatte er Anspruch auf vier Monate Urlaub pro Jahr, die er unter anderem für seine Konzerttourneen nutzen konnte. Einmal pro Semester hatte er im Großen Konzertsaal der Hochschule ein Klavier-Recital zu geben.[31] Als er drei Jahre später ordentlicher Professor wurde, erhöhte sich das Gehalt nochmals, während der Urlaubsanspruch reduziert wurde.[32]

Studenten aus aller Welt bewarben sich um Unterricht bei dem jungen Dozenten und Professor. Dohnányis Lieblingsschüler in seinen Berliner Jahren aber war Mischa Levitsky, später ein gefeierter Pianist vor allem in den USA. Berichten seiner Studenten zufolge muss Dohnányi sehr eigenwillig und unorthodox unterrichtet haben. Seine eigene Entwicklung trug ja trotz regulärer akademischer Ausbildung und trotz des Unterrichts, den er seit jungen Jahren erhalten hatte, Züge des Autodidaktischen. Er selbst gab Maß und Tempo seiner künstlerischen Entwicklung vor, seine Lehrer unterstützten die Richtung, die er einschlug. Nach seiner Erfahrung konnte es keinen »Königsweg« in der Musikerausbildung geben, der für alle in gleicher Weise zum Erfolg führt. Die Pädagogik hatte sich nach Begabung und Temperament des angehenden Künstlers zu richten. Selbstverständlich bestand auch er auf Standards wie technischen Übungen und Etüden, die zum täglichen Brot eines Pianisten gehören. Er verlangte jedoch von seinen Studenten, dass sie zu jeder Unterrichtsstunde ein neu erarbeitetes Stück mitbrachten. Das ständige Wiederholen eines Werkes über einen längeren Zeitraum hielt er für unergiebig. Mit Bemerkungen und Kommentaren soll er sich sehr zurückgehalten haben. Einer seiner Schüler soll sich eines wortkargen Tages einmal ein Herz gefasst und seinen Lehrer angesprochen haben: »Meister, heute scheinen Sie in guter Laune zu sein.« – »Wieso?«, fragte Dohnányi erstaunt. »Sie sagten öfters ›hmm …‹ während der Stunde. Das bedeutet, dass Sie gut aufgelegt sind.« Ernst quittierte die Bemerkung mit einem Lächeln, sprach aber auch an diesem Nachmittag nicht mehr als üblich.[33]

Ein amerikanischer Student, der mit einem Schüler Dohnányis befreundet war, bezeichnete Dohnányis Unterrichtsstil als »nonverbale Methode«; dennoch habe er immer im richtigen Augenblick das richtige Wort gefunden. Der am häufigsten vom Maestro verwandte Ausdruck sei »espressivo«. Ein anderer Student resümierte, Dohnányi habe das Besondere an seinem Spiel nicht erklären und die Schüler hätten es nicht nachahmen können. Das allerdings entsprach auch nicht Dohnányis Absicht. Er wollte eigenständige Individuen heranbilden, die ihre eigene musikalische Vorstellung so gut wie möglich mitteilen konnten. Mischa Levitsky meinte: »Ich kenne keinen besseren Lehrer, wenn der Schüler gut vorbereitet und fähig ist, von einer derartigen Anleitung zu profitieren.«[34] Alle seine Schüler verehrten Dohnányi zeitlebens, keiner aber imitierte später seinen Stil.

Neben der Lehrtätigkeit in Berlin gingen für Ernst von Dohnányi die Konzertverpflichtungen und mit ihnen die Reisen quer durch Europa weiter. Er musste seine Termine genau disponieren. Schon kurz nach seiner Festanstellung trafen an der Hochschule Telegramme ein, abgesandt aus den schönsten Hotels der europäischen Städte, in denen der Künstler eine verspätete Rückkehr anzeigte oder um Verlegung seiner Unterrichtsstunden bat. Mitunter verärgerte er damit seinen neuen Arbeitgeber; doch in der Hochschule kannte man die Situation auch von anderen Kollegen, die als konzertierende Musiker und akademische Lehrer vor dem gleichen Problem standen. Die internationale Reputation der Künstler steigerte eben auch den Ruf der Hochschule, an der sie lehrten.

Anders als bei seinen ersten Auftritten in Berlin hatte Dohnányi im internationalen Musikleben nun einen Namen. Man kannte ihn. Für seine Konzerte konnte er Spitzenhonorare verlangen, und er bekam sie auch.[35] Die Dohnányis bewohnten ein Haus mit elf Zimmern in bester Lage in der Knausstraße 19 in Berlin-Grunewald, in der Nähe des Rosenecks. Man konnte sich mehrere Bedienstete leisten. Das prächtige Gebäude steht noch heute und trägt wie das Geburtshaus in Preßburg keinen Hinweis auf seinen berühmten Bewohner.

Die Elite Berlins, Künstler aus Europa und Amerika, gehörte zu den Gästen. Eng befreundet war Dohnányi während seiner Berliner Jahre mit Caesar Kunwald, dem Maler und Verwandten, der mit seiner Familie ebenfalls in der deutschen Hauptstadt lebte. Als Caesars erste Frau 1928 starb, heiratete er die Dänin Ellen Benzon. Von da an lebte er abwechselnd in Budapest und Dänemark, kehrte aber nach 1939 nicht mehr nach Ungarn zurück. Caesar Kunwald, den Klaus von Dohnanyi sehr verehrt, starb 1946 im Alter von sechsundsiebzig Jahren in Kopenhagen. Er liegt auf dem Kirchhof von Ramløse in Nordseeland begraben.

Untereinander sprachen Ernst und Elza weiterhin Ungarisch, die beiden Kinder wurden dagegen in deutscher Sprache erzogen. Vor allem die Mutter kümmerte sich um die Erziehung von Hans und Grete, die ihren Vater in der Regel nur bei den gemeinsamen Mahlzeiten zu sehen bekamen. Ernst und Elza gingen meistens getrennte Wege. Ernst pflegte bis spät in die Nacht hinein zu arbeiten, wenn er in Berlin war, und stand erst spät am Vormittag auf. Das große Arbeitszimmer wurde von gewaltigen Bücherregalen dominiert, die vom Boden bis an die hohe Decke reichten. In einem angrenzenden Raum befanden sich zwei Flügel, einer von ihnen war der berühmte Bösendorfer-Flügel mit bogenförmiger Tastatur. Die meisten Pianisten von Weltruf lehnten das Instrument ab, das dem Pianisten eine weitgehend unveränderte Position beim Spielen erlaubt, weil sie es als ungewohnt und unbequem empfanden. Ernst hingegen mochte dessen schmalere Tastatur, die ein Australier erfunden hatte.

Angesichts der Doppelbelastung als Pädagoge und Virtuose mag es verwundern, dass Dohnányi in seinen Berliner Jahren überhaupt noch die Zeit zum Komponieren fand. Doch er arbeitete diszipliniert und zielstrebig. Äußeres Kennzeichen dieser Arbeitsökonomie war die Tatsache, dass sich sein Schreibtisch stets in einem äußerst akkuraten Zustand befand. Sein Sohn Hans und sein Enkel Christoph haben, wie dieser berichtet, diese Angewohnheit übernommen. So schrieb Dohnányi in den neun Jahren vor Ausbruch des Ersten Weltkriegs Klavierstücke, Liederzyklen, Suiten für verschiedene Besetzungen, Bühnen- und Orchesterwerke.

1908 erhielt er von seinem Wiener Verlag Doblinger den Auftrag, die Musik zu einer Pantomime in drei Bildern »Der Schleier der Pierrette« zu komponieren. Die Pantomime, ein stummes Gebärdenspiel mit Musik und Tanz, erfreute sich in Wien seit dem frühen 18. Jahrhundert großer Popularität. Zu den Förderern dieser theatralischen Kunstform gehörte im 20. Jahrhundert auch Max Reinhardt. Das Libretto schrieb Arthur Schnitzler. Die Premiere des Stückes fand am 22. Januar 1910 in der Königlichen Oper in Dresden statt. Ernst von Schuch, mit dem Dohnányi seit 1906 eng befreundet war, dirigierte. »Der Schleier der Pierrette« wurde schon kurz nach der Uraufführung ein Riesenerfolg in Deutschland, Österreich, Ungarn und Russland – in Moskau wurde er während des Ersten Weltkriegs beinahe täglich gespielt. Das Libretto sah drei Hauptrollen für Opernsänger und einige Nebenrollen für Balletttänzer vor.

Pierrette, so die Fabel des Stückes, verlässt ihren Liebhaber Pierrot und heiratet den Harlekin. In der Hochzeitsnacht bereut sie ihren Entschluss und flieht zu Pierrot, um gemeinsam mit ihm zu sterben. Sie gibt ihm einen Giftbecher. Er trinkt. Sie stellt im letzten Augenblick fest, dass sie nicht die Kraft hat zu sterben. Halb verrückt vor Angst rast sie zum Harlekin zurück, der wutentbrannt bereits nach ihr sucht. Als die beiden miteinander tanzen, erscheint das Bild des sterbenden Pierrot vor ihren Augen, der ihr den Becher zum Trinken reicht. Harlekin hat inzwischen das Fehlen des Hochzeitsschleiers bemerkt und sucht ihn in Pierrots Zimmer, wo er das Stück neben dem Toten findet. Er zwingt nun Pierrette dazu, auf Pierrots Gesundheit zu trinken, und schließt sie danach mit dem Toten in einem Zimmer ein. Pierrette verliert den Verstand und stirbt, die beiden Toten werden von heimkommenden Freunden entdeckt.

Eine Aufführung der Pantomime stand und fiel mit der Besetzung der Titelrolle. Bei der Vorbereitung der Uraufführung hatte es in dieser Hinsicht einige Schwierigkeiten gegeben. Arthur Schnitzler schlug daher vor, die Rolle der Pierrette künftig mit der bekannten Bühnenschauspielerin und Pantomimin Elsa Galafrés zu besetzen.[36] Sie übernahm den Part schon wenig später, am 16. März 1912, bei einer Aufführung in Wien. Ernst begegnete ihr aus diesem Anlass zum ersten Mal. Bei einer bloßen Kollegialität und Freundschaft zwischen den beiden blieb es nicht lange. Ernst verliebte sich in die bekannte, attraktive Schauspielerin, nutzte die längeren Abwesenheiten ihres Ehemannes und warb um sie. Nach anfänglicher Zurückhaltung Elsas verband die beiden dann eine Amour fou. Elsa hatte zunächst gezögert, weil sie erst knapp zwei Jahre zuvor den weltberühmten Geiger Bronislaw Huberman geheiratet hatte. Dessen Ausnahmetalent hatte Ernsts Förderer, Joseph Joachim, entdeckt. Er hatte die Eltern Hubermans überredet, von Polen nach Deutschland überzusiedeln, um die Ausbildung des Jungen voranzutreiben. Nach heutigen Begriffen waren beide, Elsa Galafrés und Huberman, der auf einer Stradivari spielte, internationale Stars. Gemeinsam hatten sie ein Kind, den 1911 geborenen Johannes. Doch wie in der Ehe von Ernst kriselte es auch in ihrer Verbindung. Die treibende Kraft in diesen Frühlingsmonaten des Jahres 1912 aber war zweifellos Dohnányi.

Elsa Galafrés war hugenottischer Abstammung. Sie wurde 1879 als einziges Kind ihrer Eltern in Berlin geboren und wuchs dort auch auf. Ihr Vater starb, als sie sechs Jahre alt war, im Alter von neunundzwanzig Jahren. Um die kleine Familie durchzubringen, eröffnete Elsas Mutter eine kleine Fremdenpension, in der Gäste aus aller Welt ein- und ausgingen. Von frühen Kindheitstagen an lebte Elsa somit in einer kosmopolitischen, weltoffenen Umgebung. Früh zeigte sie künstlerische Begabung. Mit sieben Jahren begann sie, Klavier zu spielen, mit fünfzehn nahm sie Schauspielunterricht und erhielt schon bald ihre ersten Engagements. Sie spielte die Rolle der Perdita in Shakespeares »Wintermärchen« am Königlichen Theater in Berlin, dem heutigen Konzerthaus am Gendarmenmarkt. Dort bekam sie von den Berlinern im ortsüblichen, wenig dezenten Humor den Spitznamen »Galafresse«. Es folgten Engagements in Halle, am

Königlichen Theater in Hannover und in Riga. Danach spielte Elsa am Thalia-Theater in Hamburg und in Wien.

Nun überschlugen sich die Ereignisse. Ernst blieb zwar bis zum Jahresende bei der Familie im Grunewald wohnen, teilte seiner Frau jedoch mit, dass er sich von ihr trennen werde und Elza mit den Kindern eine neue Bleibe suchen müsse. Für seine Ehefrau, aber auch für Hans und Grete brach eine Welt zusammen. Elza willigte ebenso wenig wie Bronislaw Huberman in eine Scheidung ein. Die europäische Skandalpresse nahm sich des Quartetts an und widmete in den nächsten Jahren den Verliebten und ihren auf der Strecke gebliebenen Partnern immer wieder süffisante Beiträge. Ernst bezog Anfang 1913 ein Apartment in der Nähe der Musikhochschule. Seine Familie lebte fortan in bescheidenen Verhältnissen in der Hubertusbader Straße im Grunewald, später am Hohenzollerndamm.

Seinem Enkel Christoph gegenüber versicherte Ernst von Dohnányi später, dass er sich um den Unterhalt der Familie, die er zurückließ, gekümmert habe. Für Elza, Hans und Grete habe er ein Konto eingerichtet, doch Elsa Galafrés habe es »abgeräumt« – eine wenig wahrscheinliche Geschichte. In Wirklichkeit verhielt es sich eher so, dass der konfliktscheue Ernst die Regelung seiner knapper gewordenen Finanzen der Frau überließ, die ihm am nächsten stand, also Elsa Galafrés. Es liegt nahe, auch wegen der bald darauf einsetzenden Kriegsjahre, dass die Galafrés nicht zum Vorteil ihrer Vorgängerin handelte. Dennoch erstaunt im Rückblick, wie wenig sich Ernst um seine beiden Kinder kümmerte. Den Sommer 1913 verbrachte er mit Elsa Galafrés in den Alpen.

Bis zum Ausbruch des Ersten Weltkriegs unternahm Dohnányi noch zahlreiche Konzertreisen. Bei einem Spanienaufenthalt im Jahre 1908, noch in Begleitung Elzas, war er von der dortigen Musik fasziniert und nahm Elemente wie Kastagnetten und spanische Rhythmen in die Suite Opus 19 für Orchester in vier Sätzen auf.[37] 1913 trat er mit dem Cellisten Pablo Casals auf, dessen außerordentliche Begabung er wohl als Erster erkannte. Christoph von Dohnányi erinnert sich, dass sein Großvater ihn oft als den Interpreten nannte, der ihn am meisten beeindruckt habe. Die Nachricht vom Kriegsbeginn 1914 überraschte Ernst in der Schweiz, wo er mit Elsa, ihrer Mutter und Elsas kleinem Sohn den Sommerurlaub verbrachte. Ein paar Tage blieb er noch am Lago Maggiore, dann kehrte er über München nach Berlin zurück.

Ernst von Dohnányi hatte ein Gespür für dramatische politische Entwicklungen, auch einen Sinn für Tragik. Wie seine Briefe zeigen, sah er schon wenige Wochen später voraus, dass Deutschland mit der Marne-Schlacht im September 1914 den Krieg verloren hatte und dass ein anderes Europa aus dem Ringen der Völker hervorgehen würde. In seiner Bibliothek, die mehrere tausend Bände umfasste, gehörte Spenglers »Untergang des Abendlandes« zu den wichtigsten Büchern, wie Vázsonyi berichtet.

Dohnányi befand sich nun in einer schwierigen Situation, die Loyalität gegenüber seinem Heimatland Ungarn stand gegen die Loyalität zu Deutschland. Denn zusammen mit der Verleihung der Professur hatte er 1908 auch die preußische und die deutsche Staatsbürgerschaft erhalten. Damals war ihm auch der Schwarze Adlerorden 4. Klasse verliehen worden. Ihm drohte jetzt die Einberufung zum deutschen Militär, denn bei der preußischen Infanteriereserve führte man ihn als wehrfähigen Bürger. Konzertreisen gestalteten sich zunehmend schwierig, wurden fast unmöglich; er brauchte viele Papiere, Bescheinigungen, Sondergenehmigungen vom Militär. Ein Jahr nach Kriegsbeginn entschloss sich Ernst, nach Budapest zurückzukehren und zum 1. Dezember 1915 eine Professur an der Musikakademie anzunehmen. Elsa Galafrés würde ihn begleiten. Seinen Arbeitgeber in Berlin ließ er über diesen Entschluss offenkundig im Unklaren. Die Hochschulverwaltung fahndete ebenso vergeblich nach ihm wie die preußischen Militärbehörden, die sich schließlich in Ungarn danach erkundigten, ob Ernst dort den Militärdienst ableistete. Als aus Budapest weder auf militärischem noch auf zivilem Weg Nachrichten über Ernst von Dohnányi eintrafen, stellte die Berliner Musikhochschule die Gehaltszahlung zum 1. April 1916 ein.[38]

Zwei Motive lagen dieser spontan gefassten Entscheidung offenbar zugrunde. In Berlin befand sich die Familie, von der er sich getrennt hatte, ständig in seiner Nähe. Da Elza Kunwald und Bronislaw Huberman weiterhin die Scheidung ablehnten, wurde er beinahe täglich mit dieser Situation konfrontiert, die er für sich und seine Lebensgefährtin als unangenehm empfand. In Budapest waren die familiären Probleme weit weg, und anders als in Berlin drohte ihm dort nicht ernstlich eine Einberufung zum Militär. Zwar begründete Ernst seinen Weggang damit, dass er in die Heimat zurückkehren müsse, um einem eventuellen Einberufungsbefehl Folge zu leisten. Gewiss wollte er auch, im Herzen ein Ungar, in schwierigen Zeiten in dem Land sein, das er als seine Heimat betrachtete. Vor allem aber suchte er neue Freiheit und neues Glück für sich und Elsa, die ihn von Anfang an zu musikalischen Höhenflügen inspirierte. Am Ende wurden daraus neunundzwanzig Budapester Jahre.

Budapest II

»Alles, was wir jetzt für unser Leben benötigen, ist Mut«, sagte Dohnányi zu Elsa Galafrés, kurz bevor die beiden Berlin verließen und nach Budapest zogen.[39] Es wurde eine Reise ins Ungewisse. Denn berufliche Sicherheit hatte Ernst zunächst keineswegs. Elsa Galafrés konnte kaum auf Engagements hoffen, denn sie beherrschte die ungarische Sprache nicht. Die beiden Künstler hatten eine gefühlsmäßige Entscheidung getroffen, für die sie manches opferten. Der außerordentliche Wohlstand, in dem sie in Berlin gelebt hatten, gehörte fürs Erste der Vergangenheit an. In Budapest angekommen, bezogen sie zunächst zwei ehemalige Esszimmer im »Vigado«, der großen Budapester Konzerthalle unweit der Kettenbrücke. Sie waren für Wohnzwecke umgebaut und mit kleinen Heizöfen ausgestattet worden. Nach einer kurzen Übergangszeit in diesem bescheidenen

Provisorium zogen sie in die Várfokstraße nahe der Budapester Burg.

Dohnányi musste sich darauf einstellen, dass sich sein Wirkungskreis während des Krieges weitgehend auf Ungarn beschränken würde. Der internationale Konzertbetrieb war nach Kriegsbeginn zusammengebrochen. Die Musiker aus den Staaten der Entente, aus Frankreich und Großbritannien, kamen nicht mehr nach Budapest. Nach 1918 blieben ausländische Künstler vorübergehend sogar ganz aus. Als Pianist von Weltrang besaß Dohnányi schon bald nach seiner Rückkehr ungewollt die »Alleinherrschaft«[40] über die Konzertsäle des Landes. Aber von dieser faktischen Konkurrenzlosigkeit wollte er nicht noch profitieren. Ein großer Teil der 120 Konzerte, die er damals pro Saison spielte – also im Schnitt mehr als zwei in einer Woche, ein immenses Arbeitspensum –, waren Wohltätigkeitskonzerte. Denn Ernö Dohnányi, der Weltbürger, war Patriot, ohne Engstirnigkeit, aber mit ausgeprägtem Solidaritätsempfinden. Er konnte den Hunger nach Kultur, nach Musik, ein Stück weit befriedigen, der in den harten Kriegszeiten nicht geringer geworden war. Einer seiner späteren Mitarbeiter, zugleich sein erster Biograph, schrieb im Stil der damaligen Zeit: »In den schrecklichen Kriegsjahren […] erklomm Dohnányi die Bühne. Sobald seine Finger über die Tasten liefen […], beruhigten sich unsere erregten Gemüter. Wir blickten mit dankbaren Augen auf den wunderbaren Arzt, der in der Lage war, uns zu trösten.«[41]

An der Musikakademie initiierte Dohnányi nach seiner Ernennung zum Professor im Jahre 1917 ein umfangreiches Reformprogramm. Mit seinen Ideen und seinem Willen, den Studenten eine möglichst gute, effektive, zeitgemäße Ausbildung zuteil werden zu lassen, erwies er sich als würdiger Nachfolger des Akademiegründers Franz Liszt, der wie er Komponist, Pianist und Dirigent in Personalunion und ein Weltbürger par excellence gewesen war. Im Ausland wurde diese »Erbfolge« offen benannt, sie stand außer Frage. Dohnányi wurde als der bedeutendste ungarische Musiker seiner Zeit geachtet. Selbst Béla

Bartók schrieb 1920 neidlos über den Kollegen und Freund, dass Budapests Musikleben in einem Namen zusammengefasst werden könne: Dohnányi. Aber es regten sich auch die Neider. Seine lange Abwesenheit und seine Tätigkeit im Ausland wurden ihm vorgehalten, wenn auch mehr verdeckt als offen. Die meisten seiner Reformansätze wurden von eifersüchtigen Kollegen blockiert. Nur im engeren Wirkungsbereich, der Pianistenausbildung, konnte er sich durchsetzen. Seine damals formulierten Grundsätze nahmen viele Gedanken vorweg, die in den zwanziger Jahren die akademischen Reformbewegungen in verschiedenen europäischen Ländern bestimmten. Teilweise gelten sie bis heute.

Anders als in Berlin, wo die individuelle Förderung der Schüler im Vordergrund gestanden hatte, wurde in Budapest eine gewisse Standardisierung bei der Ausbildung angestrebt, mit der Folge, dass die dortigen Studenten im Durchschnitt besser waren als die Absolventen an der Berliner Akademie. Die Methode ging jedoch leicht zu Lasten profilierter Spitzenbegabungen, die schnell über das Durchschnittsniveau hinauswachsen und gezielter individueller Förderung bedürfen. Nicht zuletzt aufgrund seiner eigenen Erfahrungen führte Dohnányi jedoch eine gute Mischung aus Standardtraining und individueller Ausbildung ein. Seine Schüler dankten es ihm mit lebenslanger Treue. Sein Kompendium für Fingerübungen, das alle technischen Aspekte des Klavierspielens behandelt, erschien 1999 in Budapest in 39. Auflage im Nachfolgebetrieb des Rózsavölgyi-Verlages, mit dem Ernst viele Jahrzehnte lang zusammengearbeitet hatte. Es ist eines der Standardwerke für das Alltagstraining der Pianisten.

Wenige Wochen nachdem Ernst von Dohnányi mit seiner neuen Lebensgefährtin nach Budapest zurückgekehrt war, kam Elsas Mutter mit ihrem Enkel Johannes nach. In der Trombitas-Straße fand man ein Haus, das genügend Raum für das neue Familienleben bot. Etwa ein Jahr nach diesem zweiten Umzug innerhalb kurzer Zeit brachte Elsa Galafrés im Alter von knapp achtunddreißig Jahren am 8. Januar 1917 einen Jungen zur Welt.

Er erhielt den Namen Matthias. Er war sechs Jahre jünger als sein Halbbruder Johannes oder »Hally« und blieb das einzige Kind aus der Verbindung zwischen Ernst und Elsa. Elsa gab ihre Karriere als Schauspielerin ganz auf und wurde nach eigener Darstellung Hausfrau. Tatsächlich nahm sie aber eher die Rolle einer Managerin für ihren Mann ein, hielt alle Fäden zusammen und avancierte bald zu einer der ersten Damen der Budapester Gesellschaft, ohne die schwierige Sprache ihrer Wahlheimat je vollends zu erlernen.

Im Streit um ihren Sohn Johannes konnte sich Elsa Galafrés mit Bronislaw Huberman nicht gütlich einigen. Ein Londoner Gericht – die beiden hatten in Großbritannien geheiratet – sprach ihm das Sorgerecht für das Kind zu. Da Ernst und die Galafrés ihrerseits in Ungarn ein Verfahren angestrengt hatten, kam es im September 1918 zu einem Gerichtstermin in Budapest. Aus diesem Anlass machten die Dohnányis und Huberman erneut Schlagzeilen in der europäischen Presse. Von einer Kindesentführung und von einer Anzeige wegen Körperverletzung war die Rede. Was war geschehen? Als Hally im Auto eines Huberman-Freundes zu dessen Villa gebracht werden sollte, wurde der Wagen beim Passieren der Straße, in der die Dohnányis wohnten, von mehreren Personen, unter ihnen Ernst und Elsa, gestoppt. Es kam zu Handgreiflichkeiten zwischen Ernst und Huberman, und plötzlich war der Junge verschwunden. Huberman erstattete Anzeige gegen Dohnányi wegen Körperverletzung. Aber schon wenige Tage später konnte die Auseinandersetzung versachlicht werden. Hally blieb bei seiner Mutter und ihrem neuen Lebenspartner, und die streitenden Parteien bemühten sich um eine gütliche Einigung.[42] Für das Kind war dies wahrscheinlich die bessere Lösung, denn eine Familie konnte Huberman seinem Sohn nicht bieten.

Gegen Ende des Krieges vergrößerte sich die neue Familie noch um Ottilie, die Mutter Ernst von Dohnányis. Maria, Ernsts Schwester, die noch lange bei ihren Eltern gelebt und den Platz ihres Bruders bei den väterlichen Hausmusiken eingenommen hatte, holte die Mutter inmitten der politischen Wirren im

Herbst 1918 aus Preßburg ab und begleitete sie nach Budapest. Maria heiratete später den Professor Ferenc Kováts.

Das Kriegsende 1918 bedeutete für Ungarn eine Katastrophe. Zwar entstand ein eigener ungarischer Staat, aber das Land zahlte als einer der Rechtsnachfolger der Doppelmonarchie, die im Ersten Weltkrieg an der Seite des kaiserlichen Deutschland gestanden hatte, einen hohen Preis. Die Kriegsfolgen schnitten in das Leben der Nation noch tiefer ein als die Auflagen, die Deutschland im Friedensvertrag von Versailles gemacht wurden. Infolge der Vereinbarungen, die in St. Germain-en-Laye und in Trianon getroffen wurden, verlor Ungarn 68 Prozent seines Staatsgebietes und damit knapp 60 Prozent seiner Bevölkerung. Die willkürlichen Grenzziehungen wirken in der Region noch bis zum heutigen Tage nach. Siebenbürgen, das Banat, die Slowakei einschließlich der Heimatstadt von Ernst, Pozsony, Kroatien sowie das Burgenland mussten an die Nachbarländer abgetreten werden. Angesprochen auf seinen Herkunftsort, pflegte Ernst sein Leben lang zu sagen: »Ich wurde in der ungarischen Krönungsstadt Pozsony geboren.«[43]

Wie Deutschland betrieb auch Ungarn nun eine revisionistische Politik. Der Vorspann der Wochenschauen hämmerte den ungarischen Zuschauern in der Zwischenkriegszeit ein, welche Teile des Landes nach dem Ersten Weltkrieg verloren gegangen waren. Und wie in vielen anderen Gebieten Europas kam es nun auch in Ungarn zu einer Radikalisierung der politischen Verhältnisse und zu Wirren, in die Dohnányi aufgrund seiner prominenten Rolle im ungarischen wie internationalen Musikleben zwangsläufig hineingezogen wurde. In der politischen Übergangsphase war er am 17. Februar 1919 zum Direktor der Budapester Musikakademie ernannt worden. Er trat damit die Nachfolge Ödön Mihalovichs an, der das Institut seit 1887 geleitet hatte.

Wenige Wochen später musste die Regierung Károlyi, die die Republik ausgerufen hatte, zurücktreten. Es begannen die vier alptraumartigen Monate der ungarischen Räterepublik unter Béla Kun. Wie in Bayern, dem einzigen anderen Land, in dem damals eine Räterepublik ausgerufen wurde, war das Ende schrecklich. Der rote Terror wurde durch einen weißen Terror gebrochen, das Wirtschaftsleben brach zusammen, sechshundert Menschen verloren in diesen bürgerkriegsartigen Wirren ihr Leben.

Ernst von Dohnányi hatte sich nicht um die Leitung der Akademie bemüht. Er wurde darum gebeten und ließ sich von Politikern überreden, weil er sich der Verantwortung für die Institution nicht entziehen wollte. An ihr hatte er studiert, ihren Standard wollte er unabhängig von den Erschütterungen des öffentlichen Lebens sichern. Außerdem hoffte er wohl noch immer, seine Reformideen durchsetzen zu können. Er trat die Leitung der Musikakademie unter zwei Bedingungen an: Er wollte freie Hand bei der Berufung und Ablösung des Lehrpersonals haben, und er wollte zur Entlastung bei der Verwaltungsarbeit Zoltán Kodály als Generalsekretär einstellen. Beide Bedingungen wurden erfüllt.

Anfang 1919 wurde Dohnányi auch Präsident und Direktor des Orchesters der Budapester Philharmonischen Gesellschaft, was die Zahl seiner Gegner und Neider gewiss nicht verminderte. Er ging jedoch mit dem ihm eigenen Optimismus und mit festen Hoffnungen an die Aufgaben, die dem Reformbedürfnis der Zeit entsprachen. Zahlreiche ältere Lehrkräfte wurden in den Ruhestand versetzt, jüngere nahmen ihre Stelle ein. Sein Optimismus wurde auch nicht getrübt, als die Räterepublik ausgerufen und an der Spitze der Akademie ein dreiköpfiges Leitungsgremium installiert wurde. Außer ihm gehörten dem revolutionären nationalen Musikrat Béla Bartók und Béla Reinitz an, dazu Kodály, der seine Arbeit als Sekretär fortsetzte. Auch die Räterepublik unterstützte zunächst die reformorientierte Musikpolitik Ungarns, die auf Veränderung und unverbrauchte Gesichter setzte. Béla Bartók engagierte sich beispielsweise für eine deutliche Verbesserung der musikalischen Allgemeinbildung. Er trat für eine Musikerziehung ein, die mit dem Singen begann und auf Volksliedern aufbaute, die er zusammen mit Zoltán Kodály in bäuerlichen Gegenden gesammelt und erst wieder ins breitere Bewusstsein auch der Städter zurückgebracht hatte. Sein Weg, über die Erforschung volksmusikalischer Überlieferungen zu einer besonderen Form der Moderne zu finden, war in seiner Konsequenz einmalig. Viele Jahrzehnte lang erinnerte eine Plakette mit den Namen der Mitglieder an die bewegten Zeiten des revolutionären nationalen Musikrates. Sie ist heute verschwunden.

Die Räterepublik brachte für Ernst und Elsa ausgerechnet im persönlichen Bereich eine wichtige Veränderung. Aufgrund neu erlassener Gesetze konnten sie sich von ihren Partnern scheiden lassen, auch ohne dass diese einwilligten. Bronislaw Huberman und Elza Kunwald hatten sich bis zum Schluss gegen diesen Schritt gesträubt. Elza soll bis zu ihrem Lebensende darauf gehofft haben, dass Ernst zu ihr zurückkehren würde. Damit war Mitte 1919 der Weg zur Legalisierung der Beziehung frei. Die Hochzeit fand inmitten des politischen Chaos am 2. Juni 1919 statt. Dieses Mal wollte Ernst alles richtig machen. Nur drei Tage später, am 5. Juni, wurde das Paar auch kirchlich getraut, der mittlerweile zweijährige Matthias getauft.

Aber dann überschlugen sich die Ereignisse: Fanatiker, Intriganten, Bürokraten und Spießer setzten sich im revolutionären Musikbetrieb durch. Die Gewerkschaften der Musiker und der Bühnenarbeiter wurden zwangsvereinigt. Es kam zu abenteuerlichen Entscheidungen und Ernennungen. Ernst ließ nun alle Hoffnungen auf eine Konsolidierung der politischen Verhältnisse fahren und begab sich mit Beginn der Semesterferien auf eine Konzertreise nach Norwegen. Mit dieser Entscheidung ließ er die Akademie im Stich, vor allem aber seinen Generalsekretär. Kodály geriet in höchste Gefahr, als die Säuberungswelle der weißen Gegenrevolution einsetzte, an deren Spitze sich Admiral Miklos Horthy gesetzt hatte. Der promovierte Jurist verteidigte sich mit Geschick ein ganzes Jahr lang vor Gericht. Erst dann wurde er freigesprochen.

Etwas besser erging es Bartók. Er hatte bereits vor der Zeit der Räterepublik ein Sabbatjahr beantragt und ließ sich daher an der Akademie nicht blicken. Außerdem genoss er als Komponist und Pianist internationales Ansehen; er konnte für die Akademie nützlich sein, möglicherweise sogar als Alternative zu Dohnányi. Dennoch dachte Bartók ernsthaft über eine Emigration nach. Unter den neuen politischen Verhältnissen verödete das intellektuelle Leben in Ungarn auf Jahre hinaus. Tibor Tallián, ein ungarischer Musikwissenschaftler, der zu Werk und Wirken Bartóks sowie zum Verhältnis von Musik und Politik im Ungarn des 20. Jahrhunderts Bahnbrechendes veröffentlichte, kommt zu dem Schluss, dass am Ende der politischen Wirren in dem durch die Verträge von Trianon geschockten Land ein »musikpolitischer Kompromiss« gestanden habe.[44] Trotz ihrer Beteiligung an der Räterepublik durften Bartók, Dohnányi und Kodály im Lande bleiben. In den dreißiger Jahren sei das Terzett dann vom altkonservativ-nationalen Establishment gemäß seinem nationalen und internationalen Rang behandelt worden.

Mit dreiundzwanzig Gepäckstücken begab sich die sechsköpfige Familie Dohnányi auf die Reise von Budapest über Wien und Berlin nach Norwegen. Ein mehrseitiges Dokument, übersät mit Stempeln und Sondergenehmigungen, zeugt von dem Aufwand, den Ernst von Dohnányi betrieben hatte, um sich beruflich für einige Zeit in ruhigerem Fahrwasser bewegen und auf das konzentrieren zu können, worauf es ihm ankam: Musik. Aber selbst im neutralen Norwegen erlebte er Sympathiekundgebungen für Béla Kun und das Räteregime in Ungarn, obwohl sich Kun schon längst nach Wien abgesetzt hatte. Er wurde nach einem abenteuerlichen Leben als Berufsrevolutionär 1937 in Moskau liquidiert.

Im September 1919, als Dohnányi nach einer Serie von Konzerten ausspannte und Urlaub machte, rief ihn ein Telegramm des Erziehungsministeriums nach Budapest zurück. Er entschied sich ohne Zögern, der Aufforderung Folge zu leisten. Es sollte Jahre dauern, bis er die Schulden, die ihm durch den vorzeitigen Abbruch der Norwegen-Tournee und die katastrophalen Umtauschsätze für die inflationäre ungarische Währung entstanden, abgetragen hatte. Auf der Rückreise kam der berühmte Tenor Leo Slezak der Familie Dohnányi auf ungewöhnliche Weise zu Hilfe. In einem hoffnungslos überfüllten Zug brach der Sänger, der von großer, kräftiger Statur war, ein Diplomaten-Abteil auf und schob die erschöpfte Familie hinein.[45] Dohnányis Gegner und Konkurrenten waren während seiner Abwesenheit und vor allem nach dem Ende der Räterepublik nicht untätig geblieben. Sie nutzten die Lage für sich. Als Dohnányi in Budapest eintraf, wurde ihm seine Entlassung mitgeteilt. Wie beliebt er jedoch an der Hochschule war, zeigte sich daran, dass fünfzehn Kollegen für den Fall seiner Demission mit Arbeitsniederlegung drohten und nur unter der Androhung von harten Disziplinarstrafen bereit waren, ihre Unterrichtstätigkeit fortzusetzen.[46] Zu Dohnányis Überraschung ließ sich Jenö Hubay, der Geigenvirtuose, der ihm fünfundzwanzig Jahre zuvor zu einem ersten wichtigen Karriereschritt verholfen hatte, im Oktober 1919 zu seinem Nachfolger ernennen. Hubay, dessen elegante, dem ungarischen Hochadel entstammende Frau ein großes Haus in Budapest führte, wollte Ernst zwar auf dem Posten eines Professors für Klavier an der Akademie belassen; er sorgte sich zu Recht um die internationale Reputation seines Instituts. Dohnányi aber lehnte ab, auch deswegen, weil Hubay nicht davon abließ, Kodály juristisch zu belangen.

Die Situation, in der sich Ernst von Dohnányi jetzt befand, erinnerte stark an die Konstellation nach seinem ersten Abschied von der Budapester Akademie: Er musste den Lebensunterhalt für sich und die Seinen als freier Künstler verdienen, ohne die Sicherheit einer gut dotierten Position im Rücken. In gewisser Weise wiederholte sich das Leben, das er zwischen 1897, dem Jahr seiner Abschlussprüfung, und 1905, der Berufung nach Berlin, geführt hatte. Wieder dauerte es acht Jahre, bis er, mittlerweile jedoch zweiundvierzig Jahre alt geworden, erneut eine Festanstellung erhielt. Obwohl ihm im Ausland reizvolle Angebote gemacht wurden, blieb er in Ungarn und gab zahllose Gratiskonzerte; er spendete in den zwanziger Jahren bis zu einem Drittel seines Jahreseinkommens für wohltätige Zwecke in seinem gedemütigten Heimatland. In größter Not streckte er allerdings 1920 über das deutsche Generalkonsulat in Budapest seine Fühler nach Berlin aus und fragte bei seinem alten Ar-

beitgeber – auch mit Hinweis auf seine deutsche Staatsbürgerschaft – an, ob ein erneutes Engagement an der Musikhochschule möglich sei. Er erhielt die kühle und angesichts seines kommentarlosen Verschwindens Jahre zuvor nur zu verständliche Antwort, »dass auf seine Dienste weiterhin verzichtet werde«.[47]
Am 19. November 1923 leitet Ernst von Dohnányi anlässlich der Feierlichkeiten zum 50. Jahrestag der Vereinigung von Buda und Pest die Uraufführungen von drei wichtigen Werken der neueren ungarischen Musik: Er dirigierte seine eigene »Festival-Ouvertüre«, die »Tanzsuite« von Béla Bartók und den »Psalmus Hungaricus« von Zoltán Kodály. Dem Stück von Bartók war ein »erschreckender Misserfolg« beschieden, wie sich ein Musiker aus dem Orchester erinnerte. »Dohnányi konnte einfach keinen Zugang zu dieser Musik finden, und so konnte uns Musikern das natürlich auch nicht gelingen.« Bartók kommentierte das Desaster mit den Worten: »Ich kann also offenbar nicht orchestrieren.« Als kurz darauf die Tschechische Philharmonie in Budapest gastierte, nahm ihr Dirigent Vaclav Talich Bartóks »Tanzsuite« in sein Programm. Das Publikum brach bei der Aufführung in Beifallsstürme aus und zwang den Dirigenten, das Stück zu wiederholen. Bartóks Kommentar: »Ich kann also offenbar doch orchestrieren.«[48]

Die schwierigen acht Jahre fast ohne festes oder berechenbares Einkommen – nur die Position bei der Philharmonischen Gesellschaft war ihm ja geblieben – überbrückte Ernst von Dohnányi wie zwanzig Jahre zuvor vor allem durch Tourneen. Er nahm die Kontakte wieder auf, die durch den Krieg unterbrochen waren, konzertierte in Großbritannien und in anderen europäischen Staaten, in denen er einst begeistert empfangen worden war. Vor allem aber reiste er, nach zwei Jahrzehnten Unterbrechung, wieder in die Vereinigten Staaten von Amerika. Von 1921 bis 1927 unternahm er jedes Jahr eine ausgedehnte Tournee durch die nicht mehr ganz so Neue Welt, begleitet von seiner Frau, die nur selten von ihm getrennt blieb. Auf der »New Amsterdam« schifften sich Ernst und Elsa 1921 in Rotterdam zu ihrer ersten gemeinsamen Atlantiküberquerung ein. In den folgenden Jahren bereisten sie den gesamten Halbkontinent, die Ost-

und Westküste ebenso wie die Städte am Golf von Mexiko und rund um die Großen Seen. Von 1925 an waren auch die beiden Söhne Johannes und Matthias, betreut von einem Kindermädchen und einem Hauslehrer, dabei. Wenn Ernst in New York gastierte, lebte die Familie im Vorort Forest Hills.

Die Amerikaner hatten sich zu Beginn der zwanziger Jahre auf eine Fülle neuer Gesichter und Namen einzustellen, die aus vielen der neu entstandenen Staaten in Europa kamen. Einer Reihe dieser renommierten Künstler begegnete Dohnányi auf seinen Tourneen durch Nordamerika. In New Orleans gastierte Eleonora Duse, als er sich in der Stadt aufhielt, und in New York saß er in einem Revue-Theater neben Siegfried Wagner. Beide bewunderten die langen Beine der Girls, und Siegfried Wagner meinte: »Mit dem Geld, das hier in einer Nacht auf den Kopf gehauen wird, könnten die Bayreuther Festspiele wieder entstehen.«[49] Wenig später, im Jahre 1924, wagte der Sohn Richard Wagners den Neuanfang in Bayreuth nach zehnjähriger Unterbrechung. Mancher Zuhörer aber, der die Konzerte der großen Klaviervirtuosen besuchte, erinnerte sich noch an jenen Pianisten, der zwanzig Jahre zuvor als ganz junger Mann Amerika erobert hatte. Max Smith, ein führender New Yorker Musikkritiker, schrieb: »Wenn mein Beruf nicht meine Anwesenheit erforderte, würde ich mit Freude eine Karte kaufen, um diesem ›Poeten des Pianofortes‹ zu lauschen.«[50]

Ernst erhielt Angebote, Direktor der berühmten New Yorker »Juillard-School« oder des Amerikanischen Konservatoriums in Chicago zu werden, lehnte sie jedoch ab. 1925 übernahm er in reduziertem Umfang die Leitung des State Symphony Orchestra New York. Das hektische Aus-dem-Koffer-Leben, den permanenten Ortswechsel, auch den mit harten Bandagen ausgetragenen Kampf um Honorare und Solisten ertrug er mit bemerkenswertem Stoizismus. Zur Hilfe kam ihm dabei sein positives Amerikabild, das sich in jungen Jahren geformt hatte. Die USA waren für ihn tatsächlich das Land der unbegrenzten Möglichkeiten. New York hielt er für das Zentrum der Welt. Er liebte das Tempo der Stadt und ihre Effizienz, die sich auf ihn übertrug. In einem Studio des Waldorf-Astoria-Hotels begriff er, welche Chancen ihm die Schallplatte bot. Und als er einmal beim Blick aus dem Hotelfenster am gegenüberliegenden Hochhaus des YMCA die Schilder »Männer-Bibelklasse« und »Swimmingpool« nebeneinander prangen sah, bemerkte er trocken: »Wo, außer in Amerika, würde man diese beiden Begriffe miteinander in Verbindung bringen?«[51]

Für den Jazz konnte sich Dohnányi allerdings trotz seiner vielen Amerikaaufenthalte zeitlebens nie erwärmen. Er fand keinen Zugang zu dieser Musik, er verstand sie nicht, wie sein Enkel Christoph meint. Auf der »New Amsterdam« hatte er erstmals eine der Bands gehört, die damals in der Unterhaltungsmusik weltweit Furore machten. Was sie spielte, hielt er für einen »Scherz«. Er änderte seine Meinung auch nicht, nachdem er in New Orleans gastiert und dort die für ihn neue Musikrichtung in ihrer ursprünglichen, noch nicht kommerziell geschliffenen Art hatte erleben können. Es handle sich nicht um Musik, sondern um eine Geräuschkulisse, meinte er. Sie sei etwas für den Kopf, nicht für das Herz. Später äußerte er: »Ich betrachte den Jazz als eine Karikatur von Musik. Er ist ein Produkt dieser Zeit, der es an Stil mangelt.«[52] Thomas Mann, der Dohnányi während einer Budapestreise 1922 kennen lernte, erinnerte sich an einen Abend im Hause von Georg Lukács, als Dohnányi, Bartók und Kodály in ausgelassener Stimmung zu vorgerückter Stunde die neue Mode Jazz mit Küchenutensilien karikierten.[53]

Prominente Eltern stellten Ernst ihre Kinder vor, um den Maestro als Lehrer zu gewinnen. Bei diesen Gelegenheiten lernte er unter anderem Edward Kilenyi und das junge Violingenie Yehudi Menuhin kennen. Er vertrat aber wie schon sein Vater die Auffassung, dass man Wunderkinder nicht zu musikalischen Höchstleistungen antreiben, sondern ihnen eine möglichst normale Kindheit bieten solle. Die Antragsteller sollten sich später wieder bei ihm melden. Kilenyi, dessen Vater George Gershwins Kompositionslehrer war, hielt sich daran und wurde Ende der zwanziger Jahre Dohnányis Schüler.

Da sich Ernst in diesen Jahren zumeist auf Tournee befand, komponierte er in den Zwanzigern weniger als zuvor, doch entstanden immerhin zwei große Bühnenwerke: »Iva's Turm« und »Der Tenor«. Diese komische Oper parodiert das Leben des deutschen Spießbürgers. Ernö Goth schrieb das Libretto nach Carl Sternheims Komödie »Bürger Schippel«. Einem Gesangsquartett ist der Erste Tenor weggestorben, der mit Thekla, der Schwester des Zweiten Basses namens Hicketier, verlobt war. Wegen eines bevorstehenden Gesangwettbewerbs entschließen sich die verbliebenen drei gutbürgerlichen Musenfreunde, einen Proletarier namens Schippel in die Gruppe aufzunehmen. Schippel will Thekla heiraten und provoziert einen Skandal, als diese von einem nächtlichen Liebesstündchen mit dem Landesfürsten zurückkehrt. Aus dem Duell geht Schippel als Sieger hervor. Mit Mendelssohns »Jägers Abschied«, einem Standardstück deutscher Gesangvereine, gehen die vier von der Bühne ab. Den Anfang dieses Liedes, das zum Inbegriff des deutschen Männergesangs auch mit seinen lächerlichen Attitüden geworden war, führte Dohnányi als musikalisches Leitmotiv durch: »Wer hat dich, du schöner Wald …« »Der Tenor« ist ein Meisterstück. Wie kaum an anderer Stelle blitzt hier Dohnányis Humor durch, sein Sinn für Theatralik und seine musikalische Charakterisierungskunst.

Die sehr beliebte Oper wurde nach 1933 in Deutschland von den Spielplänen verbannt, weil Dohnányi sich weigerte, das leitmotivische Mendelssohn-Lied durch das Stück eines nichtjüdischen Komponisten zu ersetzen. Wie Sternheim war auch Ernö Goth, der Verfasser des Libretto, ein Jude.[54] Sternheim, der 1942 in Brüssel starb, bemerkte: »Alle, die aus der Tiefe zur schwindelnden Höhe der Volksverführer inzwischen Angelangten und immer noch Anlangenden, haben ihr Urbild in dem auch heute mentalen Bastard Schippel!« Außer den beiden Opern komponierte Dohnányi in den zwanziger Jahren einige Instrumentalwerke, darunter die »Ruralia hungarica«, sein Beitrag zum Komponieren mit musikalischem Material, das aus den alten Volksmusiktraditionen Ungarns stammte.

An der Akademie wurden seit 1927 Stimmen laut, die zur Aussöhnung mit dem einst heftig brüskierten Dohnányi rieten.[55] Bei seinem Rauswurf 1919 durch die neue Akademieleitung hatte sich noch der gesamte Lehrkörper – von wenigen Ausnahmen abgesehen – auf seine Seite gestellt. Zum Jubiläumsfest 1920 war Dohnányi nicht eingeladen, nicht einmal erwähnt und damit aus den Annalen der Akademie vorübergehend gänzlich gestrichen worden – ein Affront ohnegleichen. 1928 aber kehrte er auf Bitten von Jenö Hubay an seine alte Wirkungsstätte zurück und übernahm eine Professur für Klavier und Kompositionslehre. Unter seinen Schülern befanden sich alle, die nach dem Zweiten Weltkrieg den Zenit ihrer Karriere erlebten und als Repräsentanten jener hohen Kunst des Klavierspiels galten, wie sie in Ungarn gelehrt wurde: Andor Földes, György Cziffra, Annie Fischer, Edward Kilenyi jr., Georg Solti, der berühmte Dirigent, und Geza Anda.

Das politische Ungarn erwies ihm auf seine Weise Reverenz. Im Dom von Szeged, der nach einer Flutkatastrophe wiederhergestellt worden war, wurde 1930 Dohnányis »Szegeder Messe« für vier Solostimmen, achtstimmigen Chor, Orchester und Orgel uraufgeführt. Sie war eigens für diesen Anlass komponiert worden. Im Auditorium saß auch Admiral Miklos Horthy, der Reichsverweser. Am Beginn seines sechsten Lebensjahrzehnts näherte sich Ernst von Dohnányi dem beruflichen Höhepunkt seines Lebens. 1500 Konzerte hatte er bis dahin gegeben.

1928 hatte Ernst am Stadtrand von Budapest zusammen mit Freunden ein stattliches, 8000 Quadratmeter großes Grundstück erworben, auf dem er nun ein Haus baute. In der Széher Ut 16, die heute in einem Villenviertel einige Kilometer vom Budapester Stadtzentrum entfernt liegt, entstand ein großzügiges Gebäude im Landhausstil mit drei Etagen und zwölf Zimmern. Hier frönte der Musiker zwei Passionen: seiner Naturliebe und seinem Faible für große Jagdhunde. Zum Entzücken der Kinder wurden auf dem weitläufigen Gelände, dessen Baumbestand heute völlig verwildert ist, auch ein Tennisplatz und ein Swimmingpool angelegt.

Eine großzügige Schenkung des ungarischen Staates, die er ein Jahr zuvor anlässlich seines fünfzigsten Geburtstages erhalten hatte, ermöglichte die Finanzierung des Objektes. Darüber hinaus erhielt Ernst in diesen Jahren mehrere außerordentlich hoch dotierte Preise für sein musikalisches Werk. Eigentlich hätten die Schulden binnen weniger Jahre getilgt sein müssen; Ernst war damals nach heutigen Maßstäben ein Millionär. Doch dazu kam es niemals. Seine enormen Einnahmen wurden immer wieder durch noch höhere Ausgaben verschlungen. Noch Ende der vierziger Jahre zahlten die nachfolgenden Besitzer, die zur Szlabey-Familie gehörten und noch heute im Hause wohnen, den Kredit ab.[56] Heute gibt es Pläne in Budapest, die Hälfte des verwilderten Grundstücks in einen öffentlichen Park umzuwandeln, der den Namen des Musikers tragen soll.

Im Zenit

In den Jahren, die seiner Wiederernennung zum Professor an der Budapester Musikakademie folgten, erreichte Ernst von Dohnányi fast alles, was sich ihm an Aufgaben, Positionen und Ehrungen in Ungarn noch bieten konnte. 1931 – in den Anfängen des Radios – wurde er zum Generalmusikdirektor der Ungarischen Rundfunkgesellschaft berufen. Er war damit nicht nur für das Musikprogramm des Senders verantwortlich, sondern zugleich auch Chefdirigent des Radio-Symphonieorchesters. Sein Stellvertreter wurde Lajos Rajter, der nach dem Zweiten Weltkrieg als Dirigent und Hochschullehrer eine führende Rolle im Musikleben von Bratislava spielte. Rajters Frau Elisabeth, eine bekannte Pianistin, lebt noch heute in der slowakischen Hauptstadt.

Im gleichen Jahr wurde Ernst die Corvin-Kette überreicht, die höchste zivile Auszeichnung, die in Ungarn vergeben wurde, nachdem er schon in den zwanziger Jahren mehrere ungarische

Ehrendoktorate erhalten hatte. Bálint Vázsonyi, sein Schüler und Biograph, bewahrte die Kette nach dem Tod des Komponisten vorübergehend auf und übergab sie anlässlich der Feierlichkeiten zum 125. Geburtstag Dohnányis im Herbst 2002 der Ungarischen Akademie der Wissenschaften. Im Ausland war ihm bereits 1928 die Mitgliedschaft bei der Londoner Royal Academy verliehen worden, 1936 kam der Orden der französischen Ehrenlegion hinzu. Im Juli 1934, fünfzehn Jahre nach seinem ersten Direktorat, löste Dohnányi seinen Nachfolger Jenö Hubay als Leiter der Liszt-Akademie ab. Hubay gab damals, sechsundsiebzig Jahre alt, die Leitung auf, um sich in den letzten Jahren seines Lebens dem Komponieren widmen zu können. Als er 1937 starb, übernahm Dohnányi auch seinen Sitz im ungarischen Oberhaus, dem Senat. Im April 1937 unternahm Ernst mit den Budapester Philharmonikern eine große Deutschland-Tournee mit den Stationen Breslau, Berlin, Hamburg, Mülheim, Köln, Frankfurt am Main, Mannheim, Baden-Baden und München. Unter seiner Stabführung kamen die Meistersinger-Ouverture, die Eroica von Beethoven, Werke von Bartók und Kodály sowie eigene Kompositionen wie die Ruralia Hungarica zur Aufführung. Am Ende der strapaziösen Reise erkrankte er in München und verbrachte zwei Wochen in einem Sanatorium in Garmisch-Partenkirchen.

Alle Konzertsäle Europas standen Dohnanyi offen, er konzertierte in Berlin, London, Paris, Madrid und Rom. In der italienischen Hauptstadt machte Mussolini unmittelbar nach dem Fall von Addis Abeba im Abessinienkrieg am 7. Mai 1936 dem Künstler seine Aufwartung. Der Duce liebte und zelebrierte seine Kontakte zur Kulturszene. Nach dem Konzert im Augusteum kündigte er den Bau einer großen Konzerthalle an ebendiesem Ort an; Dohnányi entgegnete auf Italienisch: »Ich hoffe, dass dies nicht die Folge meines Auftritts ist.« Als Mussolini über diese Bemerkung lachte, fügte Ernst hinzu, er bevorzuge eine kleine Halle, in ihr könne man die Musik deutlicher hören.[57]

1932 starb die Mutter des Künstlers in Budapest. Ottilie von Dohnányi hatte ihren Mann um dreiundzwanzig Jahre überlebt. Friedrich hat seine letzte Ruhestätte auf einem Friedhof inmitten von Preßburg gefunden. Ein unbehauener, großer Stein trägt seine Inschrift. Der von alten, ausladenden Bäumen bestandene Ort repräsentiert mit Grabinschriften in mehreren Sprachen auf eindringliche Weise die Geschichte Mitteleuropas. Preßburg lag nun im Ausland und hieß Bratislava. Ottilie wurde in Budapest begraben. Nach ihrem Tod fiel die Familie binnen weniger Jahre auseinander. Offenkundig verlor Dohnányi mit seiner Mutter auch ein Stück seelischen Rückgrats für seine Lebensführung. Über alle Wechselfälle seiner Künstlerexistenz und über alle Partnerschaftskrisen hinweg war der Kontakt zu ihr stabil und verlässlich geblieben. Ihre unverblümt offenen Worte und ihr resoluter Ton hatten ihn wohl manches Mal wieder auf den nüchternen Boden der Tatsachen geholt und ihm Orientierung gegeben. Ernst geriet nach ihrem Tod in eine Lebenskrise, die am Ende auch zur Trennung von Elsa Galafrés führte.

In den folgenden Jahren verließen auch die beiden Söhne Johannes und Matthias das Haus. Matthias schlug gegen den Willen seines Vaters die Offizierslaufbahn in der ungarischen Armee ein. Hally, ein begabter Cembalist und Organist, der nach seiner juristischen Promotion zunächst als Reporter, dann in der Verwaltung des Ungarischen Rundfunks gearbeitet hatte, emigrierte 1938 nach Kanada. Die Zeiten, da sich im Hause Dohnányi ein Dutzend Menschen – Großmütter, Kinder, Schwester Mitzi und Ehemann, dazu einige Gäste – zum gemeinsamen Essen trafen, waren vorbei.

Die Entfremdung zwischen Ernst von Dohnányi und Elsa Galafrés begann etwa 1937, möglicherweise auch schon früher. Das große, aufwändige Haus, das die ambitiöse Elsa führte, entsprach nicht unbedingt den Vorstellungen ihres Mannes. Er bevorzugte ein ruhiges Privatleben und überließ die Konversation in den großen Tafelrunden gern den anderen. Er, der ständig in der Öffentlichkeit agierte, brauchte zu Hause die Möglichkeit des Rückzugs. Elsa, die ihren Schauspielerberuf aufgegeben hatte, suchte dagegen die Geselligkeit, den Umgang mit den Größen der ungarischen Gesellschaft, mit denen sie eine ausgedehnte Korrespondenz führte. Obwohl sie wohl nicht nur hugenottische, sondern auch jüdische Vorfahren hatte, sympathisierte sie mit antisemitischem Gedankengut, wie es sich in diesen Jahren auch in Ungarn breit machte. Nach Aussagen von Familienangehörigen, die Zeugen solcher Äußerungen waren, erregte sie damit das Missfallen ihres Mannes.

Dohnányi zog sich mehr und mehr zurück und verdrängte auch die finanziellen Probleme. Wenn in der Kasse wieder einmal Ebbe herrschte und die Kreditlinie hoffnungslos überzogen war, wurde Gitta, eine Freundin des Hauses, die später Matthias heiratete, zum Bankdirektor geschickt. Der ließ sich erweichen, wenn ihm das Mädchen ein Küsschen auf die Stirn drückte. Als Ilona, Ernsts spätere dritte Frau, die in diesen Jahren in sein Leben trat, ihn einmal fragte, ob ihm das Schuldenmachen nicht peinlich sei, antwortete er: »Peinlich ist es mir erst, wenn mir keiner mehr etwas gibt.«[58]

Wie fünfundzwanzig Jahre zuvor in Berlin verließ Ernst auch dieses Mal das großzügige Ambiente seines Hauses. Er bezog im »Gellert«-Hotel, zu dem bis heute ein berühmtes Thermalbad gehört, ein Apartment. Wie in Berlin mit Elza hatte er es offenkundig vermieden, die Probleme in seiner zweiten Ehe mit Elsa rechtzeitig anzusprechen. Er ging ihnen aus dem Weg – als der Egozentriker, zu dem ihn die Musikerkarriere gemacht hatte. Elsa blieb zunächst in der Széher Ut. Sie verfügte über kein eigenes Einkommen, sondern nur über das Mobiliar und andere Werte im Hause, die sie während des Krieges zum Teil veräußerte. Dohnányi plante, nach dem Krieg die wertvollsten Gegenstände aus dem Haushalt in die Obhut eines großen Museums zu geben und Elsa im Gegenzug eine Staatsrente zu ermöglichen. Er hoffte auf politische Verhältnisse, in denen die »musikalischen Angelegenheiten von ordentlichen Menschen besorgt« würden.

Eine Zeit lang kämpfte Elsa um Ernst. Wie Elza Kunwald hoffte sie darauf, dass die Affäre mit Ilona Zachár, Dohnányis neuer Begleiterin, eine Episode bleiben würde. In einem Brief an ihren Sohn Hally aus dem Frühjahr 1939 machte sie keinen

Hehl daraus, dass Ilona ihrer Meinung nach keine Frau von Format, sondern eine »raffinierte Bestie« sei, die man allerdings nicht unterschätzen dürfe, da sie einem »Opfer die Gurgel durchbeißen« könne.[59] Sie schrieb von »sechs Jahren Kampf nach ihrer ersten Ehe« – also die Jahre 1912 bis 1918, in denen die Galafrés und Dohnányi in »wilder Ehe« lebten, weil die Scheidung nicht durchzusetzen war – und siebenundzwanzig Jahren »treuester Liebe und Pflichterfüllung« gegenüber ihrem Mann.

Nach dem Zweiten Weltkrieg folgte sie 1947 dem Beispiel ihres Sohnes Hally und wanderte nach Kanada aus. Sie heiratete dort einen wesentlich jüngeren Mann, den Röntgenarzt Clifton Stewart. Mit ihm lebte sie an der English Bay in Vancouver und tat viel für das Musikleben in der Region. Über die Jahre ziemlich füllig geworden, nahm sie nun radikal ab und veränderte ihren Typ von Grund auf. Sie wurde eine Beauty-Expertin, soll mit zahlreichen Hollywood-Filmgrößen befreundet gewesen sein und sich häufig in Los Angeles aufgehalten haben.[60] Niemand nahm ihr das hohe Alter ab, das sie erreicht hatte, zumal sie immer noch Auto fuhr. Elsa Galafrés starb 1977, sie wurde siebenundneunzig Jahre alt.

Ihr Sohn Johannes – Hally – hatte sich in Kanada beruflich vollkommen neu orientiert. Der promovierte Jurist und hochbegabte Musiker wurde ein Erfinder und Fachmann für die Sperrholzindustrie. Außerdem entwickelte er sich zum Spezialisten für Personalführung. 1965 erwarb er, vierundfünfzig Jahre alt, einen zweiten Doktorgrad als Betriebspsychologe. Er unterrichtete Statistik an der Universität von British Columbia und war als Industrieberater tätig. Er starb im März 1996. Mit seiner Frau, Barbara Pentland, einer bedeutenden kanadischen Musikerin und Komponistin, hatte er eine Tochter, Joan Payne. Barbara starb im Februar 2000.[61]

Während der dreißiger Jahre hatte Dohnányi zunehmend mit Gesundheitsproblemen zu kämpfen. Er neigte zu Thrombosen, eine Anlage, die er Kindern und Enkeln vererbte. Deshalb hatte man ihn schon in den zwanziger Jahren selbst bei Schneetreiben nach dem Ende seiner Budapester Konzerte zu Fuß nach Hause gehen sehen – ein Weg von immerhin eineinhalb Stunden. Erschöpfungszustände und Erkältungskrankheiten häuften sich. Dohnányi war ein starker Raucher. In einem solchen Augenblick der Krise begegnete er zur Jahreswende 1937/38 Ilona Zachár, der siebenundzwanzigjährigen Frau eines Großgrundbesitzers, mit deren Eltern er befreundet war. Ilona war ein völlig anderer Typ als Elza Kunwald oder Elsa Galafrés. Christoph von Dohnányi, der alle drei Frauen kannte, meint, dass Elza Kunwald in jungen Jahren die hübscheste und dass die Galafrés die stärkste Persönlichkeit war, während Ilona Zachár vergleichsweise unscheinbar auf ihn wirkte.[62] Die junge Mutter von zwei Kindern befand sich selbst in einer Lebenskrise, sie war frustriert von ihrem Dasein als Luxusgeschöpf und erfasste instinktiv die Einsamkeit des großen Mannes. Sie übernahm zunächst eine Art Sekretärinnenrolle, stellte nicht den Anspruch, eine gleichberechtigte Partnerin zu sein, wie Dohnányi es von den beiden Elz(s)as kannte. Dem viel beschäftigten Musiker machte sie sich bald unentbehrlich. Während der ersten Kriegsjahre, vermutlich befördert durch Ilonas Kinder, die Ernst liebte wie seinen Ziehsohn Hally, wurden die beiden ein Paar.[63]

So brachten die dreißiger Jahre Dohnányi durchaus zwiespältige Erfahrungen. Beruflich befand er sich im Zenit seiner Laufbahn. In Ungarn hatte er erreicht, was er erreichen konnte. International war er als Pianist und auch als Dirigent ein angesehener, gefeierter Künstler. In den kulturell bedeutsamen Städten Europas und Nordamerikas war er aufgetreten und jederzeit willkommen. Seine Werke wurden im In- und Ausland aufgeführt. Zugleich aber zerrütteten und zerbrachen seine persönlichen, privaten Verhältnisse. Seine Trennung von Elsa Galafrés glich wie die von Elza Kunwald einer Flucht. Er ließ die alten Lebensverhältnisse hinter sich und verdrängte sie durch eine neue Beziehung. Nur so lässt sich wohl der auffällige Widerspruch zwischen der Hilfsbereitschaft, die er Außenstehenden entgegenbrachte, und seiner scheinbaren Ignoranz gegenüber dem Schicksal engster Verwandter erklären. Den Kindern, die seine zweite und dritte Frau in die Ehe einbrachten, war er ein großzügiger, liebenswerter Vater. Um seine eigenen Kinder, die er zurückgelassen hatte, kümmerte er sich so gut wie gar nicht. Für Schüler und Kollegen, die in politische Bedrängnis gerieten, schrieb er Petitionen. Für seinen Sohn, von dessen Inhaftierung und Deportation ins KZ er offenkundig wusste, tat er das nicht. War ihm klar, dass ein solches Unterfangen trotz guter Verbindungen zur ungarischen Staatsspitze aussichtslos war? Es kann aber auch sein, dass ihm die Dramatik der Lage, in der sich sein Sohn zwischen Juli 1944 und April 1945 befand, nicht bewusst war. Gegenüber seinem früheren Schüler Kilenyi sagte Dohnányi bei einer Befragung im September 1945 aus, Hans habe »Probleme mit den Nazis« gehabt, er sei wegen Spionage zugunsten der Briten angeklagt worden.[64] Vom Tod seines Sohnes im April 1945 wusste er damals noch nicht.

Spätestens seit 1938 – nach der Annexion Österreichs und Tschechiens durch das Deutsche Reich – war Dohnányi auch politisch herausgefordert, obwohl er sich selbst zeitlebens als unpolitischen Menschen bezeichnete. 1938 verhalf er dem Berliner Konzertagenten Andrew Schulhof, einem ungarischen Juden und engen Freund seit den zwanziger Jahren, der in seinem Leben noch eine wichtige Rolle spielen sollte, zur Ausreise nach Amerika. Er besorgte ihm die für die Fahrt erforderlichen Devisen.[65] Er registrierte Veränderungen bei Reisen nach Deutschland im Jahr 1938 und nach Warschau kurz vor Ausbruch des Zweiten Weltkriegs. Er sah die deutschen Kriegsvorbereitungen und sprach darüber nach der Rückkehr mit dem deutschen Botschafter in Budapest, der ihm trocken erwiderte: »Wenn die Polen Selbstmord begehen wollen, können wir sie nicht daran hindern.«[66] Dohnányi trauerte im September 1939 um das tapfere Land, das binnen weniger Wochen von Hitlers Armeen überrollt wurde.

Die Lage in Ungarn gestaltete sich zusehends schwieriger. Die Horthy-Regierung, die sich vor allem aus revisionistischen Interessen an die Nationalsozialisten anlehnte, verlangte von allen, die ein öffentliches Amt ausübten, einen Abstammungsnachweis, ähnlich dem »Ariernachweis« in Deutschland. Juden sollten in Anpassung an die deutschen Rassengesetze aus allen Ämtern und öffentlichen Dienstverhältnissen, zu denen auch das Bildungswesen und die kulturellen Einrichtungen gehörten, entlassen werden. Die entsprechenden Gesetze und Verordnungen wurden zwar nicht mit dem gleichen fanatischen Eifer wie in Deutschland durchgeführt. Doch die Bedrohung bestand.

Durch die Fülle seiner Ämter und durch das Prestige, das er sich national und international erworben hatte, widersetzte sich Dohnányi, so lange und so gut es ging, der Gleichschaltung des öffentlichen Lebens in Ungarn nach nationalsozialistischem Vorbild. Er pflegte Menschen nach dem zu beurteilen, was sie waren, was sie taten und was sie konnten, nicht nach ihrer Religionszugehörigkeit oder nach ihrer Ahnentafel, und er wollte sich auch durch politischen Zwang keine anderen Maßstäbe oktroyieren lassen. Er hatte viele begabte Nachwuchskünstler seit den zwanziger Jahren gefördert, unabhängig davon, welcher musikalischen Orientierung sie folgten. Er bewahrte sich zeitlebens einen unbestechlichen Begriff von Qualität. Eine junge Amerikanerin, die einzige Frau, die er als Hochschullehrer promovierte, schrieb über ihn einmal, dass er immer Stil und sicheren Geschmack bewiesen habe. »Das Triviale war niemals Bestandteil seines Lebens.«[67] Dohnányi war gradlinig und ein Menschenfreund, der half, wenn er darum gebeten wurde.

Ernsts Widerstand äußerte sich anfangs darin, dass er – wie sein Sohn Hans – Freunden und Bekannten zur Ausreise verhalf, dass er Petitionen unterzeichnete und Ehrenerklärungen für Bedrängte abgab. Mit Beginn des Zweiten Weltkriegs erhöhte sich der Druck auf Ungarn weiter. 1941 legte Dohnányi als Reaktion auf die politischen Ereignisse die Leitung der Liszt-Akademie nieder; seine Professuren für Klavier und Komposition behielt er. Aus dem Kreis derer, für die er sich wirkungsvoll engagierte, sind neben Schulhof, dem er nach Auskunft seiner Frau Belle mit der Devisenoperation 1938 das Leben rettete, weitere Fälle wie die von György Faragó, Carl Flesch und György Ferenczi zu nennen. Faragó hatte bei Dohnányi studiert. An der Liszt-Akademie hatte er einen Lehrauftrag für Klavier inne. Dieser wurde ihm 1943 gekündigt, weil er nach den Begriffen der Rassengesetze ein »Halbjude« war. Im Gespräch mit seinem früheren Lehrer versicherte er diesem: Auch wenn er die Akademie jetzt verlassen müsse, werde sich sein Verhältnis zu Dohnányi nicht ändern. Der aber schrieb an das zuständige Ministerium: »Ich fühle mich nicht dazu berufen, Partei in Fragen der religiösen oder rassischen Diskriminierung zu ergreifen. Ich bin ein Musiker, und als solcher habe ich die Kunst zu repräsentieren. Als Direktor der Institution würde ich die Politik darum bitten, die Hände von der Akademie zu lassen. Sollte nicht jedes Land für die schönen Künste eine Art von Zuflucht organisieren, die unabhängig vom Pendelschlag der Politik existiert?«[68] Als Faragó dennoch entlassen wurde, kündigte Dohnányi auch seine Klavierprofessur an der Akademie.

Carl Flesch jr., der Sohn des bekannten Violinvirtuosen Carl Flesch, bezeugt, dass Dohnányi seinen Eltern das Leben rettete.[69] Flesch sr. wurde, als er sich mit seiner Frau während des Zweiten Weltkriegs in Holland aufhielt, von den deutschen Besatzern verhaftet. Er konnte erwirken, dass er nach Ungarn, in sein Herkunftsland, ausreisen durfte. Dort war er keineswegs sicherer, doch Dohnányi besorgte für den siebzigjährigen Virtuosen und seine Frau Papiere, so dass sie in die Schweiz gelangen konnten, wo Flesch bis zu seinem Tod im November 1944 unterrichtete.

Im Mai 1944, wenige Wochen nach dem Einmarsch der Deutschen in Budapest, löste Dohnányi das Philharmonische Orchester auf, dem er ein Vierteljahrhundert vorgestanden hatte. Ein offener Gedankenaustausch unter Kollegen war nun nicht mehr möglich. Wie überall in Europa profitierte die neue Besatzungsmacht ungemein von Verrat und Kollaboration. Ernst entschloss sich zu diesem Schritt, um nicht die jüdischen Musiker entlassen zu müssen und weil er sich selbst einen ehrenhaften Abgang aus dem ungarischen Musikleben verschaffen wollte. Wirkungsmöglichkeiten sah er für sich nicht mehr. Im

Gegenteil. Längst befand er sich durch seinen Einsatz für jüdische und politisch missliebige Musiker selbst in Gefahr. Aber solange er in Ungarn war, half er entschlossen und mit strategischem Überblick. Wenn man bedenkt, dass der jüdische Anteil an der Bevölkerung von Budapest bei zwanzig Prozent lag (und unter Berufsmusikern lag er gewiss nicht niedriger), dann wird die Größenordnung des Engagements deutlich, zu dem er sich herausgefordert sah.

Wie weit Dohnányi in der Unterstützung von Verfolgten ging, zeigt wohl am deutlichsten das Schicksal von György Ferenczi, einem begabten Pianisten und Freund von Edward Kilenyi jr. Ferenczi bat Dohnányi nach dem Einmarsch der Deutschen um materielle Unterstützung, worauf dieser sofort einige Konzertabende für ihn organisierte. Dabei rügte er ihn wie andere Nachwuchsmusiker, die in dieser Zeit bei ihm Beistand suchten, weil er sich nicht früher gemeldet hatte. Die Lage spitzte sich noch weiter zu, als Ferenczi zusammen mit seiner Frau in ein Konzentrationslager abtransportiert werden sollte. Dohnányi gelang es, das Paar aus dem Zug herauszuholen. Wie er das erreichen konnte, ist im Einzelnen nicht bekannt. Die wahrscheinlichste Erklärung ist, dass er gegenüber den zuständigen Stellen entschieden auftrat und dass aufgrund seiner Autorität von ihm womöglich vorgebrachte »Sachzwänge« wie Konzerttermine oder Orchesterbesetzungen akzeptiert wurden. Bei dieser Gelegenheit bewahrte er noch eine Reihe weiterer jüdischer Musiker vor dem Abtransport. Nach Schulhofs Berichten holte er auch später wiederholt Kollegen aus den Todeszügen heraus. Belle und Andrew hatten nach dem Zweiten Weltkrieg in New York sicherlich den besten Überblick über das Schicksal der ungarischen Musiker. Ihre Konzertagentur betreute übrigens auch Béla Bartók.

Dohnányi beließ es jedoch nicht nur bei Rettungsaktionen, sondern er half den Bedrängten anschließend auch finanziell.[70] Nach allem, was an seriösem Material und an ernsthaften Aussagen zugänglich ist, muss man sein Verhalten zwischen dem Frühjahr 1943 und dem Frühjahr 1944, seinen Einsatz für seine

Musiker, als sehr mutig bewerten. Vielleicht ist es nicht übertrieben, ihn als »Wallenberg der Musik« zu bezeichnen. Er wird damit kein Widerständler, aber man kann sagen, dass sich die Lebensläufe von Vater und Sohn in ihrem humanitären Engagement vorübergehend annäherten.

In diesen Zeiten wachsender politischer Bedrückung schrieb Ernst von Dohnányi eines seiner Hauptwerke, die Kantate »Cantus vitae« op. 38, ein Stück Bekenntnismusik. Sie beruht auf einem ungarischen Drama aus dem 19. Jahrhundert, »Die Tragödie des Menschen« von Imre Madách. Dohnányi hatte sich schon um 1900 mit dem Gedanken beschäftigt, ein chorsymphonisches Werk nach dieser Dichtung zu komponieren, hatte aber dann die Idee zunächst nicht weiterverfolgt. Zwischen Juni 1939 und März 1941[71] schrieb er dann das Werk, in dem er seine Lebensphilosophie, den Glauben an das letztlich Gute im Menschen, niederlegte.

Anfang April 1941 sollte der »Cantus vitae« in der Budapester Oper unter der Leitung des Komponisten uraufgeführt werden. Die Vorbereitungen dazu waren weitgehend abgeschlossen. In der Generalprobe betrat der Sekretär der Budapester Musikakademie den Raum, wartete, bis Dohnányi abbrach, und überreichte ihm dann eine Nachricht. Der Dirigent las die Zeilen, und die beiden Männer starrten einander schweigend an. In die Stille hinein sagte Dohnányi: »Die Uraufführung von ›Cantus vitae‹ morgen Abend in der Oper wird verschoben. Unser Premierminister, Graf Teleki, […] ist tot.« Teleki hatte eine Beteiligung seines Landes am Krieg gegen die Sowjetunion abgelehnt und der deutschen Wehrmacht den Durchmarsch durch das neutrale Land zum Angriff auf Jugoslawien verweigert. Er beging am 3. April 1941 Selbstmord.

Drei Tage nach seinem Tod setzten sich die deutschen Divisionen Richtung Belgrad in Marsch. Wenige Wochen später wurde ihnen der Transit durch Ungarn gestattet, das sich dann auch selbst am Jugoslawien-Feldzug Hitler-Deutschlands militärisch beteiligte. In seinem Abschiedsbrief an Horthy hatte Te-

leki den bevorstehenden Vertragsbruch gegenüber Belgrad mit scharfen Worten gegeißelt: »Wir sind dem Pakt auf ewige Freundschaft treulos geworden – treulos bis zur Feigheit. […] Wir haben uns auf die Seite der Schurken gestellt. […] Wir sollen Leichenräuber werden!«
Die beiden geplanten Aufführungen des »Cantus vitae« wurden am 28. und 29. April 1941 nachgeholt. Vom Budapester Publikum wurde das Werk begeistert aufgenommen. Dohnányi »präsentierte der musikalischen Welt die größte und möglicherweise wichtigste Schöpfung seines Lebens«, schrieb der Musikkritiker Géza Falk nach der Uraufführung.[72] Das Manuskript der Kantate wurde erst vor wenigen Jahren im Nachlass Ernst von Dohnányis in Amerika wieder gefunden. Im Jahre 2002, anlässlich des 125. Geburtstags von Dohnányi, wurde der »Cantus vitae«, der »Gesang vom Leben«, erstmals seit 1941 wieder aufgeführt. In Deutschland erklang er zum ersten Mal am 1. Februar 2004: Chor und Orchester der Universität Hamburg unter der Leitung von Bruno de Greeve hatten die Initiative zu dieser Premiere in der Hamburger Musikhalle ergriffen. Im Vorwort zum Programmheft schrieb der Dirigent: »[Ich] war bereits beim Lesen [der Partitur] hingerissen von den verschiedenen Qualitäten des Werks von Dohnányi: diese Vielfalt von Kontrasten in schneller Folge, die vielen Schichten in Text und Musik, die […] sich gegenseitig verstärken und hervorrufen, die Beherrschung der großen Struktur, die wirklich gelungene, proportionierte Gliederung und die meisterhafte motivische Verarbeitung, die das Ganze zu einer organischen Einheit zusammenschmiedet – all dies ist Grund für mich zu hoffen, aber auch zu glauben, dass dieses Werk sich nicht nur bei uns hören lassen kann, sondern bald auch an vielen anderen Orten gespielt werden wird.«[73]

Zu den Tragödien, die Dohnányi in seinem künstlerischen Umfeld erlebte, kamen bestürzende Nachrichten von Matthias, dem jüngeren seiner beiden Söhne. Er war mittlerweile Hauptmann bei einer Fernmeldeeinheit und wurde mit dieser an die Ostfront abkommandiert. In der Woronesch-Schlacht im Januar

1943 erlitten die ungarischen Streitkräfte, vor allem die 2. Armee am Don, eine Niederlage, von der sie sich nicht mehr erholten. Keine andere Armee meldete im Zweiten Weltkrieg binnen eines Zeitraums von drei Wochen so hohe Verluste: 100 000 Tote und 60 000 Gefangene. Nur 40 000 Soldaten kehrten völlig demoralisiert nach Hause zurück, von den Deutschen und ihrem »Größten Feldherrn aller Zeiten« im Stich gelassen und mit keinem Wort gewürdigt, unter ihnen auch Matthias von Dohnányi, der nur sein nacktes Leben retten konnte. Die Briefe, die er danach an seinen Vater schrieb, spiegeln seine tiefe Depression wider. Die beiden sahen sich nie wieder.

Matthias hatte zu Beginn des Krieges seine Spielkameradin und Jugendfreundin, eine begabte Konzertpianistin, geheiratet. Gitta war die Tochter von Lajos Dömötör, einem herausragenden Flötisten und Kollegen von Ernst an der Akademie. Die »Sandkastenehe« hielt nicht lange, Matthias trennte sich schon bald von seiner Frau. Die Tochter, die aus dieser Verbindung hervorging, flüchtete in den siebziger Jahren aus ihrer Heimat und wurde deswegen in Abwesenheit zu zwanzig Monaten Gefängnis verurteilt. Martha von Dohnányi, eine Computerspezialistin, lebt heute in Hamburg, ihre Mutter, eine faszinierende alte Dame, in Budapest. Der Salon ihres kleinen Anwesens unweit der neuen Französischen Schule wird von zwei nebeneinander stehenden Flügeln dominiert. Gemälde und Photos erinnern an die Jahre, als ihr Vater und ihr Schwiegervater berühmte Musiker waren. Eine alte Schellackplatte beschwört die Erinnerung an ihre eigene Karriere als Pianistin herauf.

Im Hochsommer 1944, im Urlaub am Plattensee, sah Ernst den silberglänzenden amerikanischen Bomberflotten nach, die Richtung Budapest flogen. Er blieb bis zum letzten Augenblick in Ungarn, wo unter dem Kommando von Adolf Eichmann die Juden binnen weniger Wochen zusammengetrieben und nach Auschwitz deportiert wurden. Nur in Budapest gab es noch für ein paar Monate eine Überlebenschance, bis die SS ihre Opfer auch in der Millionenstadt aus den Verstecken hervorgeholt hatte. Dohnányi führte mit dem Chef der faschistischen, Hitler ergebenen »Pfeilkreuzler«, Ferenc Szálazy, mehrere Unterredungen, um die Lage für die Musiker im Lande zu sondieren, nachdem Horthy von den Nationalsozialisten festgesetzt worden war. Über den genauen Inhalt der Gespräche ist nichts bekannt. Ein Foto, das ihn und Szálazy beim scheinbar vertraulichen Händeschütteln zeigt, sollte Ernst später noch außerordentliche Probleme bereiten. Nach den Gesprächen mit dem obersten »Pfeilkreuzler« kam er zu der Überzeugung, dass es für ihn sinnlos war, in Ungarn zu bleiben.

Es muss für Dohnányi ein ungeheuer schwerer Entschluss gewesen sein, Ungarn zu verlassen. Er hatte sich im Ersten Weltkrieg für sein Heimatland entschieden, die gut dotierte Professur in Berlin aufgegeben. In den zwanziger Jahren, als es ihm wirtschaftlich schlecht ging, hatte er den Angeboten, in den USA zu bleiben, widerstanden. Nun entschloss er sich vor allem zur Flucht, um das Überleben von Ilona Zachár und ihren beiden Kindern zu ermöglichen. Er war mittlerweile siebenundsechzig Jahre alt.

Am 24. November 1944 hielt ein Lastwagen der deutschen Wehrmacht im Zentrum von Budapest und nahm die Fluchtbereiten auf, darunter auch das Hausmädchen von Ilona. Ernst hatte die Flucht mit Hilfe der Soldaten organisiert, die in seinem Hause einquartiert waren. Nach einem kurzen Zwischenstopp und Abschied von der geliebten Schwester Mitzi, die bis 1966 in Budapest lebte, ging es unter dem Donner der Geschütze Richtung Wien. Für diese »Entscheidung eines Unpolitischen«,[74] sich mit seiner Familie ins Großdeutsche Reich Adolf Hitlers abzusetzen, hatte Ernst zehn Jahre lang zu zahlen. Freunde und Gegner zeigten sich irritiert, es entstand ein Gebräu von Gerüchten und Mutmaßungen, das im Chaos der kommenden Jahre reichlich Nährboden fand.

Auf der Flucht

Die »Tragödie des Menschen«, das Thema seines »Cantus vitae«, holte Ernst von Dohnányi nun auch in der Wirklichkeit ein. Das hatte nichts mit seiner Flucht zu tun. Im April 1945 starben seine beiden Söhne. Der ältere, Hans, wurde kurz vor dem Ende der nationalsozialistischen Tyrannei im Konzentrationslager Sachsenhausen ermordet. Seine Witwe, Christine Bonhoeffer, übermittelte Ernst im April 1946 die Todesnachricht. Der Brief war zunächst nach Budapest adressiert worden und erreichte den Empfänger daher erst auf Umwegen. Dohnányi hatte nach eigener Darstellung kurz zuvor von Hans' Freund Karl Englhofer erfahren, dass sein Sohn, nach dessen Schicksal er seit Kriegsende vergeblich geforscht hatte, nicht mehr lebte. Diese Version ist jedoch nicht sehr wahrscheinlich. Es spricht vieles dafür, dass er bereits im Oktober 1945 die Todesnachricht erhalten hat, wenige Wochen nachdem er seinen Schüler Edward Kilenyi erstmals seit Kriegsende getroffen hatte. Denn dieser war aufgrund seiner Position in München in der Lage, zuverlässige Informationen über Hans zu beschaffen. Solche Verzögerungen waren damals an der Tagesordnung. Auch im Freundeskreis der Familien Dohnányi und Bonhoeffer gab es Fälle, in denen Weggefährten erst 1947 Kenntnis von Hans' Tod erhielten. Ernst schrieb seiner Schwiegertochter erstaunlich lapidar zurück: »Liebe Christel, hier gibt es nichts anderes, als sich in sein Schicksal fügen und es demütig ertragen. Dieser Krieg hat ja die unsagbarsten Leiden geschaffen und die übermenschlichsten Opfer verlangt.«[75]

Ernsts jüngerer Sohn Matthias starb in einem russischen Lager an Typhus. Als seine Mutter, Elsa Galafrés, die Todesnachricht erhielt, fuhr sie nach Szekesfehervar (Stuhlweißenburg), eine halbe Autostunde von Budapest entfernt, und suchte nach der Stelle, wo Matthias angeblich verscharrt worden war. Sie fand den Ort mit Hilfe von Bauern mitten auf einem Feld, identifizierte ihren Jungen anhand eines Bekleidungsstücks, grub ihn aus und brachte ihn im Sarg auf einem Pferdewagen heim.[76] Ihr geschiedener Mann schrieb einige Monate später: »Die arme Elsa tut mir Leid. Sie hat ihr Leben auf diese einzige Karte gesetzt und wird kaum Trost finden.« Man kann diese Äußerung als unglaubliche Gefühlskälte auslegen. Wahrscheinlicher ist jedoch, dass sich darin Dohnányis Hilflosigkeit ausdrückt, angemessene Worte für das zu finden, was sich bei Berlin und unweit von Budapest im April 1945 abgespielt hatte. Matthias liegt heute auf einem Budapester Friedhof begraben. Dohnányi erfuhr im Spätherbst 1945 von seinem Schicksal. »Das war für mich umso schrecklicher«, schrieb er seiner Schwester, »denn ich war sicher, dass Matyi sich irgendwo in Bayern aufhält, in der amerikanischen Zone.« Aufgrund des letzten Lebenszeichens, eines Briefes, den er im März 1945 in Wien von Matthias erhalten hatte, hatte er gefolgert, »dass er mit dem Gros der Armee in Deutschland« sei.[77] Auch aus anderen Passagen im Brief an die Schwester Maria Kováts lässt sich schließen, dass ihn das Schicksal seines jüngeren Sohnes gegen Kriegsende stark beschäftigt hat. Das letzte der sechs Stücke für Klavier, op. 41, das den Titel »Glocken« trägt, widmete er Matthias.

Nach der Flucht aus Ungarn kam Dohnányi mit Ilona Zachár, ihren beiden Kindern und dem Kindermädchen in zwei Räumen des »Collegium Hungaricum« in Wien unter. In den nächsten Wochen und Monaten arbeitete er dort konzentriert an seiner zweiten Symphonie in E-Dur, die er im Jahr zuvor in Budapest begonnen hatte. Als sich die Rote Armee Anfang April 1945 der österreichischen Hauptstadt näherte, begab er sich mit seiner neuen Familie erneut auf die Flucht. Dieses Mal half ihnen der österreichische Oberst Rudolf Frankowsky, der mit einer Budapester Sängerin verheiratet war und Ernst daher kannte. Er nahm die Familie am 2. April 1945 auf eine abenteuerliche Tour nach Linz mit und setzte sie schließlich in dem kleinen oberösterreichischen Ort Neukirchen am Walde ab, etwa fünfundfünfzig Kilometer nordwestlich von Linz. Bei einem wohlhabenden Bauern kamen die fünf Flüchtlinge unter. Sie schlugen sich in den nächsten Monaten durch, indem Ilona und

Ernst nach und nach die wenigen Wertgegenstände und Kleidungsstücke verkauften, die sie aus Ungarn mitgenommen hatten.

Schnell sprach sich im Ort herum, dass Neukirchen einen prominenten Flüchtling beherbergte. Das führte rasch zu ersten musikalischen Aktivitäten des neuen Mitbürgers. Dohnányi spielte in der Kirche die Orgel und dirigierte einen Chor ungarischer Exoffiziere. Er genoss das Landleben und wusste die im Vergleich zu den zerstörten Städten weitaus bessere Versorgungslage zu schätzen. »Es tut der Seele so gut, wenn man nicht fortwährend an den Krieg erinnert wird«, schrieb er später seiner Schwiegertochter in Berlin.[78] »Musik und Natur«, konstatiert Christoph von Dohnányi, »konnten ihn schnell die größten Tragödien seiner Zeit vergessen lassen.«

Bei Kriegsende, als Österreich ähnlich wie Deutschland in vier Besatzungszonen aufgeteilt wurde, marschierten die Amerikaner in Neukirchen am Walde ein. Sie waren in diesen ersten Monaten harte, grimmige Besatzer, die Flüchtlinge und »Displaced Persons« nach sehr simplen Maßstäben behandelten. Ungarische Staatsbürger kamen dabei als ehemalige Verbündete Nazi-Deutschlands besonders schlecht weg. Aber zunächst hatte Dohnányi das Glück, von kulturinteressierten amerikanischen Soldaten »entdeckt« zu werden. Sie boten ihm die provisorische Leitung des Philharmonischen Orchesters in Linz an und transportierten ihm auf einem Armeelastwagen sogar einen Flügel herbei.

Anfang August veränderte sich die Lage dramatisch. Es tauchten Gerüchte auf, dass Dohnányi ein Kriegsverbrecher sei. Die Anschuldigungen fielen auf fruchtbaren Boden und erhielten schließlich durch den Ungarischen Dienst der BBC in London neue Nahrung. In einem Beitrag am 1. Oktober 1945 wurde Ernst unterstellt, Künstler an die Gestapo ausgeliefert zu haben. Viele Radiostationen auf der ganzen Welt griffen die Meldung auf. Dohnányi hatte die Sendung nicht selbst gehört, war aber von Bekannten darauf angesprochen worden. Am 3. Oktober reagierte er und schrieb an einen alten Londoner Freund mit der Bitte um Weiterleitung an die BBC:»Ich verurteile [dieses Gerücht] als Verleumdung und totale Lüge. Ich hatte weder mit der Gestapo zu tun noch mit einer ähnlichen Organisation. Ich habe nie einer Partei angehört. Es wird keinen Menschen geben, der behaupten kann, dass ich mich gegenüber irgendjemand unkorrekt oder illiberal verhalten habe. Mein einziger Fehler bestand darin – es ist merkwürdig, dass dies nun ein Fehler sein soll –, dass ich Mitglied des ungarischen Oberhauses war. Ich unterschrieb (wie andere Mitglieder des Hauses auch, die gute Patrioten waren) eine Petition zugunsten der Nationalvereinigung ›Nemzeti Szövetség‹, die gegen Russland gerichtet war.«[79] Dohnányi erhielt einen kühlen Antwortbrief von Sir Adrian Boult, dem Chefdirigenten des Londoner Symphonieorchesters, mit dem er einst zusammengearbeitet hatte. Vermutlich hatte sein alter Freund das Schreiben nicht einmal selbst aufgesetzt.

Trotz energischer Vorsprache bei den zuständigen amerikanischen Militärbehörden in Österreich wurden Dohnányi auch dort keine Beweismittel vorgelegt. Es blieb bei vagen, aber ungeheuerlichen Behauptungen. Wie war das möglich? Wie konnte es zu derartigen Mutmaßungen und deren Verbreitung kommen? Wer hatte ein Interesse daran? Zunächst einmal: Hinter allen Vorwürfen dieser Jahre stand erkennbar die Absicht, eine Rückkehr Dohnányis ins ungarische Musikleben für immer zu verhindern. Aller Wahrscheinlichkeit nach stammten die Gerüchte aus der Musikszene des Landes, wie Bálint Vázsonyi aufgrund seiner Beobachtungen wohl zu Recht vermutete. Ein Musikredakteur der *New York Times* sah dies 1947 ganz ähnlich. Von ihm wird noch die Rede sein.

Vieles spricht dafür, dass Dohnányi gleich in dreifacher Hinsicht den Neid seiner Generationsgenossen im ungarischen Musikleben herausforderte. Nicht jeder konnte mit seiner Dominanz fair und anständig umgehen. Da war zunächst seine Persönlichkeit, ein »charming man«, ein Freund der Frauen und ein Publikumsliebling. Da gab es – zweitens – den virtuosen Pianisten, der von Jugendtagen an mit den Stationen Budapest,

Wien, Berlin, London und New York das Publikum mit seinem Können in den Bann gezogen hatte. Und da gab es schließlich den Komponisten, dessen Gesamtwerk für die Zeitgenossen bedeutender zu sein schien als das Œuvre irgendeines anderen ungarischen Komponisten. Dohnányi war im Ungarn der zwanziger und dreißiger Jahre prominenter als Bartók. Seine Kompositionen waren zudem mit außerordentlicher Leichtigkeit entstanden. Um Einfälle und Ideen musste er nie ringen, sie flogen ihm zu. Seine Werke waren keine »Arbeitssiege«. Er operierte mit einer lockeren Genialität, das Komponieren ging ihm rasch von der Hand. Seine Kompositionen bewegen sich daher Christoph von Dohnányi zufolge nicht alle auf gleichmäßig hohem Niveau, neben Meisterwerken stehe manch belangloses Genrestückchen. Ernst von Dohnányi wird von seinem Enkel in die Nähe anderer Komponisten der Jahrhundertwende wie Alexander Zemlinsky, Franz Schreker oder Erich Wolfgang Korngold gestellt. Selbstverständlich rief der Erfolg, vor allem ein so rascher und umfassender wie der Dohnányis, Neider auf den Plan, die sich freundlich zu ihm verhielten, solange er über ihnen stand, aber Morgenluft witterten, als er Ungarn verlassen hatte. Viele, die mit ihm nicht hatten Schritt halten können, manche, die er gefördert oder denen er in der Not geholfen hatte, fanden sich nun in neuen Allianzen gegen ihn zusammen.

Dohnányi gehörte außerdem zum gebildeten, wohlhabenden Bürgertum, das mit seiner Welterfahrenheit und seinem Horizont die geistige Elite und die politische Mitte in Ungarn stellte. Die Angehörigen dieser Schicht waren mehrheitlich – Dohnányi ist dafür das beste Beispiel – Patrioten, aber keine Chauvinisten. Deshalb wurden sie von der nationalistischen Rechten wie von der kommunistischen Linken attackiert. Nationalisten und Kommunisten konnten sich leichter miteinander arrangieren als mit der liberalen Mitte, denn beide vertraten autoritäre, diktatorische Staatsdoktrinen. Dohnányi lehnte die kommunistische Lehre ab. Er hat nie in der Sowjetunion konzertiert. Wer es im »neuen«, sowjetisch besetzten Ungarn zu etwas bringen wollte, ging zu Liberalen wie ihm auf Distanz.

Zum Neid gesellten sich bei seinen Verleumdern also auch noch politischer Ehrgeiz und Opportunismus.

Dohnányi musste im Sommer 1945 feststellen, dass er sehr allein war. Die Kontakte, die er bis hinauf zu General Reinhardt, dem Militärgouverneur der US-Zone, geknüpft hatte, halfen plötzlich nicht mehr weiter. Die auf Rufmord hinauslaufenden Gerüchte fielen zwar schnell wieder in sich zusammen, als ihn eine amerikanische Militärzeitung vollständig rehabilitierte und von unhaltbaren Vorwürfen freisprach. Doch die Situation blieb für Dohnányi aus zwei Gründen kritisch. Zum einen wechselte bei den Amerikanern ständig das Personal, seine Förderer gingen; zum anderen wurden die Intrigen gegen ihn erkennbar von der neuen ungarischen Regierung gesteuert und gefördert. Freunde aus Budapest schickten ihm einen Zeitungsartikel mit der Titelzeile: »Dohnányi sitzt in Linz im Gefängnis«. Das war natürlich falsch. In dem Beitrag wurde behauptet, er sei mit einem Waggon voller Wertsachen nach Österreich geflüchtet, nachdem er kranke Musiker, die in einem Hospital gepflegt wurden, an die Gestapo ausgeliefert habe.

Ein starkes Hoffnungszeichen für Dohnányi waren die Salzburger Festspiele. Er wurde eingeladen, das Eröffnungskonzert des ersten Nachkriegsfestivals im Sommer 1945 zu dirigieren. Er wollte zu den ersten Proben anreisen, aber wieder einmal hatten Intrigen seiner ungarischen Landsleute Erfolg, wie er seiner Schwester voller Bitternis schrieb: »Die Sache hat viel Staub aufgewirbelt, englische und amerikanische Zeitungen haben sich auch damit beschäftigt. Der General hat mich verteidigt. Aber alles war umsonst, in Salzburg durfte ich nicht dirigieren! Die Bande lässt mir keine Ruhe. Das zweite Mal lassen sie Gerüchte über meine ›Verhaftung‹ verbreiten, die nur ihr ›Wunschtraum‹ ist. Und hoffentlich bleibt sie es auch.«[80] Die Vorwürfe in der ungarischen Heimat gegen ihn lauten jetzt auf »intellektuelle Arbeit für die Pfeilkreuzler und für die Fortsetzung des Krieges«.

Mit großer Sorge verfolgte Dohnányi die von Österreich betriebene Zwangsrepatriierung der ungarischen Flüchtlinge. Sie konnte auch ihn und seine neue Familie treffen. Doch Mitte September 1945 schienen sich die Dinge zum Besseren zu wenden. Eine große Luxuslimousine, die aus dem Fuhrpark von Adolf Hitler stammte und in der zwei amerikanische Offiziere saßen, hielt eines Nachmittags gegen 16 Uhr am Ortsrand von Neukirchen. Es wimmelte von ungarischen Soldaten. Aber wo war Dohnányi? Einer der Insassen des Fahrzeugs, ein junger Hauptmann, hörte in der Ferne jemanden Klavier spielen, folgte den vertrauten Tönen und klopfte an die Tür des Hauses, in dem die Dohnányis untergekommen waren.[81]

Es war Edward Kilenyi jr., der Dohnányi als Kind einstmals in Amerika vorgestellt worden war, später in Budapest sein Schüler wurde und im Hause Dohnányi fast wie ein Familienmitglied ein und aus ging. Kilenyi war jetzt als Hauptmann und Kulturoffizier in München stationiert. Er hatte vom Schicksal seines Lehrers gehört, der seinerseits nach ihm Ausschau gehalten hatte. Als Kilenyi den Raum betrat, in dem Dohnányi spielte, rief dieser verblüfft aus: »Eddie, du bist in Europa?« In der knapp dreißigminütigen Begegnung erklärte sich Kilenyi bereit, Dohnányi zu helfen. Länger konnte er nicht bleiben, er musste zurück nach Bayern zu einem Termin mit einem US-General. Um die Fahrt über Zonengrenzen hinweg ohne große Komplikationen zu schaffen, hatte Kilenyi einfach seinen Vorgesetzten, einen US-Oberst, mitgenommen.

Schon eine Woche später sahen sich Schüler und Lehrer im Salzburger Mozarteum wieder. Kilenyi ließ sich Dohnányis abenteuerliche Geschichte bei dem achtstündigen Beisammensein minutiös schildern. Obwohl er seinem väterlichen Freund vertraute, verhielt er sich wie ein Strafverteidiger und ging allen gegen Dohnányi erhobenen Vorwürfen in der Hoffnung nach, sie widerlegen zu können. Zunächst war seinen Bemühungen allerdings wenig Erfolg beschieden. Im November 1945 schrieb Ernst an seine Schwester: »Vielleicht wird es ihm bei den Amerikanern gelingen. Und das genügt mir.«[82]

Was Kilenyi nicht wissen konnte: Dohnányi, den die Vorwürfe persönlich tief trafen, erzählte nicht einmal seinem einstigen

Schüler alles, was er zu seiner Entlastung hätte vorbringen können. Wie vielen jüdischen Musikern er wirklich geholfen hatte, erfuhr Kilenyi erst, als er Überlebende wie Ferenczi befragte. Er kontaktierte alle erreichbaren Persönlichkeiten, die Dohnányi während des Krieges begegnet waren, darunter sogar der dänische Kronprinz. Es war der Beginn eines »Kreuzzuges« zugunsten von Dohnányi, wie Belle Schulhof, die Witwe seines Freundes, später schrieb. Kilenyi reiste sogar zum Alliierten Kriegsverbrechertribunal nach Nürnberg, um seinem Lehrer Gerechtigkeit widerfahren zu lassen.

Am 20. Dezember 1945 ging schließlich bei Rudolf Frankowsky, dem Exoberst, der Dohnányi zur Flucht aus Wien verholfen hatte und ihm nun als Sekretär behilflich war, ein Schreiben des ungarischen Justizministers ein. Darin wurde bestätigt, dass Ernst auf keiner aktuellen Liste von »war criminals« stehe und dass er von einer früheren, unautorisiert veröffentlichten Liste gestrichen worden sei. Dohnányi erhielt in diesen Wochen Post von Zoltán Kodály, von Edward Zathureczky, dem neuen Direktor der Liszt-Akademie, von Jenö Sugár, seinem Verleger, von Andras Rékai, dem Konzertmanager der Budapester Philharmonie, von Imre Waldbauer, einem Professor an der Liszt-Akademie, und von zahlreichen weiteren prominenten ungarischen Musikern. Alle Briefe hatten den gleichen Tenor: Man sei erleichtert über seine vollständige Rehabilitierung. In der Heimat vermisse man ihn sehr.

Anfang 1946 konnte Dohnányi seine Konzerttätigkeit wieder aufnehmen, zunächst in der amerikanischen Zone Österreichs. Es war höchste Zeit, denn die Familie war mittellos. Ilona Zachár hatte inzwischen ihren Job als Übersetzerin bei den US-Behörden verloren. Bald darauf folgten Auftritte auch in Innsbruck, in der französischen Besatzungszone gelegen. Aber resigniert stellte Ernst fest, dass seine »Kriegssache« nicht in Ordnung komme. Genehmigungen für Konzerte würden erst verspätet erteilt. Was ihm wirklich vorgeworfen werde, wisse er nicht. Er habe gehört, »dass einige behaupten, ich habe Juden der ›Gestapo‹ ausgeliefert. Lo vedremo!«[83] Im Herbst

1946 bekam er die Erlaubnis zu einer mehrwöchigen Konzertserie in Großbritannien, zu der später Veranstaltungen in Wien hinzukamen. Im Dezember 1946 gastierte er erneut drei Wochen in London. Der Beamte, der ihn bei der Einreise kontrollierte, fragte ihn: »Sind Sie der berühmte Musiker?« Als Dohnányi nickte, sagte der Brite: »Sie sind in Großbritannien willkommen, Sir.«

Die ungarische Zeitschrift *Muzsika* veröffentlichte unlängst rund vierzig Briefe aus der umfangreichen Korrespondenz, die Dohnányi während der Jahre 1944 bis 1958 führte.[84] Die meisten waren an seine Schwester Mitzi gerichtet, andere an Ferenc Kováts, den Schwager, sowie an frühere Mitarbeiter. Ernst berichtete darin ausführlich über die Stationen seines rastlosen Lebens und seine musikalischen Aktivitäten. Weil auf die amtliche Post kein Verlass war – Briefe von Neukirchen nach Wien waren zwei Wochen unterwegs, zwischen den Besatzungszonen mitunter noch länger –, beförderten in den ersten Nachkriegsjahren Freunde und Mitarbeiter die Post des Musikers. Als weiteres Briefthema kamen in den folgenden Jahren die Scheidung von Elsa Galafrés und die damit verbundenen Probleme zur Sprache.

Dohnányi beschäftigte sich nun intensiv mit der Frage, wo er sich mit seiner Familie dauerhaft niederlassen konnte. Seiner Schwiegertochter Christine schrieb er im August 1946, er wolle »weiter nach Westen«. Da ihm der Rückweg in die Heimat verschlossen war, plante er, nach Dänemark oder in die Schweiz auszuwandern. Später wurden als mögliche Ziele auch Großbritannien, Kanada, die Vereinigten Staaten und Australien erwogen. Aber alle Gesuche wurden abgelehnt, weil er noch immer als Kriegsverbrecher galt. Ernst hatte in den zwanziger Jahre gemeinsam mit Elsa Galafrés seine deutsche Staatsangehörigkeit abgegeben, war also nur noch ungarischer Staatsbürger. Die Verdächtigungen und Behauptungen, zu denen mittlerweile der Vorwurf des Antisemitismus hinzugekommen war, wirkten nach und machten ihm zunehmend persönlich zu schaffen. Außerdem gab es Visa-Probleme wegen des sudetendeutschen Kindermädchens und vor allem wegen der beiden Kinder, denn Ilona und Ernst waren noch nicht verheiratet.

Als neue Gerüchte über Dohnányi auftauchten, setzte der neue ungarische Innenminister, ein Kommunist, ihn prompt wieder auf die Liste der gesuchten Kriegsverbrecher. Sogar ein Haftbefehl wurde mit der Begründung erlassen, dass er als Generaldirektor der Ungarischen Rundfunkgesellschaft in großem Umfang zur faschistischen Propaganda im Musikleben des Landes beigetragen habe. Dohnányi, der sich, heimatlos geworden, inzwischen mit Hilfe eines Freundes darum bemühte, nach Südamerika auszuwandern, entschloss sich, fürs Erste in die französische Zone Österreichs zu gehen. Sein früherer Sekretär Árpad Bubik, den er seit den zwanziger Jahren kannte (Bubik organisierte damals Konzerte für den Verband Ungarischer Künstler), war dort mittlerweile »autorisierter« Konzertorganisator. Hier glaubte Ernst sicherer zu sein, und dieser Ansicht waren auch seine Freunde. Die Franzosen beurteilten die Zwangsbündnisse des Zweiten Weltkriegs anders als die Amerikaner. Sie anerkannten die tragische Lage Ungarns im Krieg, und sie standen dazu, dass sie Dohnányi einstmals in die »Légion d'Honneur« aufgenommen hatten.

Im April 1947 – beinahe zwei Jahre nach Kriegsende – traf Dohnányi mit Ilona Zachár, Kindern und Hausmädchen in Kitzbühel ein. Sie kamen in der Pension »Rainer« unter. Kurz zuvor hatte ihn Schwiegertochter Christine über den Tod seiner ersten Frau informiert. In seinem Antwortschreiben bedauerte Ernst, dass Elza am Ende ihres Lebens noch die Nachricht vom Tod ihres Sohnes habe entgegennehmen müssen, »was ihr gewiss unsäglichen Schmerz« verursacht habe. »Nun ist ihr wohl!«, schrieb er, als wäre Hans nicht auch sein Sohn gewesen.

Obwohl es ihm nun wesentlich besser ging, die Zahl der Konzerte zunahm, hing weiterhin das Damoklesschwert einer möglichen Auslieferung an die ungarischen Behörden über Dohnányi. Er feierte in diesem Sommer seinen siebzigsten Geburtstag. Im Herbst machte er eine Großbritannien-Tournee. Auf dieser

Reise, bei der er in den britischen Konzertsälen wie in alten Zeiten begeistert aufgenommen wurde, musste er feststellen, dass er aller Tantiemen, die sich seit Beginn des Zweiten Weltkriegs auf seinen Konten angesammelt hatten, verlustig gegangen war. Er war Mitglied in der Österreichischen Gesellschaft der Autoren, Komponisten und Musikverleger gewesen, die nach dem »Anschluss« 1938 mit der STAGMA (Staatlich genehmigte Gesellschaft zur Verwertung musikalischer Urheberrechte, die Vorgängerorganisation der heutigen GEMA) fusioniert wurde. Da er nicht Mitglied einer britischen oder amerikanischen Urheberrechtsgesellschaft werden konnte, war das Geld verloren. Alle späteren GEMA-Einnahmen landeten übrigens bei Ilona, ihren Kindern und Nachfahren. Initiativen des deutschen Teils der Familie, zu einer anderen Regelung zu kommen, blieben ohne Erfolg.

Auf der Großbritannien-Tournee erfuhr Ernst, dass die Kinder von Ilona und das staatenlose, aus dem Sudetenland stammende Hausmädchen das sehnlichst erwartete französische Reisedokument des »Laissez-passer« erhalten hatten und sich nun an der Côte d'Azur in Beaulieu in der Nähe von Nizza befanden. Die Familie kam in der Pension »De Londres« unter und verbrachte dort unter dem von Ernst aus London mitgebrachten Tannenbaum das Weihnachtsfest 1947.

Am 10. März 1948 reisten Dohnányi, Ilona Zachár, Kinder und Kindermädchen nach Genua und schifften sich dort auf dem Frachter »Ravello« ein. Ernst war müde und traurig und schrieb einer Budapester Verwandten: »Es war sehr schön hier, aber ich werde auch von hier mit Freude weggehen, weil ich Europa satt bekommen habe.«[85] Das war nur zu verständlich. Denn kein einziges europäisches Land war bereit, ihn, den angeblichen »war criminal«, mit seiner Familie aufzunehmen. Sein Freund Árpad Bubik, mittlerweile Leiter einer Konzertagentur in Buenos Aires, hatte Wort gehalten und eine Konzertserie in Argentinien arrangiert. Darüber hinaus bestand die Aussicht, dass Ernst eine fest dotierte Position im Musikleben des südamerikanischen Landes erhalten könnte.

Am 4. April 1948 traf die Familie in Buenos Aires ein. Sie wurde in einer luxuriösen Villa in einem der vornehmsten Viertel der Hauptstadt untergebracht. Doch Dohnányi war in Argentinien ein unbekannter Musiker. Nach einem fulminanten Debüt im »Teatro Colón« in Buenos Aires ließ der Besuch bei den folgenden Konzerten bald zu wünschen übrig. Auch in der argentinischen Presse tauchten nun die Vorhaltungen auf, denen Ernst in Europa soeben entkommen war. In den wenigen großen Städten Argentiniens, im uruguayischen Montevideo und im brasilianischen Porto Allegre trat er auf. Doch die großen Konzertsäle, die von Buenos Aires aus einigermaßen gut zu erreichen waren, hatte er innerhalb kurzer Zeit bespielt. Weitere Engagements standen nicht in Aussicht. Den Dohnányis drohte erneut das Geld auszugehen. Bubik war selbst ein Flüchtling, er konnte ihnen nicht helfen. Ein amerikanischer Freund hatte die gesamte Reise vorfinanziert oder mit Bürgschaften abgesichert. Erst für den Monat November stand eine USA-Tournee bevor, von der sich Dohnányi gute Einnahmen erhoffte.

Inmitten all dieser Schwierigkeiten tauchten im Sommer 1948 zwei Gäste aus der nordargentinischen Stadt Tucumán auf. Sie unterbreiteten Dohnányi den Vorschlag, er möge Generaldirektor einer noch zu gründenden Musikhochschule innerhalb der dortigen Universität werden. Nach anfänglichem Zögern ließ er sich überreden und willigte ein. Am 8. September 1948 reiste er mit seiner Lebensgefährtin nach Tucumán, wo er einen Tag später einen Arbeitsvertrag unterzeichnete. Er machte sich sofort mit Feuereifer an die Arbeit, kaufte schon bald in der Nähe der Stadt ein Grundstück und paukte spanische Vokabeln, die er sorgsam in ein Büchlein eintrug. Erste Zweifel, ob die Musikhochschule mehr sein würde als eine Fata Morgana, stellten sich jedoch schon bald ein. Doch zunächst stand die große USA-Tournee bevor. So kehrte Dohnányi mit Ilona Zachár Anfang November 1948 nach Buenos Aires zurück.

Wenige Tage später bestieg das Paar ein Schiff in Richtung New York. In der Millionenstadt, die er nun fast ein halbes Jahrhundert lang kannte, fühlte er sich auch dieses Mal wohl, und er registrierte mit Interesse die Entwicklung, die die Metropole seit den zwanziger Jahren vollzogen hatte. Das südamerikanische Abenteuer war fürs Erste vergessen. Dafür sorgte vor allem sein alter Freund Andrew Schulhof aus Berliner und Budapester Tagen, der die Tournee organisiert hatte und sich während der kommenden Monate von seinem schönen Büro im zehnten Stock des Steinway Building aus aufopferungsvoll um die Besucher kümmerte. Kilenyi hatte die alten Freunde wieder zusammengebracht. Beim Wiedersehen musste Schulhof dem Künstler jedoch eröffnen, dass die Gerüchte und üblen Nachreden auch die USA erreicht hatten und dass führende amerikanische Zeitungen, unter ihnen auch die *New York Times,* schon im Frühjahr 1947 über vermeintliche Kontakte Dohnányis zur ungarischen Rechten berichtet hatten.

Eine Woche nach Erscheinen eines Beitrags, den die *New York Times* auf der Musikseite ihrer Sonntagsausgabe veröffentlicht hatte, stellte ein Redakteur des Blattes die Dinge richtig. Er sprach zunächst von bösartigen Unterstellungen und Halbwahrheiten und nahm dann Punkt für Punkt zu den Vorwürfen Stellung, die wenige Tage zuvor in einem anonymen Artikel gegen Dohnányi erhoben worden waren und die in der Behauptung gipfelten, er habe Bartók und Kodály nicht zur Geltung kommen lassen. Allein das Programm der großen Deutschland-Tournee Dohnányis im Jahre 1937 widerlegte derartige Unterstellungen. Bei der neu aufgebrochenen Kontroverse ging es weniger um Antisemitismus-Vorwürfe als um eine generelle Bewertung des ungarischen Musikbetriebs in der Zwischenkriegszeit.

Der *New York Times*-Redakteur resümierte seine Ausführungen: 1. Das ungarische Konzertpublikum habe sein Interesse an ernsthafter Musik trotz des kriegsbedingten personellen Aderlasses und des täglichen Überlebenskampfes keineswegs verloren. 2. Bártok und Kodály seien in ihrer Heimat immer respektierte Künstler gewesen. Es habe keinen politisch bedingten Popularitätsverlust gegeben. 3. Dohnányi habe durchgängig ihre

Werke gespielt und nicht mit Argwohn auf die Aktivitäten der beiden geschaut. 4. Dohnányi sei niemals ein »Musik-Diktator« gewesen. Er habe im Gegenteil selbst heftige Schwankungen seiner Karriere erlebt. 5. Dohnányi sei kein »mediokrer Komponist« gewesen. 6. Er habe keinen Einfluss auf die Spielpläne der Budapester Oper gehabt, wo Bartók und Kodály selbstverständlich aufgeführt worden seien. 7. Schließlich habe auch das Ungarische Radio in angemessenem Umfang, das heißt entsprechend ihrem Stellenwert im nationalen Musikleben, die Werke der beiden übertragen. Der amerikanische Journalist schloss seinen Beitrag mit der Feststellung, dass Verdächtigungen und Rivalitäten zwischen Musikern nicht künstlich aufgebauscht und vor allem nicht für politische Zwecke instrumentalisiert werden sollten. Umso rascher werde sich das ungarische Musikleben vom Krieg erholen.[86]

Einige Wochen später meldete sich Edward Kilenyi am gleichen Ort zu Wort und präsentierte stellvertretend für die Information Control Division und den Information Service Branch der US-Streitkräfte in Europa die Fakten. Er verwies zunächst darauf, dass die aus den Novemberwahlen 1945 hervorgegangene ungarische Regierung den Vorwurf, Dohnányi habe mit den Nazis sympathisiert, zurückgenommen habe. Er sei folglich von der Kriegsverbrecherliste gestrichen worden. Sodann erwähnte Kilenyi die Briefe, die von führenden Köpfen der Budapester Musikszene um die Jahreswende 1945/46 zugunsten von Dohnányi verfasst worden waren. Aufgrund dieser Affidavits und der Entscheidung der ungarischen Regierung hätten die amerikanischen Behörden Dohnányi für unschuldig erklärt. Die neuen Vorwürfe gegen ihn nur vierzehn Monate nach dem Ende des Verfahrens hätten ihre Ursache in einem drastischen Kurswechsel der ungarischen Regierung, schrieb Kilenyi in seinem Beitrag für die *New York Times*.[87]

Obwohl die Fakten mehrfach klargestellt worden waren, griffen ungarische Emigrantenzeitungen die Verdächtigungen gegen Dohnányi 1948 erneut auf. Als Hauptquelle der Denunziation stellte sich die Zeitschrift *Az Ember* heraus. Sie wurde von

Ferenc Göndör betrieben, einem ehemaligen Anhänger Béla Kuns, der in den zwanziger Jahren nach Amerika gekommen war. Bevor der Artikel erschien, tauchte Göndör im Büro von Schulhof auf und verlangte dreihundert Dollar. Dann würde er auf die Veröffentlichung verzichten. Schulhof warf ihn hinaus.

Der Beitrag, der die Titelzeile »Herr von Dohnányi, raus!« trug, versammelte noch einmal alle Anschuldigungen gegen Ernst, die in den vergangenen Jahren zirkuliert waren: Er werde immer ein Nazi bleiben, denn er sei ein »Schwabe« (wie die in Ungarn lebenden Deutschen nach 1945 genannt wurden). Er habe wie Horthy mit deutschem Akzent Ungarisch gesprochen und gehöre ohnehin zur deutschen Kultur, die ausgetrocknet werden müsse. Nie habe er sich für ungarische Musik eingesetzt, im Gegenteil: er habe Bartók und Kodály unterdrückt. Die Suada endete mit dem Appell an die New Yorker Behörden, Dohnányi auszuweisen.[88]

Es war also kein Zufall, dass genau zu der Zeit, als Dohnányi seine Tournee begann, an der amerikanischen Ostküste das Gerücht verbreitet wurde, er sei Mitglied der Pfeilkreuzler-Partei gewesen und habe die ungarische Musik »arisiert«. Viele Hungaro-Amerikaner waren irritiert und glaubten, dass Göndör Wahres berichtet hatte. Am Rande eines New Yorker Konzerts von Dohnányi kam es zu Protesten. Der Jewish Community Council in Boston und die Anti-Defamation League B'nai B'rith schlossen sich der von Göndör verbreiteten Ansicht an. Daraufhin trat Kilenyi nochmals zugunsten seines Lehrers an. Zusammen mit Dohnányi suchte er Büros der Anti-Defamation League auf. Dabei hatten beide keine Mühe, die Gerüchte zu zerstreuen. Mehrere ungarische Musiker wie Boris Goldovsky und Egon Kenton engagierten sich zugunsten Dohnányis. Außerdem meldete sich Miklos Schwalb zu Wort, ein in den USA lehrender ungarischer Konzertpianist und ehemaliger Schüler von Ernst. Schwalb berichtete von einer Reise nach Ungarn, die er kürzlich unternommen habe, um die politischen Vorwürfe gegen seinen Lehrer zu untersuchen. Er sei gemeinsam mit Budapester Kollegen zu dem Schluss gekommen, dass sie haltlos seien.[89] Dohnányi selbst war zu stolz, um sich persönlich zu rechtfertigen. Gegenüber Belle Schulhof sagte er zu dieser Zeit: »Ich müsste ein Buch schreiben, um all die Lügen, die über mich verbreitet werden, zu widerlegen. Dazu habe ich nicht die Zeit.«[90]

Dohnányi überstand auch dieses Mal alle Anfeindungen. Am 17. Februar 1949 heiratete er in New York seine Lebensgefährtin Ilona. Nur wenige Freunde waren bei der Zeremonie zugegen. Die Scheidung von Elsa Galafrés, die kurz zuvor über die Bühne gegangen war, hatte ihn viel Kraft und Geld gekostet. Von seinem Budapester Verlag erwartete er damals einen größeren Betrag, nachdem es aufgrund der Nachkriegswirren zu Verzögerungen bei der Abrechnung von Tantiemen gekommen war.

Zurück in Argentinien gelangte Dohnányi rasch zu der Überzeugung, dass das Projekt einer Musikhochschule in Tucumán nicht gelingen könne und dass er daher in dem südamerikanischen Land keine berufliche Zukunft habe. Schweren Herzens nahm er Abschied von dem Gedanken, für die letzte Etappe seines abenteuerlichen Lebens eine Heimat gefunden zu haben. Mit fast zweiundsiebzig Jahren musste er neue Pläne schmieden. Und wieder hatte er Glück. Während seiner großen USA-Tournee hatte er viele neue Kontakte knüpfen können. Er erhielt Angebote, als Professor oder Composer-in-residence nach Fort Worth in Texas oder Athens, Ohio, zu gehen. Schließlich traf auf Vermittlung von Schulhof ein Brief des Dekans der Musikhochschule von Tallahassee, Karl Kuersteiner, ein. Dieser hatte vor dem Krieg Geige bei Geza Kresz studiert, einem Professor an der Budapester Liszt-Akademie. Diese Verbindung trug nun Früchte. Dohnányi willigte ein, vom Wintersemester 1949/50 an eine Professur in Tallahassee zu übernehmen, das im nördlichen Florida liegt. »Ich habe genug von kalten Wintern«, soll er gesagt haben. »Ich möchte ewigen Frühling.«[91]

Finale in Tallahassee

Den neuen Frühling fand Dohnányi in Tallahassee im Nordwesten Floridas. Zweiundsiebzig Jahre alt, wagte er dort gemeinsam mit seiner sehr viel jüngeren Familie einen Neuanfang. Im subtropischen Klima des amerikanischen Südostens fühlte er sich wohl. Er genoss den nächtlichen Sternenhimmel, der ihn in seiner Klarheit an die ungarische Heimat erinnerte. Fasziniert lauschte er dem Gesang der exotischen Vögel. Tallahassee war damals, in der Mitte des 20. Jahrhunderts, eine überschaubare Kleinstadt mit etwa 40 000 Einwohnern und 6000 Studenten. Der Name des Ortes ist indianischen Ursprungs, er bedeutet so viel wie »alte Stadt« oder »verlassene Felder«. Darauf würde gewiss niemand kommen, der heute die Stadt besucht, eine weitläufige Agglomeration von rund 150 000 Einwohnern. Sie ist die Hauptstadt des US-Bundesstaates Florida.

Nach gut einem Jahr in einer provisorischen Wohnung zog die Familie im Januar 1951 in ein großzügiges Haus am Beverly Court 568, eine Middle-Class-Gegend in der Nähe des Regierungsviertels.

Doch zuvor galt es einige Hürden zu überwinden, die erste bereits bei der Einreise. Ernst, seine frisch angetraute Frau und ihre Tochter Helen waren mit dem Flugzeug von Buenos Aires nach Miami gekommen. Die Formalitäten bei der Einreise überstanden sie ohne größere Komplikationen. Anders erging es Hermine, dem Kindermädchen, und Julius, Ilona Zachárs Sohn, die per Schiff anreisten. Auf Ellis Island, der großen Zoll- und Kontrollstation in Sichtweite von Manhattan, wurden sie von Grenzbeamten festgehalten, die es sehr genau mit den Papieren von Hermine nahmen. Erst gegen Zahlung eines erheblichen Geldbetrags, der Dohnányis Schuldenstand weiter erhöhte, kamen beide frei. Anschließend musste die Familie noch einmal geschlossen nach Havanna ausreisen, denn die provisorischen Papiere waren inzwischen abgelaufen. In der kubanischen Hauptstadt erhielten sie von den US-Behörden Dauervisa und erfüllten damit die erforderlichen Bedingungen für die Einreise in die neue Heimat. Dohnányi nahm an der Universität von Tallahassee seine Lehrtätigkeit auf, Helen und Julius ein Studium. Beide trugen inzwischen den Namen ihres Stiefvaters, denn Ernst hatte sie adoptiert. Somit gibt es auch in den USA einen Zweig der Dohnanyis.

Die zweite, wohl schwierigere Hürde musste Dohnányi kurz nach Beginn seiner Lehrtätigkeit meistern. Die Gerüchte über seine angebliche Nazi-Verstrickung holten ihn auch in Florida ein. Nichts an den Vorwürfen war neu, alles war schon mehrfach vorgetragen und ebenso oft widerlegt worden. Aber die Öffentlichkeit in den USA war empfänglich für derartige Skandalmeldungen und »Enthüllungen«. Zwar war der Krieg längst vorbei, waren die meisten Soldaten wieder zu Hause, doch Berichte über die Gewaltherrschaft der Nationalsozialisten füllten noch immer die Spalten der Zeitungen. Diese hatten in den Jahren 1946 bis 1948 von den Nürnberger Prozessen berichtet. In der Folgezeit wurden immer mehr Einzelheiten über die Gräuel in den Konzentrationslagern bekannt. Die angeklagten Nazi-Größen, die Gauleiter, KZ-Kommandeure, Lagerärzte und sonstigen Verantwortlichen für die Massenmorde versuchten zumeist, sich zu bloßen Befehlsempfängern zu stilisieren, und beteuerten ihre Unschuld. Diese Haltung provozierte als Reaktion eine generelle Schuldvermutung gegenüber jedem, der sich gegen den Vorwurf der Nazi-Kollaboration verteidigte. Die bloße Zugehörigkeit zu einer Nation reichte aus, um jemanden als Kriegsverbrecher zu verdächtigen. Nur wenige Menschen waren in diesem aufgeheizten Klima fähig und bereit zu differenzieren.

Dohnányi bekam die Auswirkungen dieser verbreiteten Stimmungslage erneut zu spüren. Wiederholt mussten seine Konzerte abgesagt werden, weil einflussreiche Persönlichkeiten mit Boykottmaßnahmen drohten. In einem Fall kündigte eine Millionärin an, alle Karten aufzukaufen, um das entsprechende Konzert zu verhindern. Dazu kam es zwar nicht, doch litten auch die Veranstalter und die Orchester unter den Absagen, weil wichtige Einkünfte ausblieben. Viele Persönlichkeiten des amerikanischen öffentlichen Lebens hatten sich mittlerweile für Dohnányi verwandt, hatten eidesstattliche Erklärungen zu seinen Gunsten abgegeben. Aber es dauerte lange, bis die Vorwürfe schließlich verstummten. 1955 erhielt er die amerikanische Staatsbürgerschaft.

Die entwürdigenden Attacken kompensierte Dohnányi so, wie er schon früher schwierigen Situationen widerstand: durch Arbeit, durch Rückzug ins Private und in die Natur. Der neue Wohnsitz der Familie am Beverly Court bot dafür die besten Voraussetzungen. Ernst liebte den großen Garten und die subtropischen Pflanzen, die darin wuchsen. Er genoss die lauen Abende auf der Terrasse. Von dem Haus, das heute Dohnányis Enkel Seán McGlynn mit seiner fünfköpfigen Familie bewohnt, führt ein schöner Fußweg von etwa zweieinhalb Kilometern entlang der Park Avenue mit ihrem prächtigen Baumbestand zur Musikfakultät der Florida State University an der Copland Street, wo Ernst unterrichtete. Sein altes Arbeitszimmer im ersten Stock des Kuersteiner Building beherbergt heute einen Übungsraum für die Musikstudenten. In der Warren-D.-Allen-Musikbibliothek ein paar Schritte weiter lagern Archivalien über den großen Künstler. Von der Eingangstür zu einem Konzertsaal, an dessen Stirnwand Ernsts Konterfei als Stahlstich prangt, blickt man hinab auf das Podium. Die Klänge übender und probender Studenten begleiten den Besucher auf Schritt und Tritt in dem großen Komplex der Musikfakultät, an den sich Konzertarenen und Freilichtbühnen anschließen. Die Erinnerung an Dohnányi ist in dieser Institution, der er so viel von seinem Können und seiner Erfahrung gab, weiterhin lebendig.

Die Jahre in Florida waren trotz des angenehmen Klimas eine harte Zeit für Dohnányi. Weil er bei Dienstbeginn zu alt für eine Verbeamtung war, hatte er keine Pensionsansprüche; er war somit gezwungen, lebenslang zu arbeiten. Der Fünf-Personen-Haushalt verschlang viel Geld – es reichte zunächst nicht einmal zu einem eigenen Wagen. Das Haus stand für alle seine Freunde und Schüler offen. Mit Konzerten, Privatstunden, Unterricht während der Semesterferien, Spezialkursen und Schallplattenaufnahmen kam am Ende das nötige Geld herein.[92] Zwischen den Studiensemestern in Tallahassee gab Dohnányi während der Sommerpause Konzertserien im kühleren Ohio; er entkam damit der oft unerträglichen Sommerhitze Floridas. Mit großer Geduld arbeitete er mit den amerikanischen Studenten, die nur in wenigen Fällen das Können der europäischen Kommilitonen erreichten, mit denen er in Budapest und Berlin gearbeitet hatte.

In der zweiten Hälfte des Jahres 1951 traf Christoph von Dohnányi, der jüngere Sohn von Hans, bei seinem Großvater in Tallahassee ein und erhielt in den folgenden Monaten den letzten Schliff für seine Dirigentenkarriere. In dem nicht allzu großen einstöckigen Haus bezog er ein eigenes kleines Zimmer. Sein älterer Bruder Klaus, der zu dieser Zeit in den USA studierte, kam ebenfalls zu Besuch nach Tallahassee. Auch andere Mitglieder der Familie schauten im Domizil der Dohnányis in Florida vorbei, zum Beispiel Antal Doráti.[93]

Doráti, der Sohn von Elza Kunwalds Schwester Margit, war mittlerweile selbst ein bedeutender Dirigent. Der Verlauf seiner Karriere zeigte auffällige Ähnlichkeiten mit der Entwicklung, die Ernst von Dohnányi dreißig Jahre zuvor durchlebt hatte. Wie sein Onkel hatte Doráti früh mit dem Klavierspielen angefangen und als Siebenjähriger erste Stücke komponiert. Mit vierzehn bestand er die Aufnahmeprüfung an der Budapester Musikakademie. Dort wurde er unter anderem von Béla Bartók, Leo Weiner und Zoltán Kodály unterrichtet. Nach seinem Hochschulabschluss arbeitete er als Repetitor an der Budapester Oper und gab dort 1924 als Achtzehnjähriger sein Dirigentendebüt. Fritz Busch, mit dem er sich in Ungarn angefreundet hatte, engagierte ihn 1928 als Assistent an die Dresdner Staatsoper. Kurz vor der Machtergreifung Hitlers verließ Doráti Deutschland und nahm in Frankreich ein Engagement bei den Ballets Russes de Monte Carlo an. 1941 begann der amerikanische Abschnitt seiner Laufbahn, erst als Musikdirektor des American Ballet Theater, dann als Chefdirigent des Dallas Symphony Orchestra. 1949 übernahm er für elf Jahre die künstlerische Verantwortung für das Minneapolis Symphony Orchestra. Unmittelbar nach Kriegsende begann er nach langer Pause wieder zu komponieren. 1960 zog er mit seiner Familie für zehn Jahre nach Rom. Er dirigierte nun weltweit, vorzugsweise britische Spitzenorchester. In den sechziger Jahren übernahm er die Leitung des BBC Symphony Orchestra, danach der Stockholmer Philharmonie. Es folgten Engagements in Washington D. C. und in Detroit. Doráti starb 1988 im Alter von zweiundachtzig Jahren.

Anders als Antal Doráti, der schon unmittelbar nach Kriegsende wieder nach Ungarn reiste, kehrte Dohnányi nicht mehr in seine Heimat zurück. Die Verantwortlichen in der Politik und im Musikleben hatten alles dafür getan, ihn aus dem Gedächtnis seiner Landsleute zu tilgen. Musiker, die einst mit ihm zusammengearbeitet hatten, gaben sich für Schmutzkampagnen her und produzierten Stapel von haltlosen Anschuldigungen. Unter der kommunistischen Diktatur blieben die Namen der Verleumder im Dunkeln.

Wie Doráti verfolgte Dohnányi den Aufstand in Ungarn 1956 mit größter Anteilnahme. Beide Musiker halfen Kollegen, die damals in großer Zahl das Land verließen. Doráti förderte 1957 die Gründung der Philharmonia Hungarica, eines Orchesters aus ungarischen Exilmusikern in Deutschland, mit dem er unter anderem sämtliche Haydn-Symphonien einspielte. Dohnányi unterstützte bedürftige Emigranten finanziell. Im RIAS Berlin kam er 1957 in einem Interview anlässlich seines achtzigsten Geburtstags auf den Budapester Aufstand zu sprechen und plädierte leidenschaftlich für ein freies Ungarn und ein freies Berlin. Der Freiheitskampf der Ungarn beschäftigte ihn, der die Sowjetunion zeitlebens als größte Bedrohung ansah, auch deswegen, weil er 1956 nach langer Unterbrechung erstmals wieder nach Europa unterwegs war. Auf der »Queen Elizabeth« war er gemeinsam mit den Schulhofs nach Großbritannien gereist, um dort Konzerte zu geben. Niemals nach dem Zweiten Weltkrieg war er seiner Heimat so nahe gekommen.

1957 lud Antal Doráti Ernst zu einer Konzertserie nach Minneapolis ein. Zum Auftakt hielt er eine kurze Stegreifrede und klärte das Publikum über seinen großen, bedeutenden Onkel auf, worauf das Orchester als Hommage ein kleines Stück von Dohnányi spielte. Ernst und Antal umarmten sich auf der Bühne.

Als Dohnányi am 27. Juli 1957 seinen achtzigsten Geburtstag beging, konnte er eine wechselvolle Bilanz ziehen. Er hatte Jahre harten Kampfes hinter sich. Desto schwerer aber wogen die Erfolge, die ihm in dieser Zeit beschieden waren. Die Florida State University würdigte seine Arbeit, indem sie ihn 1957 zum Ehrendoktor ernannte. Bereits am 9. November 1953 hatte er sich an zentraler Stelle des amerikanischen Musiklebens eindrucksvoll zurückgemeldet: In der New Yorker Carnegie Hall war er mit seinem zweiten Klavierkonzert aufgetreten und hatte den Moment der Rückkehr und des musikalischen Triumphs ausgekostet. 1956 begeisterte er beim Edinburgh Festival das Publikum mit dem frischen Elan seines Musizierens, der sein Alter vergessen ließ. Seine Tochter Grete war zu diesem Konzert eigens aus Deutschland angereist.

Nur eine, die er für 1957 nach Tallahassee eingeladen hatte, konnte nicht kommen: seine Schwester »Mitzi«. Die beiden Geschwister – sie in Budapest, er in den USA – schrieben sich Briefe. Sie bedienten sich dabei einer verschlüsselten Sprache, denn sie wussten, dass der ungarische Geheimdienst ihre Korrespondenz mitlas. Ernst bot seiner Schwester an, für ihre Reisekosten aufzukommen. Zu dem Treffen kam es jedoch nie. Die beiden sahen sich nicht mehr wieder.

Trotz der Anstrengung, die ihm die Lehrtätigkeit bereitete, konnte Dohnányi auch auf kreative Jahre in Tallahassee zurückblicken. Schon kurz nachdem er sich am letzten Ort seines bewegten Lebens niedergelassen hatte, komponierte er sein zweites Violinkonzert in c-Moll. 1952 folgte das Concertino für Harfe und Kammerorchester. Die »American Rhapsody« entstand zum 150. Jahrestag der Gründung des US-Bundesstaates

Ohio. Gegen Ende seines Lebens, über dessen Näherrücken er in einem Interview anlässlich seines zweiundachtzigsten Geburtstags freimütig sprach, kehrte er als Komponist zu kleinen Formen und kleinsten instrumentalen Besetzungen zurück. Als sein Opus 48 schrieb er 1958 und 1959 eine »Arie« für Flöte und Klavier und eine »Passacaglia« für Flöte allein (eigentlich ein Paradox!) – Klavier und Flöte waren die Instrumente, die sein Enkel Christoph seit seiner Jugend spielte.

In Tallahassee versammelte Ernst nun seine letzten Schüler um sich, unter ihnen auch Bálint Vázsonyi und Barbara Whittington, die sich im Hause des Maestro kennen lernten und bald darauf heirateten. Vázsonyi, nur mit einem kleinen Stipendium ausgestattet, durfte zweimal in der Woche bei den Dohnányis zu Abend essen. Allmählich formierte sich wieder der Zwölf-Personen-Tisch der Budapester Jahre. Das Jahrzehnt in Tallahassee bezeichnete Dohnanyi als »die glücklichsten Jahre meines Lebens«.[94] Eines Morgens, als er gut gelaunt an seinem Arbeitsplatz in der Musikhochschule eintraf, begrüßte ihn der zuständige Fakultätssekretär mit den Worten: »Maestro, Sie machen den Eindruck, als wenn Sie verliebt wären.« Ernst überlegte einen Moment und antwortete: »In der Tat, ich bin immer verliebt gewesen.«[95] Seinen Humor und seine heitere Grundstimmung verlor er nie. Wenn er in der richtigen Laune war, präsentierte er zwei Saaltricks, mit denen er die Anwesenden zu Lach- und Beifallsstürmen hinriss. Beim ersten hantierte er mit einer Grapefruit, die er zu den Klängen einer Chopin-Etüde auf den schwarzen Tasten der Klaviatur hin und her rollte. Beim zweiten benutzte er eine Haarbürste als Geigenbogen und spielte die »Tannhäuser«-Ouvertüre.

An der Jahreswende 1958/59 reisten die Schulhofs zum letzten Mal nach Tallahassee, um Ernst zu sehen. Am Neujahrsmorgen kam Edward Kilenyi jr. zu Besuch und spielte mit ihm vierhändig Klavier, wie sie es bereits in den zwanziger und dreißiger Jahren getan hatten. Dohnányi war aufgrund der Anwesenheit seiner ungarischen Freunde in Hochform. Er spielte anschließend noch stundenlang allein weiter. Ende Januar 1960, unmittelbar nachdem er sein dreibändiges Werk »Tägliche Fingerübungen des Pianisten« fertig gestellt hatte, fuhr er zu Schallplattenaufnahmen nach New York. Sein Enkel Klaus erinnert sich an einen Besuch im Waldorf-Astoria-Hotel an der Park Avenue. Als er das Zimmer betrat, klemmte sich der Großvater, der gerade telefonierte, den Hörer unter das Kinn, schob den Hut ins Genick und schnitt wie ein kleiner Junge Grimassen.

Das Tonstudio, in dem der Zweiundachtzigjährige ein großes Aufnahmeprojekt realisierte, lag in dem Hotel, dessen Silhouette noch heute weit in den Himmel von Manhattan ragt. Es war, als Dohnányi dort die beiden letzten Klaviersonaten von Beethoven einspielte, zunächst überheizt, dann aufgrund seiner Reklamation gar nicht geheizt. Ernst erkältete sich, zog sich vermutlich eine Lungenentzündung zu, ging aber nicht zum Arzt, sondern bestand darauf, die Einspielung der Sonaten ohne Unterbrechung zu Ende zu führen. Seinem Enkel Klaus hatte er wenige Tage zuvor angesichts des Mammutprogramms, alle zweiunddreißig Beethoven-Klaviersonaten für die Electrola einzuspielen, gesagt: »Dieses ›Recording‹ ist eine tödliche Sache.« Zu allem Unglück war auch sein Freund Andrew Schulhof schwer erkrankt. Und Belle Schulhof konnte sich wegen einer großen USA-Tournee von Sir Thomas Beecham nicht um den Freund kümmern. Ernst war allein, erlitt einen Herzinfarkt und starb wenige Stunden später, am 9. Februar 1960 um 22.40 Uhr Ortszeit, im New Yorker Madison Avenue Hospital. Sein Freund Andrew war am Vortag gestorben.

Sein Leichnam wurde nach Tallahassee überführt. Dort fand Ernst von Dohnányi seine letzte Ruhestätte. Auf der Rückseite des Grabsteins ist sein Name auch in ungarischer Sprache festgehalten: Dohnányi, Ernö. Büsche und mittlerweile hoch aufragende Bäume spenden der Grabstelle kühlenden Schatten. Aus der Ferne vernimmt man den Verkehrslärm der Interstate 10. Auf dem gleichen Friedhof liegt Edward Kilenyi jr., sein Schüler, begraben. Kilenyi hatte Dohnányis Position an der Musikfakultät von Tallahassee nach dessen Tod übernommen und starb, neunzigjährig, im August 2000. Die beiden arbeiteten achtunddreißig Jahre zusammen, länger, als es Dohnányi mit einer seiner Frauen ausgehalten hat, wie Kilenyi einmal scherzhaft bemerkte.

Insgesamt 164 Kompositionen hinterließ Ernst von Dohnányi. Als Siebenjähriger schrieb er mit dem »Gebet« für Klavier sein erstes Stück, mit zwei Kompositionen für Flöte respektive Flöte und Klavier schloss er sein kompositorisches Schaffen wenige Monate vor seinem Tod ab. Alle traditionellen Gattungen der Musik sind in seinem Œuvre vertreten, die Oper, mit der Pantomime »Der Schleier der Pierette« auch eine besondere Form des Balletts, das Oratorium, die Symphonie und das Solokonzert, die Kammermusik mit ihren verschiedenen Genres, das Kunstlied und die Klaviermusik mit ihren kleinen und großen Formen.

Musikwissenschaftlern zufolge kann man Dohnányis Schaffen in fünf Perioden einteilen,[96] die sich teilweise überschneiden. Neue Ansätze entstehen, während ältere Tendenzen weitergeführt werden. Insgesamt zeichnet sich Dohnányis Schaffen ohnehin durch eine starke innere Homogenität aus.

Die erste Periode umfasst die Werke, die er in seiner Kindheit und Jugend schrieb, vorwiegend Klavierstücke in der Tradition von Robert Schumann und Johannes Brahms. Diese Werke versah Dohnányi nicht mit Opusnummern. Thomas Schipperges rechnet auch die preisgekrönte F-Dur-Symphonie aus dem Jahre 1896 noch zu diesen »jugendlichen Versuchen«. Den Aufbruch in eine neue, verbindlichere Phase des Komponierens markiert das Klavierquintett c-Moll, 1895 geschrieben, dem der Komponist die Opusnummer eins gab. Danach erarbeitete sich Dohnányi nach klassischem Vorbild systematisch »in je einem Werk die traditionellen Gattungen der Kammermusik (Klavierquintett op. 1, Streichquartette op. 7 und op. 15, Violoncellosonate op. 8, Serenade für Streichtrio op. 10, Violinsonate op. 21), des Solokonzertes (Klavierkonzert op. 5, Konzertstück für Violoncello und Orchester op. 12, ›Variationen über ein Kinderlied‹ für Klavier und Orchester op. 25, Violinkonzert) und der

Orchesterkomposition (Symphonie op. 9, Suite op. 19)«.[97] In die zweite Schaffensperiode fällt auch Dohnányis bis heute wohl bekanntestes Werk, die Serenade op. 10 für Streichtrio. In ihr zeigt sich ein wesentliches Merkmal von Dohnányis kompositorischem Ideal, das Bálint Vászonyi so zusammenfasste: »Er konzentrierte sich darauf, das ganze romantische Erbe in den vollendeten Formen des 18. Jahrhunderts auszudrücken.«[98]

Die dritte Schaffensperiode lässt sich grob auf die Jahre 1911 bis 1925 datieren, sie umschließt also ungefähr das letzte Drittel von Dohnányis Berliner Zeit und das erste Jahrzehnt nach seiner Rückkehr nach Budapest. Noch in Berlin entstanden die »Variationen über ein Kinderlied«. Dohnányi griff dabei eine Idee von Mozart auf, der Variationen für Soloklavier über das französische Kinderlied »Ah! Vous dirai-je, Maman« geschrieben hatte, launische Veränderungen und Umspielungen einer einfachen Melodie, hierzulande bekannt zu dem Text »Morgen kommt der Weihnachtsmann«. Seine Variationen, eine überaus farbige, virtuose Komposition, versah Dohnányi mit der Widmung: »Freunden des Humors zur Freude, den anderen zum Ärger«. Dieses Stück mit der Opusnummer 25, geschrieben im Jahr des Kriegsausbruchs, war bereits seine 107. Komposition. Zwei Drittel seines Œuvres waren also vollendet, obwohl er erst knapp zwanzig Jahre ernsthaft komponierte und noch fast ein halbes Jahrhundert vor sich hatte. Mit den »Ruralia hungarica«, dem Ausflug in die Komposition mit Material aus der traditionellen ungarischen Volksmusik, schloss Dohnányi diese Epoche seines Schaffens ab.

Als vierte Periode kann die Zeit bis zu seiner Flucht aus Ungarn gelten. Dabei galt sein Interesse in den zwanziger Jahren hauptsächlich der Bühne (die beiden Opern »A vajda tornya« op. 30 und »Der Tenor« op. 34), in den dreißiger Jahren großen Chorwerken wie der »Szegeder Messe« und dem »Cantus vitae« op. 38. Mit dem Sextett op. 35 für die ungewöhnliche Besetzung Klavier, Klarinette, Horn und Streichtrio gelang ihm 1935 ein Kammermusikwerk von virtuoser Brillanz, großer Eindringlichkeit und weit gespannter Form.

Die letzte Periode seines Komponierens ist deutlich eine

Epoche des kreativen Rückblicks. Er stellt den großen Instrumentalwerken ein jeweils zweites der entsprechenden Gattung gegenüber. Die zweite Symphonie, 1943 begonnen, bildet die Brücke aus der vorletzten in die letzte Schaffensperiode. 1946/47 komponierte Dohnányi ein zweites Klavierkonzert, 1949/50 ein zweites Violinkonzert. Das Concertino für Harfe und Kammerorchester kann im Tonfall, in der Leichtigkeit und Durchsichtigkeit des Klanges als eine Rückbesinnung auf die Serenade op. 10 aufgefasst werden.

Wie andere Wunderkinder, die in sehr jungen Jahren einen souveränen Umgang mit der tradierten musikalischen Sprache entwickelten, war Dohnányi kein »Neuerer« wie seine Generationskollegen Arnold Schönberg oder Alexander Skrjabin. Thomas Schipperges, Inhaber eines Lehrstuhls für Musikwissenschaft an der Hochschule für Musik und Theater in Leipzig, bezeichnet Dohnányis Werk als nachromantischen Eklektizismus.[99] Ähnlich wie Erich Wolfgang Korngold oder Max Reger in seiner Kammermusik erkundete Ernst von Dohnányi das weite Terrain der Musik, das vor der Schwelle zur musikalischen Moderne liegt, und entdeckte darin für sich noch vielfältige Ausdrucksmöglichkeiten. Die Musik der Wiener Schule, der Komponisten um Arnold Schönberg, blieb ihm zeitlebens fremd. Die Musik seiner jüngeren Zeitgenossen Béla Bartók und Zoltán Kodály aber förderte er und nahm sie als Dirigent immer wieder in seine Programme auf. Er verband Toleranz und Offenheit mit einem klaren, entschiedenen eigenen Weg, den er niemals zum einzig richtigen erklärt hätte. Komponieren war ihm ein Bedürfnis. Seiner Schwester Mitzi schrieb er 1914: »Wenn ich nicht das Gefühl hätte, dass meine Kompositionen einen positiven Beitrag für die Menschheit darstellten, würde ich mein elendes Pianistendasein (Karriere!) zugunsten eines ehrbareren Berufs eintauschen.«[100]

Viele Jahre vergingen, in denen die Erinnerung an Ernst von Dohnányi in Tallahassee und in den Vereinigten Staaten insgesamt bewahrt wurde, während er in Ungarn und Europa so gut wie vergessen war. 1967 reiste Bálint Vázsonyi, der 1956 aus Ungarn geflüchtet und bald darauf als Schüler zu Dohnányi in Tallahassee gestoßen war, nach Budapest, um Nachforschungen über seinen Lehrer anzustellen. Ein Onkel des jüdischen Musikers, der aus einer prominenten Budapester Familie stammte, war einmal ungarischer Justizminister gewesen. Vázsonyi besuchte auch das Haus in der Széher Ut, in dem Ernst auf den Hügeln von Buda in den dreißiger Jahren gelebt hatte. Es hatte im Krieg als Säuglingsstation gedient und war nun in mehrere Mietwohnungen unterteilt. Eine der Familien, die dort wohnten, waren die Szlabeys, Nachfahren aus der Verwandtschaft von Ernsts Mutter. Sie wiesen Vázsonyi darauf hin, dass sich auf dem Dachboden einige Koffer und Pakete befänden, die dort seit Kriegsende lagerten. Niemand wusste über deren Inhalt genau Bescheid. Als Vázsonyi die Schlösser öffnete, fiel ihm ein Schatz in die Hände: ein großer Teil der Korrespondenz, die Ernst bis 1944 geführt hatte. Eine genaue Registrierung des Materials unterblieb bedauerlicherweise.

Vázsonyi machte sich an die Auswertung für ein Buchprojekt, wobei er Unterstützung durch Ilona von Dohnányi erhielt. Sie hatte bereits 1961 eine Reihe von Unterlagen an die British Library in London gegeben. Auch Ernsts Schwester Maria Kováts hatte Material über ihren Bruder außer Landes geschmuggelt. Den Stellenwert von Vázsonyis Buchprojekt stufte die damalige kommunistische Führung Ungarns, die Ernst schließlich 1968 von ihrer Proskriptionsliste strich, sehr hoch ein. Im Zentralkomitee der Kommunistischen Partei war der Stellvertreter von János Kádár, György Aczél, mit Vázsonyis Anliegen befasst. Dieser durfte schließlich 1971 sein Buch, die erste grundlegende Biografie über Ernst von Dohnányi, in Ungarn veröffentlichen. Es erschien allerdings in zensierter Form und nur in einer Auflage von dreitausend Exemplaren, die bereits nach wenigen Wochen vergriffen war. Erst im Herbst 2002 wurde das Werk wieder aufgelegt, wenige Wochen vor dem Tod des Verfassers. Vázsonyis Biografie steht für die erste Phase der jahrzehntelangen, mühsamen Rehabilitierung Dohnányis in Ungarn. Die zweite Etappe begann kurz nach der friedlichen Wende in Osteuropa. Dohnányi erhielt 1989 posthum den Kossuth-Preis zugesprochen, die höchste Auszeichnung seines Heimatlandes. Direkt an der Musikakademie wurde ein Jahr später eine Straße nach ihm benannt. Ungarn begann nun, sich seiner jüngeren Geschichte seit den 1930er Jahren zu stellen. Treibende Kraft dabei war der erste frei gewählte Ministerpräsident nach der Wende, József Antal, dessen Vater im Zweiten Weltkrieg vielen Juden das Leben gerettet hatte.

In einer dritten Etappe wurden dann Leben und Werk Dohnányis anlässlich seines 125. Geburtstags im Jahre 2002 gewürdigt. Zunächst gab es im Februar 2002 in Tallahassee ein dreitägiges großes Festival, bei dem der wieder entdeckte »Cantus vitae« unter der Leitung des BBC-Dirigenten Matthias Bamert zur Aufführung kam. Es spielte das Symphonieorchester der Universität von Tallahassee, und es sang der zweihundert Mitglieder starke »Tallahassee Community Choir«.

Die Serie der Gedenkveranstaltungen wurde im Sommer und Herbst 2002 in Budapest fortgesetzt. Treibende Kraft war dort Vázsonyi. Er schrieb am 23. September 2002 an den ungarischen Staatspräsidenten Ferenc Mádl: »Während Bartók vermutlich unser größter und Kodály der ungarischste Komponist war, hat in erster Linie Ernö Dohnányi, der unvergleichliche Pianist, Komponist, Dirigent, Pädagoge und Leiter von Musikinstitutionen, unsere Musikkultur geformt.«[101]

Bei einem Galakonzert Ende Oktober 2002 in der ungarischen Hauptstadt wurde Martha, die Tochter von Matthias, Ernsts jüngstem Sohn, mit großem Beifall begrüßt. Am 31. Oktober 2002 wurde über der Tür zu Ernsts Akademiebüro, das gegenüber demjenigen von Béla Bartók liegt, eine Gedenkplakette angebracht. Bartók war bereits zuvor auf diese Weise geehrt worden. Etwa fünfzig Freunde und Verehrer gedachten des großen Komponisten in der nahen Ernst-von-Dohnányi-Gasse und legten an einer Gedenktafel, die schon vor einigen Jahren angebracht worden war, Blumen und Kränze nieder. Der ungarische Staatspräsident richtete an diesem Tag ein bemerkenswertes Schreiben an die Akademie, das einer Wiederaufnahme Dohnányis in den Olymp des ungarischen Musiklebens gleichkam. Der »Mann ohne Vaterland« war zweiundvierzig Jahre nach seinem Tod nach Ungarn zurückgekehrt.

In Tallahassee hatte bereits 1987 eine neue Veranstaltungshalle der Musikfakultät den Namen »Ernst von Dohnányi Recital Hall« erhalten. Später wurde hier ein Ernst-von-Dohnányi-Forschungszentrum eingerichtet, das mit einer ähnlichen Institution in Budapest kooperiert. Das Ernst-von-Dohnányi-Archiv in der ungarischen Hauptstadt gehört zur Akademie der Wissenschaften und wird seit seiner Eröffnung am 1. Januar 2002 von der jungen Hungaro-Amerikanerin Deborah Kiszely-Papp geleitet. Ein großer Förderer war übrigens Gergely Pröhle, bis Ende 2002 ungarischer Botschafter in Berlin und zuvor Staatssekretär im Budapester Kulturministerium.

Auch in Berlin ist Dohnányi nicht vergessen. In der Universität der Künste steht die Büste von Joseph Joachim wieder an der Stelle, von der sie die Nationalsozialisten 1936 entfernt hatten, und im zweiten Stock des Gebäudes wird an Ernst von Dohnányi und neun weitere große Pianisten, die an der Institution einmal lehrten, in einer eindrucksvollen Bildergalerie erinnert.

Die Renaissance des musikalischen Œuvres hatte schon Mitte der neunziger Jahre begonnen, ausgehend von Amerika, wo immer mehr Musiker Dohnányis Werke wieder entdeckten. Diese Entwicklung ist nun auch in Europa zu beobachten, und sie geht einher mit der Wiederauflage von Schallplatten und CDs und auch mit Neuaufnahmen.[102] Wenn der Eindruck nicht täuscht, befindet sich diese Wiederentdeckung erst in den Anfängen. Sie wird in Ungarn weitergehen, wo Dohnányis Oper »Iva's Turm« vor kurzem an der Staatsoper aufgeführt wurde,[103] und sie wird auch Deutschland erreichen, wo eine große Tageszeitung im Herbst 2003 ausführlich über Neueinspielungen des Werkes von Ernst von Dohnányi berichtete.[104]

Ernst von Dohnányi, daran kann kein Zweifel bestehen, war ein außerordentlicher Musiker, ein Jahrhunderttalent, aber auch ein Mensch mit Courage. Mit einem bemerkenswerten persönlichen Kompass ausgestattet, beschritt er in einem Europa der Weltkriege und der politischen Verwerfungen, zugleich in einem Umfeld der Intrigen und persönlichen Schicksalsschläge, unbeirrt seinen künstlerischen Weg. Er hielt die Menschen auf Abstand, auch mit seiner viel bezeugten Freundlichkeit, denn er wollte in seiner Welt, der Musik, ungestört sein. Nur ganz wenige Weggefährten werden behaupten können, ihm wirklich nahe gekommen zu sein. Es ist durchaus möglich, dass das spätromantische Werk dieses musikalischen Genies und Weltbürgers am Ende die Lebensleistung aller anderen Mitglieder der Dohnányi-Familie überdauern und den Familiennamen auf unbegrenzte Zeit zum Klingen bringen wird.

II. Hans von Dohnanyi

Kindheit im Grunewald

Ein junger Mann von ungewöhnlicher Herkunft, aus einem ungarischen Elternhaus stammend, Sohn eines weltberühmten Musikers, gehörte zu denen, die schon vor 1933 ahnten, was auf Deutschland zukommen würde, sollten die Nationalsozialisten an die Macht kommen: Hans von Dohnanyi. Seine Wege kreuzten sich später, ohne dass sie voneinander wussten, mit einem anderen Außenseiter, Johann Georg Elser, der Hitler mit einer Bombe im Münchner Bürgerbräukeller töten wollte. Das NS-Regime ließ beide am gleichen Tag ermorden.

Im deutschen Widerstand gegen die nationalsozialistische Diktatur spielt Hans von Dohnanyi eine zentrale Rolle. Doch bis vor kurzem wurde er in der Widerstandsliteratur nur am Rande erwähnt. Er war in gewisser Weise »eingeklemmt« zwischen der umfangreichen Bonhoeffer-Forschung auf der einen Seite und Canaris und Oster, die bereits vor vielen Jahren ihre Biografen fanden, auf der anderen. Erst mit der Untersuchung des Berliner Historikers Winfried Meyer über das »Unternehmen Sieben«, einer Rettungsaktion für Berliner Juden im Jahre 1942, bahnte sich 1993 auch hinsichtlich der Bedeutung Dohnanyis ein Wandel an. Im Oktober 2003 wurde er schließlich unter die Gerechten der Völker in der israelischen Gedenkstätte Yad Vashem aufgenommen.

Aufgrund jüngster Forschungsergebnisse und der längst fälligen Ehrung durch Yad Vashem muss man Dohnanyi ins Zentrum des Widerstands rücken, obwohl er keiner konkreten Widerstandsgruppe zugeordnet werden kann. Er war kein Konservativer, kein Monarchist. Er gehörte weder zur Bekennenden Kirche, noch konnte ihn die Philosophie des Kreisauer Kreises überzeugen. Aber er war die treibende Kraft und das Verbindungsglied zwischen bürgerlichen, gemäßigt linken und militärischen Widerstandsgruppen.

Geboren wurde Johann Georg von Dohnányi am Neujahrstag 1902 in Wien. In der Hauptstadt der k. u. k.-Monarchie wurde er vier Tage später römisch-katholisch getauft. Hans Koessler, der Freund und einstige Kompositionslehrer seines Vaters, war Taufpate. Wien und Budapest bildeten den Hintergrund seiner frühkindlichen Prägungen. Die entscheidenden Erfahrungen aber – die Kindheit, die in Erinnerung bleibt, die Jugend, das Studium und ein wichtiger Teil der Berufsjahre – waren mit Berlin verbunden, wo sein Vater 1905 eine Dozentur an der Musikhochschule angenommen hatte und 1908 zum Professor ernannt worden war. Die musische Atmosphäre des Elternhauses prägte Hans und seine gut ein Jahr jüngere Schwester Margarete, genannt Grete. Zeit seines Lebens suchte er Kontakt zu Intellektuellen und Persönlichkeiten mit internationalen Verbindungen. Die Begegnung mit den führenden Künstlern Berlins, die Besuche aus aller Welt, die Eleganz und Ausstrahlung vieler Menschen, die in der elterlichen Villa im Grunewald verkehrten, hinterließen bei dem Jungen bleibende Eindrücke.

Eine Grunewald-Villa war im deutschen Kaiserreich ein kleines Unternehmen, bestehend aus der Familie des Hausherrn, einem Hausmeisterehepaar, einer Mamsell, einem Zimmermädchen, einer französischen Gouvernante und oft noch einem Butler. Der Schriftsteller Nicolaus Sombart, der später, aber unter ähnlich großbürgerlichen Verhältnissen wie Hans im Berliner Grunewald-Viertel aufwuchs, hat geschrieben: »Man wird ein anderer Mensch, wenn es einem von Jugend an selbstverständlich sein darf, bedient zu werden, und kommt eigentlich nie über den Verlust der dadurch gebotenen Entlastung und Lebenshilfe hinweg.«[1] Dieser »Verlust« ist bei den Dohnanyis auch noch in der vierten Generation zu spüren.

Auch die Familie Dohnányi hatte mehrere Bedienstete. Für die Erziehung, Betreuung und Beschäftigung der Kinder sorgte neben der Mutter vor allem eine Gouvernante, die im Hause wohnte. Das Leben der Heranwachsenden lief, wie in diesen Familien üblich, im Großen und Ganzen separat von der Welt der Erwachsenen ab. Die familiären Gemeinsamkeiten folgten festen Regeln; sie richteten sich nach dem Zeitplan des Vaters und waren, wenn Gäste empfangen und bewirtet wurden, in der Regel auf Begrüßung und Mahlzeiten beschränkt. Dennoch teilte sich die Atmosphäre des Hauses den Kindern selbstverständlich mit. Hans entwickelte bereits in sehr jungen Jahren eine erstaunliche Menschenkenntnis, eine Sensibilität für das geistige Format, die charakterliche Integrität und die Persönlichkeit eines Menschen. Die außerordentliche Großzügigkeit und Weitsicht des Denkens, die ihn ebenso wie seinen Vater auszeichneten, hatten ihren Grund in der Berliner Kindheit.

Schon in früher Jugend formten sich bei Hans von Dohnanyi der Lebensentwurf, dem er folgte, und die Urteilsmaßstäbe, nach denen er sich richtete, sehr klar aus. Er kam dem eigenen Leitbild der Lebensführung ziemlich nahe, als er Anfang der vierziger Jahre die Beamten- und Richterlaufbahn verließ und in den Vorstand einer großen deutschen Bank wechselte. Wenn dies auch nicht der Beweggrund war, so stand er im Begriff, zu den Lebensverhältnissen zurückzukehren, die ihm aus der Kindheit geläufig waren. Doch schon in den Jahrzehnten zuvor, in denen er sich mit äußerst beengten finanziellen Verhältnissen arrangieren musste, versuchte er möglichst viel von seinen Ansprüchen zu verwirklichen, unter anderem durch Reisen und Auslandsaufenthalte, die seine berufliche Laufbahn ermöglichte und mit sich brachte.

Musik begleitete die beiden Dohnányi-Kinder durch den Tag. Dennoch dachte Hans, der musikalisch hoch begabt war, nie daran, in die Fußstapfen seiner Eltern zu treten und Pianist zu werden.[2] Möglicherweise hätten bei einem anderen Lebensverlauf die künstlerischen Talente, die bei ihm nicht auf die Musik beschränkt waren, zum Durchbruch gelangen können. Denn

Hans, in seiner ganzen Art weicher und sensibler als sein Vater, entwickelte schon sehr früh Ansätze literarischer Ambitionen. Anregungen in dieser Hinsicht boten die in den Grunewald-Villen obligatorischen Familienbibliotheken in Hülle und Fülle. Im Alter von sieben oder acht Jahren verfasste Hans in einer kindlichen Sütterlinschrift das Gedicht »Vom großen Hasen«.

> Es wollt' ein Has' auf die Wanderschaft gehen,
> um in der Welt sich umzusehen.
> Nun wißt Ihr doch!
> Das höchste Gut ist für den Wanderer Herz und Mut.
> Doch wißt Ihr auch: ein Hasenherz
> schlägt etwas mehr nach unterwärts.
> Als drum das Häschen Abschied nahm,
> vor Angst es fast in Tränen schwamm.

Etwa zur selben Zeit schrieb und illustrierte er Geschichten, zum Beispiel für seine Mutter die »Geschichte vom Menschen und vom Löwen«, die ihn als außergewöhnlich fantasiebegabtes, sprachlich gewandtes Kind zeigt. Viel mehr Details über die Kindheit von Hans wissen wir nicht. Mancher Brief, der an den Vater ging, ist entweder verloren gegangen oder harrt in Ungarn und Amerika seiner Entdeckung. Gelegentlich war Hans mit seiner jüngeren Schwester Gegenstand der Berliner Gesellschaftspresse. Mindestens einmal wurde er in einer Illustrierten abgebildet.

Das Jahr 1913 brachte für Hans von Dohnanyi einen tiefen Einschnitt; die Wunde sollte nie ganz vernarben. Der Vater trennte sich von seiner Familie und verließ das Haus. Seine Frau Elza Kunwald, am 7. Februar 1877 geboren und damit ein knappes halbes Jahr älter als Ernst, kam über die Entscheidung ihres Mannes nie hinweg und hoffte während ihres ganzen Lebens, dass er den Entschluss rückgängig machen würde. Hans schrieb herzzerreißende Briefe an den Vater. Ihr Tenor lautete: »Bitte, lieber Papa, komm zurück.«[3] In einem Briefwechsel mit seinem Sohn begründete Ernst von Dohnányi vier Jahre später seine

Entscheidung. Sie sei für ihn eine Frage der Ehrlichkeit gewesen, er verachte jeden falschen Schein, schrieb er am 25. Juni 1917.[4] Offenbar wurden die Kinder in den Konflikt zwischen den Eltern hineingezogen, und die harte, konsequente Haltung der Mutter trug vermutlich dazu bei, dass Vater und Sohn bis Ende der dreißiger Jahre keinen Kontakt zueinander hatten. Hans' Schwester Grete dagegen hielt zumindest zeitweise die Verbindung zum Vater aufrecht.[5]

Hans hing zeitlebens mit zärtlicher Liebe an seiner Mutter, die ihn später zeitlich stark in Anspruch nahm und nicht immer das nötige Verständnis für seine Arbeit aufbrachte. Elza von Dohnányi bemühte sich trotz ihres Kummers darum, sich und die Kinder nicht ins Bodenlose fallen zu lassen, als Ernst das Haus verließ und nach kurzer Zwischenstation in einer Junggesellenwohnung in Berlin zu Beginn des Ersten Weltkriegs nach Budapest zurückkehrte. Sie blieb mit den Kindern in Berlin, obwohl ihr in Budapest der Rückhalt durch ihre Familie sicher gewesen wäre. Vielleicht schämte sie sich, als verlassene Ehefrau in die wohl vertraute Gesellschaft der ungarischen Metropole zurückzukehren. Die wirtschaftliche Lage der kleinen Familie war allerdings in jeder Hinsicht miserabel. Aus dem schönen Haus im Grunewald mussten die drei in eine Mietwohnung am Hohenzollerndamm 89 umziehen. Die Unterhaltszahlungen aus Budapest trafen wohl nur unregelmäßig ein, zum Leben reichten sie kaum aus. Ernst von Dohnányi hatte mit seiner neuen Lebensgefährtin selbst schwierige Jahre zu überstehen, die auch über das Kriegsende 1918/19 hinaus anhielten. Um die Familieneinkünfte aufzubessern, gab Elza Klavierunterricht. Tochter Grete entlastete die Mutter im Haushalt. Hans übernahm von seinem vierzehnten Lebensjahr an kleine Arbeiten und gab Nachhilfeunterricht, um die Familie zu unterstützen. Einmal kam er mit gerade sechzig Pfennig nach Hause. Den restlichen Betrag, immerhin neun Mark, hatte er einem Bettler geschenkt, der die Gutherzigkeit des Jungen ausgenutzt hatte.[6]

Vor allem der Musikunterricht der Mutter trug dazu bei, dass die Kontakte zum Groß- und Bildungsbürgertum Berlins erhalten blieben. Sie organisierte einen Zirkel, in dem die Kinder mit einer Sprachlehrerin englische Konversation betrieben. Die neue Situation der Familie führte dazu, dass Hans und Grete früher als üblich Verantwortung übernehmen mussten. Darüber hinaus war die Mutter jedoch nach Kräften bemüht, ihnen einen Hauch der Welt zu erhalten, in der sie die ersten Jahre ihres Lebens verbracht hatten.

Als Ernst von Dohnányi seine Familie verließ, war Hans gerade Gymnasiast geworden. Er ging seit kurzer Zeit auf das humanistische Grunewald-Gymnasium in der Herbertstraße, das seit 1946 Walter-Rathenau-Schule heißt. In der statusorientierten wilhelminischen Gesellschaft war er als Professorensohn und Kind eines bekannten Künstlers in die Schule eingeführt worden. Das war sein Eintrittsbillett in die Berliner Gesellschaft, es blieb auch nach der Trennung der Eltern gültig. Diese Trennung und das Bewusstsein um die Nützlichkeit von Außenkontakten führten dazu, dass er beherzt und mutig unter seinen Mitschülern aus den großbürgerlichen Kreisen Berlins Freundschaften suchte und fand. Er war ein auffälliges, apartes Kind mit einem markanten Gesicht, das dem seiner Mutter glich. Als Heranwachsender entwickelte er sich zu einem sportlichen, 1,78 Meter großen jungen Mann mit dunkelblondem Haar und blauen Augen. In Leistung und Umgangsformen zeigte er sich seinen Mitschülern mindestens ebenbürtig. Er war nicht nur ein begabter, sondern auch ein fleißiger Schüler. Unbewusst nahm er in dieser Zeit grundlegende Weichenstellungen für sein Leben vor.

Eine der wichtigsten Freundschaften, die zu dieser Zeit entstanden, war die zu Justus Delbrück, einem Klassenkameraden auf der Grunewaldschule. Justus war das drittjüngste von sieben Kindern des Berliner Militärhistorikers Hans Delbrück. Seine Mutter Lina war eine Enkelin von Justus Liebig, dem Gießener Professor und Wegbereiter der modernen Chemie. Hans ging in dem Professorenhaushalt ein und aus. Er erhielt viele Anregungen durch den Vater seines Freundes, der sich Zeit für Gespräche mit den historisch und politisch interessierten Jungen nahm.

Hans Delbrück, Nachfolger von Heinrich von Treitschke auf dem Lehrstuhl für Allgemeine und Weltgeschichte an der Friedrich-Wilhelm-, der heutigen Humboldt-Universität, gehörte damals zu den einflussreichsten Politikberatern.[7] Der Prinzenerzieher und ehemalige freikonservative Abgeordnete im preußischen Landtag und im Reichstag hatte direkten Zugang zu Reichskanzler Bethmann Hollweg und Verbindungen zur Führungselite des Kaiserreichs. Er gab die *Preußischen Jahrbücher* heraus, in denen er Monat für Monat in der Rubrik »Politische Korrespondenzen« die Innen- und Außenpolitik kommentierte. Unter den deutschen Historikern und Geisteswissenschaftlern war er eine Ausnahmeerscheinung: ein durch und durch politischer Kopf. Der Experte für Kriegsgeschichte, Leutnant im Deutsch-Französischen Krieg von 1870/71, ging im Ersten Weltkrieg nach anfänglicher Euphorie rasch auf Distanz zur Mehrheit seiner Kollegen. Mit der berühmten Professoreneingabe vom 20. Juni 1915 hatten diese die Kriegszieldebatte in Deutschland angeheizt und die gemäßigten Politiker unter Druck gesetzt. Delbrück war der führende Kopf einer Gruppe von Wissenschaftlern, die am 9. Juli 1915 eine Gegeneingabe machten, in der viel maßvollere Kriegsziele genannt wurden. Zu den Mitunterzeichnern gehörten Albert Einstein, Ludwig Quidde, Paul Rohrbach, Gustav Schmoller, Ferdinand Tönnies, Erich Troeltsch, Max und Alfred Weber, Leopold von Wiese und der Journalist Theodor Wolff. Auch in seinem Gesprächszirkel, dem Mittwochabendkreis, kämpfte Delbrück um maßvolle Kriegsziele und geriet dadurch in Widerspruch zu einem Umfeld, das sich Zug um Zug radikalisierte. Über Tirpitz und Ludendorff, die Alldeutschen und die Vaterlandspartei – eine große Sammlungsbewegung während des Krieges – landete mancher am Ende in der Nähe von Hitler.

Nach dem Ersten Weltkrieg kämpfte Delbrück gegen die Dolchstoßlegende, wies aber auch die Kriegsschuldthese der Siegermächte zurück. Delbrück, der 1929 starb, war ein gemäßigter Machtpolitiker, als »liberaler Imperialist« ein Kind seiner Zeit. Dennoch hatte er keine Berührungsängste mit der Sozialdemokratie. Er befürwortete ausdrücklich eine deutsche Rolle in der Weltpolitik und lehnte wie die meisten anderen Politiker und Experten eine Rückkehr zum Status quo ante 1914 ab. In ein anregenderes politisches und geistiges Umfeld hätte der junge Hans von Dohnanyi nicht kommen können. Bald darauf wählte er einen beruflichen Weg, in dem sich Einflüsse des Hauses Delbrück erkennen lassen.

Unmittelbare Nachbarn der Delbrücks in der Kunz-Buntschuh-Straße in Grunewald waren der Kirchenhistoriker Adolf von Harnack und seine Familie. Harnack hatte ebenfalls sieben Kinder und war genau wie Delbrück politisch stark engagiert. Otto von Bismarck hatte seinerzeit dafür gesorgt, dass Harnack einen Ruf an die Friedrich-Wilhelm-Universität erhielt. Später beriet er Kaiser Wilhelm II. in der Wissenschaftspolitik und war Autor der *Preußischen Jahrbücher*. 1905 wurde er Generaldirektor der Königlichen Bibliothek. Auf Wunsch des Kaisers verfasste er 1911 die Denkschrift zur Gründung der Kaiser-Wilhelm-Gesellschaft, Vorläuferin der heutigen Max-Planck-Gesellschaft, und wurde deren erster Präsident. Kurz nachdem Hans die Familie kennen gelernt hatte, wurde Harnack als erster Theologe in den Ritterstand erhoben und mit einem erblichen Adelstitel ausgestattet. Wie Delbrück und andere wählte er nach 1918 den schwierigen Weg vom gemäßigten Monarchisten zum Republikaner. Harnack starb 1930, ein Jahr nach Delbrück.

Das Zentrum dieses Netzwerks gebildeter Familien war das Grunewald-Gymnasium, das von dem Reformpädagogen Wilhelm Vilmar Jahrzehnte vor der Zeit zu einer Art Gesamtschule mit einem enormen Angebot an Wahlfächern und Sonderkursen entwickelt worden war. Im Niveau, im Lehrangebot und in der Vielfalt der Arbeitsformen hatte sie universitären Charakter. Spenden aus der Elternschaft, unter ihnen ein hoher Anteil assimilierter, gebildeter Juden, sorgten für eine hervorragende Ausstattung der Unterrichtsräume, Laboratorien und Sammlungen. Hans fand hier Anschluss an ein gesellschaftliches und geistiges Milieu, das er intensiv in sich aufnahm. Die Entscheidung des Vierzehnjährigen, zum evangelischen Glauben überzutreten und am Konfirmandenunterricht teilzunehmen, ist vermutlich auch in diesem Zusammenhang zu sehen: so viel Zeit wie möglich gemeinsam mit den neuen Freunden zu verbringen, im protestantischen Berlin einer von ihnen zu sein. In diesem Entschluss wurde Hans sicher auch von seiner Mutter bestärkt, die dem Vater zuliebe sechzehn Jahre zuvor bei der Eheschließung vom evangelischen zum katholischen Glauben übergetreten war. Im Konfirmandenunterricht lernte Hans weitere Freunde kennen, unter anderen Klaus Bonhoeffer und Gerhard Leibholz, den Sohn eines Tuchfabrikanten. Die Familie jüdischer Herkunft besaß am Königssee im Grunewald ein schönes Haus mit eigenem Tennisplatz. Hier konnte Hans kostenlos den weißen Sport pflegen, wie auch bei der Familie von Edith Andreae, Walther Rathenaus Schwester, oder später auf der Tennisanlage des Auswärtigen Amtes, zu der er über befreundete Diplomaten Zugang erhielt. Am 21. März 1917 wurde er zusammen mit Klaus Bonhoeffer und Gerhard Leibholz in der Evangelischen Kirche in Berlin-Grunewald konfirmiert.

Der Erste Weltkrieg drückte der Schülergeneration des Jahrgangs 1902 in verschiedener Hinsicht den Stempel auf. Hans und seine Freunde waren noch zu jung, um als Soldaten eingezogen zu werden. Aber sie bildeten doch so etwas wie später die Generation der »Flakhelfer« im Zweiten Weltkrieg. Sie gingen zu den Bahnhöfen und halfen bei den Transporten der Verwundeten. Sie strickten Socken für die Soldaten, wobei Hans sich zum Spezialisten für die nicht leicht zu bewältigende Fersenpartie entwickelte. Sie halfen in der Landwirtschaft aus, weil dort die männlichen Arbeitskräfte fehlten. Hans erhielt für seinen Einsatz auf dem Lande sogar eine Ehrenurkunde. Bei der Fahrt von Berlin in die brandenburgische Neumark übernahm der Sechzehnjährige die Verantwortung für seine jüngeren Kameraden, weil die Unternehmung ohne Begleitung durch Lehrer stattfand.

Wie seine Freunde erlebte Hans, dass einige der älteren Söhne aus den Familien, die ihm nahe standen, aus dem Krieg nicht mehr zurückkehrten. Waldemar von Harnack fiel 1917, desgleichen ein Jahr später, im letzten Kriegsjahr, Walter Bonhoeffer. Als im Grunewald die Nachrichten vom Tod der jungen Menschen eintrafen, mit denen man in den Jahren zuvor an den Seen und auf den Sport- und Tennisplätzen Berlins herumgetollt war, nahm für Hans und seine Freunde die unbeschwerte Jugend ein abruptes Ende. Ein junger Berliner Theologiestudent schrieb wenige Monate vor seinem Tod am 12. Oktober 1918: »Es ist der letzte Abend meines zwanzigsten Lebensjahres. Ich nehme heut' einen doppelten Abschied: nicht nur von meinem alten Lebensjahr, auch von dem Teil des französischen Landes, der eine so große Rolle in meinem Leben gespielt hat: von Verdun. Verdun, ein furchtbares Wort! Unzählige Menschen, jung und hoffnungsvoll, haben hier ihr Leben lassen müssen. Ihre Gebeine verwesen nun irgendwo zwischen Stellungen, in Massengräbern, auf Friedhöfen […] Die Front wankt, heute hat der Feind die Höhe, morgen wir, irgendwo ist hier immer ein verzweifelter Kampf.«[8]

In den Schützengräben von Flandern und Nordfrankreich starben auch die französischen und britischen Altersgenossen der jungen Deutschen. Die Diskussion über den sinnlosen Tod dieser Männer in den Abnutzungsschlachten des Ersten Weltkriegs ist in unseren Nachbarländern bis heute nicht verstummt. Die Trauer am Tag des Waffenstillstands, dem 11. November, ist dort immer noch intensiver als die Trauer über die Toten des Zweiten Weltkriegs.

Drei Jahre nach der Konfirmation, gut ein Jahr nach Kriegsende und dem Untergang der Monarchie, bestand Hans mit insgesamt guten, aber nicht hervorragenden Noten das Abitur. Das Zeugnis vom 17. Februar 1920 weist aus, dass ihm die Fächer Französisch, Mathematik, Geschichte und Geographie besonders lagen.

Eine folgenreiche Begegnung: die Bonhoeffers

Im März 1916, als Hans von Dohnanyi vierzehn Jahre alt war und die erbitterten Materialschlachten an der Somme und bei Verdun tobten, gab es eine folgenreiche Veränderung im Grunewald-Viertel. In unmittelbarer Nachbarschaft der Delbrücks zog in der Wangenheimstraße 14 eine Familie mit acht Kindern ein: die Bonhoeffers.[9] Unter den Schülern und Jugendlichen rund um Grunewaldkirche und -Gymnasium entstanden neue Freundschaften. Hans besuchte gemeinsam mit einem Bonhoeffer-Sohn den Konfirmandenunterricht. Zum »Glück des Grunewalds« gehörte wenige Jahre später auch die Freundschaft, die er mit der zweitältesten Tochter der Bonhoeffers schloss. 1925 heiratete er Christine. Seine Schwester Grete ging mit dem Bonhoeffer-Sohn Karl-Friedrich den Bund fürs Leben ein.

Karl Bonhoeffer, der Familienvater, lehrte seit 1912 als Professor für Psychiatrie und Nervenheilkunde an der Friedrich-Wilhelm-Universität und leitete zugleich die entsprechende Abteilung an der Berliner Universitätsklinik, der Charité. Ein Vierteljahrhundert lang blieb er auf dieser Position, länger als jeder Fachkollege vor ihm. Er lebte mit seiner Familie bereits seit vier Jahren in Berlin. Als er in die Hauptstadt berufen wurde, hatte er eine beeindruckende wissenschaftliche und medizinisch-praktische Laufbahn mit Stationen in Breslau, Königsberg und Heidelberg vorzuweisen. In Breslau hatte er 1898 Paula von Hase geheiratet, mit der er nun die vier Söhne Karl-Friedrich, Walter, Klaus und Dietrich und die vier Töchter Ursula, Christine, Sabine und Susanne hatte.

Der Klinikchef, der unter anderem über alkoholgefährdete Randgruppen der Gesellschaft geforscht hatte, war eine distinguierte Persönlichkeit, ein Mann voll Würde, der nie die Contenance verlor, weder am Arbeitsplatz noch zu Hause. Seine Umgebung außerhalb der Familie und des engeren Freundeskreises redete den untersetzten, sehr leise sprechenden Herrn als Geheimrat an, also in der dritten Person. Professor Bonhoeffer erschien gegen 8.30 Uhr in der Klinik und ging bereits gegen 13.30 Uhr wieder nach Hause. In der Charité gebot er über 240 Betten für Psychiatrie- und Neurologie-Patienten. Er war ein Mann des 19. Jahrhunderts. Er vertraute auf die Naturwissenschaften und die Erkenntnismöglichkeiten durch ihre exakten Methoden; der Psychoanalyse Sigmund Freuds stand er kritisch gegenüber, er war jedoch der erste deutsche Psychiater, der seine Studenten auch in der Psychoanalyse prüfte. Im Vergleich zu seinen Professoren-Nachbarn im Grunewald war er ein eher unpolitischer Mensch – mit einer entscheidenden Ausnahme: Er empfand eine tiefe Verantwortung für öffentliche Angelegenheiten, für die Res publica.[10] Anders ist der Weg nicht zu verstehen, den einige seiner Kinder später einschlugen.

Die Bonhoeffers stammten aus Schwaben. Ihre Vorfahren waren im 16. Jahrhundert als protestantische Handwerker ihres Glaubens wegen aus dem niederländischen Nijmegen nach Schwäbisch Hall ausgewandert. Christine Bonhoeffer bewahrte dieser Herkunft ein sichtbares Andenken: Klaus von Dohnanyi erinnert sich, dass auf ihrem Schreibtisch immer ein Porträt Wilhelms I. von Oranien stand, dessen Freiheitssinn und Entschlossenheit die Niederlande in die Unabhängigkeit von Spanien und in die Glaubensfreiheit geführt hatten. Im Württembergischen gehörten die Bonhoeffers bald zu den Honoratioren, aus ihrer Familie kamen Ratsherren, Richter und Ärzte.

Der Vater von Karl Bonhoeffer, Friedrich Bonhoeffer, war Landgerichtspräsident in der Universitätsstadt Tübingen gewesen. Seine Frau Julie stammte aus der Familie der Tafels. Deren Vorfahren waren unter anderem Einwanderer aus Frankreich und Italien, die ihre Heimatländer aus Glaubensgründen verlassen hatten. Wirkten die Bonhoeffers ein wenig bodenschwer und auf sympathische Weise »deutsch«, waren die Tafels im Gegensatz dazu eher extrovertierte, teilweise auch extravagante Menschen, unter ihnen Offiziere, Theologieprofessoren und Künstler. Julie Bonhoeffer überlebte ihren Mann um fast drei Jahrzehnte. Sie blieb nach seinem Tod zunächst in Tübingen. Dadurch hatten ihre Berliner Enkel oft Gelegenheit, in die Heimat ihrer Vorfahren zu reisen und den Süden Deutschlands kennen zu lernen. 1924 wurde die Tübinger Großmutter dann in den Kreis der Großfamilie in der Wangenheimstraße aufgenommen. Sie starb 1936 in Berlin im Alter von dreiundneunzig Jahren.

Die Familiengeschichte von Christines Mutter, Paula Bonhoeffer geborene von Hase, führt nach Thüringen und Sachsen, zum Teil in die direkte Nachbarschaft der Gegend, aus der einst die Dohnanyis in die Westslowakei ausgewandert waren. Der Vater von Paula Bonhoeffer, Karl Alfred von Hase, war Hofprediger Kaiser Wilhelms II. in Potsdam. Er hatte Clara Gräfin von Kalckreuth, die bildschöne Tochter des Malers Stanislaus von Kalckreuth, geheiratet. In jungen Jahren hatte sie bei Franz Liszt eine Ausbildung als Pianistin erhalten. So gab es in der Familienhistorie der Dohnanyis und der Bonhoeffers bedeutsame Parallelen, ihre Vorfahren bekleideten zum Teil verantwortliche öffentliche Ämter, zum Teil waren sie in künstlerischen Berufen tätig; Klaus von Dohnanyi sprach einmal von »akademisch-künstlerischen Gemeinsamkeiten«.[11]

Ähnlich wie Elza in der Familie Ernst von Dohnányis schirmte Paula Bonhoeffer die Kinder von der Arbeitswelt des Vaters ab. Karl Bonhoeffer arbeitete nach dem Klinik-Vormittag zu Hause weiter und hielt dort auch seine Sprechstunden ab. Die Kinder sahen den Vater lediglich beim Mittagessen und bevor sie zu Bett gingen. Anders war dies nur in den Ferien. Die Bonhoeffers verbrachten sie meistens in ihrem Urlaubsdomizil im Ostharz. In Friedrichsbrunn hatten sie schon kurz nach ihrem Umzug nach Berlin ein altes Försterhaus erworben. Es sollte in der weiteren Familiengeschichte als Anlaufpunkt und Erholungsort immer wieder eine wichtige Rolle spielen.

Die acht Kinder wurden in jeder Hinsicht gefördert. Im weiträumigen Haus gab es eine botanische Sammlung mit lebenden Tieren, einen Bastelraum, ein Puppen- und ein Schulzimmer. Diese Ordnung und Systematik bildeten den Rahmen einer freiheitlichen Erziehung, die sich jedoch an klaren Regeln und Maßstäben orientierte. Vermutlich lehnten sich diese an die Arbeitsweise des Professors an, der von Mitarbeitern als souverän, sehr sachlich und kühl beschrieben wurde.[12] Christine Bonhoeffer nannte einmal als Erziehungsziele ihrer Eltern »persönliche Anspruchslosigkeit und Bescheidenheit, unbedingte Wahrhaftigkeit, Verantwortlichkeit dem gesprochenen Wort, ja sogar der Formulierung gegenüber, Ablehnung von Modenarrheiten auf geistigem und anderen Gebieten, Achtung vor der Meinung und besonders vor den Gefühlen der Mitmenschen«.[13] Der starke, bestimmende Vater war immer für Frau und Kinder da, wenn sie ihn benötigten. Das galt auch für die späteren Jahre, als seine heranwachsenden Kinder das Gespräch mit ihm suchten.

Auch bei den aufgeklärten Bonhoeffers erfolgte die Erziehung der Kinder geschlechtsspezifisch, wie im Kaiserreich üblich. Im Hause hatte die Mutter, für Dritte selbstverständlich »Frau Geheimrätin«, das Sagen, unterstützt vom fünfköpfigen Dienstpersonal. Die kluge, sehr fromme Frau, die – für die damalige Zeit beinahe revolutionär – eine Lehrerinnenausbildung erhalten hatte, erteilte ihren Kindern privaten Unterricht. Diese konnten dadurch an den öffentlichen Schulen Klassen überspringen und legten deshalb ihr Abitur früher als gewöhnlich ab.

Christine Bonhoeffer, Hans von Dohnanyis spätere Frau, wurde als fünftes Kind von Paula und Karl Bonhoeffer am 26. Oktober 1903 in Königsberg geboren. Als Patin war Clara, die Pianistin und gebürtige Gräfin von Kalckreuth, vorgesehen, die aber bereits einen Monat nach der Geburt des Kindes starb. Christine gehörte zur jüngeren Hälfte der Bonhoeffer-Kinder und wuchs in der großen Familie sehr behütet auf. Die prägenden Jahre ihrer Kindheit erlebte sie in Breslau, wo ihr Vater fünf Jahre die psychiatrische Abteilung des Gefängnisses leitete und 1897 seine Habilitationsschrift zum Alkoholdelirium vorlegte. Karl Bonhoeffer beschrieb seine zweite Tochter, als diese etwa zweieinhalb Jahre alt war, als »ein lebhaftes, kluges, sprachgewandtes Kind mit blonden Haaren und rosigen Bäckchen, das uns allen viel Freude macht, weil sie immer guter Stimmung und stets zu kleinen Späßen geneigt ist«.[14] Einige Jahre später notierte er, Christine sei ein »aufgewecktes, lebhaftes und sehr zärtliches Kind«.[15] Die schulische Ausbildung erhielt sie gemeinsam mit ihrer Schwester Ursula zunächst bei der Mutter. In Berlin besuchte sie dann die Privatschule von Fräulein Adelheid Mommsen, der Tochter des Althistorikers und Nobelpreisträgers Theodor Mommsen, in der Charlottenburger Knesebeckstraße.

Mit der Mittleren Reife war die Ausbildung der höheren Töchter normalerweise beendet, obwohl jungen Frauen im Kaiserreich seit 1908 die Möglichkeit zum Hochschulstudium offen stand. Um die allgemeine Hochschulreife zu erlangen, musste das Abitur an einer staatlichen Schule abgelegt werden. Die Zahl der Mädchengymnasien war jedoch noch sehr begrenzt. Christine musste also auf ein Jungengymnasium gehen, auf die Schule ihrer Brüder. In der Anfangsphase der Weimarer Republik, die auch durch einen Umbruch im Schulwesen gekennzeichnet war, bestand sie im Herbst 1919 die schwierige Aufnahmeprüfung am Grunewald-Gymnasium. Sie wurde in die Obersekunda aufgenommen, zwei Klassen unter ihrem späteren Mann. Im Frühjahr 1922 erhielt sie als eine der wenigen weiblichen Absolventinnen das Zeugnis der Reife.

Das zarte Pflänzchen der Freundschaft zwischen Christine Bonhoeffer und Hans von Dohnanyi konnte sich in der damaligen Gesellschaft mit ihrer noch weitgehenden Geschlechtertrennung nur im öffentlichen Raum der Schule ein wenig entfalten. Als Hans das Grunewald-Gymnasium verließ, um zu studieren, wurde es schwieriger, den Kontakt aufrechtzuerhalten, obwohl die beiden nicht allzu weit voneinander entfernt wohnten. Was sie sich mitteilen wollten, schrieben sie sich daher in Briefen, denn das Telefon stand den Jugendlichen damals noch nicht zur Verfügung. Durch diese Art der fantasievollen Kommunikation kamen sie sich näher. Mit Vergnügen liest man ihre Korrespondenz, die im Jahre 1919 begann. Vieles ist wie ein virtuelles Gespräch abgefasst. In einem Brief vom Oktober 1921 schreibt Christine beinahe mütterlich: »So, jetzt gute Nacht. Eine Stunde ist Dir noch gestattet, dann gehörst Du auch ins Bett.«[16] Die Ermahnung war begründet. Hans musste schon in seinen ersten Universitätsmonaten mit der Doppelbelastung

5 Hans von Dohnanyi, um 1908.

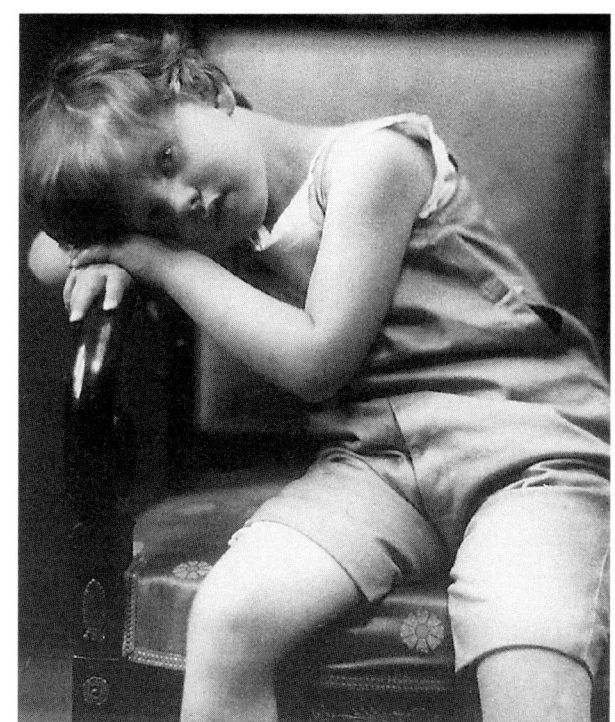

6 Hans in Berlin-Grunewald, um 1914.

17 Hans von Dohnanyi und Christine Bonhoeffer am Tag ihrer offiziellen Verlobung im Juli 1924.

18 Christine mit ihren beiden älteren Kindern Bärbel und Klaus im Jahr 1928.

Hans mit Bärbel und Klaus, 1928.

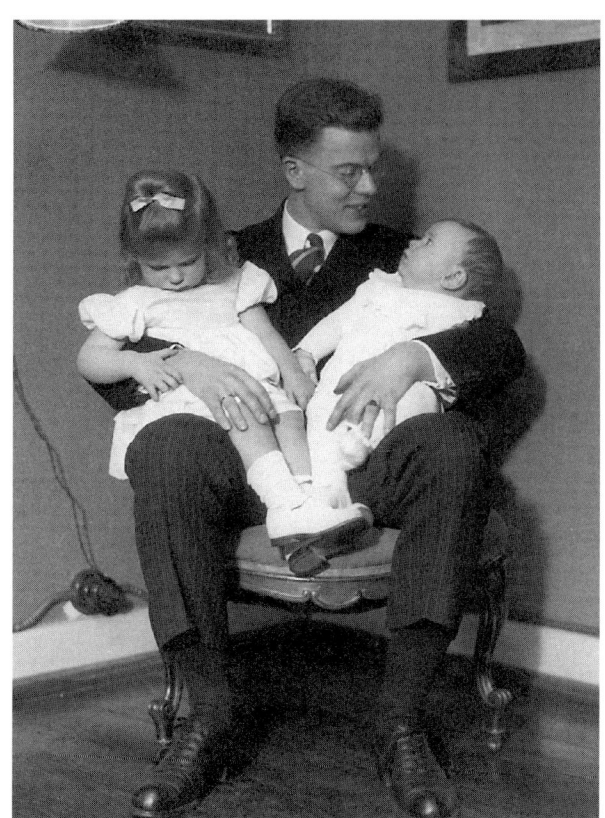

Beim Schachspiel mit Schwester Grete, 1933.

21 Mit den Kindern Barbara, Klaus und Christoph in Friedrichsbrunn, 1933.

22 Mit den Kindern auf dem Großglockner im Sommer 1939.

3 Hans (vorn sitzend) mit Karl Ludwig von Guttenberg und Justus Delbrück, Kollegen des Referats ZB in der Berliner Abwehrzentrale, etwa 1942. Das Foto, ein Geschenk für Hans Oster, ist ironisch gemeint: obwohl alle drei nie Angehörige der Wehrmacht waren, posieren sie in Wehrmachtsuniform.

4 Hans Oster (links).
5 Wilhelm Canaris.

26 Die Zwillinge Sabine und Dietrich Bonhoeffer, um 1914.

27 Dietrich Bonhoeffer im Juli 1944 im Untersuchungsgefängnis Berlin-Tegel.

Das Haus in Sacrow, gezeichnet nach einer Fotografie von Hans von Dohnanyi im Untersuchungsgefängnis Lehrter Straße.

Selbstbildnis Hans von Dohnanyis, gezeichnet im Untersuchungsgefängnis.

30 Christine mit ihren Söhnen Christoph (links) und Klaus in München, 1946.

von Studium und beruflicher Arbeit fertig werden, er absolvierte Tag für Tag ein ungeheures Arbeitspensum. Die wirtschaftliche Situation seiner Familie ließ ihm keine andere Wahl.

Die Korrespondenz zwischen den beiden jungen Menschen zeigt neben Spontaneität und fröhlicher Fantasie aber auch große Ernsthaftigkeit und geistige Tiefe, sie vermittelt ein sehr lebendiges Bild der beiden. Hans und Christine tauschten häufig Lektürevorschläge aus, dann auch Reiseeindrücke. Fast unmerklich erhielt der geschwisterlich-freundschaftliche Umgang eine andere Färbung, zunächst bei Hans. Man spürt aus seinen Zeilen die Sehnsucht nach Christine, auch wenn er sie nur vorsichtig und indirekt äußerte, als wüsste er um die Zerbrechlichkeit erster Liebe. Christine brauchte etwas länger, um zu erkennen, dass ihre Zuneigung über eine bloße Brieffreundschaft hinausging. Aus ihren Briefen spricht eine frische, sehr aktive, aufgeweckte junge Frau, die sich gelegentlich auch einmal etwas altklug gibt. Mit ihrem Partner teilte sie die Liebe zur Natur, von der in ihrer Korrespondenz oft die Rede ist. Hans malte sich an langen Abenden in einsamer Studierstube gemeinsame Wanderungen mit Christine aus, die vom Schwarzwald bis an den Rand der Alpen führen sollten. Seine Fantasie verkürzte ihm die Zeit der Trennung. Seine Tage waren ausgefüllt mit Schule, später Studium, Arbeit im Haushalt, Ausflügen und sehr viel Lesen – und Briefeschreiben, einer heute fast untergegangenen Kultur.

Hans von Dohnanyis kraftvoll schöne Handschrift verrät künstlerische Neigungen. Wann immer er konnte, verwandte er besonderes Papier. Oft notierte er während der Arbeit, was ihn gerade bewegte. Mit einem Schuss Selbstironie kommentierte er einmal eine Situation, als er sich die Blicke seines Chefs ausmalte, der ihm über die Schulter schaut: »Ich fürchte, Dr. Thimme macht hinter mir Stielaugen und wundert sich, was ich so lange auf Briefbögen zu schreiben habe. Ab und zu sehe ich auch eifrig in einen Aktenband.«[17] Gern schloss er seine Briefe mit einer witzigen Anekdote. So hatte er Christine einmal zum Abschied bis ins Zugabteil begleitet, obwohl er nur eine Bahnsteigkarte hatte. Beim Aussteigen wurde er von Bahnbeamten gestellt, kontrolliert und abgeführt. In den Amtsräumen wurde er ins Kreuzverhör genommen. Die Schilderung der Auseinandersetzung mit den Beamten, die ihm (in Zeiten der Inflation) eine Strafe von 1500 Mark auferlegen wollten, bewegt sich im Brief an Christine auf hohem satirischem Niveau und gipfelt in dem Ausruf eines der Beamten, »wie ich es wagen könnte, überhaupt auf der Welt zu sein«.

Hans hatte im Frühjahr 1920 das Studium der Rechtswissenschaften und der Nationalökonomie an der Friedrich-Wilhelm-Universität in Berlin aufgenommen und damit seinen ursprünglichen Plan, Geschichte zu studieren, fallen gelassen. Er ging jedoch im ersten Semester zu historischen Vorlesungen und hörte politische Theorie, bedauerte auch zeitlebens, dass er nicht die Laufbahn des Historikers eingeschlagen hatte. Als er mit dem Studium begann, wollte er jedoch möglichst schnell Selbständigkeit und Unabhängigkeit von der Mutter erreichen und eine eigene Familie gründen. Diesem Ziel ordnete er alle anderen Entscheidungen unter. Für eine akademische Laufbahn als Historiker hätte er nach der Promotion seine Habilitation erarbeiten, dann zunächst als Privatdozent lehren müssen. Er hätte also auf Jahre hinaus keine oder nur geringe Einkünfte gehabt und wäre lange auf Unterstützung angewiesen gewesen. Die Nationalökonomie gab er bereits im zweiten Semester wieder auf. An der Juristischen Fakultät wie auch bei diversen Nebentätigkeiten, mit denen er seine Ausbildung finanzierte, schuf er nun die Voraussetzungen für seine künftige Laufbahn. In Berlin – im Zentrum des politischen Geschehens – lehrte und arbeitete die Elite der deutschen Juraprofessoren, zum Beispiel die Verfassungsrechtler Heinrich Triepel und Rudolf Smend. Bei Smend absolvierte Hans rechtsvergleichende Übungen.

Die Einwohnerzahl der Hauptstadt erreichte in diesem Jahr infolge des Groß-Berlin-Gesetzes – der Eingemeindung zahlreicher umliegender Dörfer und Gemeinden – knapp vier Millionen. Berlin war damit nach New York und London die drittgrößte Stadt der Welt. An der Friedrich-Wilhelm-Universität waren rund 12 500 Studenten eingeschrieben. An der Rechtswissenschaftlichen Fakultät studierten 2 500 angehende Juristen, unter ihnen 54 Frauen. Einige von Hans' Freunden bereiteten sich ebenfalls auf die Juristenlaufbahn vor: Justus Delbrück und Gerhard Leibholz studierten in Heidelberg, Klaus Bonhoeffer in Tübingen. Ein Studium außerhalb Berlins konnte sich Hans nicht leisten. Die finanziellen Möglichkeiten seiner Familie waren weiterhin sehr begrenzt. Er musste zu Hause wohnen bleiben und sich mit Nachhilfeunterricht Geld verdienen. Die Jahre der Inflation verschärften die finanziellen Schwierigkeiten noch weiter, auch für die Eltern seiner Freunde. Nur Karl Bonhoeffer ging es besser. Er behandelte in der Charité gelegentlich auch Privatpatienten, die mit US-Dollars bezahlten.

Hans studierte auch deswegen sehr zielgerichtet, weil er Christine so bald wie möglich heiraten wollte. Ende September 1921 hatten sich die beiden – er knapp zwanzig, sie knapp achtzehn und noch Schülerin – heimlich verlobt. Damit begann die »Geschichte einer großen Liebe« (Peter Steinbach), die Beziehung zweier außergewöhnlicher Menschen. Hans suchte die Geborgenheit wieder, die er als Kind durch die Trennung seiner Eltern verloren hatte; er fand sie bei einer jungen Frau, die klug und fröhlich dem Leben zugewandt war. Viele Jahre später, als er im Gefängnis auf seinen Prozess wartete, erinnerte er sich an jenen Tag, den 28. September 1921, und schrieb an seine Frau: »Ich war überglücklich an diesem Verlobungstag – dem einzigen Datum, das in unseren Ringen steht –, überglücklich [...] Wie viele Erinnerungen gehen mir heute durch den Kopf: Weißt Du noch, wie wir durch die Luisenstraße wanderten und Du Deine Präparate gegen unsere Verlobungsringe einhandeltest?«[18]

Vorübergehend machten sich die beiden Verlobten 1922 Sorgen, Vater Bonhoeffer könnte einen Ruf an die Münchener Universität annehmen und mit seiner Familie in die bayerische Landeshauptstadt ziehen. Er tat es nicht. Im Mai 1923 durchlebten sie eine kurze Zeit der Spannungen, die von Christine ausging. Vielleicht wich sie kurz vor der endgültigen Entscheidung für Hans vor diesem Schritt zurück und suchte die Distanz, die sie zur Festigung ihrer eigenen Überzeugung brauchte. Diese Phase hielt nicht lange an. Schon bald waren sie wieder ein Herz und eine Seele.

Hans nahm neben seinem Studium nacheinander drei Tätigkeiten an, mit denen er nicht nur das nötige Geld verdiente, sondern auch den Bonhoeffers den tatkräftigen Beweis dafür lieferte, dass er der richtige Schwiegersohn, der richtige Mann an Christines Seite sei. Bereits im zweiten Semester wurde er auf Empfehlung von Hans Delbrück[19] Mitarbeiter bei der Aktenpublikation »Die Große Politik der Europäischen Kabinette«[20] im Auswärtigen Amt. Die Publikation hatte zum Ziel, die These von der alleinigen Kriegsschuld Deutschlands, wie sie im Versailler Vertrag festgeschrieben wurde, zu widerlegen. Im Kriegsschuldreferat des Ministeriums saß der junge Mann nun in der Regel acht Stunden am Tag von Montag bis Samstag an dem Projekt, das der Historiker Friedrich Thimme zusammen mit zwei weiteren Herausgebern leitete.

Dohnanyi übernahm die typischen Aufgaben der wissenschaftlichen Hilfskraft, also Korrektur- und Registerarbeiten. Zwei Jahre lang, bis Ende 1923, konnte er dadurch sein Studium finanzieren. Von 1922 bis 1923 hatte er darüber hinaus eine Assistentenstelle, die eigens für ihn eingerichtet worden war. Sie war auf ein Jahr befristet und verpflichtete ihn zur Mitarbeit an der so genannten Friedrichsruher Ausgabe der gesammelten Werke Bismarcks. Seinen Vorgesetzten prägte er sich als belastbarer, umsichtiger und engagierter Mitarbeiter ein – und empfahl sich außerdem noch als Diplomat: Es gelang ihm, einen drohenden Streit zwischen den Herausgebern der »Großen Politik« zu schlichten, als diese sich wegen der Reihenfolge der Namen im Titel des Werkes einmal in die Haare zu geraten drohten. Hans von Dohnanyi vermittelte erfolgreich. Als die Finanzierung dieser ersten beiden Stellen auslief, hatte er Mitte 1923, in der Hochphase der Inflation, das Glück des Tüchtigen. Er wurde Mitarbeiter des *Rheinischen Beobachters,* einer »Wochenschrift für das deutsche Selbstbestimmungsrecht an Rhein, Saar und Ruhr«.

Dohnanyi verfasste dort regelmäßig eine Rubrik: »Chronik der öffentlichen Meinung in Frankreich«.

Wie viele seiner Kommilitonen und Freunde, die zum Teil Einsätze in den Freikorps hinter sich hatten, war der junge Dohnanyi auch in diesen schwierigen Jahren der Weimarer Republik ein Patriot im besten Sinne. Er identifizierte sich von Anfang an mit der Republik und setzte sich als notfalls kämpferisch gesinnter Demokrat für sie ein. 1919, beim Spartakus-Aufstand, meldete er sich in Berlin zum Einsatz als »Nothelfer«. Wiederholt fungierte er in dieser Funktion als Streikbrecher, um die Produktion in wichtigen Betrieben aufrechtzuerhalten. Als er später unter dem NS-Regime Probleme mit dem berüchtigten »Ariernachweis« hatte, wies er auf diese »Nothelfereinsätze« hin und argumentierte, er sei damit als Siebzehnjähriger bereits »eingezogen«, also Soldat gewesen. Hans verteidigte in Zeitungsartikeln die Republik, als die Franzosen im Januar 1923 wegen leichter Lieferrückstände bei den Reparationen ins Ruhrgebiet einmarschierten und dort den Ausnahmezustand verhängten.

Dohnanyis Freizeit war durch sein Studium und die Nebentätigkeiten sehr knapp bemessen. Gern nutzte er sie zum Lesen. Welche Vorlieben er nicht nur in jungen Jahren hatte, kommt in eindringlicher Weise in einem Brief zum Ausdruck, den er am Pfingstsonntag 1922 an seine Verlobte schrieb: »Ich lese jetzt des Abends oft in Moltkes Briefen […] Historisch ist vieles – besonders die Schilderungen der nächsten Umgebung des Königs – sehr interessant. Was mich aber am meisten fasziniert, sind die fabelhaft feinen Beobachtungen nicht nur von Menschen, sondern beispielsweise auch von landschaftlichen Stimmungen, die manchmal fast etwas Künstlerisches haben.«[21]

Zu seinen Lieblingsbüchern zählte der »Ulenspiegel« von Henri de Coster – Thyl Ulenspiegel als ein fantasie- und fintenreicher Revolutionär in den niederländischen Freiheitskriegen. Als Christine das Buch 1923 las, kommentierte sie die Lektüre so: »[…] zum Märtyrer wäre ich nicht geschaffen, aber ich möchte überhaupt wissen, wer von den Leuten jetzt. Vielleicht traut man sich auch zu wenig zu, aber ich glaub, mich könnte man durch Foltern zu allerhand bringen. Mal gut, dass ich nicht mehr in die Gefahr komme, das ausprobieren zu müssen. Aber weniger Energie als die Leute früher hat man sicher.«[22]

Einen tiefen Eindruck in dem jungen Leben Hans von Dohnanyis hinterließ das Attentat auf Außenminister Walther Rathenau, der von der rechtsextremen »Organisation Consul« in dem Berliner Villenviertel ermordet wurde, in dem Hans aufgewachsen war. Er hatte den Minister in dessen Amtssitz wenige Wochen zuvor aus nächster Nähe erlebt und Christine über eine Veranstaltung der »Deutschen Gesellschaft« berichtet, an der Rathenau Anfang Juni 1922 teilgenommen hatte.[23] Hans war wie die anderen Amtsangehörigen gelähmt und schockiert, als die Nachricht von der Ermordung des Politikers an einem Sonnabend in der Wilhelmstraße eintraf. Der Schrecken über den politischen Mord beherrschte die Briefe, die sich Hans und Christine in den folgenden Tagen schrieben. Seine Analyse und die atmosphärische Beschreibung der politischen Lage in Berlin, die er gab, waren von außerordentlicher Eindringlichkeit, zeigten ein profundes politisches Urteil des Zwanzigjährigen und offenbarten seine journalistischen Fähigkeiten. Vieles, was er Pfingsten 1922 schrieb, liest sich noch heute, ähnlich wie der Veranstaltungsbericht wenige Tage zuvor, wie eine große Reportage: »Die Wirkung im Amt war ungeheuer. Alles sprach gedämpft und ging auf Zehenspitzen. Ich hatte den Eindruck, dass es auch dem letzten Unterbeamten in die Glieder gefahren war: führerlos. Und führerlos nicht nur im engsten Amtskreise, sondern gerade dem Auslande gegenüber in der großen Politik. Mit einem Schlage wusste jeder, dass keiner so unersetzlich war wie Rathenau.«

Seine Zivilcourage hätte Hans von Dohnanyi in jenen Tagen beinahe handgreiflich unter Beweis gestellt. Im Zentrum Berlins wurde er von einem feisten, monokeltragenden Großagrarier angesprochen. Er deutete auf die schwarz-rot-goldene Fahne am Reichskanzlerpalais und fragte Dohnanyi: »Was ist denn nun für ein Jude gestorben, dass das Ding da Halbmast weht?« Hans berichtete an Christine weiter: »Ich war versucht, ihm coram publico eine Ohrfeige zu verabreichen. Davor rettete ihn das Auto des Nuntius Pacelli, das vor dem Ministerflügel vorfuhr.«

Hans stellte mit Genugtuung fest, dass die Fahnen der amerikanischen und der französischen Botschaft im Zentrum Berlins ebenfalls auf Halbmast gesetzt waren. Einige Tage später schrieb er: »Heute war das Begräbnis. Seit Bismarck starb, ist in Deutschland wohl niemand so begraben worden. Hunderttausende waren unterwegs, obwohl der Verkehr seit zwölf Uhr mittags völlig stockte. Über dem Reichstag kreiste mit flatternden schwarzen Wimpeln ein Flieger, die Reichswehr bildete Spalier, die Straßen im Zentrum der Stadt waren völlig abgesperrt. Gegen Ende der Trauerfeier im Reichstag kam ich am Königsplatz gerade zurecht, um die fremden Diplomaten abfahren zu sehen. In großer Uniform (die teilweise, z. B. beim englischen Botschafter, noch die des 18. Jahrhunderts ist) sahen sie sehr feierlich aus. Dann kam der Sarg. Mit roten Rosen überschüttet. Das Auto, tannenreisergeschmückt, fuhr in rasender Fahrt durch die Stadt nach Oberschöneweide, wo im kleinen Kreise die Bestattung war. Ich sah Berlin heute zum ersten Mal in einer ernsten Stimmung. Die völlige Arbeitsruhe entsprang nicht irgendwelchen Streikgelüsten – Generalstreik war ausdrücklich abgelehnt worden –, sondern kam wirklich von innen heraus.«

Die neunzehnjährige Christine, die das Politisieren bei der Korrespondenz sonst gar nicht liebte, schrieb am 29. Juni 1922 zurück: »Es ist merkwürdig, aber mir ist auch von all den Scheußlichkeiten dieser verfluchten Hakenkreuzleute noch keine so scheußlich vorgekommen.« Und Hans in seiner Erwiderung am 1. Juli 1922 nachdenklich: »Wenn Rathenaus Tod einen Sinn gehabt hat, so ist es jedenfalls der der Erkenntnis, dass die bestehende Staatsform in Gefahr ist.«[24]

Hans ließ es sich nicht nehmen, an den Lesungen des Gesetzes zum Schutz der Republik im Reichstag teilzunehmen. Nur wenige Tage nach dem Anschlag auf Rathenau wurde der Publizist Maximilian Harden bei einem Attentat in Berlin schwer verletzt. Politisch dürfte Hans zu dieser Zeit der Deutschen Demokratischen Partei (DDP) nahe gestanden haben, also der politischen Formation des späteren Bundespräsidenten Theodor Heuss. Diese Partei identifizierte sich uneingeschränkt mit der ersten deutschen Republik.

Christine Bonhoeffer studierte seit dem Sommersemester 1922 Zoologie in Heidelberg, der malerischen, traditionsreichen Universitätsstadt, die rund 50 000 Einwohner zählte. Sie verwirklichte damit einen Studienwunsch, den sie seit ihrem dreizehnten Lebensjahr hegte. Die Universität Heidelberg hatte zu dieser Zeit etwa 3000 Studenten, der Frauenanteil lag bei rund fünfzehn Prozent. Entsprechend den Moralvorstellungen der damaligen Zeit wohnte sie nicht allein oder in einem Studentenwohnheim, sondern bei der Familie Gerhard Anschütz in der Ziegelhäuser Landstraße 35. Die Anschützens waren Freunde ihrer Eltern aus der Zeit, als Karl Bonhoeffer vorübergehend in Heidelberg gelehrt hatte.

Christine war schockiert, als einer ihrer Professoren, der aus Preßburg stammende Physiker und Nobelpreisträger Philipp Lenard, sich nach dem Rathenau-Mord als bekennender Antisemit offenbarte. Er wurde später eine Vorzeigefigur der Nationalsozialisten und propagierte eine »deutsche Physik«. Im Wintersemester 1922/23 kehrte Christine nach Berlin zurück und wohnte bei ihren Eltern. Im darauf folgenden Sommersemester wechselte sie nach Tübingen, half dort ihrer Großmutter im Haushalt und bekochte auch ihren Bruder Dietrich. Dieser hatte im Gegensatz zu ihr eine eigene Studentenbude. Anders als ihr Verlobter Hans erhielt Christine einen soliden monatlichen Wechsel, der jedoch in den Jahren der Inflation schnell an Wert verlor.

In den Briefen, die sich Hans und Christine schrieben, ändern sich im Frühsommer 1923 die Anreden. Sie nennt ihren künftigen Mann nun »Mein lieber, guter Hans«, er antwortet mit »Mein Lieb« oder »Mein liebstes Lieb«. Sie entschlossen sich, ihren Familien gegenüber nun kein Geheimnis mehr aus ihren Heiratsabsichten zu machen. Als Christine am Ende des Sommersemesters 1923 aus Tübingen nach Hause zurückkehrte, informierte sie ihre Eltern über die Verlobung mit Hans. Die Bonhoeffers waren über diese Nachricht zunächst nicht gerade glücklich, auch wenn sie zugestehen mussten, dass Christine mit zwanzig Jahren das »Verlobungsalter« nahezu erreicht hatte. Sie hatten andere Schwiegersöhne aus dem Grunewald-Viertel im Auge, die aus ihrer Sicht wesentlich vorteilhaftere Verbindungen darstellten, Justus Delbrück etwa. Hans von Dohnanyi dagegen erweckte als Sohn eines Künstlers, als Kind aus einer gescheiterten Ehe, ihr Misstrauen. Sie fanden ihn zudem »arrogant« und in seiner Sprache »phrasenhaft-geschraubt«.[25] Dass er als Berufsziel »Diplomat« angab, beeindruckte sie wenig. Was die Eltern Bonhoeffer jedoch unterschätzten, war die Hartnäckigkeit des jungen Mannes. Hans passte sich den Normen im Hause Bonhoeffer an. Gleichzeitig ordnete er die Schritte seiner Laufbahn zielstrebig so, dass er seiner künftigen Frau möglichst bald ein standesgemäßes Leben würde bieten können.

Nachdem sich zunächst die beiden Mütter der Brautleute getroffen hatten, willigten die Eltern im Juli 1923 in die Verbindung ein. Bis zur offiziellen Verlobung verging allerdings noch ein Jahr. Die Entscheidung hatte zur Folge, dass Christine – wie ihre Schwestern auch – ihr Studium und die ins Auge gefasste Promotion nicht beenden würde. Sie fügte sich nach kurzer Bedenkzeit in dieses Los und nahm es trotz ihrer emanzipatorischen Grundeinstellung als gegeben hin, als traditionelle Rolle einer Frau ihrer gesellschaftlichen Schicht. In anderen Belangen blieb sie dagegen eigenwillig. Sie teilte Hans mit, dass sie den Namen Dohnanyi nicht mit Akzent schreiben wolle, »weil es so furchtbar ausländisch aussieht«. Der sah großzügig über diesen teutonischen Zug bei seiner künftigen Frau hinweg und schrieb ihr, dass viele Franzosen in den preußischen Heeren gekämpft und, obwohl längst »gute Deutsche«, nie daran gedacht hätten, ihren Namen zu germanisieren. »Vielleicht wirst Du auf das á noch einmal stolz sein«, schloss er seine Zeilen.[26] Dennoch verzichtete er Christine zuliebe später auf den Akzent.

Trotz der umfangreichen Nebentätigkeiten gelang es Hans von Dohnanyi, sein Studium ohne Unterbrechung zu Ende zu führen. Die Erste Juristische Staatsprüfung bestand er am 28. Juli 1924 mit der Note »voll befriedigend«. Christine und Hans verlobten sich unmittelbar danach offiziell, fast drei Jahre nach ihrer heimlichen Verlobung. Die Monate nach dem Examen forderten einen enormen Einsatz von Hans. Er war im Begriff, beruflich in Hamburg Fuß zu fassen, und suchte in seiner knapp bemessenen Freizeit nach einer bezahlbaren Wohnung. Seine Braut saß derweil untätig in Berlin, drückte ihm zwar die Daumen, konnte ihm aber vor Ort nicht helfen. Hans vermisste sie. Ihren Eltern schrieb er von einem Ausflug nach Helgoland und stellte bedauernd fest: »Zu schade, dass man nicht an einem Tag hin und zurück kann, sonst würde ich mir Christel einmal dazu herholen.« Wenige Wochen zuvor war er in einem Brief aus dem oberbayerischen Mittenwald an die künftigen Schwiegereltern deutlich aus sich herausgegangen, als er über Christine schrieb: »Das aber wird sie, so viel wie ich sie kenne, nicht schreiben: dass wir sehr, sehr glücklich miteinander sind. Aber mag sich das auch von selbst verstehen – ich habe doch die Empfindung, es Euch sagen zu müssen.«[27]

Umso größer war die Erleichterung der beiden, als Hans nicht nur eine neue berufliche Position, sondern auch die Anmietung einer Wohnung im Hamburger Stadtteil Hochkamp mit der Adresse Beim Gesundbrunnen 7, unweit von Blankenese, vermelden konnte. Der Hochzeit stand nun nichts mehr im Wege. Sie fand am 12. Februar 1925 in Berlin-Grunewald statt. Die Eltern Bonhoeffer zeigten sich bei der Aussteuer der Tochter großzügig. Sie schenkten den beiden eine komplette Wohnungseinrichtung inklusive Küche. Dennoch blieben die äußeren Lebensumstände von Christine und Hans bescheiden. Sie leisteten sich eine dreitägige Hochzeitsreise ins Ferienhaus nach Friedrichsbrunn. Das Häuschen hatte mittlerweile Wasseranschluss, aber zum allgemeinen Spott der Dorfbewohner keinen Strom. »Man freut sich immer richtig von einem Tag auf den andern«, schrieb Hans seinen Schwiegereltern. Wie sein Vater Ernst hatte er sich früh für die Ehe entschieden. Und dies ist tatsächlich ein Grundzug der männlichen Dohnanyis während vier Generationen: Sie heirateten früh und bekamen schon in jungen Jahren Kinder.

Die Freunde von Hans, die mittlerweile ihr Studium abgeschlossen hatten und wieder in Berlin lebten, heirateten ebenfalls in diesen Jahren. Justus Delbrück ging eine Verbindung mit Ellen von Wahl ein. Gerhard Leibholz heiratete die Zwillingsschwester von Dietrich Bonhoeffer, Sabine. Klaus Bonhoeffer ehelichte Emmi Delbrück, die Schwester von Justus. Karl-Friedrich, der älteste Bonhoeffer-Sohn, der ein bekannter Chemiker wurde, heiratete Grete von Dohnányi, Hans' Schwester. Sein Bruder Walter war, wie schon erwähnt, im Ersten Weltkrieg gefallen. Die älteste Schwester der beiden, Ursula, ging eine Verbindung mit Rüdiger Schleicher ein, einem Juristen. Der Zwillingsbruder von Sabine, Dietrich Bonhoeffer, blieb Junggeselle. Er verlobte sich schließlich mit Maria von Wedemeyer, einer jungen Frau aus pommerschem Adel. Das jüngste Kind der Familie Bonhoeffer, Susanne, heiratete Walter Dreß, einen Pfarrer und Professor für Theologie; er war Martin Niemöllers Nachfolger an der Evangelischen Kirchengemeinde Dahlem.

In Hamburg

Hans von Dohnanyi stand in seinem beruflichen Werdegang gewiss das Glück zur Seite. Es war das Glück des Tüchtigen. Dass ihn seine stetige Karriere in immer verantwortungsvollere und einflussreichere Positionen brachte, war vor allem ein Erfolg harter, unermüdlicher Arbeit, zielstrebiger Planung – und der Unterstützung, die er durch seine Frau Christine erfuhr.[28] Dohnanyi konnte ein enormes Arbeitspensum bewältigen. Er kam mit wenig Schlaf aus. Wenn er um 20.45 Uhr zum Abendessen nach Hause kam, saß er gegen 22 Uhr bereits wieder am Schreibtisch.

Im Sommer 1924 beendete Hans die journalistische Tätigkeit

beim *Rheinischen Beobachter*. Direkt im Anschluss erhielt er im August 1924 eine Anstellung am Institut für Auswärtige Politik (IAP) in Hamburg, das in der Weimarer Republik als »Schule der Außenpolitik« galt. Er arbeitete für diese Institution – im besten Sinne ein Institut für Friedensforschung – vier Jahre lang. 1927 rückte er vom wissenschaftlichen Hilfsarbeiter zum zweiten Assistenten auf. Auch am IAP ging es – wie im Auswärtigen Amt in Berlin – unter anderem um eine Widerlegung der These von der alleinigen Kriegsschuld Deutschlands, wie sie von den Siegermächten des Ersten Weltkriegs vertreten wurde. Die Institutsleitung, die Mitarbeiter und zweifellos auch Hans von Dohnanyi vertraten die Auffassung, dass kein Staat, keine handelnde Persönlichkeit, sondern eine hochexplosive Lage im Jahre 1914 die europäischen Mächte in den Ersten Weltkrieg hatte hineinschlittern lassen.

Dohnanyi war von Albrecht Mendelssohn-Bartholdy, dem Mitherausgeber der *Großen Politik der Europäischen Kabinette,* nach Hamburg geholt worden. Dieser war ein Ururenkel des Philosophen Moses, Enkel des Komponisten Felix und Sohn des Freiburger Historikers Carl Mendelssohn-Bartholdy. Er lehrte als Ordinarius für Völkerrecht an der Hamburger Universität und leitete das IAP als Direktor. Im Ersten Weltkrieg hatte er Kontakt zu einer Gruppe um Max Weber und den Prinzen Max von Baden in Heidelberg, die sich von den chauvinistischen Kriegszielen distanzierte, weil sie aus europäischer Perspektive dachte. Der Titel eines Manifests dieser Gruppe lautete »Völkerbund und Rechtsfrieden«.

Mendelssohn-Bartholdy, der einzige Jurist im Herausgeberkreis der *Großen Politik,* hatte Hans schon in Berlin gefördert und sein Interesse für Prozessrecht sowie nationales und internationales Strafrecht geweckt. Der brillante Kopf, der im Ersten Weltkrieg zwei Waisen adoptiert hatte, galt als »Herzensrepublikaner« und stand in seinem politischen Denken Hans Delbrück nahe. Beide waren deutsche Patrioten, Verfassungspatrioten. Man kann Mendelssohn-Bartholdy im Übrigen als väterlichen Freund von Hans bezeichnen, als typisch für die Bekanntschaften und

Freundschaften in einem deutsch-jüdischen intellektuellen Umfeld, die Christine und Hans in den Jahren 1925 bis 1928 in Hamburg eingingen. Hans von Dohnanyi dachte und fühlte ähnlich wie Delbrück und Mendelssohn-Bartholdy, sein Verhalten seit 1919 und vor allem in den Tagen nach dem Mord an Rathenau belegt das deutlich. Aufgrund der beruflichen Tätigkeiten, die er bereits während des Studiums ausgeübt hatte, gehörte er längst zu einer kleinen Gruppe von Fachleuten für internationale Beziehungen. Er machte sich zu dieser Zeit Sorgen über den begrenzten Horizont vieler Menschen in Deutschland und über ihre Anfälligkeit für Propaganda. Infolge der Inflation konnte kaum jemand eine Auslandsreise unternehmen und den dringend erforderlichen Vergleich mit den Verhältnissen daheim anstellen. Hans von Dohnanyi engagierte sich zwar in keiner politischen Partei, aber er war ein hochpolitischer, scharf denkender und präzise analysierender Mann.

Max Warburg, der bedeutende Hamburger Bankier, und sein Partner Carl Melchior, der als Hauptmann im Ersten Weltkrieg schwer verwundet worden war, hatten das Institut für Auswärtige Politik im Jahre 1923 gegründet, ein Jahr vor Dohnanyis Ankunft in Hamburg. Das IAP folgte zwei bedeutenden Vorbildern: 1920 war in London das Chatham House, das Royal Institute of International Affairs, gegründet worden, 1921 wurde der Council on Foreign Relations in New York ins Leben gerufen. Alle drei können als historische Vorbilder der Deutschen Gesellschaft für Auswärtige Politik gelten, die 1955 in Bonn gegründet wurde.

Interessanterweise wurde das Institut für Auswärtige Politik nicht in Berlin, sondern in Hamburg initiiert und angesiedelt, im liberalen Umfeld einer großen, selbstbewussten, handels- und exportorientierten Stadt, die sich nach Berlin als die Nummer zwei in Deutschland sah. Sinnbild dieses weltoffenen Selbstverständnisses war das Chilehaus, eines der Wahrzeichen der Stadt, das Fritz Höger 1924 erbaute. Hamburg zählte damals rund eine Million Einwohner. In der Hafenstadt, in der die SPD oder der »Sozialdemokratische Verband für das hamburgische Staatsgebiet«, wie sie dort hieß, politisch den Ton angab, bestand eine breite Basis für eine Institution wie das IAP – von Bürgermeister Carl Wilhelm Petersen von der DDP und der Kaufmannselite bis zur Sozialdemokratie. Wie andere deutsche Großstädte durchlebte die Hansestadt unruhige Jahre. Die politischen Auseinandersetzungen gipfelten im Oktober 1923 im Aufstand der Kommunisten unter Führung von Ernst Thälmann. Die Polizei schlug zurück: 90 Tote und 270 Verletzte waren die Bilanz jener chaotischen Tage.

Für Hans von Dohnanyi verliefen die Jahre in Hamburg vergleichsweise ruhig. Die Kennzeichnung dieser Periode der Weimarer Republik als Phase relativer Stabilität galt auch für sein berufliches und persönliches Leben. Bald nachdem er seine Arbeit am IAP aufgenommen hatte, zog dieses in die Alte Post an der Poststraße 19 um, in ein anregendes Umfeld inmitten der Fleete der Hamburger Innenstadt. Auf kurzen Wegen lernte Hans nun Bibliotheken oder Veranstaltungs- und Tagungsorte wie den renommierten »Überseeclub« kennen. Er traf dort mit führenden Politikern und Wirtschaftsvertretern der Hansestadt zusammen. Im Institut war er der jüngste Mitarbeiter. Mehrere der älteren Kollegen waren wie der Mitbegründer Carl Melchior verwundet aus dem Ersten Weltkrieg zurückgekehrt. 40 000 junge Männer aus Hamburg hatten im Krieg ihr Leben verloren. Aus dem Kreis der Kollegen, mit denen Hans am IAP zusammenarbeitete, machten sich später unter anderem Harriet Wegener, George F. Hallgarten, Theodor Haubach und Alfred Vagts einen Namen in der Wissenschaft.[29]

Zusätzlich zur Arbeit am IAP begann Dohnanyi im März 1925, zwei Wochen nach seiner Hochzeit, mit der Referendarausbildung im hamburgischen Justizdienst. Bereits im September 1924, kurz nach dem Staatsexamen, hatte er zudem mit den Vorbereitungen zu einer Doktorarbeit begonnen; Thema: »Das Verfahren vor dem Einzelrichter nach der Zivilprozessnovelle vom 13. Februar 1924«. Doch das neue Arbeitsumfeld in Hamburg, der Umzug, die Hochzeitsvorbereitungen und die permanente Geldnot strapazierten offensichtlich auch die Kraft des durchaus belastbaren Hans von Dohnanyi über die Maßen. Im Frühjahr 1925 brach er die Arbeit an seiner Dissertation fürs Erste ab. Eine Fortsetzung hätte zu Lasten der Leistungen in seinem Referendariat gehen müssen. Die Hamburger Verwaltung bescheinigte ihm dies. Im Zeugnis über das erste Referendariatsjahr wurde ihm »eine nicht unerhebliche Flüchtigkeit« attestiert, die die Brauchbarkeit der vorgelegten Arbeiten »beeinträchtige«.[30] Hans konzentrierte sich nun ganz auf die Arbeit am Institut und die diversen Stationen der Referendarausbildung, für die er kein zusätzliches Geld bekam. Da er in Hamburg bleiben wollte, hatte er darauf verzichten müssen. In Berlin, seinem Studienort, hätte er die Referendarsbezüge bekommen, Hamburg bot ihm eine Honorierung nicht an.

Am Institut arbeitete Dohnanyi zunächst dem stellvertretenden Direktor Paul Marc zu. Dieser zog ihn sofort zur Mitarbeit an der Institutszeitschrift *Europäische Gespräche* heran, die schon bald darauf ein führendes Periodikum für Fragen der internationalen Politik zwischen den beiden Weltkriegen wurde. Nach Aufbau und Inhalt war sie ein Vorläufer des *Europa-Archivs*. Dohnanyi veröffentlichte in diesem Journal eine Reihe von Buchrezensionen.

Außer Forschung und Publizistik gehörten aber auch die Lehre, die Dokumentation, das Archivwesen und der Austausch mit vergleichbaren Instituten im Ausland zu den Aufgaben, die sich das IAP gestellt hatte. Es bot regelmäßig Lehrveranstaltungen an, eine Bibliothek und ein Archiv mit thematisch geordneten Zeitungsausschnitten wurden aufgebaut, grundlegende Literatur herausgegeben. Dohnanyi unternahm Dienstreisen auch ins Ausland und konnte damit sein Interesse an der Welt wenigstens in Ansätzen stillen. Die chronisch knappe Familienkasse erlaubte ausgedehnte Privatreisen damals nicht.

Im Herbst 1925, wenige Wochen nachdem Frankreich das Ruhrgebiet geräumt und die Besatzung beendet hatte, reiste Dohnanyi im Auftrag des Instituts für mehrere Wochen nach Großbritannien. Ehefrau Christine begleitete ihn. In London wohnten die beiden in einer Pension am Tavistock Square. Nachdem

Hans den dienstlichen Teil der Reise abgeschlossen hatte, machten sie in Shanklin auf der Isle of Wight Urlaub. Wie so oft reichte das Geld nicht. Christine bat ihre Eltern deshalb, die Miete für die Hamburger Wohnung zu überweisen.

Was ihre notorisch knappen Finanzen betraf, erwiesen sich die beiden als wahre Balancekünstler. Hans verdiente zusätzliches Geld, indem er Zeitungsberichte über die Vorträge im Überseeclub schrieb. Doch wenn sich das Paar ausnahmsweise einen Restaurantbesuch leistete und sich, wie im Januar 1926, ein Hasenbratenessen gönnte, waren die Zusatzeinkünfte, wie Christine konstatierte, sofort wieder dahin. Einen Urlaub wie den auf der Isle of Wight konnten sie sich in den Folgejahren nicht leisten. Das finanziell einzig zu verantwortende Feriendomizil der Familie blieb das Försterhaus in Friedrichsbrunn. Was Hans verdiente, gelegentlich durch Zusatzeinnahmen und Gutachtertätigkeit im Institut ein wenig aufgebessert, reichte im Grunde genommen nur für die Miete und den Lebensunterhalt im engeren Sinn. Für alles andere – Krankenversicherung, Telefon, Garderobe von Christine, Umzüge und größere Anschaffungen – sprangen die Schwiegereltern ein. Die Bonhoeffers hatten in diesen Jahren auch noch ihre anderen sechs Kinder zu alimentieren. Ein Ärztehaushalt in der Weimarer Republik bot jedoch so etwas wie eine Überlebensgarantie, und eine Stellung wie diejenige, die Geheimrat Karl Bonhoeffer innehatte, gewährte manchen finanziellen Spielraum. Die Bonhoeffer-Eltern ließen ihre Kinder daran teilhaben.

Inzwischen erwartete Christine ihr erstes Kind. Ihre Schwangerschaft verlief nicht ohne Komplikationen. Daher begab sie sich für längere Zeit in die Obhut ihrer Eltern in Berlin. Die getrennten Ehepartner ließen nun den früh geübten Brauch des Briefeschreibens wieder aufleben. Wenige Tage vor Weihnachten, am 20. Dezember 1925, munterte Hans seine Frau mit einer kleinen Zeichnung, einem mit wenigen Strichen hingeworfenen Weihnachtsbaum, auf, zu dem er schrieb: »Meine liebe, süße, kleine Frau, das nächste Jahr brennt's auch für unser Kindchen. Und wir werden Acht geben müssen, dass es mit seinen Händchen nicht in die Lichter hineinfasst. Das wird eine schöne Zeit werden!«[31] Ein gutes halbes Jahr später, am 27. Juni 1926, kam in Hamburg das Töchterchen Barbara zur Welt. Die Wohnung am Hochkamp wurde für die Familie nun zu klein. 1927 zog sie nach Fuhlsbüttel in die Feuerbergstraße 2. In der Nähe pachtete Christine ein Stück Gartenland. Fotos aus dieser Zeit zeigen die Dohnanyis mit Freunden, viele von ihnen ebenfalls junge Eltern. Häufig war Christine souveräne Gastgeberin für festliche Essen.

Als das Institut den Auftrag erhielt, eine Volksausgabe der »Großen Politik der Europäischen Kabinette« zu erarbeiten, konnte Hans seine Berliner Erfahrungen in vollem Umfang einbringen. Zu seinen Aufgaben gehörte nun die Übersetzung von französischen und englischen Dokumenten, eine Tätigkeit, die ihn stark beanspruchte. Inmitten dieser Belastungen zeichnete sich auch für die Doktorarbeit, die er 1925 auf unbestimmte Zeit aufgeschoben hatte, eine unerwartete Möglichkeit ab. Der Hamburger Senat erteilte dem IAP den Auftrag, ein Rechtsgutachten über den Artikel 363 des Versailler Vertrags anzufertigen, der den Zugang des neuen Staates Tschechoslowakei zur Nordsee regelte. Unter Berufung auf diesen Artikel beanspruchte die 1918 gegründete Tschechoslowakische Republik ein Pachtgebiet im Hamburger Hafen – eine wichtige Frage nicht nur für Hamburg, sondern für die Souveränität der jungen Weimarer Republik. Das IAP beauftragte seinen jungen Mitarbeiter mit der Ausarbeitung der Expertise.

Dohnanyi kam in seinem Gutachten zu dem Schluss, dass es im Rechtsstreit sowohl um einen echten als auch um einen unechten Pachtvertrag gehe. Der Gutachter teilte seine Ansicht zwar nicht, hob aber die »originelle und beachtenswerte Gliederung« der Arbeit hervor. Sie bildete später die Grundlage für eine Denkschrift, die das Auswärtige Amt den weiteren Verhandlungen mit der Tschechoslowakei zu Grunde legte. Die zuständige Hamburger Senatskommission für Reichs- und Auswärtige Angelegenheiten stufte Dohnanyis Gutachten als »geheim« ein. Damit unterblieb die Veröffentlichung der Dissertation. Die fünfzig gedruckten Exemplare verschwanden im Archiv des IAP. Der »Trostpreis« für Hans war jedoch nicht nur der Titel eines Dr. jur., sondern auch ein Honorar in Höhe von 900 Reichsmark. Sein Vorgesetzter zweigte es von der Gesamtsumme von 1500 Reichsmark ab, die die Senatsbehörde für die Erstellung des Gutachtens an das Institut überwiesen hatte. Dohnanyis Ausarbeitung wurde am 30. September 1926 als Dissertationsthema angenommen. Doktorvater und Erstgutachter war nicht Mendelssohn-Bartholdy, sondern Kurt Perels, Ordinarius für Öffentliches Recht und Staatslehre an der Universität Hamburg. Hans freundete sich auch mit ihm an.[32]

Im Jahre 1928 stellte Dohnanyi entscheidende Weichen für seine berufliche Karriere und für die Zukunft seiner Familie. Zunächst bewältigte er trotz enormer beruflicher, familiärer und finanzieller Belastung die Zweite Juristische Staatsprüfung. Er konnte dabei den dreijährigen Ausbildungsgang, der sich über neun Stationen erstreckte, verkürzen und fünf Monate bei der abschließenden Verwaltungsetappe einsparen. Mit Unterstützung von Christine, die hochschwanger seine 92-seitige Arbeit tippte, schaffte er gerade noch die rechtzeitige Abgabe. Am 9. Juli 1928 bestand er die mündliche Prüfung mit der Gesamtnote »gut«. Reichlich zwei Wochen vorher, am 23. Juni 1928, wurde Klaus von Dohnanyi geboren.

Zu dieser Zeit, also in der Jahresmitte 1928, dachte Hans von Dohnanyi über eine Reihe beruflicher Optionen nach. Sollte er eine diplomatische Karriere anstreben, sollte er sich für eine wissenschaftliche Laufbahn an der Hamburger Universität entschließen, sollte er einen weiteren Aufstieg in der hansestädtischen Verwaltung ansteuern oder in den Reichsdienst wechseln, den Weg in die Berliner Ministerialbürokratie wählen? Mit Professor Perels spielte er die Möglichkeit durch, sich mit dem Thema »Das Problem der Sicherheit im Völkerrecht und in der Diplomatie« zu habilitieren. Ein Kollege von Perels, der junge Professor für Öffentliches Recht und Staatslehre Gerhard Lassar, redete ihm schließlich aus, Diplomat zu werden. Er gehörte zu den engsten Hamburger Freunden von Hans. Dohnanyi ging –

nach all den Erfahrungen der letzten Jahre – zunächst auf Nummer sicher: Am 9. September 1928 wurde er zum Assessor im hamburgischen Verwaltungsdienst ernannt und von Perels in die Hamburger Senatskommission für Auswärtige Angelegenheiten geholt. Aufgrund seiner erheblichen Erfahrungen hatte er die Chance, schon bald auf die Planstelle eines Regierungs- oder Oberregierungsrats berufen zu werden.

Aber die Ernüchterung durch den Verwaltungsalltag stellte sich schon nach wenigen Wochen ein. In abendlichen Gesprächen mit Christine wurde Hans zunehmend klar, dass eine Beamtenlaufbahn in Hamburg nicht seine Welt war. Er glaubte, sich beruflich in einer Sackgasse zu befinden. Einen Ausweg aus dieser Lage konnte nach seiner Vorstellung nur eine Karriere im Dienst des Deutschen Reiches bieten. In dieser existentiellen Entscheidungssituation bewährte sich das alte Netzwerk aus Berlin-Grunewald. Sein Schulfreund Gerhard Leibholz hatte Ende 1928 das Angebot des damaligen Reichsjustizministers Erich Koch-Weser von der DDP ausgeschlagen, sein persönlicher Referent zu werden. Ersatzweise empfahl er Dohnanyi. Der nutzte die Gunst der Stunde und sagte zu. Zunächst erhielt er eine Anstellung als »wissenschaftlicher Hilfsarbeiter« mit wechselnden Aufgabengebieten bei Ministerialrat Wilhelm Kritzinger.[33]

Die Entscheidung für den Wechsel fiel Hans und seiner Frau Christine nicht schwer, denn es zog sie ins politische Zentrum Deutschlands und zu den Eltern, Geschwistern und Freunden in den Grunewald zurück. Beide hatten die vier Jahre in Hamburg mit Bravour gemeistert, ihre enge partnerschaftliche Beziehung hatte die Feuerprobe bestanden, die beruflichen und privaten Grundlagen für ihr weiteres Leben waren geschaffen. Finanzielle Entlastung erfuhren sie weiterhin durch Christines Eltern, die es ihrer Tochter ermöglichten, ein Kindermädchen einzustellen. In ihrer eigenen Familie übernahm Christine die finanzielle Regie, ihr Mann hätte die Zeit dafür gar nicht gehabt. Ihre Bilanz der Hamburger Jahre fiel knapp aus: »Wir hatten wenig Geld, viel Arbeit und waren sehr vergnügt.«[34]

Von seinen Vorgesetzten wurden Hans gutes Benehmen, gewandtes Auftreten, Sprachkenntnisse und überragende juristische Fähigkeiten, vor allem auf dem Gebiet der Theorie, bescheinigt. Auf Menschen, die ihn nicht kannten und denen er nicht voll vertraute, wirkte er bisweilen reserviert, wortkarg, beinahe arrogant. Doch der Eindruck täuschte. Er hatte viel Humor. Er lebte nicht nur für die berufliche Karriere; seine Familie bedeutete ihm das höchste Glück. Wenn er diese Seite seines Wesens ausleben konnte, wirkte er wie verwandelt. Das war vor allem in den Ferien möglich. Er, der sonst in ein enges zeitliches Korsett gezwängt war, entzog sich dann jedweder Planung, ließ sich nach einem späteren Bericht seiner Frau an Ricarda Huch sogar nicht einmal darauf festlegen, ob er einen Spaziergang mit den Kindern unternehmen werde oder nicht.[35]

Wie sein Vater in der Sommerfrische des oberungarischen Breznóbányia konnte Hans stundenlang auf der Wiese liegen und vor sich hindösen. Doch wenn die Kinder kamen, war er sofort für sie da. Wie sein Vater war er ein großer Hundeliebhaber, ein Mensch, der die »Hundesprache« beherrschte. Als ihm Admiral Canaris Jahre später zu verstehen gab, dass sein Hund zu keinem Fremden gehe, lachte Hans und entgegnete: »Das wäre ja der erste Hund!« Er klopfte auf seine Schenkel, und schon saß das Tier zum Erstaunen von Canaris auf Dohnanyis Schoß.

Die Liebe zur Natur und eine ausgeprägte Tierliebe blieben ein bestimmender Grundzug seines Wesens. Hans konnte alles stehen und liegen lassen, wenn er einen aus dem Nest gefallenen Vogel oder ein krankes Tier erblickte. Er liebte es, am Stadtrand im Grünen zu wohnen, und zog weite Arbeitswege einem Leben in der Innenstadt entschieden vor. Nie habe sie einen Menschen erlebt, der so viel Kraft aus der Ruhe in der Natur geschöpft habe und mit einer solchen Hingabe einen Abend im Freien genießen konnte wie Hans, erinnerte sich seine Frau. Am Ende der Ferien überkam den rastlosen Mann allerdings meist der große Katzenjammer, wenn er sich von den Tagen in freier Natur verabschieden musste und wenn er gewahr wurde, wie viel

Post unerledigt liegen geblieben war und wie viele der mitgebrachten Bücher er nicht gelesen hatte.

Dohnanyi war nicht nur ein brillanter Kopf, sondern verfügte auch über großes handwerkliches Geschick. Er bastelte gern, reparierte das Spielzeug der Kinder. Tochter Barbara besitzt noch heute einen bemalten, weißen Puppenschrank, den er 1930 gezimmert hatte. Lebhaft erinnern sich die drei Dohnanyi-Kinder an ein Puppentheater, das der Vater damals gebaut und mit Figuren ausgestattet hatte. Christine half dabei mit. In Sacrow baute er später eine große Ritterburg. In langen Nächten wurden die Bleifiguren der Ritter gegossen, die Christine anschließend bemalte. Dohnanyi machte sich auch erfolgreich am Auto zu schaffen, einem Ford-Cabrio, das sich die Familie einige Jahre später zulegen konnte. Er ließ es sich nicht nehmen, bei einer Ford-Niederlassung für kurze Zeit in eine »Mechanikerlehre« zu gehen. Dort konnte man ihn im Monteuranzug sehen.

Als die Kinder größer wurden, entdeckten sie noch andere Seiten an ihrem Vater. Hans von Dohnanyi war ein sehr guter Sportler. Den liebevollen, aber auch fordernden Vater zeichnete ein ausgeprägtes Gefühl für Fairness und Gerechtigkeit aus. Als Klaus im Alter von acht oder neun Jahren einen körperlich unterlegenen Kameraden verprügeln wollte, griff der Vater ein und ermahnte ihn, dem Jungen zu helfen, statt über ihn herzufallen – für Klaus von Dohnanyi noch heute ein Schlüsselerlebnis. Seine Schwester Barbara bewahrt ähnliche Erinnerungen an den Vater. Ihre Mutter beschreibt sie als warmherzig. Die blonde, braunäugige, mit 1,72 Metern groß gewachsene Frau vermittelte ihren Kindern klare Grundsätze, die sie konsequent vertrat und einforderte. Zugleich sorgte sie dafür, dass die spielerische Auseinandersetzung mit den Dingen nicht zu kurz kam. Sie ließ die Kinder Kinder sein.

Berliner Intermezzo

Im Januar 1929 zogen Christine und Hans von Dohnanyi mit ihren beiden Kindern Barbara und Klaus von Hamburg zurück nach Berlin. Sie nahmen zunächst keine eigene Wohnung, sondern kamen in altvertrauter Umgebung im Bonhoeffer'schen Haus in der Wangenheimstraße 14 unter. Nach den Jahren der Bewährung, die sie gemeinsam bestanden hatten, hofften sie nun auf entspanntere Zeiten. Was ihr eigenes Leben betraf, standen die Zeichen durchaus günstig. Beruflich kam Hans zügig voran, rascher als mancher seiner Freunde aus dem Grunewald-Viertel. Er erntete die Früchte seiner Begabung, seiner zielstrebigen Arbeit, seines Fleißes und seines Engagements. Zu Hause war weiterer Nachwuchs unterwegs: Am 8. September wurde der zweite Sohn, Christoph, geboren. Gegen Ende des Jahres bezogen die fünf Dohnanyis dann eine eigene Wohnung; sie lag nicht in den grünen Außenbezirken der Stadt, sondern unweit des belebten Zentrums West in der Xantener Straße 26, südlich des Kurfürstendamms.

Politisch zeigten die Signale 1929 ebenfalls auf Veränderung, aber nicht auf eine Entwicklung zum Guten. Die gerade zehn Jahre alte Weimarer Republik steuerte auf ihre Endphase zu. Es war eine Zeit zunehmender politischer Instabilität. Im Oktober 1929 starb Außenminister Gustav Stresemann, der bedeutende Staatsmann, der auch international hohe Achtung genoss, an einem Schlaganfall. Drei Wochen später löste der Börsencrash in New York eine weltweite Wirtschaftskrise ungekannten Ausmaßes aus, die Arbeitslosenzahlen schnellten in die Höhe, in den ländlichen Gebieten verschärfte sich die Lage katastrophal. Hier vor allem gewann die NSDAP nun an Boden. Nach den Wahlen im September 1930 zog sie mit 107 statt bisher zwölf Abgeordneten in den Reichstag ein.

Der Einbruch in die deutsche Gesellschaft war den Nationalsozialisten an den Universitäten bereits gelungen. Bei den Wahlen zu den Studentenparlamenten erzielten sie spektakuläre Erfolge. Viele Studenten zeigten sich anfällig für die NS-Ideologie, wie Hans schon bei Veranstaltungen an der Hamburger Universität beobachtet hatte. Nur zwei Monate nach dem Erfolg bei der Reichstagswahl hielt Hitler am 13. November 1930 vor Studenten in Erlangen eine Rede. Dabei führte er aus: »Jedes Wesen strebt nach Expansion und jedes Volk strebt nach der Weltherrschaft. Nur wer dieses letzte Ziel im Auge behält, gerät auf den richtigen Weg. Ein Volk, das zu feige ist oder den Mut und die Kraft nicht mehr besitzt, sich dieses Ziel zu stellen, betritt den zweiten Weg, und zwar den des Verzichtes und der Selbstaufgabe, der in der Vernichtung seinen Abschluss findet.«[36] Unter den Zuhörern befand sich auch Bernhard Schmeidler, Professor für Mittlere und Neuere Geschichte, der diese Äußerungen Hitlers als »zügellose Demagogie« und »sachlichen [...] Irrsinn« kritisierte.[37] Aber ein großer Teil der Studenten nahm seine Warnungen nicht mehr zur Kenntnis.

Erich Koch-Weser, der Parteivorsitzende der Deutschen Demokratischen Partei (DDP), war im Juni 1928 als Justizminister in das Kabinett des SPD-Kanzlers Hermann Müller berufen worden. Bereits nach zehn Monaten, im April 1929, musste er in diesen turbulenten Zeiten seinen Ministerposten wieder räumen. Dohnanyi aber hatte immerhin Gelegenheit, einige Monate lang an der Seite dieses international erfahrenen Politikers die Gesetzesvorhaben bei der geplanten Reichsreform und der Novellierung des Strafrechts zu begleiten.[38] An seinem enormen Arbeitspensum änderte sich auch in Berlin nichts. Sein Arbeitstag begann in der Regel um acht Uhr und endete nicht vor zwanzig Uhr, die Samstage eingeschlossen. Dienste an Sonn- und Feiertagen kamen noch hinzu. In diesen langen Arbeitsstunden konnte er allerdings auch sein Habilitationsvorhaben vorantreiben.

Weil Regierungen und Minister in der Endphase der Weimarer Republik häufig wechselten, war Dohnanyis wichtigster Ansprechpartner die graue Eminenz des Hauses, Staatssekretär Curt Joël. Er wurde für den Jüngeren zu einem väterlichen Freund. Joël hatte seine Position seit dem 1. April 1920 inne. Der gebürtige Schlesier, im Ersten Weltkrieg ein Spionagefachmann, war eine Schlüsselfigur der deutschen Justiz. Als Dohnanyi seinen Dienst antrat, stand Joël kurz vor der Pensionierung. Wie die meisten anderen hochqualifizierten Fachbeamten, die ihre prägenden Jahre im Kaiserreich erlebt hatten, engagierte er sich nicht erkennbar für die Weimarer Republik. Er lebte den neutralen Spitzenbeamten vor, dessen unpolitische Haltung letztlich doch auch politische Auswirkungen zeitigt.

Dohnanyi, der von der Hamburger Justizverwaltung für die Tätigkeit im Justizministerium für drei Jahre freigestellt war, blieb nach dem Abgang von Koch-Weser im Ministerium. Seine Sorge, beruflich nicht voranzukommen, zerstreute sich, als er im dritten und letzten Jahr seiner Abordnung am 1. Juni 1931 eine Planstelle als Staatsanwalt in Hamburg erhielt. Gleichzeitig wurde er weiterhin für die Arbeit in Berlin beurlaubt. Joël, der inzwischen die kommissarische Führung des Hauses übernommen hatte, übertrug ihm die Leitung des Ministerbüros. In dieser Position erhielt Dohnanyi alle relevanten Informationen über die politische Lage in Staat und Gesellschaft. Er beobachtete den Durchbruch der NSDAP zur Massenbewegung, registrierte die flagranten Rechtsverletzungen von Goebbels und Hitler.

Besonderes Aufsehen erregte im August 1932 ein Vorfall im oberschlesischen Potempa. Mehrere SA-Männer in Uniform erschlugen dort einen arbeitslosen KPD-Sympathisanten vor den Augen seiner Frau. Als ein Gericht die fünf Beteiligten aufgrund einer neuen, verschärften Gesetzgebung kurz darauf zum Tode verurteilte, schickte Hitler den Mördern ein Telegramm: »Meine Kameraden! Angesichts dieses ungeheuerlichen Bluturteils fühle ich mich Euch in unbegrenzter Treue verbunden. Eure Freiheit ist von diesem Augenblick an eine Frage unserer Ehre, der Kampf gegen eine Regierung, unter der dieses möglich war, unsere Pflicht.«[39] Die Täter wurden bald darauf begnadigt, im März 1933 schließlich amnestiert und freigelassen.

Als Leiter des Ministerbüros in einer Zeit, in der der Rechtsstaat immer stärker wankte, wurde Dohnanyi nun Augenzeuge und Chronist des Untergangs, auf den die erste deutsche Republik zusteuerte.[40] Bei den Ministerbesprechungen, an denen er teilnahm, beeindruckte ihn Reichskanzler Heinrich Brüning als Persönlichkeit besonders. Brüning, der Offizier im Ersten Weltkrieg gewesen war, vertrat innen- und außenpolitisch ein Programm, das die Zustimmung Dohnanyis finden, das ihn sogar faszinieren musste: Mit Hilfe einer radikalen Sparpolitik wollte er die Reparationsfrage lösen, das drohende Chaos im Innern bewältigen und außenpolitischen Handlungsspielraum, Normalität für Deutschland, zurückgewinnen.[41] Allerdings war Dohnanyi skeptisch, ob die Regierung bei dieser riskanten Politik ein Abdriften nach rechts vermeiden könnte. Es muss ihm sehr schwer gefallen sein, ausgerechnet in diesen für die Republik äußerst kritischen Monaten seine Tätigkeit im Ministerbüro zu beenden. Außer den Reformprojekten im Justizministerium standen gerade wichtige Wahlen im Reich und in den Ländern bevor, außerdem wurde angesichts des zunehmenden Straßenterrors über ein Verbot der SA nachgedacht. Doch sein Dienstherr, der Senat der Freien und Hansestadt Hamburg, der ihn für seine Arbeit in Berlin lediglich freigestellt hatte, rief ihn nach Hamburg zurück.

Am 1. April 1932 nahm Dohnanyi als Staatsanwalt seine Arbeit an der Elbe auf. Als er nur wenige Wochen später, Ende Mai 1932, vom Rücktritt Brünings las, gab er die Zeitungsmeldung seiner Frau Christine mit den Worten: »Finis Germaniae«.[42] Beide verfolgten die politischen Ereignisse dieser Monate mit großer Aufmerksamkeit und Sorge. Sie brachen sogar ihre erste große Urlaubsreise nach Kärnten und Venedig vorzeitig ab, um bei den Reichstagswahlen am 31. Juli 1932 ihre Stimme abgeben zu können. Als die NSDAP beim zweiten Wahlgang in diesem Jahr deutlich an Boden verlor, schrieb Christine ihren Eltern, Christoph, der mittlerweile dreijährige Sohn, fange an, »sich eher verspätet auf den Hitlergruß umzustellen«.[43] Der ironische Witz und die Schlagfertigkeit, so erinnert sich Klaus von Dohnanyi, waren typisch für seine Mutter.

Hans von Dohnanyi führte in diesen politisch turbulenten Monaten mit seiner Familie in Hamburg ein wesentlich ruhigeres Leben als in Berlin. Er verließ schon in der Mittagszeit seine

Dienststelle und arbeitete am Nachmittag in der kleinen Wohnung am Sülldorfer Kirchweg 76 in Blankenese, die die Familie in einer fast ländlichen Umgebung gefunden hatte. Für die Kinder baute er in unmittelbarer Nähe eine »Räuberhöhle«, wie sich Arnold Landshut erinnert, der gern mit Barbara zusammen spielte. In vielen Gesprächen rückte das Ehepaar unter dem Eindruck der politischen Krise eng zusammen. Die Nachricht vom Mord in Potempa erreichte Christine und Hans, als die Familie gerade in Friedrichsbrunn den neunzigsten Geburtstag von Julie Bonhoeffer feierte, der Großmutter aus dem Schwäbischen.

Die Machtergreifung der Nationalsozialisten mussten Christine und Hans von Hamburg aus verfolgen. Aber schon wenige Wochen nach dem 30. Januar 1933 kehrte Dohnanyi erneut zumindest in die Nähe des Machtzentrums zurück. Dieses Mal ging es nach Leipzig, wo sich das Reichsgericht befand. Während der drei Jahre im Reichsjustizministerium hatte er seine Kontakte erweitern und neue Verbindungen knüpfen können. Vermutlich aufgrund eines Hinweises von Joël wurde er im Februar 1933 als Hilfsreferent für Reichsgerichtspräsident Erwin Bumke angefordert. Vielleicht hatte er sich bei Ministerialdirektor Franz Schlegelberger aber auch selbst ins Gespräch gebracht. Schlegelberger hatte sich in Hamburg für Dohnanyi eingesetzt und schätzte den jungen Juristen sehr.[44] Die Hamburger Landesjustizverwaltung beurlaubte den mittlerweile Einunddreißigjährigen erneut für die Dauer eines Jahres. Die Familie zog nun in die sächsische Messestadt.

In der Nacht vom 27. auf den 28. Februar 1933 brannte in Berlin der Reichstag. Mit den politischen Verfolgungen, den Ausnahmegesetzen und den Prozessen, die danach in Gang gesetzt wurden, zerschlugen sich die letzten Hoffnungen der staatstreuen Beamtenelite, die neue Regierung werde demokratisches Recht und Gesetz respektieren. Der neue kommissarische Leiter des Grunewald-Gymnasiums, Hans' ehemaliger Schule, begann seine erzieherische Arbeit mit dem Satz: »Humanität können wir uns nicht mehr leisten!« Bald darauf war die Anstalt

»judenfrei« und erhielt von der Behörde die Plakette »Eine Schule der 100 Prozent arischen Schüler«.

Das so genannte Ermächtigungsgesetz, der Boykott jüdischer Geschäfte am 1. April 1933 sowie das euphemistisch verpackte »Gesetz zur Wiederherstellung des Berufsbeamtentums« machten deutlich, wohin der Kurs der neuen Regierung führte. Dohnanyi unternahm in Leipzig verzweifelte Versuche, seine Vorgesetzten zu Solidarisierungsmaßnahmen gegen das Unrecht zu ermuntern. Bumke entgegnete ihm daraufhin: »Glauben Sie mir, Herr Kollege, es wird uns niemand verstehen – die Walze geht über uns hinweg, wir sind die Letzten.«[45] Durch die Schicksale von Weggefährten und Freunden, denen er nicht helfen konnte, wurde Dohnanyi immer deutlicher, was in Deutschland in den kommenden Jahren zu erwarten war.

Erich Koch-Weser, der frühere Justizminister und Chef Dohnanyis, emigrierte Ende 1933 mit seiner Frau und vier Söhnen nach Brasilien. Er baute sich in der Nähe der großen Wasserfälle von Iguaçu im Dreiländereck von Argentinien, Brasilien und Paraguay eine neue Existenz auf. Die Rodung mitten im Urwald nannte er im Andenken an seine Bremer Heimat »Rolandia«. Sein Enkel, Caio Koch-Weser, der 1944 auf einer Kaffeeplantage geboren wurde, sollte sechzig Jahre später der rot-grünen Bundesregierung Schröder/Fischer als Staatssekretär im Bundesfinanzministerium dienen – ein Stück Rehabilitierung einer Familie nach zwei Generationen.

Koch-Wesers Amtsnachfolger Curt Joël, jüdischer Abstammung, der zusammen mit Brüning aus der Regierung ausschied, lebte bis zu seinem Tod im April 1945 in Deutschland. Albrecht Mendelssohn-Bartholdy wurde dagegen im September 1933 zwangsemeritiert. Einen Monat später kürzte man ihm das Gehalt, im Januar 1934 auch die Ruhestandsbezüge. Im September desselben Jahres emigrierte er nach Großbritannien und ließ sich in Oxford nieder. Dort starb er im November 1936. In den Akten der deutschen Behörden wurde er als »jüdischer Mischling« geführt. Eine Pension wurde ihm verweigert, sie war nicht ins Ausland transferierbar.

Carl Melchior, Mitglied der deutschen Verhandlungsdelegation in Versailles, die sich 1919 um einen akzeptablen Friedensvertrag bemüht hatte, und Mitbegründer des Hamburger Instituts für Auswärtige Politik, starb schon 1933 – wie William Leibholz, der Vater von Gerhard, dem Schulkameraden und Freund von Hans. An der Beerdigung von Leibholz am 7. April 1933 nahmen die Dohnanyis schon in Zeiten der äußeren Bedrängung teil. Kurz vor seinem Tod hatte man Leibholz das Ehrenamt als Stadtrat von Wilmersdorf entzogen. Gerhard Leibholz, der Mann von Sabine Bonhoeffer, verlor bald darauf seine Professur an der Universität Göttingen, sein Bruder Hans den Posten eines Landgerichtsrats in Berlin.

Dohnanyi war sich über die Gefahren für seine jüdischen Freunde und Kollegen völlig im Klaren. Er riet ihnen dringend, auszuwandern, da »seiner Meinung nach für Juden in Deutschland keine Existenzmöglichkeit mehr bestand«, wie sich sein Freund Siegfried Landshut erinnerte.[46] Er tat alles, was in seiner Macht stand, um ihnen zur Emigration zu verhelfen, gab Ratschläge, vermittelte Kontakte und ging bereits zu diesem Zeitpunkt beträchtliche persönliche Risiken ein, etwa als er nach Hamburg reiste, um Landshut zur Ausreise zu überreden.

Die Hamburger Freunde Dohnanyis waren von den rassistischen Gesetzen besonders betroffen. Siegfried Landshut, der fünf Jahre ältere Kollege vom IAP, verlor seine Assistentenstelle und musste seine Habilitationspläne begraben. Er ließ seine Familie zunächst in Hamburg zurück und emigrierte ins ägyptische Alexandria. Glücklicherweise gelang es ihm bald darauf, seine Frau und seine Kinder aus Deutschland herauszuholen. Frau Landshut kam 1935 noch einmal für kurze Zeit nach Hamburg zurück. Christine von Dohnanyi reiste eigens von Berlin in die Hansestadt, um die Freundin noch einmal treffen zu können. Die beiden Frauen verabredeten sich in einem Hamburger Park.

Nach dem Krieg kehrte die Familie Landshut nach Deutschland zurück. Siegfried Landshut erhielt 1951 in Hamburg einen Lehrstuhl für Politische Wissenschaft. Zu Hans' Kindern unterhalten seine Nachfahren, die zum Teil in Israel lebten und von dort in die Bundesrepublik zurückkehrten, noch heute eine enge, freundschaftliche Verbindung. Arnold Landshut war am 26. Oktober 2003 in Berlin bei der Aufnahme Dohnanyis in den Kreis der »Gerechten der Völker« von Yad Vashem zugegen. Er nennt sich jetzt Arnon Aviner. Klaus von Dohnanyi hatte auch Kontakt zu Detlev, dem Sohn von Alfred Vagts, einem Kollegen seines Vaters, der bereits 1932 in die USA gegangen war. Detlev Vagts gehört heute zu Klaus' besten Freunden.

Gerhard Lassar, der 1928 Dohnanyi von der Diplomatenlaufbahn abgeraten hatte, verlor 1933 seine Professur in Hamburg und kam stellungs- und mittellos nach Berlin. Anfang 1936 nahm sich der Achtundvierzigjährige das Leben. Kurt Perels wurde von einem seiner Schüler, dem Hamburger Justizminister Carl Rothenberger, einem überzeugten Nationalsozialisten, aus dem Amt gejagt. Er wählte in einem Land, das sich binnen weniger Monate in ein großes Gefängnis verwandelt hatte, am 10. September 1933 den Freitod. Der Hamburger Regierungsdirektor Alfred Bertram, der die Karriere von Hans stark gefördert hatte und ein enger Freund der Dohnanyis geworden war, verlor 1933 alle Ämter, konnte jedoch die zwölf Jahre des »Tausendjährigen Reiches« in Hamburg überleben.

Das IAP übernahm schließlich der Rektor der Hamburger Universität, Adolf Rein, ein Überseehistoriker, in der Hoffnung, damit seine Karriere vorantreiben zu können. Sein Kalkül ging jedoch nicht auf. Im Ämterchaos des Dritten Reiches mit seinen vielen konkurrierenden und gegeneinander arbeitenden Institutionen konnte sich 1937 das von Außenminister Joachim Ribbentrop geförderte Deutsche Institut für Außenpolitische Forschung durchsetzen. Das IAP wurde von Hamburg nach Berlin verlagert und mit der neuen Einrichtung zusammengelegt. Nahezu alle IAP-Mitarbeiter waren bis dahin, sofern sie nicht bereits emigriert waren, durch Sympathisanten des NS-Regimes ersetzt worden. Das IAP in Hamburg existierte als bloße Adresse weiter.[47]

Eine wichtige Stütze für Dohnanyi war schon zu dieser Zeit neben Christine ihr Bruder Dietrich Bonhoeffer, der Theologe.

Er hatte in Spanien, in den USA und in Großbritannien gelebt und gearbeitet, verfügte also wie Dohnanyi über internationale Erfahrung. Die Weite des geistigen Horizonts, durch eigene Erfahrung gestützt, verband die beiden und schuf über die familiären Kontakte und die gemeinsame Jugend in Grunewald hinaus eine enge Beziehung zwischen ihnen. In der Anfangsphase des Dritten Reiches arbeitete Bonhoeffer als Gemeindepfarrer in London. Er informierte seinen Schwager über die Sorgen und Bedrängnisse der Pfarrer, der Gemeinden und der Kirchen. Auch bei den Bemühungen, Siegfried Landshut und seiner Familie die Ausreise zu ermöglichen, standen die beiden im Mai 1933 in Kontakt. Dohnanyi war zu diesem Zeitpunkt vom Reichsgericht in Leipzig bereits wieder ans Reichsjustizministerium nach Berlin zurückbeordert worden.

Für Bonhoeffer war die von den Nationalsozialisten propagierte »Judenfrage« eine Existenzfrage für die Kirche. »Wo Jude und Deutscher zusammen unter dem Wort Gottes stehen, ist Kirche, hier bewährt es sich, ob Kirche noch Kirche ist oder nicht«, erklärte er.[48] Vor allem bei Familientreffen, wie dem Weihnachtsfest 1933, das die Bonhoeffers und Dohnanyis gemeinsam in Grunewald feierten, kamen die politische Lage und die Situation der Bedrängten zur Sprache. Eine Reise nach London zu Dietrich, die Hans und Christine wenige Wochen später planten, musste jedoch abgesagt werden. Hans war aus beruflichen Gründen verhindert.

Neben dem intensiven Kontakt zur Bonhoeffer-Familie achteten die Dohnanyis auf ein enges Verhältnis zur in Berlin lebenden Großmutter väterlicherseits. Aber Elza, die lange Zeit mit ihrer Tochter Grete zusammenwohnte, sah die Kinder nicht sehr oft, weil sie in den dreißiger Jahren häufig auf Reisen ging. Sie fuhr vor allem nach Dänemark, wo ihr Bruder, der Maler Caesar Kunwald, inzwischen lebte. Kontakte zum in Budapest lebenden Vater und Großvater Ernst, dem mittlerweile prominentesten ungarischen Musiker, gab es nicht.

Mit Gürtner im Reichsjustizministerium

Die Entsendung Hans von Dohnanyis an das Reichsgericht in Leipzig als Hilfsreferent von Präsident Erwin Bumke blieb ein kurzes Gastspiel. Schon im Mai 1933 wurde der einunddreißigjährige Jurist nach dreimonatiger Tätigkeit in Sachsen ans Reichsjustizministerium in Berlin zurückberufen. Er sollte sich dort unter anderem mit der Strafrechts- und Strafverfahrensreform befassen, an der er bereits in den Jahren zuvor mitgearbeitet hatte. Der zuständige Minister, zu dem Dohnanyi bald ein enges Vertrauensverhältnis entwickelte, war Franz Gürtner, ein parteiloser Nationalkonservativer, der in der Regierung von Papen 1932 das Amt des Justizministers übernommen hatte und nach der »Machtergreifung« der Nationalsozialisten auf diesem Posten verblieben war.

Der Berufsweg des Katholiken und gebürtigen Regensburgers wies äußerlich manche Gemeinsamkeit mit dem seines neuen Mitarbeiters auf. Beide hatten in Jugendjahren hart für ihre Karriere arbeiten müssen. Beider Laufbahn vollzog sich auf untypischen Wegen. Gürtner, gut zwanzig Jahre älter als Dohnanyi, stammte aus einfachen Verhältnissen. Sein Vater war Lokomotivführer. Als herausragender Schüler hatte er es geschafft, in die Studienstiftung des Maximilianeums in München aufgenommen zu werden, wo er Rechtswissenschaften studierte. Nach bestandener zweiter Staatsprüfung war er kurzfristig in der bayerischen Wirtschaft tätig, um dann in den Staatsdienst zu gehen. In den Jahren vor dem Ersten Weltkrieg arbeitete Gürtner als Staatsanwalt in München und im Justizministerium des Freistaates. Während des Weltkriegs kämpfte er zunächst an der Westfront, später war er als Hauptmann beim deutschen Expeditionskorps in Palästina eingesetzt. Bei dessen abenteuerlichem Rückzug, der sich über Monate erstreckte, waren ihm die Reste von zwei Infanteriebataillonen anvertraut. In dieser schwierigen Situation bewährte er sich als entschlossener und umsichtiger militärischer Vorgesetzter.

Nach kurzer Tätigkeit als Oberregierungsrat im bayerischen Justizministerium war Gürtner dann während der Weimarer Republik Justizminister in mehreren bayerischen Kabinetten. Er gehörte damals der Bayerischen Mittelpartei an, dem Ableger der Deutschnationalen Volkspartei. Über Bayern hinaus bekannt wurde er, als er das Verfahren gegen Hitler, Ludendorff und andere Beteiligte am Marsch auf die Münchener Feldherrenhalle vom Reichsgerichtshof in Leipzig nach München holte. Von der bayerischen Gerichtsbarkeit erhielten die Angeklagten sehr milde Strafen. Später setzte sich Gürtner für die Wiederzulassung der NSDAP und eine Aufhebung des Redeverbots für Hitler ein.[49]

Wie manch anderer Befürworter einer autoritären Staatsform verkannte Gürtner den wahren Charakter des NS-Regimes. Insofern war er ein typischer Vertreter seines Berufsstands. Denn die deutschen Juristen waren, von ganz wenigen Ausnahmen abgesehen, konservativ, deutschnational, unpolitisch und trauerten dem Kaiserreich nach. Überwiegend stammten sie aus dem Bürgertum. Für weniger begüterte Kreise war es kaum möglich, die lange Ausbildung mit Studium und mehrjähriger Referendarausbildung, während der kein Gehalt gezahlt wurde, zu finanzieren. Dies machte die Juristen zu einer sehr homogenen gesellschaftlichen Gruppe. Unter Gürtner wurde das deutsche Justizwesen ab 1933 schrittweise gleichgeschaltet. Im Hinblick auf das, was auf ihn zukam, muss man unwillkürlich an den Satz in Carl Zuckmayers Stück »Des Teufels General« denken: »Wer auf Erden des Teufels General war, der muss ihm auch in der Hölle Quartier machen.« Mit den Worten von Gürtner hieß dies: Man müsse für sein Vaterland vieles opfern, er opfere sogar seinen guten Namen, und das sei vielleicht das Schwerste.[50] Franz Gürtner blieb bis zu seinem Tod im Jahre 1941 Reichsjustizminister.

Es stellt sich die Frage, was den hochkonservativen »Law and order«-Politiker Gürtner und den liberalen Dohnanyi verband und was sie dazu bewogen haben mag, auf ihren Posten auszuharren, solange dies möglich war. Sicher ist, dass Dohnanyi in der Welt der Berliner Ministerien und obersten Reichsbehörden rasch durch seine Arbeit auf sich aufmerksam machte und dass man den exzellenten Juristen mit der schnellen Auffassungsgabe und dem hohen Berufsethos als Mitarbeiter sehr schätzte. Das wusste auch Gürtner. Dohnanyi wiederum, der weitgehend ohne Vater aufgewachsen war, gab sein Bestes, wenn er es mit außerordentlichen Persönlichkeiten zu tun hatte, die ihn charakterlich überzeugten. Neben Delbrück sind hier die Gründer des Hamburger IAP zu nennen, der Hamburger DDP-Bürgermeister Carl Wilhelm Petersen, Staatssekretär Joël, Reichskanzler Brüning und natürlich auch der eigene Schwiegervater, Karl Bonhoeffer, der allseits geachtete Charité-Chef.

Nun kam Gürtner hinzu. Die enge Zusammenarbeit mit ihm bedeutete nicht, dass Dohnanyi mit seinen politischen Vorstellungen konform ging. Wichtig war vielmehr, dass er Gürtner vertrauen konnte. In einem solchen Fall war er außerordentlich loyal. Für die Kollegen im Ministerium galt Dohnanyi in den frühen dreißiger Jahren als »das gute Gewissen von Gürtner«,[51] dem charmanten Bayern. Hans selbst wirkte vergleichsweise preußisch, seine Arbeitskollegen schilderten ihn als eher wortkarg. Darin glich er seinem Vater. Sein Berufsethos im autoritären Staat der Nationalsozialisten beschrieb er seiner Frau gegenüber so: »Die einzige Rechtfertigung für einen Mann seiner Gesinnung, eine verantwortliche Stellung im Staatsdienst zu bekleiden, müsse er darin sehen, einerseits den nationalsozialistischen Wahnsinn zu sabotieren, andererseits den Geschädigten durch seine Machtmittel zu helfen.«[52] Eine mutige Devise, die einen hohen Einsatz fordert. Hans von Dohnanyi befolgte sie konsequent.

Dohnanyi war zweiunddreißig Jahre alt, als er im Oktober 1934 Leiter des Ministerbüros und damit engerVertrauter von Gürtner wurde. Er befand sich nun in unmittelbarer Nähe des Machtzentrums, mit Kenntnissen ausgestattet, wie sie nur ganz wenige Menschen besaßen. Denn die im Justizbereich Tätigen vermochten wie mit Röntgenblicken die Machenschaften des Regimes zu durchschauen. Hans saß bei Kabinettssitzungen, die allerdings bald eingestellt wurden, hinter seinem Minister. Er kannte alle Akten und teilte den langen Arbeitstag mit seinem Chef. Täglich saßen sich die beiden vier bis fünf Stunden gegenüber und unternahmen auch gemeinsame Dienstfahrten. So reisten sie anlässlich der Beerdigung von Reichspräsident Paul von Hindenburg im Sommer 1934 ins ostpreußische Tannenberg. Kurz zuvor waren sie zu Göring nach Ostpreußen und von dort weiter zu Hitler nach Berchtesgaden geflogen, um Rechtsbrüche in Verbindung mit dem Röhm-Putsch anzusprechen. Dohnanyis Urteil über den deutschen Diktator fiel vernichtend aus. Er fühlte sich in dem Bild bestätigt, das er sich von Hitler gemacht hatte, fand ihn stil- und geschmacklos, ordinär und oberflächlich und stellte bei der Entourage des Diktators »Nichtswürdigkeit und Tagediebereï« fest. Noch 1945 erinnerte er sich an alle Details der Begegnung.[53]

So entwickelte sich Dohnanyi binnen weniger Jahre in einem Reife- und Erkenntnisprozess, der von 1933/34 bis 1937 dauerte und sich dann nochmals bis 1940 schärfte, zum entschlossenen Gegenspieler Hitlers. Mit seinem Handeln zielte er darauf ab, den Diktator aus dem Zentrum der politischen Macht zu entfernen. Seine grundsätzliche Haltung zu Hitler und dessen Partei stand von Beginn an fest; Dohnanyi durchlief keinen Sinneswandel von anfänglicher Sympathie über partielle Ernüchterung hin zu konsequenter Ablehnung und Widerstand, wie etwa Pastor Martin Niemöller, der spätere Hitler-Attentäter Claus von Stauffenberg oder der Kleinindustrielle Oskar Schindler. Zwar vergingen noch Jahre, bis seine persönlichen und beruflichen Kontakte so weit gediehen waren, dass er die Ausschaltung Hitlers konkret in Angriff nehmen konnte. Aber er hatte sie von Anfang an fest im Auge. Er wollte nicht warten, bis das Regime Kriege entfesseln und Deutschland und Europa vollständig zerstören würde.

Dohnanyi handelte schon ab 1933 im Rahmen der Möglichkeiten, die ihm zu Verfügung standen. Mit klarem Blick sah er die verhängnisvollen Entwicklungen der nationalsozialistischen Innen- und Außenpolitik. Er beobachtete die Vertreibung der

Juden aus ihren Berufen, ihre zunehmende Entrechtung und ihren schrittweisen Ausschluss aus dem öffentlichen Leben. Er traute der Regierung Hitler von Anfang an eine weitere Eskalation ihrer Verfolgungspolitik zu und sah Freunde, denen er zur Emigration riet, wohl auch potentiell in Lebensgefahr. Zwischen humanitärer Hilfe und politischem Widerstand machte er keinen Unterschied. Er versagte Menschen in Not nicht die Unterstützung, weil etwa ein strategischer Plan gefährdet wäre. Andere Widerständler brauchten für diese Erkenntnis Jahre.

Der konsequente, prozesshafte Weg, den Dohnanyi bis zur aktiven Beteiligung an der Ausschaltung des Diktators verfolgte, begann am 5. Oktober 1934. Als Leiter des Ministerbüros hatte er ein Diensttagebuch zu führen – an sich ein normaler administrativer Vorgang. Doch solche Protokolle aus dem Innenleben der Macht enthalten in Diktaturen enorme Brisanz. Dohnanyi führte sein Diensttagebuch sorgfältig und detailliert. Er sorgte dafür, dass alle Rechtsbrüche und Verbrechen des Regimes minutiös festgehalten wurden – vor allem auch für die Nachwelt, für die Zeit nach Hitlers Entmachtung. Seine Eintragungen und die Schriftstücke, die er sammelte, dokumentierten Misshandlungen von Häftlingen und politische Morde, Anfragen der Justizverwaltung wegen Verbrechen, die NS-Parteiführer begangen hatten, und das Vorgehen der Justiz gegen politisch Oppositionelle aus den beiden großen Kirchen. Nach Aussage Christine von Dohnanyis wusste nur Franz Gürtner, was ihr Mann über die dienstliche Routine hinaus mit seinen Tagebucheintragungen und Dokumentensammlungen bezweckte. Als Dohnanyi im Herbst 1938 aus dem Ministerium ausschied, nahm er auszugsweise Abschriften und eine karteimäßige Erschließung des Diensttagebuchs, die er heimlich angefertigt hatte, mit. Das Diensttagebuch wurde von einem Mitarbeiter im Ministerialstab noch einige Zeit weitergeführt. Im Aktenbestand der Behörde überdauerte es den Zweiten Weltkrieg, bei den Nürnberger Prozessen diente es den Amerikanern als wichtiges Beweismittel.

In den vier Jahren, in denen er Gürtners Büro leitete, arbeitete Dohnanyi mit großer politischer Umsicht und strategischer

Klarheit. Er nutzte die Erfahrungen, die er als junger Mann im Auswärtigen Amt in Berlin bei der Arbeit an der außenpolitischen Dokumentation gesammelt hatte, mit der die These von der alleinigen Kriegsschuld Deutschlands widerlegt und ihm nach dem verlorenen Ersten Weltkrieg die Wiedereingliederung in die internationale Staatengemeinschaft ermöglicht werden sollte. Als Konsequenz aus den damaligen Forschungsarbeiten legte er das nun zu führende Diensttagebuch so an, dass es als Grundlage für eine verlässliche Aufarbeitung der dokumentierten Zeit dienen und nach dem Ende der nationalsozialistischen Herrschaft eine Rückkehr Deutschlands zur Rechtsstaatlichkeit und in die Völkergemeinschaft erleichtern konnte. Die Dokumentation, die Dohnanyi mit der Übernahme seiner Schlüsselfunktion in Gürtners Ministerium begann, ist im Übrigen ein deutliches Indiz dafür, dass es in seiner Alters- und Hierarchiegruppe – also bei den dreißig- bis fünfunddreißigjährigen Oberregierungsräten, Hauptleuten oder Vorstandsassistenten – wohl niemanden gab, der so zutreffend wie er die Lage analysieren und so energisch seine Ziele verfolgen konnte. Ein Teil der Dokumente, zusammengefasst in einer so genannten Raritätenmappe – darunter Staatsstreichplanungen und Aufzeichnungen über die »Römischen Gespräche« –, sollte sechs Jahre später noch eine entscheidende, tragische Rolle im Leben von Hans und den Akteuren des 20. Juli 1944 spielen.

Vordergründig betrachtet, führte Dohnanyis berufliche Laufbahn in der Anfangsphase des Dritten Reiches unverändert nach oben. Am 1. März 1934 wurde er zum Oberregierungsrat befördert. Er wusste, dass er, wenn überhaupt, nur etwas bewegen konnte, indem er aus dem Apparat heraus agierte. Wer sich offen gegen das Regime stellte, war verloren. Dohnanyi sah sich in ein Geflecht verschiedener Verpflichtungen eingebunden. Er trug Verantwortung für das Wohl seiner fünfköpfigen Familie, bei deren Unterhalt er weiterhin auf die Unterstützung durch seine Schwiegereltern angewiesen war. Er fühlte sich auch für diejenigen verantwortlich, die sich nur durch Auswanderung vor der Verfolgung retten konnten. Ihnen zu helfen, wo und wie er konnte, hielt er für seine moralische Pflicht. Für seine alten Hamburger Freunde tat er viel, er warnte sie und gab ihnen wichtige Informationen weiter. Als das Regime gegen Martin Niemöller, Otto Dibelius und den württembergischen Landesbischof Theophil Wurm vorging, ließ er sich besorgt auf dem Laufenden halten. Er hielt die Verbindung zu denen, die sich in Not befanden. Wann immer ihn Verwandte und Freunde um Hilfe baten, half er. Seine einstigen Vorgesetzten vergaß er nicht: weder Mendelssohn-Bartholdy, der ihn wegen eines Verwandten um Unterstützung bat, sein eigenes Schicksal jedoch unerwähnt ließ, noch Curt Joël, der zusammen mit seinem Sohn in Bedrängnis geraten war. In der eigenen Familie erlitten Sabine und Gerhard Leibholz das Schicksal, das deutsche Juden und ihre Ehepartner nun erwartete. Dohnanyi sah sich zunehmend in der Mitverantwortung für alle diejenigen, die eine Chance besaßen, Hitler von der Macht zu verdrängen, und die diese Chance nutzen wollten. Durch Emigration hätte er sich dieser Verantwortung entzogen und, seinem eigenen Gewissen zufolge, andere im Stich gelassen.

Dass er in der Ministerialbürokratie des nationalsozialistisch geführten Staates blieb, hieß nicht, dass er dessen Übergriffe, Verfolgungen, Unrecht und undemokratische Gesetzgebung gebilligt hätte. Doch die Zukunft war in den ersten Jahren des NS-Regimes nicht endgültig entschieden, auch wenn klar sehende Menschen wie Dohnanyis Schwager Rüdiger Schleicher schon am Abend der Machtergreifung erkannten: »Das bedeutet Krieg.«[54] Es bedeutete Krieg, falls Hitler nicht wieder von der Macht verschwand. Dass er bald verschwände, hofften viele. Selbst unter Exilierten hielt sich die Erwartung, in Deutschland, beim Volk der Dichter und Denker, müsse sich bald alles wieder zum Besseren wenden und die Ära Hitler würde nur eine kurze gewalttätige Episode bleiben. In der Odyssee manch eines Emigranten durch die Nachbarstaaten Deutschlands drückte sich auch die Hoffnung auf eine baldige Rückkehr unter anderen politischen Umständen aus. Und immerhin: Mehr als zwei Drittel der deutschen Juden harrten bis 1937 unter immer rigideren Bedingungen in Deutschland aus.[55]

Spätestens beim »Röhm-Putsch« im Juni 1934 erlebten Gürtner und Dohnanyi jedoch, auf welch gefährlichem Terrain sie sich bewegten und wie schwer oft im konkreten Fall die Grenze zwischen systemdienlichem und systembremsendem Verhalten zu ziehen war. Widerspruchslos unterzeichnete Gürtner das Gesetz, mit dem die Morde an Regimegegnern nachträglich als Staatsnotwehr und damit für rechtens erklärt wurden. Später versuchte er vergeblich, Straftaten der SS zu verfolgen, die offenkundig aus persönlicher Rache in Verbindung mit dem 30. Juni 1934 begangen worden waren. Der Aufstieg Heinrich Himmlers und der SS war nach der Ausschaltung Röhms nicht mehr aufzuhalten. Nach Himmlers Ernennung zum Chef der Deutschen Polizei wurde der Bau von Konzentrationslagern weiter perfektioniert. Mit Sonderorganisationen wie der Geheimen Staatspolizei (Gestapo) und dem Sicherheitsdienst (SD) schuf Himmler einen mit den staatlichen Stellen konkurrierenden Apparat, der Zug um Zug Aufgaben der Justiz an sich riss und diese der direkten Parteikontrolle unterwarf.

Doch parallel dazu lief zunächst eine andere Entwicklung, die das Reichsjustizministerium und damit die Stellung Franz Gürtners stärkte. 1934 wurde ihm auch das preußische Justizministerium unterstellt. Genau zu der Zeit, als Reichs- und Landesbehörde zusammengelegt wurden, als sämtliche Kompetenzen der Länderjustizverwaltungen auf das Reich übertragen wurden und die neue Großbehörde in Berlin reorganisiert wurde, übernahm Hans von Dohnanyi die Leitung des Ministerbüros. Das Diensttagebuch dokumentiert auch diesen Prozess im Ministerium.

Dohnanyi geriet von Beginn des Dritten Reiches an auch selbst unter Druck. Wie alle Beamten musste er seine »arische Abstammung« nachweisen. Das gelang ihm nicht ohne weiteres. Die genaue Herkunft seines Großvaters mütterlicherseits, Anton Kunwald, war nicht eindeutig zu klären. Einem Dokument zufolge waren Antons Eltern Mitglieder der jüdischen Gemeinde in Budapest gewesen, nach einer anderen Version war er als »Dissident« oder Konvertit christlich begraben worden. Eine dritte

Version besagte schließlich, dass er unehelich auf die Welt gekommen und Kind einer christlichen Mutter war. Die fehlenden Papiere führten wiederholt zu Komplikationen, die unklare Situation spielte dem Hauptgegner des Ministers, Roland Freisler, willkommene Argumente zu. Freisler amtierte seit Februar 1934 als Staatssekretär im Reichsjustizministerium.

Jahrelang konnte sich Hans gegen den zunehmenden Druck und die wachsende Bedeutung Freislers behaupten, weil er der überlegene Jurist war. Außerdem hatte er im Zweifelsfall Gürtners Unterstützung. Dieser nutzte seinerseits günstige Augenblicke, um Hitler bei Gesprächen unter vier Augen gegen die Scharfmacher um Freisler auf seine Seite zu bringen. Doch auch die Gegenseite gab nicht nach, sondern verschärfte ihre Attacken. Dohnanyi reagierte darauf, indem er sich auf seine Hauptaufgaben konzentrierte und verzichtbare Nebentätigkeiten aufgab. So versuchte Freisler, ihn als Verfasser eines wöchentlichen Beitrags im Amtsblatt des Reichsjustizministers unter Druck zu setzen. Doch Hans zeigte sich unbeeindruckt und ließ sich ein Dreivierteljahr später stillschweigend von dieser Verpflichtung entbinden.

1936 geriet Dohnanyi wegen fehlender oder unklarer Familienpapiere erneut in Bedrängnis. Ironischerweise rettete ihn Hitler persönlich aus dem Dilemma des unvollständigen »Ariernachweises«. Derartige Paradoxien waren nicht untypisch. Denn der Nationalsozialismus war kein ideologisch konsistentes Gedankengebäude, und die Mächtigen erwiesen die wahre Fülle ihrer Macht durch großmütige Ausnahmen, durch »Gnadenakte«, die sie gewährten. Sie ernannten »Ehrenarier« und stuften Menschen, die ihnen nützlich erschienen, auch gegen die eigenen Gesetze als »deutschblütig« ein. Da die Kabinettssitzungen, die ohnehin immer seltener stattfanden, 1936 endgültig ausgesetzt wurden, gewann der persönliche Zugang zu Hitler weiter an Bedeutung. Anscheinend erwischte Gürtner den Diktator in einem günstigen Moment. Denn Hitler beschied am 14. Oktober 1936, am Rande des für ihn triumphal verlaufenden Nürnberger Reichsparteitags, Dohnanyi solle »wegen seiner Abstammung keinen Nachteil haben«.[56] Diese Führer-Entscheidung rettete auch Hans' Schwester Grete und deren Mann, den Universitätsprofessor für Chemie Karl-Friedrich Bonhoeffer, die ähnliche Probleme mit dem »Ariernachweis« hatten, und vor allem Hans' und Gretes Mutter, Elza von Dohnányi, und deren Bruder, den Maler Caesar Kunwald in Dänemark.

Trotz Hitlers Entscheidung ging im Ministerium das Kesseltreiben gegen Dohnanyi weiter. Denn Freisler hatte, um seine Position im Justizapparat zu festigen, längst Gleichgesinnte nachgezogen. Von der wachsenden Zustimmung, die die Nationalsozialisten in diesen Jahren in der Bevölkerung fanden, profitierten auch ihre »Falken« in den staatlichen Institutionen. Eine Gruppe fanatischer NS-Juristen im Ministerium, angeführt von Freislers persönlichem Referenten, Kurt Friedrich, fertigte im Auftrag der Berliner Gauleitung der NSDAP ein Gutachten über Dohnanyi an. Darin bescheinigte man ihm, zur Hälfte Ungar und zu jeweils einem Viertel Deutscher und Jude zu sein. In einem von Martin Bormann unterschriebenen Brief wurde am 17. Januar 1939 festgehalten, dass Hans nie Parteimitglied werden könne, da er »jüdischer Mischling zweiten Grades« sei.[57] Nur das Verbot Hitlers, ihm wegen seiner Abstammung den Beamtenstatus abzuerkennen, schützte ihn vor dem Zugriff des Regimes.

Während seiner Tätigkeit im Reichsjustizministerium bot sich Dohnanyi die Möglichkeit, eine berufliche Alternative zu wählen und sich aus dem Schlagschatten der Politik zu entfernen. Aber der parteilose Beamte blieb auf seinem Posten, unter anderem weil Gürtner ihn darum bat. So schlug er im Jahre 1935 den Ruf auf einen Lehrstuhl für Straf- und Strafprozessrecht an der Universität Leipzig aus. Das akademische Angebot war ein Hinweis darauf, dass man ihn in Fachkreisen hoch schätzte. Als Mitglied der Kommission für die Strafrechtsreform war er seinen akademischen Kollegen sicherlich aufgefallen. Außerdem hatte Dohnanyi eine pädagogische Ader und verfügte über Erfahrungen in der akademischen Lehre. Während der Institutsjahre in Hamburg hatte er an der Universität Vorlesungen gehalten. Auch war er als Prüfer herangezogen worden, zum Beispiel für das Fach Volks- und Staatskunde im Zweiten juristischen Staatsexamen sowie bei einem Examen, das die historischen Kenntnisse angehender Juristen zum Gegenstand hatte. Als er Ende 1935 den Ruf nach Leipzig endgültig ausschlug, spielte wohl auch eine Rolle, dass er als Professor Parteimitglied hätte werden müssen.

Im gleichen Jahr nahm Dohnanyi an der Berliner Hochschule für Politik, die von den Nationalsozialisten gleichgeschaltet worden war, eine Dozentur für Rechts- und Staatslehre an. Gürtner hatte ihm die Stelle vermittelt. Sie war sehr ordentlich dotiert, bedeutete quasi eine Verdoppelung des monatlichen Gehalts von 600 Reichsmark. Dadurch verbesserte sich die finanziell noch immer angespannte Lage der Familie deutlich. Aufgrund der starken beruflichen Beanspruchung las Dohnanyi an der Hochschule am Dienstagabend und hielt die Sprechstunden für die Studenten im Ministerium ab.

Zwischen 1933 und 1938 war Dohnanyi Beteiligter und Augenzeuge bei mehreren großen Prozessen. Gürtner hatte ihn bereits Ende 1933 als persönlichen Beobachter zum Reichstagsbrand-Prozess entsandt. Karl Bonhoeffer, Hans' Schwiegervater, hatte damals den Hauptangeklagten Marinus van der Lubbe psychiatrisch untersucht und ein Gutachten angefertigt. Dohnanyi nutzte die Prozesswochen in Leipzig, um erste Kontakte zu vertrauenswürdigen Persönlichkeiten im Staatsapparat, in der Partei, sogar in der SS zu knüpfen, die später von Bedeutung sein sollten.

Seine Bereitschaft, an seinem Platz auszuharren, wuchs, als das NS-Regime 1935 die Nürnberger Rassengesetze verabschiedete und verschärft gegen die Kirchen vorging. Hans sah sich nun in seiner Verantwortung auch für seinen Schwager Dietrich Bonhoeffer und die Arbeit in der Evangelischen Kirche stärker gefordert. So spielte er Bonhoeffer zum Beispiel die Information zu, dass beim »Röhm-Putsch« 1934 doppelt so viele Menschen wie öffentlich zugegeben umgebracht worden waren.[58]

Dohnanyi konnte seine Verbindungen entscheidend ausbauen, als ihn Gürtner 1938 beim Prozess gegen den Oberbefehlshaber des Heeres, Generaloberst Werner Freiherr von Fritsch, mit einer besonders wichtigen Zuarbeit betraute: Er ließ Dohnanyi das Rechtsgutachten des Ministeriums anfertigen. Die intensive Beschäftigung mit der Materie sowie die Gespräche mit den am Prozess Beteiligten – praktisch die gesamte damalige politische und militärische Führungsgruppe – ermöglichten es dem überzeugten Zivilisten Dohnanyi, persönliche Kontakte zu regimekritischen Militärs herzustellen, die später zentrale Figuren und unmittelbare Kollegen in der Konspiration wurden. Das zivile Netzwerk, das er seit 1934 aufgebaut hatte, wurde nun durch militärische Verbindungen ergänzt. Die Militärs waren durch die Art und Weise, wie Fritsch in diesem Prozess behandelt wurde, in ihrem traditionell geprägten soldatischen Ehrgefühl verletzt. Sie bildeten jedoch keine geschlossene, homogene Opposition gegen Hitler. Die wenigsten von ihnen wollten 1938, während der Sudetenkrise, den Kanzlersturz. Die meisten waren dagegen, einen »Generalstreik der Generäle« zum Zwecke der Verhaftung oder gar Ermordung des Diktators zu inszenieren. Dennoch war klar: Ohne die Beteiligung und Unterstützung führender Militärs war ein Staatsstreich gegen Hitler nicht einmal zu planen.[59]

Einer der ersten Gesprächspartner Dohnanyis im Jahre 1937, als die Pläne für eine Absetzung Hitlers Gestalt annahmen, war Oberst Hans Oster von der Abwehrabteilung des Reichskriegsministeriums. Eine weitere wichtige Verbindung war die zu Fritz Wiedemann, Hitlers persönlichem Adjutanten, der im Ersten Weltkrieg der Kompaniechef des Obergefreiten und Meldegängers gewesen war. Durch Wiedemann, mit dem er schon früher dienstlich zu tun gehabt hatte, erfuhr Dohnanyi von der »Hoßbach-Besprechung«, bei der Hitler im November 1937 seine kriegerischen Absichten offenbart hatte.[60] Besonders eine Äußerung empörte ihn. Der »Führer und Reichskanzler« hatte Wiedemann zufolge bei dem Treffen gesagt: »Jede Generation braucht ihren Krieg, und ich werde dafür sorgen, dass auch diese Generation ihren Krieg bekommt.« Wiedemann bekannte gegenüber Dohnanyi, dass gegen den Diktator »nur noch der Revolver«

helfe, und fügte hinzu: »Aber wer soll es machen?«[61] Gleichzeitig mehrten sich die Anlässe, bei denen Hitler immer unumwundener seine Ziele offenbarte: Nach einem gewonnenen Russlandkrieg Berlin mit Hilfe von Albert Speer zur Kapitale eines weltumspannenden Imperiums auszubauen.[62] Über Oster kam Dohnanyi mit General a. D. Ludwig Beck und Admiral Canaris in Kontakt. Auch mit SS-Gruppenführer Karl Wolff, der später Chef des persönlichen Stabes von Himmler wurde, trat er in Verbindung. Himmler selbst soll einmal gesagt haben: »Dohnanyi ist kein Nationalsozialist, aber er sagt einem wenigstens die Meinung.«[63] Otto John hat das Zitat nach dem Krieg überliefert.

Die Familie Dohnanyi lebte in den ersten Jahren des Dritten Reiches am Stadtrand von Berlin, in der Siedlung Eichkamp, direkt hinter der Avus, mitten im Grünen, wo man 1933 im Zikadenweg 50 ein bescheidenes Einfamilienhaus bezogen hatte. Angesichts des zunehmenden Drucks durch das Regime wurde der familiäre Zusammenhalt noch wichtiger. Wenn Hans am Sinn seines Tuns zweifelte, sprach Christine ihm Mut zu. Sie blieb seine wichtigste Gesprächspartnerin. Auch im Kreis der Bonhoeffer-Familie wurde über Politik offen gesprochen. Hans vermied es jedoch, auch nur die leiseste Andeutung über seine konspirative Tätigkeit zu machen. Nur Christine war in seine Pläne eingeweiht.

Wenn sich dem Paar die seltene Gelegenheit zu einer Reise bot, sorgte Paula Bonhoeffer, Christines Mutter, für die Kinder. Aber zumeist verzichtete Christine darauf, ihren Mann auf Dienstreisen zu begleiten, bei denen die Ministerialbeamten in feudalen Häusern am Meer oder in den Bergen abzusteigen pflegten. Dohnanyi war seinerseits von dem geliehenen Luxus nicht sehr beeindruckt, er sehnte sich nach Frau und Kindern. Inmitten der komfortablen Umgebung hielt er auf Sparsamkeit. So büßte er bei einem Schwimmbadbesuch seine Geldbörse mit sieben Mark ein, weil er die 20 Pfennig für die Kabine hatte sparen wollen und seine Kleidung mit ins Bad genommen hatte.

Als wieder einmal eine Tagung anberaumt worden war, sah er ihr »mit gefasstem Missvergnügen« entgegen. Aus Hahnenklee im Oberharz schrieb er im Juni 1935: »Es ist ein merkwürdiger Gedanke, nur 1 ½ Stunden voneinander entfernt zu sein & doch nicht zusammenkommen zu können.« Stattdessen drohte ihm einige Tage später, wie er berichtete, die Teilnahme an einer Ortsgruppenversammlung der NSDAP. Aus dem Sporthotel »Raupennest« bei Zinnwald im Erzgebirge meldete er sich 1937 mit der Bemerkung, inmitten eines Publikums im Sportdress sei er »geradezu aufreizend richtig angezogen«.[64]

Aufgrund der starken beruflichen Beanspruchung ihres Mannes kümmerte sich Christine weitgehend allein um die Erziehung der Kinder. Als Barbara 1936 und Klaus 1938 zehn Jahre alt wurden, meldeten die Eltern sie bei der jeweiligen NS-Nachwuchsorganisation an. Sie taten es ohne Begeisterung und erledigten die Anmeldungen nach ihren Umzügen immer so spät, dass die Kinder kaum an den einschlägigen Diensten teilnehmen mussten. Aber sie wollten sich nicht noch deutlicher als Regimegegner zu erkennen geben. Als Ernst von Dohnányi einige Jahre später bei einer Begegnung mit seinem Sohn in Budapest sich nach der Mitgliedschaft seiner Enkel in der Hitlerjugend erkundigte, entgegnete Hans lakonisch: »Die Kinder haben keine Schuhe.«[65] Sein Vater wird ihn verstanden haben.

Dohnanyi träumte in diesen Jahren oft davon, sich mit seiner Familie aus dem hektischen Tagesgeschäft in ein Refugium auf dem Lande zurückzuziehen. Aber er war auch Realist. Er wusste, dass er in solchen Augenblicken Luftschlösser baute. Im günstigsten Fall würde es zu einem größeren Haus und Grundstück im Grünen reichen, so wie sie es seit ihren Hamburger Tagen planten.

Zu den Spielkameraden der drei Dohnanyi-Kinder gehörten auch die drei Söhne von Minister Gürtner. Sie waren etwas älter als Barbara, Klaus und Christoph. Hans von Dohnanyi sah seine Kinder wenig; eigentlich hatte er nur während der Wochenenden und Ferien richtig Zeit für sie. Doch er pflegte regen Briefkontakt mit ihnen, munterte sie auf, lobte sie, gab ihnen Ratschläge. Einen Brief von Christoph fand er »besonders reizvoll«. Klaus wurde gelobt, weil sein Brief »ja ganz poetisch« gewesen sei.[66] Zu Barbara, seinem erstgeborenen Kind, hatte der Vater – nicht nur in diesen Jahren – ein besonders inniges Verhältnis. Als die Kinder älter wurden, sangen Barbara und Christoph im Duett Lieder und einfachere Arien aus verschiedenen Opern, vom Vater am Klavier begleitet. Barbara erinnert sich, dass ihre Eltern auch in den dreißiger Jahren unter schwierigsten Bedingungen ihren Humor nie verloren. Manches Mal hörte sie beim Einschlafen, wie der Vater oder die Mutter in lautes Gelächter ausbrachen.

Die Großeltern Bonhoeffer bezogen 1936 eine Villa im Westen von Charlottenburg, in dem schönen, baumbestandenen Moränengebiet südlich der Heerstraße. Direkt daneben, in der Marienburger Allee 42, zog die älteste Tochter Ursula mit ihrem Mann Rüdiger Schleicher ein, der als Jurist im Reichsluftfahrtministerium arbeitete. Mit dem Erwerb einer Doppelhaushälfte in der Kurländer Allee 41, gleich um die Ecke, die im Großen und Ganzen den Wohnverhältnissen im Eichkamp entsprach, sorgte Karl Bonhoeffer dafür, dass auch die Dohnanyi-Familie in unmittelbarer Nachbarschaft wohnen und leben konnte. Außerhalb der eigenen Familie und des Bonhoeffer-Clans waren Christine und Hans in Berlin nur wenige enge Freunde geblieben. Die gelegentliche Teilnahme an dienstlichen Veranstaltungen, etwa an festlichen Abendessen, die Minister der Regierung gaben, blieb unvermeidliche Pflichtübung.

Während dieser Jahre rückten Dohnanyi und Gürtner noch enger zusammen, auch wenn die gebotene Distanz zum Vorgesetzten stets erhalten blieb. Anders als Gürtners Ehefrau, die sich ausschließlich um ihre Familie kümmerte und die Politik ihrem Mann überließ, stieß Christine mitunter zu den beiden, und dann wurde über den wahren Charakter des Regimes offen gesprochen. Einen Tag vor einer dienstlichen Veranstaltung in Dresden im März 1937 reisten Christine und Hans mit dem Minister vorab an und verbrachten in der Kunstmetropole einen gemeinsamen »herrlichen« Tag. Gürtner bezeichnete einmal gegenüber Christine den Nationalsozialismus als eine »Fiebererkrankung« des deutschen Volkes. Als diese davon sprach, Hitler zu beseitigen, entgegnete der bayerische Konservative: »Überschätzen Sie doch nicht die Macht eines Einzelnen: das Ganze ist ein viel elementareres Geschehen, als Sie es glauben wollen.«[67]

Gleichzeitig nahmen die Anfeindungen, denen Dohnanyi im Ministerium ausgesetzt war, weiter zu. Zeitweise war er sich nicht einmal mehr sicher, ob er noch das Vertrauen Gürtners besaß. Der Minister war selbst unter Druck geraten, sich von seinem »rassisch« und »ideologisch« unzuverlässigen Mitarbeiter zu trennen, dessen Intellekt gefürchtet war. Als eine Beförderung Dohnanyis zum Ministerialrat zur Debatte stand, wurde in Verhandlungen zwischen Gürtner und der Reichskanzlei ein Ausweg gefunden. Mit Zustimmung Hitlers, der sich bei den Bayreuther Festspielen aufhielt, wurde Hans eine »Sprungbeförderung« ermöglicht. Gleichzeitig wurde er jedoch aus seiner Position im Ministerium entfernt. Er erhielt seine Ernennungsurkunde zum Reichsgerichtsrat, womit er den Rang des Ministerialrats übersprang, aus den Händen von Gürtner am Rande des Reichsparteitags in Nürnberg. Hitler, der sich zu diesem Zeitpunkt auf dem Höhepunkt seiner Popularität befand, hatte das Dokument mit Datum des 4. September 1938 unterschrieben.[68]

Dohnanyi hatte zwar gleich zwei Stufen auf der Karriereleiter genommen, doch seine Arbeit im Reichsjustizministerium war beendet. Während Freisler seinen Einfluss weiter ausbauen konnte, wurde er erneut ans Reichsgericht nach Leipzig versetzt. Anfang Oktober 1938 nahm er dort zum zweiten Mal die Arbeit auf. Der mit 36 Jahren jüngste Reichsgerichtsrat, den diese Institution je gesehen hatte, wurde dem Dritten Strafsenat zugeordnet. Er arbeitete mit Kollegen zusammen, die mehrheitlich Parteimitglieder und im Schnitt zwanzig Jahre älter waren als er. Womöglich war es Dohnanyis Schicksal, ein Außenseiter zu sein, im Kreis der Verschwörer, unter konservativen Militärs und wilhelminisch geprägten Beamten nicht anders als im beruflichen Leben.

Die Familie bezog ein hübsches, frei stehendes Haus mit Garten in dem südlichen Leipziger Vorort Markkleeberg – Hinweis auf ein erstmals finanziell sorgenfreies Leben. Aber Hans blieb gedanklich in Berlin zurück. Politische und existentielle Probleme im engsten Familienkreis beschäftigten ihn. Die Emigration von Sabine und Gerhard Leibholz stand unmittelbar bevor, sie ließ sich nicht mehr länger aufschieben. Hans hatte der jungen Familie zur Emigration in die Schweiz geraten, sie wählte schließlich das Exil in Großbritannien. Außerdem war Dohnanyi darauf bedacht, die Verbindung zu den Mitverschwörern und Hitler-Gegnern in Berlin nicht abreißen zu lassen. Denn das Regime hatte seine Stellung 1938 weiter gefestigt und den Terror noch verstärkt. Das Münchener Abkommen am 30. September 1938 – ein letzter Versuch, Hitler-Deutschland durch ein Appeasement in das internationale Staatensystem einzubinden – bedeutete die nachträgliche Legitimation für die Rechtsbrüche Hitlers, für den Einmarsch ins Rheinland, den »Anschluss« Österreichs an das Deutsche Reich, die Zerschlagung der Tschechoslowakei und die Errichtung eines »Reichsprotektorats Böhmen und Mähren«.

Den Deutschen gegenüber präsentierten sich die Nationalsozialisten als die Entschlossenen und Erfolgreichen, dementsprechend wuchs ihr Rückhalt. Am 9. November 1938 nahmen sie das Attentat auf den deutschen Botschaftssekretär vom Rath in Paris zum Anlass, zur Reichspogromnacht aufzurufen, Synagogen in Brand zu stecken, jüdische Geschäfte und Institutionen zu verwüsten, Wohnungen und Einrichtungen jüdischer Bürger zu demolieren, kurz: die Verfolgung und die Gewalt gegen Juden drastisch zu eskalieren. Als das Jahr 1938 seinem Ende zuging, gab es keinen Zweifel mehr: Nur ein Staatsstreich konnte Hitler von der Macht entfernen. Wenn er nicht gelänge, triebe Deutschland auf einen Krieg zu.

Hans von Dohnanyi sah den Ernst der Situation. Deshalb wollte er mit allen verfügbaren Mitteln die regimekritischen Verbindungen, die er geknüpft hatte, aufrechterhalten und erweitern. Über Hans Oster hatte er Amtschef Wilhelm Canaris und Ludwig Beck, den zurückgetretenen Generalstabschef des Heeres, sowie den ehemaligen Leipziger Oberbürgermeister Carl Goerdeler kennen gelernt. Zu Goerdeler hatte er nun auch über die gemeinsame Arbeit in einer Stiftung in Leipzig Kontakt. Hier gab es, wie in anderen deutschen Städten, kleine Gruppen von NS-Gegnern, in denen sich Hans und Christine bewegten.

Eine gute Camouflage für Dohnanyis subversive Arbeit bot die Unterrichtstätigkeit an der Berliner Hochschule für Politik, zu der er an jedem Dienstag anreiste. Ein weiterer Berliner Termin kam donnerstags hinzu, auch er bot die Möglichkeit, sich mit den Mitwissern zu treffen. Obwohl hierarchisch allenfalls im unteren Mittelfeld angesiedelt, muss sich Dohnanyi schon 1938 den ganzen Respekt der Spitzenmilitärs und der Mitglieder der konservativen deutschen Führungsgruppen erworben haben, und dies gleich in vierfacher Hinsicht. Zum einen kannte er die verbrecherischen Machenschaften des Regimes durch die Zeit im Reichsjustizministerium, er konnte »Fälle« benennen: die Errichtung der Konzentrationslager, die Ermordung Oppositioneller, die Verfolgung der Juden und den Kirchenkampf. Zweitens kannte er Menschen in Schlüsselpositionen. Drittens war Dohnanyi wie wenige in der Lage, Memoranden und außenpolitische Papiere anzufertigen. Er hatte dies seit 1920 trainiert. Und viertens hatte er ein modernes Weltbild, geprägt durch ein weltoffenes Elternhaus, durch Auslandsreisen und Kontakte mit Persönlichkeiten in anderen Ländern. Über einen vergleichbaren Hintergrund verfügten nur wenige Menschen im Deutschland von 1939. Zum Beispiel hatte kein einziger Wehrmachtsgeneral jemals die USA gesehen.

Durch eine geschickte Personalpolitik erreichten Canaris und Oster, dass schon vor Ausbruch des Zweiten Weltkriegs verlässliche, altgediente konservative Militärs an wichtigen Stellen der Abwehr untergebracht und Mitglieder der Opposition gegen Hitler entweder auf strategische Positionen im Ausland entsandt oder als Emissäre in den Stand versetzt wurden, Reisen ins Ausland zu unternehmen. Von entscheidender Bedeutung waren die Verbindungsposten zwischen Abwehr, Auswärtigem Amt und Oberkommando des Heeres (OKH).

Der geplante Staatsstreich zielte darauf ab, Hitler im Augenblick seines Befehls zum Kriegsbeginn und der erwarteten Kriegserklärung der Westmächte zu verhaften. Nur so glaubten die Verschwörer – in der Erinnerung an 1918/19 – einen Bürgerkrieg und das Aufkommen einer neuen Dolchstoßlegende vermeiden zu können. Auch Dohnanyis Schwiegervater Karl Bonhoeffer kam noch einmal ins Spiel. Er sollte im Falle einer Festsetzung Hitlers mit einem Gutachten dazu beitragen, dass der Diktator für geisteskrank erklärt wurde. Hans suchte darüber hinaus den Rat seines Schwagers Dietrich für den äußersten Fall: den Tyrannenmord. Die positive Antwort und theologische Rechtfertigung Dietrich Bonhoeffers gab er an Oster weiter, der wie er selbst mit seinem Gewissen rang. Einem Arbeitskollegen aus seinen ersten Leipziger Tagen im Jahre 1932, Carl Kirchner, dem er vertraute, bekannte Dohnanyi: »Wenn ich nicht die unbedingte Zuversicht hätte, dass der Nationalsozialismus beseitigt würde, erschiene mir mein ganzes Leben nicht mehr lebenswert.«[69]

Äußerlich verlief Dohnanyis Leben in Leipzig-Markkleeberg wie Ende der zwanziger Jahre in Hamburg-Blankenese ruhig. Er arbeitete zu Hause und genoss die gemeinsame Zeit mit seiner Ehefrau und seinen heranwachsenden Kindern. Harmonisch blieb auch das Verhältnis zu den Schwiegereltern in Berlin. Der gute Kontakt, den Hans von Anfang zu ihnen pflegte, hatte sich im Laufe der Jahre noch vertieft. Vor allem zu Karl Bonhoeffer war das Verhältnis herzlich. Das kommt in einem Brief zum Ausdruck, in dem sich Dohnanyi über die Bedeutung äußert, die das Bonhoeffer'sche Feriendomizil in Friedrichsbrunn für seine Kinder gewonnen habe: »Für sie ist das Häuschen dort schon zur Heimat geworden, mit der sie eine Art romantischer Liebe verbindet: der Widerhall des Treppenhauses, das Knistern des Feuers im Esszimmerkamin, der Geruch des Hauses – das alles spielt in den gemeinsamen Gesprächen der letzten Tage eine große Rolle. Kleine Erlebnisse werden aus der Erinnerung hervorgeholt, und in der kindlichen Fantasie liegt so etwas wie Märchenzauber über der Welt dort oben. Den großen Kindern geht es ja im Grunde nicht anders, und dann empfinden wir immer wieder den Dank dafür, dass Du uns allen das bis heute erhalten hast.«[70] Wie seinen Vater zog es auch Hans während der Ferien in den zwanziger und dreißiger Jahren in die Alpen. Den letzten »Friedenssommer« verbrachte die Familie 1939 in Kärnten.

Zwischen Hans und seinem Vater gab es nach einer langen Unterbrechung kurz vor Ausbruch des Zweiten Weltkriegs ein Wiedersehen in Berlin. Nur einmal, in den zwanziger Jahren, war Hans mit Grete nach Budapest gereist, um den Vater mit seiner neuen Frau zu besuchen. Ein enger Kontakt war damals nicht zustande gekommen. Ernst von Dohnányi hatte sich erstaunlich wenig um seine Kinder gekümmert, als sie heranwuchsen und seine Unterstützung gebraucht hätten. Aus seinem Gedächtnis aber hatte er sie nicht gestrichen. So hieß es in Budapest, dass Dohnányis großes Grundstück an der Széher Ut im vornehmen Villenviertel der Stadt wegen der »Berliner Kinder« etwa an der Stelle, an der sich ein großes Schwimmbecken befand, eines Tages geteilt werde.[71] Auf Vermittlung von Schwiegervater Karl Bonhoeffer kam es anlässlich einer Konzertreise von Ernst mit den Budapester Philharmonikern im Frühjahr 1939 zu einem Treffen mit Hans' Familie. Bonhoeffer hatte die Gelegenheit ergriffen und dem Künstler bei seinem zweiten Auftritt in Berlin einen Brief zukommen lassen. Dohnányi reagierte positiv auf die Einladung. Die Zusammenkunft fand im Haus der Familie Schleicher in Berlin-Charlottenburg statt. Nach dem Mittagessen nahm Hans seinen Vater für einige Minuten beiseite. Offenkundig ging es in dem Gespräch auch darum, dass Ernst ein paar Zeilen an seine erste Frau schreiben sollte, was aber nie geschah. »Die natürlichen Beziehungen zwischen Hans und Dir waren wiederhergestellt«, schrieb Christine später an Ernst von Dohnányi.

Hans bedankte sich anschließend bei seinem Schwiegervater und berichtete zunächst über eine Begegnung mit Mutter und Schwester unmittelbar nach dem denkwürdigen Treffen. Er gab aber auch seiner Trauer Ausdruck, dass seine Mutter nicht zu dem Termin gekommen war. »Wir sind gestern nach einem hässlichen Schneesturm und Eisregen um ½ 8 hier [in Leipzig] gut angekommen und nach einer Tasse Tee gleich zu Karl-Friedrichs gefahren. Alles ging über Erwarten gut; ich habe meine Mutter zunächst ganz allein gesprochen – ein Gedanke von Christel, der, glaube ich, sehr klug war. Sie war in aufgeschlossener Stimmung, und ich hatte trotz aller Müdigkeit eine glückliche Stunde. Wenn ein schmerzliches Gefühl übrig bleibt«, heißt es in dem Brief an Karl Bonhoeffer weiter, »so ist es dies, dass nicht sie die Urheberin dieser Tage war (oder, wie sie es ausdrückt, ›ihr Lebenswerk krönen‹ konnte). Ich bin sehr froh über diesen Ausklang. Dir, lieber Papa, möchte ich noch einmal sagen, wie von Herzen ich Dir dankbar bin, dass Du diesen Schritt für die Kinder und uns alle getan hast. Ich bin mit dem Erlebnis dieser Tage noch nicht fertig, aber das Gefühl habe ich, dass ein guter Anfang gemacht ist.«[72]

Zu dem Treffen mit den Kindern, das für das folgende Jahr in Budapest geplant war, kam es nicht. Barbara sah ihren Großvater nie wieder, Klaus und Christoph erst Jahre später, als sie bereits erwachsen waren.

Auch für Ernst war es die letzte Chance, seine erste Frau nach einem Vierteljahrhundert wieder zu sehen. Er hatte in den dreißiger Jahren wiederholt in Deutschland gastiert, auch in Berlin, aber nie den Weg zu seinen Kindern gefunden. Hans' Schwester Grete war mit ihrer Familie bei dem Treffen in Berlin nicht anwesend. Sie schrieb ihrem Vater einen herzlichen Brief, der auch eine Einladung nach Leipzig enthielt – unter einer Bedingung: Er müsse dort mit Elza zusammentreffen, die in ihrer Familie lebte. Ernst zog es jedoch in der ihm eigenen Art vor, die familiären Klippen zu umschiffen und direkt nach Budapest zurückzureisen. Die Gelegenheit war vertan.

Die Beziehung zwischen Grete und Christine, den Schwägerinnen, war von gelegentlichen Spannungen getrübt, während die Verbindung Gretes zu ihrem Bruder eng und herzlich blieb. Grete, mit Karl-Friedrich Bonhoeffer verheiratet, hatte inzwischen vier Kinder, drei Söhne und eine Tochter. Nach dem Abitur hatte sie eine Kunsthochschule besucht, um Bildhauerin zu werden. Sie schloss die Ausbildung jedoch nicht ab. Margarete Bonhoeffer starb 1993 in der Nähe von München.

Die Begegnung in Berlin, bei der Ernst von Dohnányi seinen Enkeln Kinderlieder vorspielte und die Musikalität von Christoph bewunderte, führte offenkundig zu einem ständigen Kontakt zwischen Vater und Sohn. Es kann nicht ausgeschlossen werden, dass Hans mit Ernst über seine Rolle im Kreis der Hitler-Gegner gesprochen hat. Aber dies bleibt ein Geheimnis; Hinweise darauf gibt es nicht. Als sich Ernst und Hans im Juni 1942 in Budapest wieder sahen, verharrten sie nach dem Bericht einer Augenzeugin lange am Zaun des väterlichen Anwesens, lächelten sich an und fielen sich dann in die Arme.[73] Hans kam Mitte Oktober 1942 noch einmal für vier Tage nach Budapest. Aller Wahrscheinlichkeit nach war es die letzte Begegnung der beiden.

Der rastlose Verschwörer

Wo immer Hans von Dohnanyi nach seinem Ausscheiden aus dem Reichsjustizministerium auch arbeitete: er blieb über die Verbrechen des NS-Regimes informiert. Er teilte nie die Illusion seiner Landsleute, die Deutschen könnten den Krieg, der sich binnen zwei Jahren zum Weltkrieg ausweitete, gewinnen. Im Gegenteil, er sah die Katastrophe, auf die Deutschland und die Welt zusteuerten, schon früh mit großer Klarheit. Nach dem September 1939 analysierte er den Kriegsverlauf mit schonungsloser Präzision und ließ sich dabei nicht von den Anfangserfolgen der deutschen Wehrmacht blenden.

Die Wahrscheinlichkeit, dass Hitler einen Krieg beginnen würde, erhöhte sich seit Anfang 1939 praktisch von Woche zu Woche. Damit zeichnete sich ab, dass auch Dohnanyis zweite Entsendung an das Reichsgericht in Leipzig ein kurzes Gastspiel bleiben würde. Denn er erfüllte nun die Vereinbarung, die er mit

Oberst Oster für den Fall getroffen hatte, dass der Krieg unmittelbar bevorstünde. Er erhielt einen Einberufungsbescheid und trat mit diesem Ende August 1939 den Dienst im Amt Ausland/Abwehr am Tirpitzufer 80 in Berlin an. Der weitläufige Gebäudekomplex, der beim Endkampf um Berlin im April 1945 stehen blieb, ist heute Sitz des Bundesverteidigungsministers. In der Zentralabteilung, die Hans Oster unterstand, leitete Dohnanyi fortan die Gruppe Berichterstattung, die eigens für ihn geschaffen worden war. Alle im Hause eingehenden Berichte über politische und militärische Vorgänge wurden von ihm gesichtet und ausgewertet. Im Anschluss hatte er seinen beiden Vorgesetzten, mit denen er eine Büroflucht teilte, über die außen- und militärpolitische Lage vorzutragen. Für Admiral Canaris fertigte er darüber hinaus Vortragstexte, Berichte und juristische Gutachten an.

Dohnanyi kehrte damit in das innerbehördliche Netzwerk der Verschwörer in ähnlicher Funktion zurück, wie er sie in den Jahren bei Gürtner besessen hatte. Weil seine dienstlichen Aufgaben sehr weit gefasst waren, fand er nun auch Gelegenheit, seine Dokumentensammlung aus der Zeit im Justizministerium fortzuführen. Canaris und Oster wussten von der Existenz der Dokumentation und wünschten ihre Fortschreibung ausdrücklich. Oster hatte selbst seit 1936/37 ein hausinternes Informationssystem aufgebaut, das nun mit den Unterlagen von Dohnanyi zusammengeführt wurde.

Die umfassende Dokumentation aller Verbrechen des Regimes wurde aus drei Gründen geführt: Anhand unwiderlegbarer Dokumente, darunter auch Filmmaterial, konnten erstens zaudernde Generäle für die Ziele der Verschwörer gewonnen werden; die deutsche Öffentlichkeit würde zweitens nach einem erfolgreichen Schlag gegen Hitler aufgeklärt werden können; und drittens galt es, das Ausland und hier vor allem Großbritannien davon zu überzeugen, dass es eine relevante Opposition in Deutschland gab, mit der man für den Tag nach Hitler rechnen müsse. Diese Opposition würde maßgeblich die politische Verantwortung für eine Nachkriegsordnung tragen.

Hans Oster, Dohnanyis unmittelbarer Vorgesetzter, war Stabschef der militärischen Abwehr. Der Sohn eines elsässischen Pfarrers, der in Dresden aufgewachsen war, hatte den Militärdienst wegen einer Liebesaffäre vorübergehend verlassen müssen. Im Herbst 1933 war er wieder Soldat geworden.[74] In gewisser Weise war er, ein Mann von eleganter Erscheinung und ausgeprägt christlich-ethischer Überzeugung, beim Militär ein Außenseiter. Ähnlich wie Dohnanyi hatte er darauf hingearbeitet, eine Verbindung zwischen zivilem und militärischem Widerstand herzustellen.

Leiter des Amtes Ausland/Abwehr war der westfälische Industriellensohn Wilhelm Canaris. Nach abenteuerlich verlaufenen Jahren während des Ersten Weltkriegs im Dienst der deutschen Kriegsmarine, in denen er vorübergehend in Südamerika interniert war, hatte er 1919 zu den engen Mitarbeitern von Reichswehrminister Gustav Noske gehört. 1936 beteiligte er sich im Rahmen der Organisation Consul auf Francos Seite am Spanischen Bürgerkrieg. Canaris hatte ein ähnliches Weltbild wie Gürtner; er versuchte einerseits, die von Hitler betriebene Revision der Versailler Verträge zu unterstützen, andererseits den Diktator davon abzuhalten, einen großen Krieg zu beginnen.

Dass Hitler wirklich entschlossen war, einen Weltkrieg zu entfachen, verbarg er vor der großen Masse der Bevölkerung geschickt. Der Mann, der sich als »größter Feldherr aller Zeiten« feiern ließ, erklärte im Dezember 1941 nach dem japanischen Angriff auf Pearl Harbor sogar den USA den Krieg und plante – sechzig Jahre vor dem 11. September 2001 – Manhattan mit Terrorangriffen in Schutt und Asche zu legen.[75] Um den großen Militärkonflikt zu verhindern, duldete Canaris, dass Oster, Beck und die anderen Hauptverschwörer aus Wehrmachtskreisen den Apparat seiner Behörde nutzten.[76] Der Abwehrchef war eng mit dem Staatssekretär im Auswärtigen Amt, Ernst von Weizsäcker, befreundet; mit ihm hatte er einst bei der kaiserlichen Marine gedient. Das hinderte die beiden jedoch nicht, sich wegen der Aktivitäten ihrer Behörden im Ausland kräftig zu streiten.

Dohnanyi saß nun erneut in der Nähe des Machtzentrums.

Schon bald wurde er zum Sonderführer mit dem militärischen Dienstgrad eines Majors ernannt; sein Auftrag: alle Entscheidungen des Regimes genau zu beobachten und zu analysieren. Im Dienst trug er in aller Regel zivil. Ein Foto, das ihn in Uniform zeigt, ließ er im Dezember 1942 als gewiss ironisch gemeintes Weihnachtsgeschenk für Hans Oster aufnehmen. Die Gegenseite, der riesige Apparat des Unterdrückungsstaates, das Heer der Mitläufer und Denunzianten, durchschaute eigentlich nie, was Canaris im Zusammenspiel mit Oster und Dohnanyi betrieb. Es war eine Verkettung unglücklicher Umstände, die eines Tages dazu führte, dass sich die Schlinge um das Trio zuzog.

Die neuen Chefs fügten sich nahtlos in die Reihe der Vorgesetzten, die Hans von Dohnanyi bisher gehabt hatte: Persönlichkeiten, die ein hohes Maß an Individualität aufwiesen, die durch den Ersten Weltkrieg geprägt wurden, die Moralisten waren – im besten Sinne Patrioten in einem Land, das von einem Verbrecherregime regiert wurde. Stellvertretend für sie schrieb einer der Verschwörer, der Korvettenkapitän Franz Liedig, im Dezember 1939 nieder: »Adolf Hitler, der Verderber Deutschlands, damit der Zerstörer Europas, sieht und verfolgt mit der Dynamik des geborenen Anarchisten in der Richtung auf den scheinbar geringsten Widerstand das Ziel einer ideenlosen Weltherrschaft: der aufgabenlosen Gewalt- und Raubverfügung über Räume und Rohstoffe, deren man sich mit den brutalsten Mitteln bemächtigt. Eine revolutionäre Dynamik der Zersetzung aller geschichtlichen Bindungen und aller kulturellen Gebundenheiten, die einst die Würde und den Ruhm Europas ausgemacht haben, ist das einzige und ganze Geheimnis seiner Staatskunst.«[77] Liedig, der den Krieg überlebte, war 1938 dazu bereit gewesen, bei einem Stoßtruppunternehmen Hitler in der Reichskanzlei zu töten.

Während seiner Arbeit im Amt Canaris baute Dohnanyi seine Kontakte zu Nicht-Militärs weiter aus. Schon 1939 hatte er daran mitgewirkt, eine Verbindung zwischen dem Gewerkschaftsführer Wilhelm Leuschner und Ludwig Beck herzustellen, den Hitler im Kreise der Militärs am meisten fürchtete. Im Auftrag von Canaris traf Dohnanyi mit Ernst von Weizsäcker zusammen, den er über alle Schritte der Hitler-Gegner in den Reihen der Abwehr informierte. Zwischen den beiden entwickelte sich ein enges Vertrauensverhältnis. Richard von Weizsäcker erinnert sich, dass er Dohnanyi zwei- oder dreimal im elterlichen Hause in der Admiral-Schröder-Straße im Berliner Tiergartenviertel traf. Einmal sah er, wie sein Vater und Dohnanyi, ins Gespräch vertieft, im Garten des Anwesens auf und ab gingen. »Es war ein Bild großen Vertrauens.«[78]

Die Verbindung Dohnanyis zu Dietrich Bonhoeffer blieb für die Verschwörergruppe in verschiedener Hinsicht von Bedeutung. In den Gesprächen der beiden Schwäger ging es nicht allein um Fragen des Glaubens, des Gewissens und der Moral (obwohl diese durchaus eine bedeutende Rolle spielten). Bonhoeffer hatte während mehrerer Auslandsaufenthalte insbesondere in den USA und Großbritannien eine Vielzahl beruflicher und privater Kontakte geknüpft, die für die Arbeit der Widerständler von größtem Nutzen waren. Manche seiner Kollegen und Freunde verstanden nicht, weshalb er zu Beginn des Zweiten Weltkriegs aus der Sicherheit der USA in das gefahrvolle Deutschland zurückgekehrt war. Zu einem großen Teil dürfte dies dem hohen politischen Ethos und dem Pflichtbewusstsein geschuldet sein, das Bonhoeffer mit seinem Schwager Dohnanyi teilte und das die beiden je länger, desto enger miteinander verband.

Hans gab wichtige Informationen über Mitglieder der Bekennenden Kirche an Dietrich Bonhoeffer weiter. Zusammen mit Karl Bonhoeffer, dem Vater und Schwiegervater, kämpften die beiden 1940 darum, das Euthanasie-Programm des Regimes zu stoppen. Als im Herbst 1941 die Massendeportationen der jüdischen Mitbürger anliefen, fertigten Dietrich Bonhoeffer und Friedrich Justus Perels, der Rechtsberater der Bekennenden Kirche, den ersten Bericht über die erschütternden Vorgänge an. Dietrich war bei Kriegsbeginn entschlossen, einem Einberufungsbefehl zur Wehrmacht nicht Folge zu leisten, was das sichere Todesurteil bedeutet hätte.

Dohnanyi fand einen Ausweg und sorgte dafür, dass sein Schwager uk (unabkömmlich) gestellt und im Sommer 1940 als Agent in der militärischen Abwehr in Oberbayern eingesetzt wurde. Dort konnte er auch Verbindungen zum katholischen Widerstand herstellen. Zusammen mit einer Reihe weiterer jüngerer Theologen aus den Reihen der Bekennenden Kirche, die ebenfalls vom Kriegsdienst befreit wurden, sollte er nach der Vorstellung Dohnanyis die evangelische Kirche in eine Nachkriegsordnung führen. In dramatischer Zeit, als Oster dem niederländischen Militärattaché Oberst Sas den Angriffstermin für die Westoffensive der deutschen Wehrmacht verriet, hatte Dietrich bereits als theologischer Ratgeber fungiert, als eine Art Beichtvater für die mit ihrem Gewissen ringenden Männer. Christine von Dohnanyi erinnerte sich später, dass es ihnen wichtig war, nicht nur vor sich selbst, sondern »einmal vorm deutschen Volk bestehen zu können«.[79]

Aus nahe liegenden Gründen war Großbritannien der wichtigste Ansprechpartner für den deutschen Widerstand. Das Vereinigte Königreich war zwischen dem 1. September 1939 und dem Kriegseintritt der USA im Dezember 1941 der einzige ernsthafte Widerpart Hitlers in Europa. Neben Dohnanyi hatte eine Reihe von Verschwörern dort berufliche Erfahrungen gesammelt und Kontakte geknüpft. Viele internationale Vorstöße, mit denen die Verschwörer im Amt Canaris Bedingungen für einen Friedensschluss nach Hitlers Entmachtung erkundeten, liefen über Rom, neben dem schweizerischen Bern eine wichtige Anlaufstelle westlicher Geheimdienste. Papst Pius XII., noch als Kardinal Hitlers Kontrahent im Kirchenkampf von 1934, fungierte als Mittler zwischen den Verschwörern und dem britischen Gesandten beim Vatikan. Die Verbindungen wurden mit der gebotenen Vorsicht organisiert. Direkte Kontakte zwischen den Hitlergegnern aus Deutschland und den britischen Botschaftsangehörigen im Vatikan gab es ebenso wenig wie zwischen den Canaris-Emissären und dem Papst. Alles wurde mündlich übermittelt. In der Anfangsphase der Gespräche mit den Briten 1939/40 spielte der Münchner Rechtsanwalt Josef Müller, der von Canaris angeworben und der Münchner Abwehrdienststelle als Oberleutnant zugeteilt worden war, eine wichtige Rolle. Er kannte Pius XII. aus dessen Zeit als Nuntius in München. Sein offizieller Auftrag lautete, die politischen Entwicklungen in Italien zu beobachten. Im September 1939 fuhr Müller erstmals nach Rom. Vom September 1940 an unternahm dann Dohnanyi selbst mehrere Italienreisen, um die Kontakte zum Vatikan aufrechtzuerhalten und andere Spuren zu verschleiern. Das hochbrisante Material über das NS-Regime, das er in Berlin weiterhin zusammentrug, lagerte zunächst in einem Safe des Amtes Canaris, später in der Preußischen Staatsbank, bevor er es im Panzerschrank eines Bunkers im Komplex des Oberkommandos des Heeres in Zossen unterbrachte.

Dohnanyis Einfluss auf die Pläne der Verschwörer war zwischen September 1939 und März 1940 wohl am größten. In diesen Monaten muss er sich auch dazu durchgerungen haben, auf die Ermordung Hitlers hinzuarbeiten. Zu seinen Aufgaben gehörte es, einen größeren Kreis von Persönlichkeiten, darunter auch die Generalität, für den Widerstand zu gewinnen. Viele Spitzenmilitärs zögerten. Der Zivilist in Uniform wurde zunehmend ungeduldig und warf ihnen vor, wenn sie weitermachten wie bisher, »müssten sie wohl warten, bis ihnen Hitler als Oberbefehlshaber selbst den Befehl zu seiner Beseitigung geben würde«.[80]

Auf der Grundlage von Müllers Informationen fertigte Dohnanyi im März 1940 den so genannten X-Bericht an. Dieser Text von ungefähr zwölf Schreibmaschinenseiten ist verloren gegangen. Er war eine Art Memorandum für die zaudernden Spitzenmilitärs, in dem die politische Gesamtlage, die Friedensfühler der Verschwörer und eine Regierungsbildung ohne Hitler skizziert wurden.[81] Der »X-Bericht« fiel der Gestapo im September 1944 in die Hände. Christine von Dohnanyi, die jederzeit in die Pläne ihres Mannes eingeweiht war, Kalender führte und Tagebücher schrieb, hatte ihn im Hause ihrer Eltern in Berlin-Charlottenburg getippt. An diesem Ort war »der verschwörerische, auf Attentat und Umsturz gerichtete Widerstand zu Hause wie nirgendwo anders in Deutschland«, sagte Klaus von Dohnanyi in einer Rede anlässlich der Aufnahme seines Vaters in den Kreis der Gerechten von Yad Vashem im Oktober 2003.

Auch während der Jahre 1939/40 blieb der Putschplan von 1938 das Grundmodell, an dem die Widerständler ihre Verschwörungsarbeit ausrichteten: Hitler sollte möglichst ohne Opfer anderer Menschenleben entmachtet, dadurch sollte die Unterstützung der Militärs gesichert werden. Die Bevölkerung sollte über die Verbrechen und den Katastrophenkurs des Regimes informiert und damit für die Sache des Widerstands gewonnen werden.[82]

Die Chance für die Verschwörer, ihren Plan zu verwirklichen, schwand endgültig, als im April 1940 das Datum für den Angriff auf Dänemark und Norwegen näher rückte. Die Gruppe um Admiral Canaris war bereits im Herbst 1939 ein hohes Risiko eingegangen, als sie den Termin für die deutsche Westoffensive weitergab. Nun ging sie im Mai 1940 noch einen Schritt weiter, indem sie über Josef Müller und Wilhelm Schmidhuber den Vatikan und die dort akkreditierten Vertreter der betroffenen Staaten über die unmittelbar bevorstehende Offensive in Kenntnis setzte. Als der Armeeoberbefehlshaber, Walther von Brauchitsch, und der Chef des Generalstabs, Franz Halder, wegen des bevorstehenden Kriegs im Westen jedoch aus allen Verschwörungsplänen ausstiegen, war die Chance für einen erfolgreichen Schlag gegen Hitler fürs Erste vertan. Der schnelle Sieg im Frankreich-Feldzug steigerte in Deutschland die Euphorie über Hitlers Erfolge noch weiter. Symptomatisch für die Rolle der Offiziere, von denen 1940 viele zu Feldmarschällen befördert wurden, war die Reaktion von Feldmarschall Erich von Manstein, als er von den Attentatsplänen durch jüngere Offiziere erfuhr: »Ihr wollt ihn wohl totschlagen?« Die Antwort lautete: »Jawohl, Herr Feldmarschall, wie einen tollen Hund.«[83] Die nächste günstige Konstellation für die Hitler-Verschwörer ergab sich erst ein Jahr später, als das Unternehmen »Barbarossa« begann, das Anfang 1943 zur Katastrophe von Stalingrad führte.

Kurz nachdem Dohnanyi seinen Dienst im Amt Canaris angetreten hatte, zog auch seine Familie wieder von Leipzig zurück nach Berlin. Sie wohnte nun zwei Jahre lang in ziemlich beengten Verhältnissen im Hause der Schwiegereltern. Hans' Freund und Förderer Franz Gürtner starb Anfang 1941 im Alter von neunundfünfzig Jahren nach einer Dienstreise ins Generalgouvernement. Die Massenerschießungen und das brutale Besatzungsregime müssen den gesundheitlich Angeschlagenen vollends in Resignation getrieben haben. Gürtner hatte den freundschaftlichen, vertrauensvollen Kontakt zu Dohnanyi auch nach dessen Ausscheiden aus dem Justizministerium nicht abreißen lassen. »Bis an sein Lebensende« sei er ihm »wie ein Vater zugetan gewesen«, erzählte Hans. Wenige Wochen zuvor hatten die Dohnanyis mit der Familie Gürtner, mit Dietrich Bonhoeffer und Eberhard Bethge im bayerischen Ettal das Weihnachtsfest gefeiert. Gürtners Tod war der letzte Impuls, den Hans brauchte, um den Staatsdienst zu verlassen. Er verzichtete auf alle erworbenen Beamtenrechte, denn er hoffte, seine Familie schon bald sehr viel besser absichern zu können.

Am 1. Oktober 1941 wurde Hans von Dohnanyi zum Vorstandsmitglied der Rheinisch-Westfälischen Boden-Creditbank in Köln berufen. Bei der Vermittlung dieser Position spielte auch Hermann Josef Abs, der spätere Vorstandsvorsitzende der Deutschen Bank und Ratgeber Adenauers, eine Rolle. Hans, der eine Woche später seine Entlassungsurkunde aus dem Staatsdienst erhielt, hatte im Vorgriff auf diese Berufung schon einige Monate zuvor zusammen mit Christine einen Lebenstraum verwirklicht. Sie hatten sich in Sacrow an der Havel ein Haus mit Garten in außergewöhnlich schöner Lage zwischen den westlichen Vororten Berlins und Potsdam gekauft. Die ehemaligen jüdischen Besitzer hatten Deutschland verlassen. Die nächste Eigentümerin hatte sich wegen eines Todesfalles in der Familie sehr rasch von dem Objekt wieder getrennt. Dank der hohen Bezüge, die er für seine Tätigkeit bei der Bank erwartete, konnte Dohnanyi das Haus auch ohne Eigenkapital kaufen. Er nahm einen Privatkredit und eine Hypothek auf. Die Entscheidung, mit der Familie fernab der Stadt mitten im Grünen zu wohnen, ähnelte dem Entschluss seines Vaters, Ende der zwanziger Jahre an den Stadtrand von Budapest zu ziehen, und hat sicherlich etwas mit den Kindheitsprägungen von Hans und Christine im Grunewaldviertel zu tun.

In den ersten Wochen des Russlandfeldzugs, als die deutsche Wehrmacht bei ihrem Vormarsch von Erfolg zu Erfolg eilte und neue Blitzfeldzüge in Richtung Kairo, Bagdad und Kabul geplant wurden, zogen die Dohnanyis in das Haus Am Hämphorn 10 ein. Die drei Kinder, vorübergehend im oberbayerischen Kloster Ettal eingeschult, konnten zu ihren Eltern zurückkehren. Wegen der zunehmenden Luftangriffe und der nächtlichen Fliegeralarme waren die Schulen von Klaus und Christoph in Berlin bereits geschlossen worden. Die Jungen gingen nun in Potsdam auf das Victoria-Gymnasium. Barbara machte 1944 an der Westend-Schule in Berlin das Notabitur. Auch bei ihr gab es keinen normalen Schulunterricht mehr.

Wie schon in den Jahren zuvor waren Hans und seine Freunde auch jetzt bemüht, Menschen das Leben zu retten, indem sie ihnen eindringlich zur Ausreise aus Deutschland rieten. Das private Domizil an der Havel bot den Vorteil, dass manches konspirative Treffen im Schutz der Dunkelheit stattfinden konnte; die Teilnehmer kamen sogar gelegentlich per Ruderboot zu der Backsteinvilla, wie sich Christoph von Dohnányi erinnert. Hans und Christine bewiesen auch in Alltagssituationen Zivilcourage, die andere längst nicht mehr aufbrachten. Als Klaus von Dohnanyi im Winter 1941/42 einmal seine Mutter beim Einkaufen begleitete und die beiden an einer Haltestelle auf den Bus warteten, sahen sie einen älteren Juden, den gelben Stern auf dem Mantel, die Straße kehren. Der Mann versuchte mehrmals vergeblich, die mitgeführte Schubkarre über die Bordsteinkante zu schieben. Teilnahmslos, so berichtet Klaus, sahen die Menschen zu. »Ich werde nie vergessen, wie meine Mutter, aschfahl geworden, ihre Hände öffnete, die schweren Einkaufsnetze achtlos fallen ließ, den Schubkarren griff und ihn auf den Bürgersteig schob.«[84]

Der Kampf gegen die nationalsozialistische Diktatur brachte Dohnanyi in eine Lebenslage, die in manchem an die berufliche Situation seines Vaters erinnerte. Beide halfen Menschen, die in Bedrängnis oder Not geraten waren, ermöglichten ihnen die Flucht oder ein Überleben im Lande. Hans' rege Reisetätigkeit glich der bewegten Existenz eines konzertierenden Künstlers. Mit dienstlichen Aufträgen hatte er oft nach Italien zu fahren, aber auch nach Dänemark, in die Schweiz oder in andere Staaten des von Hitler dominierten Kontinents. Vater und Sohn waren Vielreisende in einem großen Käfig. Hans versuchte, der immer schwierigeren Situation ein wenig privates Glück abzutrotzen. Wann immer es möglich war, nahm er seine Frau mit. Auf vier Italienreisen genossen sie in Venedig, Bologna, Florenz, Rom, Neapel und auf Capri die seltenen Augenblicke der Gemeinsamkeit. Inmitten des Grauens, das der Krieg über die Menschen brachte, hofften sie auf ein besseres Leben nach dem Ende der Diktatur. Da sie nicht sicher sein konnten, dass es so kommen würde, genossen sie, noch immer ein sich liebendes Paar, jeden ihnen geschenkten Tag. Nicht lange zuvor hatten die aus Deutschland verjagten »Comedian Harmonists« gesungen: »Irgendwo auf der Welt gibt's ein kleines bisschen Glück. Und ich träum' davon in jedem Augenblick.«[85]

Dohnanyi war zumindest an zwei spektakulären Aktionen persönlich beteiligt, die Zeugnis von seinen Überzeugungen und seinem entschlossenen Handeln ablegen: dem »Unternehmen Sieben« im September 1942 und der Reise nach Smolensk im März 1943 mit dem Ziel, Hitler zu töten. Im Oktober 1941 stand die Deportation von Berliner Juden in die Vernichtungslager Osteuropas bevor. Unter denen, die die Gestapo »selektiert« hatte, befanden sich zwei jüdische Anwälte mit ihren Familien. Dohnanyi kannte sie seit langem.[86] Julius Fliess und Fritz Arnold waren als Kriegsfreiwillige für Deutschland in den Ersten Weltkrieg gezogen. Karl Bonhoeffer hatte Fliess zu Beginn der zwanziger Jahre wegen einer schweren Kriegsverletzung behandelt. Zunächst aufgrund ihrer Kriegsverdienste durch Intervention von Hindenburg und Macksensen, den Marschällen aus der Kaiserzeit, geschützt, wurden die Anwälte bis 1938 vom Berufsverbot gegen Juden ausgenommen. Danach sorgte Justizminister Gürtner dafür, dass die kleine Gruppe kriegsversehrter jüdischer Frontkämpfer weiter als Anwälte praktizieren durfte, wenn auch unter großen Einschränkungen.

Julius Fliess war im November 1941 von der Deportation nach Riga bedroht, wo ihn Zwangsarbeit oder der sofortige Tod durch Erschießen erwartet hätten. Fritz Arnold wandte sich deswegen über Elza Kunwald an Hans von Dohnanyi mit der Bitte, Fliess zu helfen. Dohnanyi empfing Arnold in seinem Büro und organisierte durch Vorlage von Fliess' Kriegsauszeichnungen, die heute im Jüdischen Museum von Berlin zu sehen sind, einen offiziellen Protest des Oberkommandos der Wehrmacht. Fliess war für einige Monate gerettet. Um ihn, seine Familie und andere endgültig vor dem Abtransport in die Vernichtungslager zu bewahren, entwickelte Dohnanyi im Sommer 1942 einen geradezu fantastischen Plan. Eine kleine Gruppe von Juden sollte gegenüber der Gestapo als deutsche Agenten ausgegeben werden. Ihr »Auftrag« lautete, in Südamerika gegen die USA zu spionieren. Dohnanyi nutzte die Tatsache, dass kurz zuvor eine groß angelegte deutsche Spionageoperation an der amerikanischen Ostküste vollständig gescheitert war. Die von einem U-Boot abgesetzten Agenten waren der US-Küstenwache direkt in die Arme gelaufen und wenig später hingerichtet worden. Hitler hatte daraufhin wutentbrannt angeordnet, künftig für derartige Aktionen »Verbrecher oder Juden« einzusetzen. Canaris besaß damit eine höchstamtliche Legitimation für das gewagte Vorhaben seines Mitarbeiters.

Als Dohnanyi Canaris um Genehmigung für die Operation nachsuchte, bat dieser ihn, einige jüdische Bekannte mit ausschleusen zu lassen. Hans selbst reiste wiederholt unter dem Decknamen »Dr. Donner« in die Schweiz und besprach unter anderem mit dem in Zürich residierenden Abwehr-Mitarbeiter Hans Bernd Gisevius die Einzelheiten des Fluchtplans. Denn das Vorhaben drohte zu scheitern. »Das Boot ist voll«, lautete die Devise der Eidgenossen. Mit Hilfe schweizerischer Kirchenkreise und der Stellung von Kautionen konnten die eidgenössischen Behörden jedoch umgestimmt werden. Dohnanyi entnahm einem Devisendepot der deutschen Abwehr in der Schweiz 100 000 US-Dollar, hinterlegte die Kautionen und übergab den Restbetrag seinen Schützlingen. Die Gruppe um Arnold und Fliess überschrieb ihrerseits ihr von den Nazis bereits weitgehend geplündertes Vermögen an die Abwehr. Es war ohnehin nach den gesetzlichen Bestimmungen verloren. Diese Transaktionen sollten für Dohnanyi noch verhängnisvolle Folgen haben.

Im September 1942 ging das so genannte Unternehmen Sieben nach einem Jahr glücklich zu Ende. Durch die von Dohnanyi initiierte Rettungsaktion konnten vierzehn Menschen, getarnt als V-Leute, am 29. September am Anhalter Bahnhof in Berlin einen Zug besteigen und ausreisen. In mehreren Gruppen erreichten die Flüchtlinge Schweizer Boden. Beim Überschreiten der Grenze am Badischen Bahnhof in Basel wurden sie von den deutschen Beamten aufgefordert, den gelben Judenstern von der Kleidung abzutrennen. Auf ähnliche Weise, dieses Mal mit Hilfe Ernst von Weizsäckers, bewahrte Dohnanyi bald darauf seinen alten Griechischlehrer Kranz vom Grunewald-Gymnasium vor der Deportation. Kranz' Frau war Jüdin. Beide konnten nach Istanbul ausreisen, wo Kranz bis zur Rückkehr nach Deutschland im Jahre 1950 lehrte.[87]

Bei seinen Reisen in die Schweiz war Hans in Bern auch mit Otto Riese zusammengetroffen, den er aus seinen Anfängen im Reichsjustizministerium kannte. Er riet ihm, nicht in die Heimat zurückzukehren, »da alle anständigen Leute in Deutschland, die so dächten wie wir, über kurz oder lang ›liquidiert‹ würden«, und verabschiedete sich mit den Worten: »Wir werden uns nicht wieder sehen.«[88]

Nachdem sich im Kessel von Stalingrad die militärische Katastrophe für Deutschland angebahnt hatte, rückte Dohnanyi für einen Augenblick in den Mittelpunkt des Geschehens. Bei einem Besuch der Heeresgruppe Mitte in Smolensk sollte Hitler nach den Plänen der Verschwörer getötet werden. Hans sollte den

Sprengstoff für den Attentatsversuch besorgen. Anfang März 1943 ließ er sich von Eberhard Bethge, dem Weggefährten und Vertrauten Dietrich Bonhoeffers, nach Königsberg chauffieren.[89] Dort brachte er die von der Abwehr-Abteilung II beschaffte Munitionskiste an Bord des Flugzeugs von Canaris und flog mit seinem Chef und Oberst Erwin Lahousen am 7. März 1943 nach Smolensk, wo der Sprengstoff an die Abwehr übergeben wurde. Im Dienstzimmer des Kriegstagebuchführers besprachen Dohnanyi und Oberst Henning von Tresckow, der Erste Generalstabsoffizier der Heeresgruppe Mitte, die Einzelheiten für den Ablauf der Operation. Dohnanyis Blick streifte dabei die nichts Gutes verheißenden Lagekarten. Er fragte Tresckow, ob es nicht schon zu spät sei. »Hier ist ja die Katastrophe schon perfekt«, fügte er hinzu.[90]

Sechs Tage später, am 13. März 1943, kam Hitler nach Smolensk. Er wurde mit seiner Entourage in drei Condor-Maschinen eingeflogen. Vor Ort benutzte er seinen eigenen Wagen, auch der Chauffeur war eingeflogen worden. Überall wimmelte es von schwer bewaffneten Sicherungsposten des Heeres und der SS. Nach einer kurzen Besprechung mit den versammelten Armee- und Stabschefs der Heeresgruppe drängte Hitler zum Rückflug. Tresckow und sein Ordonnanzoffizier Fabian von Schlabrendorff hatten eine Bombe gefertigt, und es gelang ihnen, diese, als Geschenkpäckchen getarnt, an Bord der Maschine zu bringen. Der Zünder war so eingestellt, dass sie auf dem Rückflug ins ostpreußische Rastenburg hätte explodieren und Hitlers Maschine zum Absturz bringen müssen. In Berlin warteten unterdessen Oster, Dohnanyi und andere Verschwörer auf das erlösende Codewort. Aber Hitler hatte wieder Glück. Der Zünder versagte wegen zu großer Kälte. Die von den Verschwörern minütlich erwartete Erfolgsmeldung traf nicht ein. Unter abenteuerlichen Umständen gelang es Schlabrendorff am nächsten Tag, das unversehrte Sprengstoffpaket wieder an sich zu bringen.

Hitler überstand bis zum Kriegsende alle Attentatsversuche. Es waren mehr als vierzig. Sein Misstrauen war seit dem Attentatsversuch des Einzelgängers Georg Elser vom November 1939 stetig gewachsen. Er wurde nahezu perfekt von der SS und anderen Spezialeinheiten bewacht und abgeschirmt. Selbst für ranghohe Militärs wurde es immer schwieriger, an ihn heranzukommen. Auf Hitlers Anordnung wurde Elser noch im April 1945 im KZ Dachau ermordet, wenige Tage vor der Befreiung des Lagers durch die Amerikaner. Die NS-Führung hielt es nicht für möglich, dass er seinen Anschlag allein durchgeführt hatte. Man plante einen großen Schauprozess nach dem Krieg, bei dem auch Widerstandsaktivitäten verhandelt werden sollten, an denen Dohnanyi federführend beteiligt war. Dohnanyi und Elser waren übrigens vorübergehend gleichzeitig Häftlinge im KZ Sachsenhausen. Ob sie sich dort begegnet sind, ist nicht bekannt.

Um die Verschwörer in Berlin wurde es ab 1941 immer einsamer. Die Generalität, die Hitler erst zerschlagen, dann mit Schenkungen und hohen Bestechungsgeldern korrumpiert hatte, fiel als Ansprechpartner immer mehr aus. Canaris hatte längst resigniert. Dohnanyi zeigte sich enttäuscht über das Niveau der meisten Wehrmachtführer, über ihre geistige Enge und mangelnde moralische Urteilskraft, die besonders drastisch zu Tage traten, als der Chef des Oberkommandos der Wehrmacht, General Wilhelm Keitel, ein Gutachten, das Helmuth von Moltke, ein Mann, dem Dohnanyi vertraute, über die Behandlung sowjetischer Kriegsgefangener erstellt hatte, mit der Bemerkung kommentierte, es gehe hier um die »Vernichtung einer Weltanschauung«.[91]

Fabian von Schlabrendorff, der zu den wenigen Überlebenden der Verschwörer des 20. Juli 1944 gehörte und nach dem Krieg Bundesverfassungsrichter wurde, hielt in seinen Erinnerungen die Begegnungen mit Dohnanyi und seinen engsten Mitarbeitern Karl Ludwig Freiherr von und zu Guttenberg und Justus Delbrück im Amt Canaris fest: »Im Hinblick auf politische Aktivität wurden sie beide überragt durch Dohnanyi. Dieser war ein blitzgescheiter Kopf, der Oster und Canaris stark beeinflusste. Sein messerscharfer Verstand und seine nicht zu widerlegende Logik befähigten ihn, Pläne und Gedanken bis zu Ende durchzudenken. Die ihm eigene Kühle im menschlichen Verkehr machte die Zusammenarbeit nicht immer leicht. Auch hatte er von seinem früheren Beruf als Staatsanwalt eine Art des Umgangs, die dem menschlichen Kontakt zwischen ihm und seinen Gesprächspartnern nicht immer förderlich war. Aber seine politische Entschlusskraft und seine Darlegungen besaßen eine bezwingende Kraft. In ihm glühte eine starke Leidenschaft, die ihn befähigte, seine Vorgesetzten und Untergebenen in die Arbeit der Widerstandsbewegung einzuschalten. Sein Einfluss auf Oster und Canaris war so groß, dass viele Dinge, für die diese nach außen die Verantwortung trugen, seinem Kopf entsprungen waren.«[92]

In der Bürokratie des Regimes wurde über den Außenseiter Buch geführt. Die Gegenspieler Dohnanyis hatten nicht vergessen, dass sein Ariernachweis nicht in Ordnung war. Sie warteten auf ihre Chance,[93] und sie erhielten sie: durch einen aus dem Kreis der Verschwörer, der über seine eigenen lukrativen Nebengeschäfte stolperte. Doch auch dann noch, als der Zufall den Verfolgern in die Hände arbeitete, brauchten sie lange, um Dohnanyis wirkliche Rolle im Widerstand zu erkennen.

Hoffen bis zum letzten Augenblick

Hans und Christine von Dohnanyi wurden am 5. April 1943 inhaftiert.[94] Sie lasen in diesen Tagen, wie Dietrich Bonhoeffer auch, eine Geschichte des Dreißigjährigen Krieges – ein deutliches Zeichen dafür, wie sie die militärische und politische Situation einschätzten. Die Konferenz von Casablanca und die Forderung der Alliierten nach bedingungsloser Kapitulation – »unconditional surrender« – lagen erst kurze Zeit zurück, ebenso die Katastrophe von Stalingrad, auf die nach den Erfolgen der Wehrmacht bei Charkow eine vorübergehende Stabilisierung der Ostfront folgte. Die Atlantikschlacht tobte in diesen Wochen, während sich in Tunesien das Ende von Rommels Afrikakorps abzeichnete. Mit schweren Bombardements eröffneten die Alliierten eine Luftoffensive im Ruhrgebiet.

Hans von Dohnanyi wurde in seinem Büro in Gegenwart von Wilhelm Canaris und Hans Oster unter dramatischen Umständen verhaftet. Für den Fall der Fälle hatte er seinen Schreibtisch und die gesamte Büroausstattung präpariert, alles belastende Material vernichtet oder fortgeräumt, denn er war vorgewarnt. Doch kurz bevor die Gestapo-Beamten erschienen, war Entwarnung gegeben worden. Als sich die Tür öffnete, saß Dohnanyi gerade über einem aus drei Zetteln bestehenden Papier, das die Grundlage für ein am Nachmittag geplantes Gespräch mit Beck über eine bevorstehende Rom-Initiative der Abwehr bildete. Auch Canaris und Oster wurden überrumpelt. Canaris hätte die Möglichkeit gehabt, die Besucher des Hauses zu verweisen. Aber die Sicherheit der Verschwörer war erschüttert. Das Unheil nahm seinen Lauf. Weder Dohnanyi noch Oster gelang es, die drei Zettel verschwinden zu lassen. Sie fielen dem Luftwaffenrichter und Oberkriegsgerichtsrat Manfred Roeder, der in Begleitung von Kriminalsekretär Franz Xaver Sonderegger erschienen war, sogleich als Beweisstücke in die Hände.[95] Dohnanyi wurde verhaftet und abgeführt. Erst nach einigen Wochen gelang es, einen Kontakt zwischen ihm und Oster herzustellen, Sprachregelungen zu vereinbaren und den brisanten Inhalt der drei Zettel, der Akte »Z grau«, zu entschärfen. Oster war mittlerweile aus dem Dienst entfernt und in die »Führerreserve« versetzt worden.

Christine wurde in ein Frauengefängnis am Kaiserdamm in Berlin-Charlottenburg eingeliefert, Hans in das Wehrmachts-Untersuchungsgefängnis im Stadtteil Moabit in der Lehrter Straße 61. Die Gestapo verhaftete am gleichen Tag auch Dietrich Bonhoeffer, der in das Gefängnis Berlin-Tegel gebracht wurde, sowie in München Josef Müller, den Verbindungsmann zum Vatikan, seine Ehefrau und seine Sekretärin Anni Haaser. Diese überlebte die Inhaftierung und heiratete später den Sohn von Hans Oster.[96]

Den Inhaftierten wurde vorgeworfen, Geheimverhandlungen mit dem Vatikan geführt, sich in Verbindung mit dem »Unternehmen Sieben« persönlich bereichert und Dietrich Bonhoeffer lediglich aus kirchenpolitischen Gründen »uk gestellt« zu haben. Wilhelm Schmidhuber, ein Brauereibesitzer und Reserveoffizier in den Reihen der Abwehr, hatte mit seinen Aussagen die Verhafteten belastet, nachdem er im Oktober 1942 wegen illegaler Devisengeschäfte auf italienischem Boden verhaftet und an die deutschen Behörden ausgeliefert worden war. Am 21. April 1943 notierte Hans in seinem Tagebuch: »Bestechung!!!! Irrsinnig!!!«[97] Sein Schwiegervater Karl Bonhoeffer schrieb ihm am 11. April: »Die ganze Aktion gegen Euch ist mir noch immer ein böser Traum.«[98]

Die kritische Anfangsphase der Verhöre überstanden die Inhaftierten vergleichsweise gut. Das NS-Regime und seine Häscher hatten bisher nur einen Randbereich ihrer Aktivitäten erfasst. Dohnanyi hatte sich mit seinen Vorgesetzten und Mitarbeitern lange vorher abgestimmt, was sie im Fall einer Verhaftung aussagen würden. Daher gelang es den Verhörern nicht, einen Keil zwischen sie zu treiben. Christine gab sich als nichts ahnende Ehefrau. Bonhoeffer konnte sich den vernehmenden Beamten gegenüber als harmlosen, unpolitischen Theologen darstellen. Am 16. April 1943 kam es zu einer Gegenüberstellung von Hans und Christine. Danach vergingen drei Monate, bis sich das Paar wiedersah. Christine wurde nach vier Wochen Haft freigelassen. Sie erholte sich zunächst von den seelischen und körperlichen Torturen im Sanatorium Westend, der heutigen Nervenklinik Nussbaumallee. Anfang Juni 1943 kehrte sie zu den Kindern nach Sacrow zurück.

Dohnanyi litt sehr unter der Trennung von Frau und Familie. Angstgefühle überwältigten ihn nicht so schnell, doch vor der Einsamkeit fürchtete er sich. »Einsam sein habe ich nicht gelernt«, sagte er einmal.[99] Nun war er plötzlich mit der Erfahrung konfrontiert, allein eingekerkert zu sein. Er hatte zwar versucht, sich mental auf diese Situation vorzubereiten. Doch die Wirklichkeit der Haft lässt sich schwer in der Vorstellung vorwegnehmen. Auch die Natur vermisste er, den täglichen Gang durch den Sacrower Garten, das tiefe Durchatmen nach einem langen Arbeitstag. Er hatte jedoch das Glück, dass der Gefängnisdirektor, Oberstleutnant Rudolf Maaß, ein ehemaliger Schauspieler, ein Regimekritiker war. Dohnanyis Gesundheitszustand verschlechterte sich vom Sommer 1943 an zusehends. Er litt an einer schweren Venenentzündung in beiden Beinen, die das Risiko einer Embolie in sich barg.

Hans brauchte etwa drei Monate, bis er zu innerer Gelassenheit fand und aufhörte, sich unentwegt Vorwürfe zu machen, dass er mit seinem Handeln seine Familie, seine Verwandten und Freunde in eine Notlage gebracht hatte. Seine berufliche Karriere, die bis dahin trotz aller Wechsel sehr geradlinig verlaufen war, reflektierte er am Tag seiner Verhaftung in einem Brief an Christine. Er schloss seine Gedanken mit dem Satz: »Mir graute oft vor der Götter Neide; habe ich Dir das je gestanden?«[100] In einem Briefwechsel, der die Zensur passierte, tröstete Dietrich Bonhoeffer seinen Schwager mit der Feststellung, dass »nicht ein Atom von Vorwurf oder Bitterkeit in mir ist«.[101] Gleichzeitig gab er seine Verlobung mit Maria von Wedemeyer bekannt.

Intensiv dachte Hans in diesen Monaten an seine Kinder. An Christine schrieb er: »Meinen Söhnen werde ich zweierlei mit auf den Weg geben: 1) Wenn sie sich eine Frau suchen, dann sollen sie das Bild ihrer Mutter dabei im Herzen tragen. Und 2) Wenn sie gefreit haben und ihre Frau ist nach dem Bilde dieser Mutter, dann sollen sie in allen wichtigen und entscheidenden Fragen des Lebens nicht den eigenen Kopf, sondern das Gefühl ihrer Frau regieren lassen.«[102] Wenige Tage später kam er zu dieser Einsicht: »Die große Kunst christlichen Lebens scheint mir in dem Sich-Ergeben in Gottes Willen zu liegen, ohne dabei den eigenen Willen aufzugeben, ohne wunschlos zu werden, ohne die Kraft der Leidenschaft zu verlieren.«[103]

In der Reduktion auf das Wesentliche, auf das Studium der Bibel, auf das tägliche Schreiben – nur ein Bruchteil ihrer Briefe erreichten Christine und Hans – entdeckte Dohnanyi ein schlummerndes Talent in sich wieder: Er begann mit Zeichenstiften, die er von der Familie erhalten hatte, Porträts, darunter auch ein Selbstporträt, zu skizzieren. Sie zeigen eine große Begabung. Weitere Porträts, zum Teil nach Fotografien gefertigt, wie etwa das Pastell, das Tochter Barbara darstellt, entstanden in der Folgezeit. Einmal zeichnete er die schlafende Christine, die zu Besuch war. So entstanden kleine Kunstwerke, Zeugnisse einer Begabung Dohnanyis, die kaum Beachtung findet: seines musischen Talents. Dass er auch ein begabter Pianist war, dürfte seinem Vater Ernst in Erinnerung geblieben sein. Als ihm jedoch die Zeichnungen seines Sohnes nach dessen Tod zugesandt wurden, zeigte er sich überrascht: »Ich habe gar nicht gewusst«, schrieb er an seine Schwiegertochter Christine, »dass er Talent zum Zeichnen hatte.«

Bald verfasste Hans auch Gedichte, an liebe Gewohnheiten und besondere Talentproben aus seiner Kindheit und Jugend anknüpfend. Mit Versen, die an Wilhelm Busch erinnern und einen gehörigen Schuss Selbstironie enthalten, heiterte er aus dem Gefängnis heraus seine Familie auf:

> Die Vene schwillt,
> Das Bein tut weh,
> Der Künstler hält es
> In die Höh.
> Und zeigt, des Beines
> Sich bewußt,
> Das Bein und nicht
> Ein Bild der Brust.[104]

In zehn langen Verhören saß Dohnanyi dem Oberkriegsgerichtsrat Manfred Roeder gegenüber. Den Kampf gegen diesen skrupellosen Schergen drohte er wegen seiner schwachen Physis zu verlieren. Doch am Ende gewann er ihn, gerade wegen seiner geschwächten körperlichen Konstitution, als in den Tagen schwerer Luftangriffe auf Berlin Ende November 1943 die befürchtete Embolie eintrat. Dank der Initiative seines Schwiegervaters, der nun die Rolle des Chefstrategen in der Familie hatte übernehmen müssen, wurde Hans in die Charité eingeliefert. Ferdinand Sauerbruch behandelte ihn. Er war mit Beck und Ulrich von Hassell, dem am Widerstand beteiligten früheren Botschafter in Rom, befreundet. Bei der Verlegung in die Charité spielten auch die Chefs der Wehrmachts-Rechtsabteilung und der Heeresrechtsabteilung, Sack und Lehmann, eine wichtige Rolle.

Wegen der Bombenangriffe auf Berlin war Sacrow in der Zwischenzeit zunehmend zum Ausweichquartier für die Großfamilie geworden. Hans' Hoffen und Sehnen wurde erhört: Christine durfte bei ihm nachts im Krankenzimmer bleiben. Das Ehepaar konnte den Heiligen Abend 1943 gemeinsam verbringen. Aus Budapest kam ein Brief des besorgten Vaters.[105] Zu dieser Zeit verfasste Dietrich Bonhoeffer, anlässlich des Geburtstags seiner Mutter, für seine junge Braut im Gefängnis ein Gedicht, dessen bekannte letzte Strophe lautete:

> Von guten Mächten wunderbar geborgen
> erwarten wir getrost, was kommen mag,
> Gott ist bei uns am Abend und am Morgen,
> und ganz gewiß an jedem neuen Tag.[106]

Die Verse sind inzwischen zum Lieblingsgedicht und, mit unterschiedlichen Melodien, zum Lieblingslied engagierter Protestanten geworden. Unter anderem bei einem Gedenkgottesdienst für Dietrich Bonhoeffer im Französischen Dom zu Berlin im April 1995 wurde dieses Lied gesungen.

Roeder machte bei den Vernehmungen fortlaufend kleinere und größere Fehler. Darüber hinaus war er auch noch in Ehrenhändel mit der Elitedivision »Brandenburg« verstrickt. Er hatte einigen Offizieren der Einheit »Drückebergerei« vorgeworfen. Dafür ohrfeigte ihn der Kommandeur der Division, General Pfuhlstein. Ende Januar 1944 wurde er von seiner Aufgabe als Chefermittler entbunden. Er machte dem Oberkriegsgerichtsrat Helmuth Kutzner Platz, den Hans aus seinen Zeiten im Reichsjustizministerium und am Reichsgericht kannte. Mit der Berufung von Kutzner veränderte sich die Lage schlagartig zugunsten von Hans. Aber er hatte einen Preis für die »Operation

Charité« zu entrichten: Er kam erneut in Haft und wurde in das Gefängniskrankenhaus Berlin-Buch verlegt. Trotz widriger Verhältnisse in der kalten, feuchten Zelle hatte er nun wieder doppelten Grund zu hoffen: Zum einen deutete sich eine Einstellung des Verfahrens wegen Mangels an Beweisen an. Zum anderen wusste Hans durch Sack, der zum Kreis der Verschwörer gehörte und den er seit der Fritsch-Affäre kannte, dass etwas bevorstand. Sack riet ihm zu Gelassenheit und zum Abwarten. Das Attentat auf Hitler am 20. Juli 1944 stand bevor.

Mit Einfallsreichtum und Risikobereitschaft kämpfte Hans um Zeitgewinn, um Kontakt zu Frau und Familie, ums Überleben. Er versuchte, sich Vernehmungen unter Druck und Folter mit allen Mitteln zu entziehen, damit auf keinen Fall irgendjemand gefährdet würde. Christine hatte sich von ihrem Vater Diphtherie-Bakterien besorgt, mit denen sich Hans im Mai 1944 absichtlich infizierte. Angesichts seines schlechten Gesundheitszustands, einer halbseitigen Lähmung, die von einer Hirnembolie herrührte, ging er damit ein beträchtliches Risiko ein. Aber der geplante Schachzug gelang: Er wurde in das Seuchenlazarett nach Potsdam verlegt und damit aus dem Zentrum an die Peripherie, was für die kritischen Stunden eines blutig ausgetragenen Machtwechsels, aber auch angesichts der erneuten Bombenangriffe zusätzliche Sicherheit bedeutete.

Das Scheitern des Attentats auf Hitler am 20. Juli 1944 machte jedoch alle Pläne und Hoffnungen zunichte. Statt dass Dohnanyi freikam oder in einem Sanatorium interniert wurde, wie Kutzner offenbar vorschlagen wollte, wurden im Laufe der folgenden Wochen und der sich überschlagenden Ereignisse auch Justus Delbrück, Klaus Bonhoeffer, Rüdiger Schleicher und Eberhard Bethge verhaftet. Die Schlinge um Hans zog sich immer enger. Am 22. August 1944 erschien ein SS-Kommando unter Leitung von Sonderegger, dem früheren Mitarbeiter von Roeder, in Potsdam und transportierte ihn im Krankenwagen ab. Ein paar Wochen später schrieb er seiner Frau: »Meine Anschrift ist jetzt lediglich: Konzentrationslager Sachsenhausen, Block R5b (ohne Nr.).«[107]

Bei den dortigen Verhören durch den SS-Standartenführer Walter Huppenkothen, einen Rheinländer, und den ihm bereits bekannten Gestapo-Kommissar Sonderegger erklärte Hans von Anfang an unmissverständlich, dass er keine Namen nennen würde.[108] Seine Frau und seine Kinder durfte er nun nicht mehr sehen. Im Krankenhaustrakt des KZ Sachsenhausen liegend, konnte er die Gräueltaten, die sich auf dem Appellplatz direkt vor der Baracke abspielten, nicht mit eigenen Augen verfolgen. Doch die Mithäftlinge berichteten ihm darüber. »Sind die KZ-Wärter wirklich so niedrig?«, war seine ungläubige Reaktion.[109] Noch immer analysierte der vormals glänzend Informierte die Kriegslage zutreffend, verstand die Wehrmachtsberichte, die über das Radio ausgestrahlt wurden, richtig zu interpretieren und sagte das Kriegsende ziemlich präzise voraus.

Der Fund seiner Aktensammlung im Safe des OKH in Zossen am 22. September 1944 bedeutete praktisch sein Todesurteil. Hitler, die Gestapo und die SS waren nun im Besitz jener Dokumente, mit denen ihnen selbst eines Tages der Prozess hatte gemacht werden sollen. Nicht Dohnanyi war verantwortlich dafür, dass die Dokumente dem Regime in die Hände fielen, sondern Exgeneral Ludwig Beck. Er hatte ausdrücklich befohlen, wichtige Materialien aufzubewahren, damit die deutsche Nation und die Welt eines Tages Klarheit über den Umfang der Verbrechen gewinnen könnten. Der Zeitraum, den die Dokumentation umfasste, war für Beck dabei besonders wichtig. Er wollte damit dokumentieren, dass die Staatsstreichpläne zu Zeiten von Hitlers größten Erfolgen konzipiert worden waren und nicht erst im Angesicht der Katastrophe.

Dohnanyi hatte sich gegen eine Aufbewahrung ausgesprochen. Aber er hatte sich mit seinem Drängen, die Dokumente zu vernichten, nicht durchsetzen können. Eine von der Gestapo damals gezielt betriebene Legendenbildung, der Nicht-Militär habe versagt, er habe Befehle nicht befolgt, die Nerven verloren und seine Kameraden somit ans Messer geliefert, hatte auch zum Ziel, die noch lebenden Verschwörer gegeneinander auszuspielen. Diese Legende hielt sich zählebig bis in die späteren

Jahre der Bundesrepublik und verdüsterte, ähnlich wie das Gerücht über persönliche Bereicherungen, zeitweise das Bild Hans von Dohnanyis.[110]

Noch immer war die Lage von Hans, der mit hohem Risiko um Zeitgewinn kämpfte, nicht völlig aussichtslos. Er simulierte nun auf Anraten seines Schwiegervaters weitere Krankheiten und Lähmungszustände und wurde am 1. Februar 1945 in das Kellergefängnis der Gestapo in der Berliner Prinz-Albrecht-Straße eingeliefert. Dort war er einem brutalen Pfleger ausgeliefert, der ihn wochenlang in seinen eigenen Exkrementen liegen ließ. Aber selbst in dieser Situation blieb Dohnanyi der Überlegene. »Ich benutze meine Krankheit als Kampfmittel«, schrieb er seiner Frau.[111]

Am 3. Februar 1945 wurde Freisler bei einem amerikanischen Luftangriff von herabfallenden Trümmern im Volksgerichtshof erschlagen. Im Durcheinander der nächsten Tage kam es wiederholt zu kurzen Begegnungen von Hans mit seinem Schwager Dietrich, der sich bereits seit Oktober 1944 in den Verliesen der Prinz-Albrecht-Straße befand. Beide sprachen sich Mut zu. »Es geht mir gut«, schrieb Hans nach der ersten Woche im Gestapo-Keller seiner Frau, »keine Sorgen machen, bitte, bitte! Der Bunker hält.«[112] Am 8. März schrieb er im letzten erhaltenen Kassiber, der aus dem Gefängnis herausgeschmuggelt wurde, an Christine: »Vielleicht hatte der Moabiter Gefängnisdirektor Maaß ganz recht: mit dem, was Du mir bist und die Kinder und was ich äußerlich erreicht habe, hätte ich doch der glücklichste Mensch unter Gottes Sonne sein können. Wozu dieses Sich-Beschäftigen mit den Dingen der Allgemeinheit – aber das sind so Gedanken, die auch wieder gehen. Ach, ich möchte sie mit Dir mal durchdenken, mal aussprechen können, was ich wirklich denke!«[113]

Am 19. März 1945 erlitt Dohnanyi einen Kollaps und wurde in die Gefangenenabteilung des Staatskrankenhauses überstellt. Die sechswöchige Tortur in der Prinz-Albrecht-Straße war überstanden. Er hatte dort, wie der behandelnde Arzt sich erinnert, nur zwei Dinge im Kopf: seine Familie – ein Leben »im Zelt«, wie er es nannte – und sein Vaterland. »Ach, ich habe mich doch jetzt so an meine Familie gewöhnt«, sagte er in der für ihn typischen Art auf die Frage des Mediziners, warum er sich vor dem Himmel fürchte. Nach dem ersten Bad machte ihm der Arzt Mut, er habe das Schlimmste nun hinter sich. Hans entgegnete: »Man hat es niemals hinter sich.« Und: »Man fühlt den Sekundenschlag im eigenen Fleisch bohrend.«

Er sah seine Frau noch einmal für etwa eineinhalb Stunden in den ersten Apriltagen 1945. Es war das erste Wiedersehen seit Ende August 1944, als er in der Folge des gescheiterten Attentats auf Hitler nach Sachsenhausen gebracht worden war. Um den 20. Juli 1944 und belastende Dokumente ging es auch im letzten Gespräch der beiden. Hans sagte ihr: »Dietrich und ich haben die Sache ja nicht als Politiker gemacht. Es war einfach der zwangsläufige Gang eines anständigen Menschen.«[114]

Dohnanyi war nun bereit zum Weg in die Vorhölle. Bei einer geplanten Begegnung mit Himmler wollte er mit dem SS-Führer abrechnen, vielleicht aber auch herausfinden, ob dieser einen eigenen Kurs verfolgte, weil er seit Ende 1942 seine Fühler ins Ausland ausgestreckt hatte. Da Himmler verhindert war, sollte Kaltenbrunner, der die Ermittlungen in Verbindung mit dem 20. Juli 1944 leitete, am 5. April 1945 das Gespräch übernehmen. Dazu kam es jedoch nicht mehr. Denn inzwischen war nach dem 20. Juli und dem Aktenfund in Zossen eine weitere Lageverschärfung eingetreten: Bei einer Nachüberprüfung in Zossen hatte ein General der SS am 5. April 1945 Teile des Tagebuchs von Admiral Canaris entdeckt, nach dem monatelang vergeblich gefahndet worden war. Dieser Fund bedeutete das endgültige Todesurteil für Hans. Sofort nach der ersten Lektüre einiger Passagen gab Hitler den Befehl aus, die Kerngruppe der Verschwörer aus dem Amt Ausland/Abwehr hinzurichten.

Dohnanyi wirkte in den zwei Jahren, die er in Gefängnissen, Krankenstationen und Konzentrationslagern verbrachte, zerbrechlich und stark zugleich. Selbst die fanatischsten und rohesten Vertreter des Regimes wichen in Augenblicken vor ihm zurück, auch vor seiner Frau, weil sie erfassten, dass sie einen besonderen Menschen, eine außergewöhnliche Familie vor sich hatten. Selbst in den mörderischen Gehirnen von Hitler und Himmler, die ihn spätestens seit dem 20. Juli 1944 als Gegenspieler wahrnahmen, mag sein Name eine gewisse Hemmung ausgelöst haben. Nach langen Verhören und qualvollen Prozeduren, die den Tatbestand der Folter erfüllten, gewann Hans dennoch die Kraft, anderen KZ-Insassen – vorwiegend Skandinaviern – Trost zu spenden. Er hatte bis zum Endes des Dritten Reiches, bis vier Wochen vor der Kapitulation, mehrere Chancen, freizukommen. Er hätte mit Hilfe des behandelnden Arztes aus dem Gefängnis flüchten können, die Vorbereitungen für das Unternehmen waren schon weit gediehen. Er tat es nicht. Er blieb standhaft, weil er sonst andere in Gefahr gebracht hätte. Die Gefangenschaft zeigte ihn als den Menschen, der er schon in seiner Kindheit und Jugend gewesen war: empfindsam, künstlerisch hoch begabt, mit nur einer Angst: allein und verlassen zu sein. Ein Arzt, der ihn in den Weihnachtstagen 1944 behandelte und seinen Berichten aus dem KZ zuhörte, verglich die Lage von Hans und seinen Weggefährten mit derjenigen der frühen Christen in Rom.

In den deutschen Führungskreisen war Hans von 1933 an eine Ausnahmeerscheinung. In seiner Altersgruppe gab es nur wenige mit seinen politischen Einsichten. Spätestens hier muss der Ungar in ihm angesprochen werden, muss ein Land ins Blickfeld geraten, in dem die Menschen – wie in Polen – in Ausnahmesituationen in besonderem Maße Stolz und Mut an den Tag legen.

Auch unter den unmenschlichen Bedingungen der KZ-Haft bewahrte Hans seine Würde. Die Zeichnungen und Selbstporträts, die er in der Haft fertigte, sind kleine Kunstwerke. Die Briefe, die er an seine Frau schrieb, die Antworten, die Christine ihm sandte, sind Zeugnisse einer großen Liebe, die sich in schwersten Zeiten bewährte. Hans bewies in diesen 24 Monaten der totalen Reduktion, die ein Gefängnisaufenthalt in Einzelhaft für einen intelligenten, sensiblen Menschen bedeutet, außerordentliche charakterliche Stärke.

Am frühen Morgen des 6. April 1945 wurde Hans von Dohnanyi aus dem Staatskrankenhaus abgeholt und in das Konzentrationslager Sachsenhausen gebracht. Es war eine Fahrt ohne Wiederkehr. Gesundheitlich ging es ihm sehr schlecht. Unter dem Vorsitz von Huppenkothen trat ein SS-Standgericht zusammen, das den verhandlungsunfähigen Dohnanyi zum Tode verurteilte. Was in den beiden darauf folgenden Tagen mit ihm geschah, ist nicht bekannt. Das Urteil wurde vermutlich am Montag, dem 9. April 1945 vollstreckt. Hans wurde mit einem Krankenwagen vom Zellenbau des KZ, in dem er seine letzten Tage verbrachte, zu einem Erschießungsgraben in unmittelbarer Nähe des Krematoriums gebracht. Von der Trage schleiften ihn SS-Schergen zu einem automatischen Galgen und erhängten ihn. Ihm fehlten am Ende vierzehn Tage zum Überleben. Berichte von Augenzeugen über die Hinrichtung gibt es nicht.

Albrecht Tietze, Dohnanyis behandelnder Arzt und Vertrauter der letzten Stunde, schrieb wenige Tage später nieder: »Was Deutschland an diesem Mann verloren hat, ist kaum zu fassen. […] Er war infolge seiner enormen Begabung, seines rechtlichen Sinnes, seines großen Wissens und seiner väterlichen Güte der gegebene Führer des in Verzweiflung sinkenden Deutschlands.« Die Gestapo kam in Kenntnis der Akten und der Befragung der Beteiligten zu einem ähnlichen Urteil. Sie sah in Dohnanyi den »Urheber und das geistige Haupt der Bewegung zur Beseitigung des Führers«.[115] Eine Mischung aus großbürgerlichem Selbstbewusstsein, Charakterstärke der Mutter, bewusstem Heranwachsen als Deutscher mit europäischem Horizont und sicherer Verankerung im Hause Bonhoeffer im engsten Zusammenspiel mit seiner Frau trugen dazu bei, dass er werden konnte, was er schließlich wurde: einer der entschlossensten Gegner Hitlers, in einem Atemzug mit Tresckow, Stauffenberg oder Elser zu nennen. Wenn Hans von Dohnanyi den Krieg überlebt hätte, wäre er in der ersten deutschen Nachkriegsregierung – daran kann kein Zweifel bestehen – eines der wichtigsten Kabinettsmitglieder geworden. Klaus Bonhoeffer und Rüdiger Schleicher wurden von der SS in Sichtweite sowjetischer Truppen am

Lehrter Bahnhof in Berlin wenige Tage vor Kriegsende ermordet. Ihnen fehlten zum Überleben sogar nur Minuten. Das gleiche Schicksal ereilte Guttenberg.

Huppenkothen reiste direkt im Anschluss an die Verhängung des Todesurteils gegen Hans zum Konzentrationslager Flossenbürg weiter, wo ebenfalls am 9. April 1945 die Todesurteile gegen Dietrich Bonhoeffer, Wilhelm Canaris, Hans Oster und Karl Sack vollstreckt wurden. Christine wurde über die Exekution ihres Mannes nicht informiert, ebenso wenig wie die Bonhoeffers, die zwei Söhne und zwei Schwiegersöhne verloren. Bereits im August 1944 war Paul von Hase, Christines Onkel, als Beteiligter des 20. Juli hingerichtet worden. Nur Bethge überlebte, während Justus Delbrück im September 1945 in russischer Internierung unweit von Frankfurt (Oder) starb.

Ein Gedenkstein auf dem Dorotheenstädtischen Friedhof an der Berliner Chausseestraße erinnert an Hans und Dietrich, die Schwäger. In einem Bombentrichter wurden hier im August 1945, zusammen mit anderen Kriegsopfern, Klaus Bonhoeffer und Rüdiger Schleicher begraben, die man nach ihrem gewaltsamen Tod zufällig in einem Leichenschauhaus fand, außerdem Friedrich Justus Perels. Der Gedenkstein steht in der Nähe der Gräber von Fichte, Schadow und Schinkel. Unweit davon befindet sich der Französische Friedhof, der in den Komplex integriert ist. Einwanderer haben Deutschland reich gemacht.

Der Kampf um das Vermächtnis

Christine von Dohnanyi brauchte lange, um zu begreifen und zu akzeptieren, dass ihr Mann nicht mehr am Leben war. In den Monaten zwischen April und September 1945 suchte sie intensiv nach Menschen, die ihren Mann in den letzten Tagen seines Lebens gesehen hatten; zugleich musste sie für sich und ihre Kinder ums pure Überleben kämpfen. Am 14. April sprach sie bei Gestapo-Kommissar Sonderegger vor, erhielt aber keine klare Auskunft darüber, was mit ihrem Mann geschehen war. Wenige Tage später setzte der Endkampf um Berlin ein. Eine russische Einheit erschien Ende April vor dem Haus der Dohnanyis in Sacrow, um es in Beschlag zu nehmen. Doch Transparente an der Hausfassade, die auf das Schicksal der Familie hinwiesen, bewogen die Soldaten zur Umkehr. Das Haus wurde schließlich doch beschlagnahmt, als die Leibwache Stalins anlässlich der Potsdamer Konferenz im benachbarten Cecilienhof hier ihr Quartier aufschlug.

Sofort nach der Kapitulation Deutschlands am 8. Mai machte sich Christine auf den Weg ins etwa vierzig Kilometer entfernte Oranienburg, das von der sowjetischen Armee am 23. April erobert worden war, um im Konzentrationslager Sachsenhausen nach ihrem Mann zu suchen. Auch dort erhielt sie keine klaren Auskünfte, von den sowjetischen Militärs wurde sie sogar kurzzeitig festgenommen. Während sich das traurige Schicksal ihrer Geschwister und Schwäger auch durch Nachrichten aus dem Ausland Zug um Zug offenbarte, Gedenkgottesdienste für Dietrich, Klaus und Rüdiger Schleicher abgehalten wurden, ließ sich über Hans von Dohnanyi eigentümlicherweise nichts Präzises in Erfahrung bringen. Zur Verwirrung trugen auch die widersprüchlichen Aussagen von KZ-Insassen bei, die ihn noch nach dem Todesdatum gesehen haben wollten.

Als die russischen Soldaten nach knapp zwei Monaten das Haus der Dohnanyis verließen, war es unbewohnbar. Das Mobiliar war verschwunden, das Arbeitszimmer von Hans komplett ausgeräumt, die Bibliothek in den Keller verfrachtet. Christine zog mit Barbara und Christoph in eine behelfsmäßige Unterkunft am Bachstelzenweg 5 in Berlin-Dahlem. Schon zuvor hatte sie zahlreiche Kontakte zu Familien des Widerstands geknüpft und eine umfangreiche Korrespondenz begonnen. Ihr Kampf um das Vermächtnis des bürgerlichen Widerstands, verbunden mit der Richtigstellung von verleumderischen Behauptungen, nahm damals seinen Anfang und füllte die folgenden zwei Jahrzehnte bis zu ihrem Tod im Jahre 1965 im Wesentlichen aus.[116]

»Der Krieg ist verloren, der Kampf ist aus, und die alliierten Truppen haben Deutschland besetzt«, lautete der erste Satz ihres Memorandums an die vier alliierten Militärgouverneure von Berlin am 20. August 1945.[117] »Der Kampf und der Tod meiner Nächsten«, fuhr Christine fort, »aber gibt mir vor mir selbst das Recht, als Deutsche gleichberechtigt zu Ihnen zu sprechen.« Sodann wandte sie sich gegen eine zu harte Besatzungspolitik, die ein Wiederaufleben des Nationalsozialismus begünstigen könne. Sie stellte die Frage, ob die Alliierten die Motive des deutschen Widerstands und die innere Zerrissenheit seiner Exponenten, die moralische Hypothek einer Rettung durch Verrat, nachvollziehen könnten. Eindringlich schilderte sie das Dilemma der Verschwörer, einerseits die Niederlage des eigenen Landes herbeisehnen und dafür selbst die Sache des Gegners betreiben zu müssen, andererseits gewahr zu sein, dass die Niederlage ihre eigenen Kinder in Not stürzen würde. Sie stand unter dem Eindruck, dass der Widerstand, der in Deutschland unter höchstem persönlichem Risiko geleistet wurde, nicht die Würdigung erfuhr, die er verdiente. Häuser, in denen Familienangehörige von Beteiligten des 20. Juli 1944 wohnten, wurden ebenso beschlagnahmt wie die Residenzen der Nazigrößen. Auch teilte sie ihre Beobachtung mit, dass es in Deutschland »Angst und Zweifel an der Mission unserer Männer« gebe. Am Ende ihrer Ausführungen hieß es: »Wir Deutschen – und ich nehme keinen davon aus – haben das Recht verwirkt uns zu beklagen, wir haben zu tragen, was wir über uns gebracht haben. […] Aber wir, die wir den Kampf gegen Hitler vom ersten Tag mitgekämpft haben, haben auch heute die Pflicht, zu reden. Wir sprechen für unsere Toten.«[118]

Im Rückblick will es scheinen, dass es zu den größten Unterlassungen der jungen Bundesrepublik gehörte, Menschen wie Christine, die ganz offenkundig zur Übernahme öffentlicher Ämter bereit und geeignet waren, nicht mit wichtigen Aufgaben zu betrauen. Aber das war gewollte Politik. Adenauer vergab nur mit äußerster Zurückhaltung Posten an Widerstandskämpfer, er misstraute vor allem ihrer außenpolitischen Orientierung.[119] Christine jedenfalls offenbarte in den ersten Nachkriegsjahren in ihrer Korrespondenz mit den Überlebenden des 20. Juli 1944, mit den alliierten Militärbehörden, mit bekannten deutschen Persönlichkeiten, Gerichten, Anwälten und öffentlichen Institutionen sowohl ein erstaunliches Detailgedächtnis als auch eine souveräne Kenntnis der politischen Verhältnisse unter der nationalsozialistischen Diktatur.

Ihr Vater schrieb an seinen früheren Charité-Kollegen Paul Joßmann, der nach Boston emigriert war: »Dass wir viel Schlimmes erlebt und zwei Söhne und zwei Schwiegersöhne durch die Gestapo verloren haben, haben Sie, wie ich höre, erfahren. Sie können sich denken, dass das an uns alten Leuten nicht ohne Spuren vorübergegangen ist. […] Da wir alle über die Notwendigkeit zu handeln einig waren und meine Söhne auch sich im Klaren waren, was ihnen bevorstand im Falle des Misslingens des Komplotts und mit dem Leben abgeschlossen hatten, sind wir wohl traurig, aber auch stolz auf ihre gradlinige Haltung.«[120] 1947 verfasste Bonhoeffer dann noch ein Manuskript mit dem Titel »Führerpersönlichkeit und Massenwahn«, in dem er die Wirkung des Nationalsozialismus, speziell der Person Hitlers auf die Deutschen untersuchte und von einer »psychischen Masseninfektion« sprach. Die Studie wurde erst 1968, nach seinem Tod, veröffentlicht.

Im Ausland empfand man 1945 sehr viel mehr Hochachtung für den deutschen Widerstand als in Deutschland selber. Obwohl die Presse in Großbritannien und in den USA unter dem Eindruck der grauenhaften Entdeckungen in deutschen Konzentrationslagern stand – britische Soldaten hatten wenige Wochen zuvor das KZ Bergen-Belsen befreit –, war sie in der Lage zu differenzieren. Dennoch bleibt es bemerkenswert, dass die BBC den Gedenkgottesdienst für Dietrich Bonhoeffer am 27. Juli 1945 übertrug. Der Bischof von Chichester, George Bell, erklärte in der bis auf den letzten Platz gefüllten Holy Trinity Church am Londoner Kingsway: »His death is a death for Germany – indeed for Europe too.«[121]

Noch ein Jahr später, bei einer Kanzelabkündigung anlässlich des 20. Juli 1944, weigerte sich die Berlin-Brandenburgische Landeskirche, den Namen von Dietrich Bonhoeffer auch nur zu erwähnen. Sie unterschied zwischen dem Märtyrertum eines Paul Schneider[122] und der politisch motivierten Tat Bonhoeffers. Die Kirche teilte mit, sie könne den Anschlag vom 20. Juli 1944 »niemals gutheißen, in welcher Absicht er auch ausgeführt sein mag. Aber unter denen, die haben leiden müssen, waren Ungezählte, die einen solchen Anschlag niemals gewollt haben.«[123] Erst Jahre später rang man sich dazu durch, Bonhoeffer als wichtige Figur des Widerstands und bedeutenden Kirchenmann zu würdigen.

Im September 1945 wurde Christine mit ihrer Familie im Rahmen einer speziellen Aktion für die Überlebenden des 20. Juli 1944 von den Amerikanern aus Berlin ausgeflogen und nach Süddeutschland gebracht. Das erste Ziel war Salem oberhalb des Bodensees. Dort hoffte sie mit einer Empfehlung des französischen Hauptquartiers in Baden-Baden und dank ihrer Kontakte zu dem Münchner Anwalt Josef Müller[124] und zu Kurt Hahn, ihre Söhne im Internat unterbringen zu können. Aber die Jahrgänge, in die Klaus und Christoph hätten eingeschult werden müssen, waren in Salem nicht vertreten. Hahn, der erst kurz zuvor in die französische Zone gekommen war, hatte Christine ein unzutreffendes Bild von der Lage der Schule vermittelt. Klaus und Christoph erklärten außerdem, dass sie unter keinen Umständen in Salem bleiben wollten. Daraufhin reiste Christine mit den Kindern nach Unterwindach bei Landsberg am Lech weiter, wo sie – erneut dank der Unterstützung durch Müller, der seinerseits die Benediktinermönche von Ettal eingeschaltet hatte – bei einem Opel-Händler unterkam, der in einem Schloss residierte. Die Jungen besuchten nun das Gymnasium von St. Ottilien, das drei Kilometer nördlich des 700 Meter hoch gelegenen Ortes lag.

Gegen Ende des Jahres 1945 entschloss sich Christine von Dohnanyi, das Unausweichliche zu akzeptieren und den Tod ihres Mannes mit einer Traueranzeige auch öffentlich bekannt zu geben. Ihre Eltern wollten den Winter 1945/46 in Oxford verbringen, blieben dann jedoch zu Hause und kamen auch nicht nach Unterwindach, wie es sich Christine gewünscht hatte. An Weihnachten 1945 ging sie mit ihren Kindern zur katholischen Christmesse. »Warum ist es so entsetzlich schwer«, schrieb sie zum Jahresende an ihre Mutter, »alles, was wir im letzten Jahr erlebt haben, mit dem eigenen Weiterleben zu vereinen? Ich kann mir nicht denken, dass wir alle wieder einmal fröhlich miteinander sein könnten; und doch wären wir gerade das den Toten schuldig.«[125]

Die wichtigste Stütze für Christine in den Wochen und Monaten nach dem Tod ihres Mannes war ohne Zweifel ihre Tochter Barbara, die mittlerweile neunzehn Jahre alt war. Die Geschwister begleiteten ihre Mutter bald darauf nach München, wo die Familie im Herbst 1946 in der Äußeren Prinzregentenstraße 10 eine Wohnung bezog. Ursprünglich wollten die Kinder zurück nach Berlin, in die Nähe der Großeltern. Aber Christine, die Klaus und Christoph am liebsten zum Studium ins Ausland geschickt hätte, wie sie im April 1946 ihren Eltern schrieb, setzte sich durch. In gewisser Weise hatte sie eine Lebensentscheidung für den katholischen Süden Deutschlands getroffen, der – in der Person Josef Müllers und der Patres von Ettal – in der Stunde der Not der Familie geholfen hatte. Der preußisch-protestantische Norden, die geistige Heimat von Hans von Dohnanyi und Dietrich Bonhoeffer, stand tatenlos abseits. Kaum ein Kirchenmann rührte sich. Christine schrieb ihren Eltern, sie müsse »mit Staunen einen Vergleich ziehen zwischen den Katholiken und den Überlebenden unserer Konfession«. Nicht viel besser verhalte es sich mit den Schweizer Kontakten ihres Bruders: »Die Herren von der Kirche scheinen viel vergessen zu haben!«[126]

Christine erhielt aufgrund der Tätigkeit ihres Mannes am Reichsgericht eine Witwenpension. Ihre Kinder wurden während der Ausbildung von der Rheinisch-Westfälischen Boden-Creditbank, deren Vorstandsmitglied Hans gewesen war, unterstützt. Die Bank bot auch Christine eine Versorgung an, doch sie entschied sich für die staatlichen Bezüge. Dohnanyis Mutter, die in Berlin geblieben war, starb im Herbst 1946. Kurz vor ihrem Tod schrieb sie an Christine, dass sie nun ihr »verzweifeltes Schweigen brechen« werde. Sie habe dies nicht früher tun wollen. »Mein Kummer hätte Dich vielleicht mitgerissen.«[127] Ihre beiden Brüder wurden gleichfalls in diesen Wochen zu Grabe getragen. Margit, Elzas Schwester und Mutter Antal Dorátis, lebte bis 1971.

Barbara von Dohnanyi, die gerne Musik studiert hätte, ließ sich an der Staatlichen Lichtbildschule in München zur Fotografin ausbilden, widmete sich später jedoch nur privat der Porträtfotografie. 1948 lernte sie den 24-jährigen Münchner Juristen Wilhelm Bayer kennen, der am Tübinger Max-Planck-Institut eine Anstellung für internationales Privatrecht innehatte. Ein Jahr später heirateten sie. In Tübingen kam 1952 die Tochter Dorothee zur Welt, sieben Jahre später gefolgt von Sohn Christoph. 1953 zog die kleine Familie nach Wuppertal, wo Wilhelm Bayer Chefjurist eines bekannten Unternehmens wurde.

Wie sein Schwager Klaus war Bayer politisch-historisch sehr interessiert und nahm am Schicksal der Familie starken Anteil. Zu Beginn seiner Karriere hatte er mit einer wissenschaftlichen Laufbahn geliebäugelt. Die Habilitationsschrift war 1951 beinahe abgeschlossen, als er sich für die Wirtschaft entschied. Der hervorragende Kenner moderner Malerei und Sammler von Antiquitäten hielt seinem Unternehmen, der Enka Glanzstoff GmbH, die Treue. Er starb völlig unerwartet im Mai 1984 während einer Dienstreise in New York. Kurz vor seinem Tod hatte er sich vom bayerischen Justizministerium die Akten über Huppenkothen kommen lassen, der das Todesurteil gegen Hans von Dohnanyi mit zu verantworten hatte. Barbara, die ihren Mann auf vielen dienstlichen Reisen begleitet und gemeinsam mit ihm die ganze Welt kennen gelernt hatte, kehrte 1988 nach München zurück, wo sie noch heute lebt.

Christine kam über den Verlust ihres Mannes nie hinweg. Sie engagierte sich, wenn sie gefragt wurde, zugunsten von Freunden und stürzte sich mit Feuereifer in eine große Ausarbeitung über den deutschen Widerstand. Zusammen mit Josef Müller, dem so genannten Ochsensepp, Mitbegründer der CSU, fertigte sie eine Ausarbeitung für die amerikanischen Besatzungsbehörden an. Sie unternahm einen Versuch, an ihre Studienjahre in Tübingen, Heidelberg und Berlin anzuknüpfen, als sie 1951 eine Tätigkeit am Berliner Max-Planck-Institut für Krebsforschung aufnahm. Nach wenigen Monaten gab sie diese Arbeit wegen gesundheitlicher Probleme wieder auf und kehrte zu ihrer Tochter nach München zurück, bei der sie nun die meiste Zeit verbrachte.

Freunde bemerkten bei ihr eine tiefe Ruhelosigkeit. Sie wurde nach dem Fortgang aus Berlin nirgendwo mehr sesshaft, sie war entwurzelt. Ihr männlicher Selbständigkeitsdrang fand nun kein Widerlager mehr, wie es ein enger Freund der Familie damals formulierte. Christine litt auch unter den finanziellen Beschränkungen. Ihr Vater, der ehemalige Charité-Direktor, erhielt nur eine kleine Rente. Karl Bonhoeffer starb Ende 1948, ein Jahr nach der Goldenen Hochzeit und wenige Monate nach seinem achtzigsten Geburtstag. Seine Frau Paula folgte ihm Anfang 1951. Beide liegen auf einem Friedhof an der Heerstraße in Berlin begraben. Einige wenige Freunde hielten weiter engen Kontakt zu Christine, wie etwa Harriet Wegener, die Kollegin ihres Mannes aus Hamburger Zeiten. Harriet berichtete ihr nach einer Begegnung mit dem französischen Botschafter Roland de Margerie über dessen Bemerkung, die nach dem 20. Juli 1944 Ermordeten würden Deutschland in Armee, Politik und Verwaltung »bitter fehlen«.[128]

Christine zog sich zunehmend zurück, auch aufgrund der aus ihrer Sicht enttäuschenden Entwicklung der jungen Bundesrepublik, die sich nicht konsequent genug mit der NS-Vergangenheit auseinander setzte. Gesundheitlich ging es ihr immer schlechter. Nach außen ließ sie sich jedoch nichts anmerken. Als sie Klaus einmal in seinem Büro in München besuchte, zeigte sich eine enge Mitarbeiterin von ihrer Erscheinung und ihrer starken Persönlichkeit tief beeindruckt. Als die emotionale Belastung für Barbara und ihre Familie zu groß wurde, erklärte sich Christoph bereit, die Mutter vorübergehend zu sich nach Kassel zu holen. Sie nahm sich dort eine kleine Wohnung und fasste neuen Lebensmut. Im Alter von 61 Jahren erlag sie am 2. Februar 1965 in Kassel unerwartet einem Herzinfarkt. Sie wurde in Köln neben ihrer jung verstorbenen Schwiegertochter Renée beigesetzt, mit der sie sich sehr gut verstanden hatte. Gleichzeitig wurde ein Stein für Hans von Dohnanyi gesetzt. Bei der Trauerfeier am 5. Februar auf dem Waldfriedhof in Köln-Delbrück hob Eberhard Bethge, der sie von Kindheitstagen an kannte, ihren Stolz und ihre Bescheidenheit hervor, ihr zupackendes Urteil und ihre scheue Wärme. Ricarda Huch hatte ihr 1946 in Verbindung mit dem Buchprojekt über den Widerstand geschrieben: »Sie sind so warmherzig und zugleich so klug, so weich und so stark.«[129] Bethge nannte ein weiteres Spannungsfeld, in dem sich Christine zeitlebens bewegt hatte: ihren Glauben an die Exaktheit der Naturwissenschaften einerseits und die Freude am unberechenbaren, sich entziehenden Menschen andererseits.

Bis zu ihrem Tod war Christine mit einem Zustand konfrontiert, der für sie wie für die Familien der anderen Widerstandsopfer unerträglich war: Die NS-Juristen blieben in den frühen Jahren der Bundesrepublik unbehelligt. In der unmittelbaren Nachkriegszeit war dies noch anders gewesen. Damals wandten sich viele NS-Verfolgte an Christine. Ernst von Weizsäcker, der mittlerweile in Lindau am Bodensee lebte, teilte ihr mit, dass er in wenigen Tagen nach Nürnberg reisen werde, »wo man mich, so viel ich höre, unter die Verbrecher einzureihen gedenkt, die die Hitlerpolitik mitgemacht und sich auch an den Verbrechen gegen die Juden beteiligt haben«.[130]

Christine war bereits im Frühjahr 1947 mit ihrem Sohn Klaus auf einem Kohlewagen von München nach Nürnberg gefahren, um bei der Vernehmung von Roeder dabei zu sein. Der vom stellvertretenden amerikanischen Chefankläger Robert M. W. Kempner Befragte hinterließ einen jämmerlichen Eindruck[131], ähnlich wie Huppenkothen, der bei Kriegsende in Oberbayern von den Amerikanern festgenommen worden war.

Bei den Nürnberger Nachfolgeprozessen wurde er als Zeuge vernommen und im Januar 1949 aus der Internierungshaft entlassen. Als kurz darauf seine Mittäterschaft bei der Ermordung von Wilhelm Canaris, Hans Oster, Dietrich Bonhoeffer und Hans von Dohnanyi bekannt wurde, verhängte die Münchener Staatsanwaltschaft im Dezember desselben Jahres einen Haftbefehl. Am 5. Februar 1951 wurde gegen Huppenkothen ein Schwurgerichtsverfahren eröffnet. Wenige Tage später wurde er zu einer dreieinhalbjährigen Zuchthausstrafe verurteilt. Die Anklage wegen Beihilfe zum Mord wurde fallen gelassen. Ein Jahr später hatte die Revision beim Bundesgerichtshof Erfolg. Der Fall wurde am 12. Februar 1952 an das Schwurgericht in München zurück verwiesen. Das Gericht blieb bei seiner Entscheidung. Der Bundesgerichtshof hob sie erneut auf, und ein Schwurgericht in Augsburg verurteilte Huppenkothen schließlich im Oktober 1955 zu einer Haftstrafe von sechs Jahren, die der Bundesgerichtshof im Juni 1956 bestätigte. Eine Verurteilung wegen der eindeutig begangenen Justizmorde erfolgte nicht. Die Konsequenz war, dass alle deutschen Richter, die an den rund 50 000 im Dritten Reich verkündeten Todesurteilen beteiligt gewesen waren, ungeschoren davonkamen. Der fanatische NS-Jurist Huppenkothen starb im April 1978, siebzig Jahre alt, in Lübeck.

Erst im Jahr 2002 fand Günter Hirsch, der Präsident des Bundesgerichtshofes, bei einer Feier anlässlich des hundertsten Geburtstags von Hans von Dohnanyi in Karlsruhe-Ettlingen die richtigen, die erlösenden Worte: »Für dieses Urteil des Bundesgerichtshofes […] aus dem Jahre 1956 muss man sich schämen. Ich sage dies ausdrücklich an Sie gerichtet, die Angehörigen der Familien von Dohnanyi, Bonhoeffer, Goerdeler und der übrigen Opfer der vom Bundesgerichtshof ungesühnt gelassenen Justizmorde.«[132] Wenige Jahre zuvor hatte sich das oberste Bundesgericht bei einem Verfahren, bei dem es um Justizverbrechen in der DDR ging, ausdrücklich vom Todesurteil gegen Hans von Dohnanyi distanziert.

Wie schwer sich die Bundesrepublik mit dem Urteil des SS-

Standgerichts jedoch noch immer tat, zeigte ein Briefwechsel aus dem Jahr 1996 zwischen dem Beirat des Washingtoner Holocaust-Museums und dem damaligen Bundesjustizminister Schmidt-Jorzig (FDP). Auf die Frage, was der Minister für die Rehabilitierung Dohnanyis tun könne, antwortete dieser: »Sollte hier alliiertes Recht nicht eingreifen, erfolgt die Rehabilitierung von Hans von Dohnanyi – entsprechend der Ankündigung der zuständigen Berliner Justiz – nach den einschlägigen bundesrechtlichen Vorschriften.«[133] Ein Jahr später, im Juli 1997, hob das Berliner Landgericht auf Antrag der Staatsanwaltschaft das Todesurteil von Sachsenhausen gegen Dohnanyi auf.[134] Die Reaktion seines Sohnes Klaus war unmissverständlich: »Mein Vater, Dietrich Bonhoeffer, ihre Freunde und Kameraden bedurften und bedürfen keiner Rehabilitierung.«[135] Im Jahre 2002 gab die Deutsche Bundespost anlässlich des hundertsten Geburtstags von Hans von Dohnanyi eine Sondermarke heraus.

Viele Orte in Berlin erinnern an Hans von Dohnanyi. Im Lesesaal der Deutschen Gesellschaft für Auswärtige Politik, die an die Stelle des Hamburger Instituts für Auswärtige Politik getreten ist, hängt auf Initiative seiner Söhne eine vergrößerte Kopie des Selbstbildnisses, das Hans in der Haft zeichnete. Am Kopfende des Lesesaals steht ein breit ausladender Tisch, an dem die Mitglieder der Alliierten Kommandantur Berlin zwischen 1945 und der deutschen Wiedervereinigung saßen. Hier befasste sich das Oberste Rückerstattungsgericht mit Wiedergutmachungsfällen aus der NS-Zeit. Beim ersten Fall, mit dem es sich auseinander zu setzen hatte, ging es um Ansprüche der Familie Mendelssohn-Bartholdy. So schließt sich der Kreis.

Im September 1988 wurde in Hans' alter Schule, dem Grunewald-Gymnasium, auf dem Schulhof ein Gingko-Baum gepflanzt, der zusammen mit einer Bronzetafel an die ehemaligen jüdischen Schüler erinnert, die der NS-Gewaltherrschaft zum Opfer fielen.

Hinsichtlich des Hauses in Sacrow, in dem Margot Honecker einen Kindergarten für die Sprösslinge der DDR-Prominenz hatte einrichten lassen, machten die Dohnanyis eine bittere Erfahrung. Als Klaus für die Familie nach 1989 Anspruch auf das Haus erheben wollte, teilte ihm eine Anwältin mit, dass eine alte, in London lebende Jüdin ebenfalls Anspruch auf das Objekt geltend mache. Eine jüdische Familie hatte Mitte der dreißiger Jahre das Haus verkauft, von den nachfolgenden Besitzern hatten es die Dohnanyis dann 1941 erworben. Nachforschungen Klaus von Dohnanyis ergaben, dass die Angaben der Anwältin nicht der Wahrheit entsprachen. Als jedoch Teile der deutschen Presse tendenziös über die Rückforderung berichteten, verzichtete Klaus im Namen der Familie auf das Anwesen. In dem mittlerweile renovierten Haus in schönster Wasserlage befindet sich nun wieder ein Kindergarten. Kommt man zu Fuß oder im Auto in die kleine Stichstraße, lugen misstrauische Nachbarn über den Zaun. Die alte Sozialstruktur ist zerstört. Sie lässt sich nicht wiederherstellen. Die Familie von Dohnanyi ist nicht nach Berlin zurückgekehrt.

III. Klaus von Dohnanyi

Die große Deutschlandreise

Klaus, der ältere der beiden Söhne von Christine und Hans von Dohnanyi, verwirklicht im Laufe seines beruflichen Weges das, was dem Vater verwehrt blieb. »Unter einem guten Bundeskanzler Chef des Kanzleramtes zu werden«, sagte er einmal mit für ihn typischem Understatement, wäre sein Traumziel gewesen. Er hat das Format zum Kanzler, doch die Zeitläufte stellten andere Weichen.

Zahlreiche Ortswechsel bestimmten Klaus von Dohnanyis Kindheit und Jugend. Geboren wurde er in Hamburg am 23. Juni 1928 als zweites Kind des jungen Elternpaares. Er war noch kein Jahr alt, als die Familie nach Berlin umzog, zunächst ins großelterliche Haus der Bonhoeffers in Berlin-Grunewald, dann, vor der Geburt des jüngeren Bruders Christoph, stadteinwärts in die Xantener Straße. Für kurze Zeit lebten die Dohnanyis in Leipzig, dann wieder in Berlin. Während des Krieges ging Klaus im bayerischen Ettal zur Schule, später dann in Spandau und Potsdam. Sein Abitur machte er schließlich im Frühsommer 1946, knapp achtzehn Jahre alt, bei den Benediktinern in St. Ottilien in Oberbayern: eine große, achtzehn Jahre währende Deutschlandreise. Eine zweite – vergleichsweise verdichtet, elementar und intensiv – legte er 1945 binnen weniger Wochen per Fahrrad zurück.

Von einem frühen, sehr bezeichnenden Ereignis erzählt seine ältere Schwester Barbara, im Familienkreis »Bärbel« genannt. Es hing mit der Entführung des Sohnes von Charles Lindbergh im Jahre 1932 zusammen. Die Eltern hatten ihren Kindern eingeschärft, sich auf der Straße unter keinen Umständen von Erwachsenen ansprechen zu lassen. Eines Tages sah Christine von Dohnanyi, wie ihr vierjähriger Sohn mit den Fäusten auf einen älteren Herrn eintrommelte. Als sie herbeieilte, deutete Klaus empört auf sein Opfer und rief: »Der Mann ist ein Mitsnacker!« Der geprügelte Herr hatte seinen kleinen Bruder Christoph angesprochen.[1] Wann immer Klaus in seinem Leben in Situationen geriet, in denen er glaubte, helfend eingreifen zu müssen, tat er es. Er nennt dies seinen »Bernhardiner-Komplex« und sieht darin eine Gemeinsamkeit mit seinem Vater.

Der Ruhepol für Klaus und seine beiden Geschwister war in den dreißiger Jahren das Ferienhaus der Großeltern im Oberharz. Nach dem Fall der Mauer zog es Klaus sofort dorthin, denn in den Jahrzehnten der deutschen Teilung war das einstige Försterhaus, das für zwei Generationen der Dohnanyis viele Kindheits- und Jugenderinnerungen barg, nicht erreichbar, es lag im Sperrgebiet. Die Umgebung war zu DDR-Zeiten auf hässliche Weise bebaut worden, Klaus von Dohnanyi erkannte sie kaum wieder. Seinen Geschwistern riet er deshalb, nicht mehr nach Friedrichsbrunn zu fahren, sondern die schönen Eindrücke ihrer Kindheit im Gedächtnis zu bewahren. Auch das elterliche Haus in Sacrow konnte er in den Jahrzehnten der DDR allenfalls beim Anflug auf Berlin aus der Luft sehen. So waren zwei wichtige Orte, die einst zur Heimat der Dohnanyis und Bonhoeffers gehörten, als Ergebnis der Teilung Deutschlands für die Familie verloren. Im Falle des Sacrower Hauses verzichteten die Dohnanyis auf Rückübertragung; das Haus in Friedrichsbrunn blieb vorerst in Familienbesitz, wurde aber inzwischen von den Erben verkauft.

Hans und Christine von Dohnanyi taten alles, um Klaus und seinen Geschwistern eine unbeschwerte Kindheit zu ermöglichen. Das war nicht einfach, denn Klaus war nicht einmal fünf Jahre alt, als Hitler an die Macht kam. Die Dohnanyi-Kinder mögen zunächst nicht viel von den Veränderungen bemerkt haben. Aber sicher ist, dass ein normales Gespräch über Tagespolitik in der Familie nicht mehr möglich war und dass die kritische Haltung der Eltern zum NS-Regime und später die konspirative Tätigkeit des Vaters zu noch größerer Vorsicht nötigte.

Irgendwie spürte der Junge eine vage Beklemmung, bemerkte sehr früh schon, dass man nicht alles, was man denkt und empfindet, auch preisgeben konnte. Wenn die Eltern mit anderen Mitgliedern des Widerstands, etwa mit Dietrich Bonhoeffer oder Martin Niemöller, Wichtiges zu besprechen hatten, wurden die Kinder fortgeschickt. »Schon als Kind habe ich begriffen, dass es zwischen dem Innenleben unserer Familie und dem Außenleben der Gesellschaft keine Übereinstimmung gab«, bekannte Klaus 1992 gegenüber dem *Stern*. Trotz der Vorsichtsmaßnahmen herrschte jedoch im Hause Dohnanyi ein offenes, vertrauensvolles Verhältnis zwischen den Generationen.

Der älteste Brief, der von Klaus im Familiennachlass erhalten ist, stammt aus dem Jahre 1938. Die Dohnanyis lebten damals für kurze Zeit in Leipzig. Als seine Eltern kurz nach dem Umzug von Berlin in die Messestadt einmal verreisten, berichtete ihnen der zehnjährige Gymnasiast geflissentlich: »Wir brauchen nur 5 Minuten für den Schulweg und stehen jeden Morgen erst um 7 Uhr auf und haben immer sehr viel Zeit.« Klaus besuchte damals zusammen mit seinem Bruder Christoph die Leipziger Thomas-Schule.

An die langen Spaziergänge mit Eltern und Geschwistern entlang der Pleiße in Leipzig, an die Rodelpartien im Grunewald, an die Segeltouren auf der alten Familienjolle auf der Havel, an die Wanderungen rund um den Sacrower See und an manchen Ausflug in den Spreewald und an die Märkischen Seen erinnert sich Dohnanyi lebhaft.[2] Er liebte die Silvesterfeste, wenn sich die Familie bei den Großeltern Bonhoeffer einfand und dreißig bis vierzig Personen zur Tafelrunde gehörten. Am Abend las die Großmutter neben der großen Weihnachtskrippe den 90. Psalm vor: »Unser Leben währet siebzig Jahre […] und wenn es köstlich gewesen ist, so ist es Mühe und Arbeit gewesen.« Anschließend gab es Karpfen und selbst für die Kleinsten einen Schluck Kindersekt. Wenn seine Geschwister, vom Vater am Klavier begleitet, im Duett sangen, saß Klaus meistens dabei und hörte zu. Er selbst spielte mit ein wenig Anstrengung Cello und verzichtete bald darauf, »den Mitmenschen mit meinen Cello-Künsten auf die Nerven zu fallen«.

Eine besondere Liebe zu den Alpen entwickelte Klaus bereits 1940/41, als er zusammen mit seinen Geschwistern wegen der kritischen Lage des Vaters im Kreis der Verschwörer und wegen der beginnenden Bombenangriffe auf Berlin im August 1940 für ein gutes Dreivierteljahr zum Schulbesuch ins oberbayrische Ettal geschickt wurde. Nachhaltig beeindruckten ihn die Stille des Klosters und speziell der angegliederte Kunstverlag, in dem er viele Stunden verbrachte. Die Mönche hatten ihn mit der aus seiner Sicht privilegierten Aufgabe betraut, Fleißkärtchen und Ansichtskarten mit Heiligenmotiven zu ordnen. So saß der Junge stundenlang an einem Tisch und betrachtete die Reproduktionen von Bildern aus den verschiedensten Epochen – von den italienischen Meistern des Quattrocento bis hin zu religiösem Gebrauchskitsch des 19. Jahrhunderts. Noch heute erinnert eine Gedenkplakette an Klaus' Onkel Dietrich Bonhoeffer, der im Winter 1940/41 gleichfalls in Ettal lebte und im Kloster seine »Ethik« verfasste.

Wie sein Vater interessierte sich Klaus für Geschichte, die Sagen aus dem klassischen Altertum faszinierten ihn. Eine ausgeprägte Liebe zur Natur teilte er mit Vater und Großvater. Er hat sie sich bis heute bewahrt. Als Kind bekundete er, dass er einmal Förster werden wolle. In den Wäldern rund um Friedrichsbrunn, wo die Familie meist ihre Ferien verbrachte, ging er gern »auf die Pirsch«, um Tiere zu beobachten. »Ich konnte alle Spuren ›ansprechen‹, wie der Förster das nennt, und ich habe eine emotionale Beziehung zu diesem Beruf bis zum heutigen Tag«, erklärt er im Gespräch. Im Garten in Sacrow arbeitete er gerne, half Gemüsebeete anzulegen und Pflanzen zu kultivieren. Gartenarbeit bedeutet ihm auch heute noch viel, Bewegung im Freien ist ihm ein Bedürfnis geblieben. Noch heute läuft er morgens seine Runden, fährt gerne Rad, unternimmt ausgedehnte Wanderungen im Hochgebirge. Er war ein leidenschaftlicher Skiläufer, überhaupt ein ausgezeichneter Sportler. Als er mit seinem Bruder aus der Klosterschule Ettal nach Sacrow zurückkehren konnte und in Potsdam das Victoria-Gymnasium – das heutige Helmholtz-Gymnasium – besuchte, legten die beiden den ziemlich weiten Weg täglich mit dem Fahrrad zurück. Sie fuhren bis zur Heilandskirche, die während der deutschen Teilung ins Niemandsland verbannt war, setzten dort mit der Fähre über die Havel, fuhren am Glienicker Park entlang bis zur Glienicker Brücke, um dort die Havel erneut zu überqueren und auf der großen Verbindungsstraße Berlin-Potsdam bis zum Nauener Tor zu radeln. Als der ehrgeizige Fünfzehnjährige für seine sportlichen Leistungen im Sommer 1943 einmal nur die Note »gut« erhielt, ärgerte er sich sehr, wie die Mutter dem inhaftierten Vater berichtete.

Das Schicksal des Vaters und die Verantwortung, die Klaus in jungen Jahren übernehmen musste, ließen ihn früh erwachsen werden. Ab dem Winter 1940/41 hörte er von seinem Vater, dass Deutschland den Krieg nicht gewinnen könne. Aus dem, was er in Gesprächen und im Verhalten seiner Eltern wahrnahm, konnte er seine eigenen Schlussfolgerungen ziehen: »Es ist mir nie unklar geblieben, wo mein Vater stand und wogegen er stand.«[3] Im Hause der Großeltern in der Marienburger Allee konnte Klaus etwa seit 1939 hin und wieder den deutschsprachigen Dienst der BBC mit hören.

Als seine Eltern am 5. April 1943 verhaftet wurden, war Klaus knapp fünfzehn Jahre alt. Sein Vater kehrte aus dem Gefängnis nicht mehr nach Hause zurück. Nie wird der Sohn den Augenblick vergessen, als er mit dem Fahrrad von einer Gärtnerei in Kladow, wo er Setzlinge für den Sacrower Garten gekauft hatte, zurückkehrte. Vor dem Haus am Großen Hämphorn standen schwarze Limousinen. Klaus sah, wie seine Mutter ihre Handschuhe überstreifte, sich hoch erhobenen Hauptes von den Gestapo-Herren in Zivil zum Wagen geleiten ließ und abfuhr, als ginge es zu einer »Teegesellschaft«, wie er es einmal formulierte.

Christine von Dohnanyi schrieb ihren Kindern, die vorübergehend von ihrer Großtante Elisabeth, der Schwester der Bonhoeffer-Großmutter, betreut wurden, zu Ostern 1943 aus der Haft: »Nun will ich Euch noch eines sagen: Tragt keinen Haß im Herzen gegen die Macht, die uns dies angetan hat. Verbittert Eure jungen Seelen nicht, das rächt sich und nimmt Euch das

Schönste, was es gibt, das Vertrauen ...« Klaus sah seinen Vater zum letzten Mal am 15. September 1944 in einem Potsdamer Gefängniskrankenhaus. Die folgenden Monate meisterte er mit großer Tapferkeit. Anfang 1945 wurde er zum Reichsarbeitsdienst (RAD) eingezogen und in die Prignitz abkommandiert. Fast täglich schrieb er nach Hause. Seine Briefe verraten zum Teil eine Ironie, wie sie für einen Sechzehnjährigen ganz außergewöhnlich ist, aber bei den Dohnanyis zur Verständigung innerhalb der Familie gehörte. Sein Dasein als Wehrpflichtiger kommentierte er so: »Soldat sein macht überhaupt Spaß. Ich kann Dir nur immer wieder versichern, daß es ein Vergnügen ist, auf jeden mehr oder weniger großen Blödsinn jawohl zu sagen.«[4] In einem Brief vom 3. Februar 1945 wurde er deutlicher. Es war der Tag, an dem Roland Freisler, der oberste Richter am Volksgerichtshof, in Berlin bei einem Bombenangriff der Alliierten getötet wurde; noch am Vortag hatte er die beiden Onkel Klaus Bonhoeffer und Rüdiger Schleicher, den Ehemann von Ursula Bonhoeffer, zum Tode verurteilt. Klaus hörte an jenem Samstag seit langem erstmals wieder den OKW-Bericht über die allgemeine militärische Lage und nicht »die ewigen Scheißhausparolen«, wie er mit einem Wort der Entschuldigung an die Mutter schrieb. Zwischendurch drohte ihm die Einberufung zur Waffen-SS, was seine Mutter mit dem Hinweis darauf verhindern konnte, dass der Vater inhaftiert sei.

Gegen Ende des Krieges wurde seine RAD-Einheit in ein Kampfbataillon umgewandelt. Es sollte bei Nauen vor den Toren Berlins den Vormarsch der sowjetischen Truppen aufhalten. »Wir sahen bewaffnet aus«, erinnert sich Dohnanyi. »Wehrfähig« waren sie nicht. Das Bataillon verfügte über alte deutsche Karabiner und holländische Munition, die nicht miteinander kompatibel waren. Die Einheit wurde schließlich nach planlosen Märschen am 4. Mai 1945 in Mecklenburg-Vorpommern vom Einheitsführer kampflos aufgelöst. Man fühlt sich an Bernhard Wickis Film »Die Brücke« erinnert, der diese Kindersoldaten eindringlich beschrieben hat.[5]

Zusammen mit seinem Freund und Weggefährten Nils Otto

von Taube geriet Dohnanyi für vierundzwanzig Stunden in kanadische Kriegsgefangenschaft. Taube konnte sich mit den Wachsoldaten leicht verständigen, denn er sprach fließend Englisch, seine Mutter stammte aus Großbritannien. Er erklärte ihnen, dass Klaus' Vater im KZ Sachsenhausen inhaftiert sei. Die Soldaten schenkten ihm Glauben; außerdem seien sie zu jung, um als Kriegsgefangene eingestuft zu werden. So kamen sie nach einem Tag wieder frei. Sie hatten ein Pferd, und mit dem Quäntchen Glück, das man in dem allgemeinen Wirrwarr brauchte, schlugen sie sich Richtung Westen durch. Dohnanyis Spielkamerad und Freund Heinz Gürtner dagegen wurde in den unmittelbaren Nachkriegswirren getötet. In Berlin-Dahlem hatte er während der Ausgangssperre einer hochschwangeren jungen Frau helfen und eine Hebamme herbeiholen wollen. Dabei war er von russischen Soldaten erschossen worden.

Mit Taube gelangte Klaus im Mai 1945 zu Freunden von dessen Familie auf ein Gut im westlichen Mecklenburg. Dort blieben sie einige Zeit und versuchten, Kontakt zu Angehörigen aufzunehmen. Als sie erfuhren, dass Mecklenburg bei der Aufteilung Deutschlands in Besatzungszonen den Sowjets zugeschlagen würde, trieb es Klaus zur Weiterfahrt nach Westen. Die beiden beschafften sich Fahrräder und ließen sich gegen ein erhebliches Entgelt, mit dem ihre Barschaft restlos aufgebraucht wurde, von einem Fischer bei Nacht über die Elbe setzen. Sie fürchteten, von den Briten entdeckt und zurückgeschickt zu werden, und beschlossen, getrennte Wege einzuschlagen. Taube versuchte, seine Mutter zu finden, Klaus fuhr weiter ins Ferienhaus der Familie nach Friedrichsbrunn im Harz. Dort traf er niemanden an, erfuhr aber, dass auch dieses Gebiet demnächst unter sowjetische Hoheit gestellt würde. Also setzte er seine Odyssee durch das zerstörte Deutschland fort. Über Göttingen gelangte er in das nordhessische Städtchen Treysa, das heute als Ortsteil zu Schwalmstadt gehört. Hier befanden sich seit 1901 Einrichtungen der evangelischen Diakonie. Teile der Bodelschwinghschen Anstalten Bethel waren ebenfalls untergebracht worden, nachdem ihre Gebäude im Krieg zerstört worden waren. Mit Bethel und Pastor Bodelschwingh, dem Leiter der Anstalt, hatte sein Vater während der NS-Jahre viel zu tun gehabt. In Treysa fanden nach Kriegsende zwei Konferenzen zur Neuordnung der evangelischen Kirche statt, die erste im August 1945. Zu ihren Teilnehmern gehörte Eberhard Bethge, der engste Freund Dietrich Bonhoeffers. Bethge war mit Renate Schleicher verheiratet, deren Vater am 23. April 1945 als Mitglied des Widerstands ebenfalls ermordet worden war. Klaus traf Bethge, der aus der NS-Haft hatte entkommen können. Dieser berichtete ihm vom ungewissen Schicksal des Vaters und riet ihm, nach Wiesbaden weiterzufahren und im dortigen Hauptquartier des amerikanischen Office of Strategic Services (OSS), der Vorgängerorganisation der CIA, vorzusprechen; dort könne er Auskunft über den Aufenthalt seiner Mutter erhalten. In der Tat hatten sich die Amerikaner in Berlin Christine von Dohnanyis und ihrer Familie angenommen.

Dohnanyi fuhr also von Treysa aus weiter, zunächst nach Frankfurt am Main. Die Eindrücke, die er während der Fahrt in sich aufnahm, müssen den Filmen geähnelt haben, die noch heute Bestandteil der großen Fernsehdokumentationen über das Kriegsende sind: zerstörte Dörfer und Städte, umherirrende Menschen, Brandgeruch, Fahrzeugwracks entlang den Straßen und Kampf ums tägliche Überleben: »Wir sind noch einmal davongekommen.« Als er die langen Steigungen im hessischen Bergland erreichte, hängte er sich, wie damals üblich, an die Aufbauten der mit Holzgas betriebenen Laster an. Solange es auf der Autobahn mit zwanzig, höchstens dreißig Stundenkilometern bergauf ging, war das kein Problem. Aber auch bergab ließ man die Ladeklappe nur ungern los, weil sich am Horizont schon die nächste Steigung abzeichnete. Abwärts aber konnten die Laster Geschwindigkeiten von über sechzig Stundenkilometern erreichen, für klapprige Fahrräder nicht ungefährlich.

Dohnanyi teilte in diesen Wochen das Leben Hunderttausender von Menschen, die im kriegszerstörten Deutschland auf der Suche nach Angehörigen oder nach einer neuen Bleibe unterwegs waren. In Frankfurt am Main übernachtete er einmal auf einem Bahnsteig im Schaffnerhäuschen, damals keine unübliche Schlafgelegenheit.

Im Hauptquartier des OSS in Wiesbaden wurde Dohnanyi freundlich empfangen. Zu seinen unvergesslichen Eindrücken gehörte, dass er sofort mit Weißbrot, Orangenmarmelade und Kaffee bewirtet wurde und anschließend eine heiße Dusche nehmen durfte. Es war, als wenn man »mit dem Fallschirm ins Paradies absprang«, erinnert er sich. Auch eine Partie Schach mit Erwin Gohrbrandt, einem ehemaligen Oberarzt Ferdinand Sauerbruchs, der sich ebenfalls in Wiesbaden aufhielt, blieb ihm im Gedächtnis. Der ungewohnte Kaffeegenuss hatte ihn so in Fahrt gebracht, dass er den Mediziner, einen glänzenden Spieler, mit Bravour schlug.

Hinsichtlich der Zukunft Deutschlands war Klaus zutiefst pessimistisch. Er konnte sich im Sommer 1945 nicht vorstellen, dass sich das Land je von den Folgen des Krieges erholen würde. Er reiste weiter, dieses Mal ostwärts, Richtung Unterfranken, zu Verwandten Maria von Wedemeyers, der Verlobten Dietrich Bonhoeffers. In Bundorf bei Hofheim besaß die Familie des Barons von Truchseß ein Gut. Klaus, der ein Faible für die Landwirtschaft besaß, arbeitete dort als Melker und mistete die Kuhställe aus.

In Nordfranken erfuhr Klaus, dass seine Mutter im Begriff war, mit seinen beiden Geschwistern Berlin zu verlassen und in einer der Westzonen einen Wohnort für die Familie und eine Schule für die Söhne zu suchen (Barbara hatte ihr Abitur noch während des Kriegs in Berlin ablegen können). Nun würden die Monate der inneren Unruhe beendet sein, nun würde es neue Nachrichten über den Vater geben, der vielleicht ja doch noch am Leben war. Christine von Dohnanyi wurde mit den beiden Kindern von den Amerikanern aus Berlin nach Frankfurt ausgeflogen. Dort traf Klaus seine Familie nach acht Monaten der Trennung wieder.

Über den Augenblick des Wiedersehens spricht er nicht. Es muss ein ergreifender Moment gewesen sein. Auf der einen Seite die überwältigende Freude über das Zusammentreffen, die Erleichterung darüber, dass Mutter und Schwester von den russischen Vergewaltigungsorgien verschont geblieben, dass die Kinder vor Sippenhaft und Jugend-KZ bewahrt worden waren, wie es anderen widerfuhr, deren Väter nach dem 20. Juli 1944 verhaftet wurden, die Erleichterung auch darüber, dass Klaus nicht in ein Wehrmachts-Strafbataillon abkommandiert worden war, was wohl den sicheren Tod bedeutet hätte. Auf der anderen Seite aber ahnten alle, dass es das ersehnte Wunder mit dem Vater nicht geben würde – auch wenn sie aufgrund immer neuer Gerüchte bis zum Oktober auf ein Wiedersehen hofften.

Von Frankfurt reisten die Dohnanyis per Bus in den Schwarzwald. Im Sport- und Erholungsort Hinterzarten sondierte die Mutter, ob die beiden Söhne im Internat Birklehof ihr Abitur ablegen könnten. Als sie abschlägig beschieden wurde, fuhren sie gemeinsam weiter nach Salem in der Nähe von Überlingen am Bodensee. Kurt Hahn, durch dessen Vermittlung Christine, Barbara und Christoph aus Berlin nach Süddeutschland hatten ausreisen können, hatte empfohlen, die beiden Söhne im dortigen Internat einschulen zu lassen. Hahn selbst hatte das Reform-Internat, das hohen Leistungsstandard mit sozialen Verpflichtungen verband, im Jahre 1920 gegründet. 1933 war er nach Großbritannien emigriert und hatte dort Schulen gleichen Typs ins Leben gerufen. Als er Christine von Dohnanyi zum Schulbesuch ihrer Söhne in Salem riet, war er erst seit kurzem wieder in Deutschland und hatte noch keinen Überblick über den Zustand des einstigen Elitegymnasiums. Seine Einschätzung erwies sich als unzutreffend. Für Klaus und Christoph gab es keine geeigneten Klassen, und die Sprachfolge, wie sie in Salem unterrichtet wurde, passte für die beiden, die in Berlin ein humanistisches Gymnasium mit Latein und Griechisch als obligatorischen Fremdsprachen besucht hatten, nicht. Klaus, der durch Reichsarbeitsdienst und Nachkriegswirren ein Schuljahr verloren hatte, wollte auf keinen Fall in dem Schloss in der Nähe des Bodensees bleiben. Er und sein Bruder drängten daher zur Weiterreise.

Durch die Unterstützung von Josef Müller, der in der Widerstandsgruppe um Hans Oster und Hans von Dohnanyi die wichtigen Verbindungen zum Vatikan hergestellt hatte, konnte Christine mit ihren Kindern in Windach bei Landsberg am Lech eine Wohnung finden. Klaus und Christoph besuchten die Klosterschule im nahe gelegenen St. Ottilien. Die Benediktinermönche von Ettal waren bei der Vermittlung der Schulplätze behilflich gewesen. Vom Wohnort zur Schule hatten die beiden Brüder einen Fußweg von etwa fünfundvierzig Minuten zurückzulegen, für ländliche Gebiete keine ungewöhnliche Entfernung. Der Unterricht dauerte bis zwölf Uhr, dann gab es für alle Schüler, für die im Internat untergebrachten wie für die externen, Mittagessen, für das keine Essensmarken abgegeben werden mussten. Im Anschluss daran wurde das Unterrichtsprogramm bis fünfzehn Uhr fortgesetzt. Gegen sechzehn Uhr waren die beiden dann wieder zu Hause.

Ein besonderes Problem bereitete, wie für viele Deutsche damals, die Kleidung und Ausstattung der beiden Jugendlichen. Christoph konnte immerhin einige Kleidungsstücke seines Vaters tragen, Klaus, der größere, befand sich dagegen in einer trostlosen Lage. Er besaß nichts. Seine Mutter schrieb im März 1946 an ihre Eltern, in seinem gegenwärtigen Aufzug könne er das Abitur nicht machen: mit einer geborgten, zerrissenen Hose, einem Paar Schaftstiefel, von denen sich die Sohlen ablösten, und einem »Prunkstück« von Skijacke, die er ob des viel zu kurzen Pullovers nicht ausziehen könne. Wenige Tage nachdem sie diesen Brief geschrieben hatte, erhielten die Dohnanyis Besuch von britischen Offizieren. Einer von ihnen hatte Mitleid mit Klaus. Er zog spontan seine Schuhe aus und gab sie dem knapp Achtzehnjährigen, dem sie jedoch nicht passten.

»Die Klosterschule St. Ottilien hinterließ bei mir einen nachhaltigen Eindruck«, resümiert Dohnanyi die kurze Zeit in Windach. Die Faszination der Stille, die Atmosphäre der Konzentration und die klare Ordnung des Lebens begründen die angenehme Erinnerung, die er seit der kurzen Schulzeit in Ettal mit klösterlichen Einrichtungen verbindet. Die Versorgung mit Lebensmitteln verbesserte sich nach und nach, und auch die schlimmste Kleidungsnot wurde allmählich überwunden.

Nach dem Abitur der beiden Söhne hätte die Mutter ihre Kinder gern zum Studium ins Ausland geschickt. Doch die drei wollten am liebsten nach Berlin zurück, wo die Großeltern Karl und Paula Bonhoeffer noch lebten. Am Ende fiel die Entscheidung zugunsten von München. Christine bezog mit ihren Kindern, vermittelt wiederum durch Josef Müller, eine Wohnung in der Münchner Innenstadt. Trotz der schwierigen Kommunikationsverhältnisse zwischen den Besatzungszonen hielt Klaus zu seinen Verwandten Kontakt. Großmutter Elza war ihm besonders zugetan und schrieb ihm kurz vor ihrem Tod hinsichtlich einer geplanten Skandinavien-Reise, dass er unbedingt seinen Onkel, den Maler Caesar Kunwald, besuchen müsse, der damals in Kopenhagen lebte. Sie kannte die bildnerische Begabung, die bei Klaus vielleicht ebenso stark ausgeprägt war wie bei seinem Vater – ein Stück Kunwald'sches und Kalckreuth'sches Erbe, das bei den Dohnanyis neben den anderen Talenten nur beiläufig zur Entfaltung kam. Während seines Studiums malte Klaus viel und modellierte kleinere Skulpturen. Es hätte sein Beruf werden können, auch wenn man in diesem Alter, wie er sagt, nur epigonenhaft malt. An Kunst blieb er zeitlebens interessiert. Später sammelte er Bilder. Zu seiner großen Bibliothek gehört auch eine beeindruckende Sammlung von Kunstbänden.

Im Wintersemester 1946/47 begannen Klaus und Christoph an der Ludwig-Maximilians-Universität in München mit dem Jurastudium. 1947 eröffnete sich für Klaus die Chance, sein Studium zusammen mit Richard von Weizsäcker, dem späteren Bundespräsidenten, in Lausanne fortzusetzen. Dessen Vater Ernst hatte zur Jahreswende an Christine geschrieben, es wäre ihm eine aufrichtige Freude, »wenn die väterlichen Beziehungen in den Söhnen ihre Fortsetzung finden würden«. Doch Richard von Weizsäcker erhielt von den britischen Militärbehörden in Göttingen keine Ausreisegenehmigung, so dass sich der gemeinsame Studienplan zerschlug.[6] Der freundschaftliche Kontakt jedoch, den die Väter während des Krieges im Widerstand geknüpft hatten, ist zwischen den Familien bis heute nicht abgerissen.

In München lebte Christine mit ihren drei nun erwachsenen

Kindern in einer Dreizimmerwohnung an der Äußeren Prinzregentenstraße 10. Für Klaus war es nicht immer einfach, seine Jurastudien auf die musikalischen Bedürfnisse des Bruders abzustimmen. Freunde der Familie, entfernte Verwandte, stellten ihm im Herzogpark auf einem Villengrundstück einen kleinen Eckturm zur Verfügung, in den er sich zu ruhiger Arbeit zurückziehen konnte. Sein schmales Studentenbudget besserte er als Komparse an der Münchner Staatsoper auf, deren musikalische Leitung damals Georg Solti, einst Schüler seines Großvaters, innehatte.

Bereits nach fünf Semestern beendete Dohnanyi sein Studium mit der Ersten Juristischen Staatsprüfung. Im Januar 1950 promovierte er, noch keine zweiundzwanzig Jahre alt, bei Heinrich Mitteis, dem renommierten Rechtshistoriker, mit der Note »magna cum laude« über Grundstücksteilung in der deutschen Rechtsgeschichte. Es hätte aufgrund der schriftlichen Arbeit ein »summa cum laude« werden können, doch als Professor Erich Kaufmann ihn in der mündlichen Prüfung nach dem Erbschaftsrecht unter Karl dem Kühnen fragte, musste Dohnanyi die Antwort schuldig bleiben, worauf Kaufmann anmerkte: »Wer für ›summa cum laude‹ vorgeschlagen ist, muss alles wissen.« Gleichwohl zählte Kaufmann neben dem Zivilrechtler Leo Rosenberg und Heinrich Mitteis für Klaus zu den beeindruckendsten akademischen Lehrern in München.

Am 30. Januar 1950, wenige Wochen nach seinem Rigorosum, brach Dohnanyi mit einem Fulbright-Stipendium in die USA auf. »Ich wollte raus aus Deutschland. Das war mein Hauptziel.« Er brauchte Abstand zu den Schrecknissen der Jahre 1944/45 und suchte neue Perspektiven und Herausforderungen. Ohne Kenntnisse moderner Sprachen über den Atlantik gekommen, lernte er binnen weniger Wochen Englisch. Jeden Tag schrieb er sich aus einer Zeitung die Wörter heraus, die er noch nicht beherrschte, eine einfache, aber wirkungsvolle Methode. Er jobbte im Supermarkt und beeindruckte seinen Vorgesetzten, weil er das Gewicht von Gemüse ohne die Hilfe einer Waage präzise angeben konnte. So wurden ihm bald verantwortungsvollere Aufgaben übertragen.

Zunächst studierte Dohnanyi an der Columbia University, dann mit einem Ferienstipendium an der Stanford University in Kalifornien, schließlich an der Law School der Yale University. Wie seinen Vater interessierten ihn nicht nur die Rechtswissenschaften, sondern auch die Politischen Wissenschaften und die Geschichte. An der Columbia University lernte er Franz Neumann kennen, der 1933 nach kurzer Nazihaft zunächst nach Großbritannien und später in die USA emigriert war. Neumann war Verfasser von *Behemoth,* einer glänzenden politischen Analyse des Dritten Reiches. An der Yale University besuchte Dohnanyi Lehrveranstaltungen des Historikers Hajo Holborn. Doch die meisten historischen Kenntnisse eignete er sich im Selbststudium an. Bis heute hat er ein Faible für die Klassiker der Geschichtsliteratur. Wenn er noch einmal von vorn anfangen könnte, würde er Geschichte studieren, bekannte er einmal in einem NDR-Fernsehinterview.

Über Verwandte war Dohnanyi mit dem Historiker Felix Gilbert befreundet, der aus der Berliner Mendelssohn-Familie stammte; vorübergehend wohnte er bei ihm in der Nähe von Philadelphia. Im Sommer 1949 verbrachte er mehrere Wochen im Hause des Großvaters in Tallahassee. Es war ein bewegendes Wiedersehen nach mehr als zehn Jahren, und die beiden verstanden sich auf Anhieb gut. Wie sein Bruder Christoph spricht Klaus mit großer Bewunderung und Anhänglichkeit über den Großvater.

Zu Dohnanyis wichtigsten akademischen Lehrern in den USA gehörte Harry Schulman, der spätere Dekan der Yale Law School, ein Spezialist für das Schadenersatzrecht *(law of torts).* Schulman fungierte auch als Schlichter zwischen dem Verband der Automobilhersteller und der Automobilarbeitergewerkschaft. Eugene Rostow, der Jurist und Anti-Trust-Experte, Bruder von Harry Trumans Berater Walt Rostow, vermittelte Dohnanyi wichtige Einsichten in die Rechtsbeziehungen von Politik, Wirtschaft und Gesellschaft. Er war während dessen Studienzeit Dekan der Yale Law School. Ein Vierteljahrhundert später traf Dohnanyi ihn wieder; er war nun als stellvertretender US-Außenminister

Verhandlungspartner Dohnanyis, als dieser Staatsminister im Auswärtigen Amt war. »Das war eine der lustigsten Erfahrungen in meinem Leben«, erinnert sich Dohnanyi an die ungewöhnliche Begegnung.

An der Columbia Law School hinterließ der Juraprofessor Llewlleyn einen besonders starken Eindruck. Als der Gelehrte von Waliser Abstammung seinem Studenten aus Deutschland eine Seminararbeit mit der Bemerkung zurückgab, sein Name sei falsch geschrieben, entgegnete Dohnanyi schlagfertig: »Haben Sie einmal versucht, meinen Namen zu buchstabieren?« Llewlleyn nahm die Bemerkung mit Fassung hin. »Nichts hat mich so geprägt wie diese amerikanischen Elite-Universitäten mit ihrer Mischung aus geistigem Anspruch und Ruhe«, sagt Dohnanyi heute. »Hohe Anforderungen, und keiner übersteht, der nicht hart arbeitet.«

Nach einem Jahr war das Stipendium abgelaufen. Jeder, der eine Förderung durch die Fulbright Foundation erhielt, musste vertraglich zusichern, dass er nach deren Ende in seine Heimat zurückkehren werde. Dohnanyi sorgte deswegen noch während seines Aufenthalts an der Yale University dafür, dass er erneut unter die Fulbright-Stipendiaten aufgenommen wurde. Dennoch musste er den Regeln entsprechend zunächst nach Deutschland zurück. 1951 bearbeitete er am Max-Planck-Institut für Internationales Privatrecht in Tübingen den zweiten Band der großen Studie von Ernst Rabel, *Das Recht des Warenkaufs*. Rabel, gebürtiger Wiener, hatte nach dem Ersten Weltkrieg als Professor in München und Berlin gelehrt und in der deutschen Hauptstadt auch das Kaiser-Wilhelm-Institut für ausländisches und Privatrecht geleitet, die Vorgängerin der Max-Planck-Gesellschaft. Nach seiner Vertreibung durch die Nationalsozialisten lehrte er in den USA, unter anderem in Chicago.

Nachdem Dohnanyi seine Arbeit am Max-Planck-Institut abgeschlossen hatte, kehrte er mit dem erneuten Stipendium in die USA zurück. Zuvor heiratete er im Mai 1951 Renée Illing, die er während des Jurastudiums Ende der vierziger Jahre in München kennen gelernt hatte. Wie Großvater und Vater band auch er sich früh. Die junge Theaterwissenschaftlerin gehörte in München zum Kreis um den Schriftsteller Ernst Penzoldt. »Sie war eine wundervolle Frau, hoch begabt. Sie hat sehr schön geschrieben und wunderbar gemalt«, erinnert sich Dohnanyi. Renée arbeitete 1951 bereits als Kinderbuchautorin und Buchillustratorin. Nach der Hochzeit musste der frisch gebackene Ehemann zunächst allein in die USA reisen. Seine Frau blieb in München zurück. Sie reiste dann fünf Monate später mit Schwager Christoph per Schiff nach New York. Ein Jahr nach der Hochzeit, 1952, wurde Sohn Johannes in New Haven im US-Bundesstaat Connecticut geboren. Er sollte einmal als Journalist und Korrespondent der Züricher *Weltwoche* mit Stationen in Asien, auf dem Balkan und in Italien hellsichtige Artikel und Bücher über politische Themen, etwa den internationalen Terrorismus, schreiben.

Trotz seines Stipendiums musste Dohnanyi das Familienbudget mit Nebentätigkeiten aufbessern. Im Sommer 1952 arbeitete er in der New Yorker Wall Street bei der bekannten Anwaltskanzlei Cahill, Gordon, Reindel & Ohl. An der Yale University wurde ihm die für Ausländer seltene Ehre zuteil, zum Mitherausgeber des *Yale Law Journal* gewählt zu werden. Im Sommer 1953 schloss er seine juristische Ausbildung in den USA mit dem Grad eines Bachelor of Laws ab.

Der Vordenker

Die Amerika-Erfahrung prägte Klaus von Dohnanyi für sein ganzes weiteres Leben. Sie beeinflusste zunächst den beruflichen Weg, den er bis zu seinem Wechsel in die Politik einschlug; sie bestimmt sein Denken und Handeln bis zum heutigen Tag, sie trug bei zu dem optimistischen Grundton in seiner Biografie. Er blieb nach dem Studienabschluss noch für kurze Zeit mit Frau und Sohn in den Vereinigten Staaten und arbeitete als Assistent der Geschäftsführung bei der Ford Motor Company in Dearborn, Detroit. Zu den Vorstandsmitgliedern des Unternehmens gehörte damals auch der spätere US-Verteidigungsminister Robert McNamara. In Dearborn beschäftigte sich Dohnanyi zunächst mit Themen des internationalen Rechts. Als er gefragt wurde, ob er für den amerikanischen Automobilkonzern in Deutschland arbeiten wolle, sagte er zu. Noch im Sommer 1953 kehrte er in die Heimat zurück. Insgesamt sechs Jahre blieb er bei Ford in Köln, wo die junge Familie zunächst im Stadtbezirk Lindenthal in der Geibelstraße, nicht weit von der Universität entfernt, lebte. 1957 legte Dohnanyi in Düsseldorf sein zweites juristisches Staatsexamen ab.

Bei Ford brachte er es bis zum Leiter der Planungsabteilung. Er war voller Ideen und Anregungen, wie sich ehemalige Ford-Mitarbeiter erinnern. Rückblickend bilanziert er: »Wir haben frischen Wind in die Marktforschung des Konzerns gebracht.« Sein engster Mitarbeiter war das spätere VW-Vorstandsmitglied Werner Schmidt, der sich lebhaft an die gemeinsame Zeit zwischen 1953 und 1960 erinnert. Zu den Arbeitsbereichen, die Dohnanyi unterstanden, gehörten quantitative Untersuchungen zum Absatz sowie die strategische Planung. Seine besondere Fähigkeit bestand laut Schmidt darin, die Marktforschung aus der Sicht der Konsumenten anzulegen. Begriffe wie »Erstkäufer« und »Wiederkäufer« spielten damals eine Rolle, man erfasste das Kaufverhalten potentieller Automobilkunden methodisch so genau wie möglich. Um die aufwendige, kostenintensive Marktforschung finanzieren zu können, die die Möglichkeiten einzelner Firmen überschritten hätte, wurde der »Kasseler Kreis« gegründet, ein Zusammenschluss der führenden deutschen Automobilkonzerne. Dohnanyi und Schmidt erarbeiteten ein Prognosemodell für den Absatz von Neuwagen, zu dieser Zeit womöglich das erste seiner Art weltweit. Dohnanyi gehörte auch zu dem Team, das bei Ford die so genannte »Linie der Vernunft« entwickelte, einen für die fünfziger Jahre sehr modernen Autotyp mit zeitlos wirkenden Karosserien.

In seinem beruflichen Umfeld tat sich Dohnanyi durch sein

kreatives Denken, seine klare und entschiedene Art, Argumente vorzutragen, und durch seine Entschlossenheit hervor, als richtig Erkanntes auch zügig umzusetzen. Mancher mochte sich durch seine dynamische Art zu energischerem Tempo und rascheren Entscheidungen gedrängt gesehen haben. Es waren nicht diejenigen, die Ford von der Pike auf kannten, in der Fertigung gelernt und von dort in verantwortliche Positionen aufgestiegen waren. Toni Schmücker zum Beispiel, der spätere VW-Chef, war bei Ford Lehrling gewesen und hatte es schließlich bis zum Einkaufschef gebracht. Mit ihm verband Dohnanyi eine ebenso vertrauensvolle Freundschaft wie mit Hans-Adolf Barthelmeh, damals Chefbuchhalter, später Vorstandsvorsitzender bei Gildemeister. Eng befreundet ist er bis heute mit Robert Layton, damals Finanzchef, später Generaldirektor der Ford-Werke Köln.

Für seinen Aufstieg im Management des Automobilkonzerns kam Dohnanyi ein Zufall zugute. Bei einer USA-Reise mit Generaldirektor John Andrews und Jack Ekholt, dem Planungschef der Kölner Ford-Dependance, ging es darum, langfristige Planungen für die Entwicklung der Standorte in Deutschland und in Europa vorzulegen. In der »Goldenen Etage«, der pompösen Vorstandsetage des Konzerns in Dearborn, wurden »die Kölner« von der Konzernleitung und dem Sohn des Firmengründers Henry Ford II erwartet. Zur Präsentation gehörten damals schon Dias und Schaubilder. Ekholt wurde im großen Sitzungssaal zum Vortrag nach vorn gebeten. Er war wohl ziemlich aufgeregt, die Vorbereitungen hatten ihn viel Kraft gekostet. Plötzlich fiel er in Ohnmacht und stürzte zu Boden. Die Leute in seiner Nähe eilten ihm zu Hilfe und stellten erleichtert fest, dass er keine ernsteren Verletzungen erlitten hatte. Als sich die Unruhe gelegt hatte, fragte Henry Ford den aus Köln angereisten Generaldirektor: »*What are we going to do, John?*« Blicke gingen hin und her, bevor der Vorgesetzte aus Deutschland sagte: »*Klaus, I think you can do it yourself.*« Dohnanyi ging nach vorn und setzte locker und in präzisem Englisch die Präsentation fort.

Ein halbes Jahr später wurde Ekholt als Planungschef abgelöst.

Der Nachfolger hieß Klaus von Dohnanyi. Bald darauf überreichte ihm der Kölner Generaldirektor einen Pensionsvertrag. Er nahm ihn zwar an, kommentierte den Vorgang aber mit der humorvollen Bemerkung, er hoffe doch, dass es zur Auszahlung nie kommen werde. Er sei sich ein wenig wie jene Künstler vorgekommen, merkt Dohnanyi scherzhaft an, deren kurzfristiges Einspringen für einen indisponierten Kollegen sich als entscheidender Karrieresprung entpuppt habe. Toscanini sei auf diese Weise bei der Südamerikatournee einer italienischen Operntruppe vom Cellisten zum Dirigenten aufgestiegen.

Die Bundesrepublik durchlief in diesen Jahren einen Prozess der rasanten Modernisierung. Die Regierungsjahre Konrad Adenauers waren großenteils durch einen beispiellosen wirtschaftlichen Aufschwung gekennzeichnet, der Mitte der fünfziger Jahre einsetzte. Die Fünftagewoche wurde eingeführt, Arbeitszeiten von achtundvierzig Wochenstunden und mehr gehörten der Vergangenheit an. In den Städten herrschte im ersten Nachkriegsjahrzehnt akuter Wohnungsmangel. Familien lebten oft in bedrängter Enge, was häufig zu starken Spannungen führte. Auf der anderen Seite wussten die Menschen, dass sie aufeinander angewiesen waren. Nachbarschaftshilfe war selbstverständlich. Der Hunger nach Kultur war ein Kennzeichen der Epoche, nicht nur in den großen Städten. Die Massen gingen am Wochenende ins Kino, zum Tanzen oder zum Fußballspiel. Das Musik- und Konzertleben spielte in der Wahrnehmung der Gesellschaft eine große Rolle. 1954 wurde Deutschland in Bern Fußballweltmeister, die Deutschen begannen ins Ausland zu reisen, allmählich entwickelte sich der Massentourismus. Zwar lag man, was die private Motorisierung betrifft, etwa zwanzig bis fünfundzwanzig Jahre hinter den USA zurück, aber 1957 gab es in der Bundesrepublik schon 2,3 Millionen Krafträder und 2,4 Millionen PKW.[7] Die Technikbegeisterung war enorm. 1960 hatte das Land bereits vier Millionen Fernsehanschlüsse.

Dohnanyi durchlebte Ende der fünfziger Jahre persönlich schwere Zeiten. Das Glück seiner kleinen Familie währte nur wenige Jahre. Renée erkrankte an einem Gehirntumor. Im Februar 1958 wurde sie in Köln operiert. Sie starb wenige Tage nach dem Eingriff, ohne das Bewusstsein wiedererlangt zu haben. Den Schmerz über diesen Schicksalsschlag hat Dohnanyi tief in sich vergraben. Er trug nun allein die Verantwortung für seinen gerade sechsjährigen Sohn. In dieser Situation half ihm seine Schwester Barbara. Kurz entschlossen kam sie mit Tochter und Hausmädchen nach Frankenforst, wo der Bruder mittlerweile lebte, und besorgte vorübergehend den Haushalt. Johannes wuchs nun zusammen mit Barbaras gleichaltriger Tochter Dorothee auf und lebte bis 1967 bei der Familie seiner Tante in Wuppertal. Klaus zog 1960 zunächst allein nach München.

Er hatte damals das Angebot erhalten, Teilhaber des Münchner Markt- und Meinungsforschungsinstituts Infratest zu werden.[8] Er sagte zu, machte sich mit knapp zweiunddreißig Jahren selbständig und wurde mit einem vierzigprozentigen Firmenanteil geschäftsführender Gesellschafter. Sein jüngerer Bruder Christoph war damals im dritten Jahr Generalmusikdirektor in Lübeck, der jüngste GMD im bundesrepublikanischen Musikleben. Die beiden hätten sich gegenseitig immer wieder zu Höchstleistungen beflügelt, wird bisweilen geäußert; Klaus und Christoph sehen das anders. »Wir standen beide immer auf der ehrgeizigen Seite. Halbe Sachen und Kompromisse aus Bequemlichkeit lehnen wir gleichermaßen ab. Das liegt in der Familie«, kommentiert Christoph von Dohnányi derartige Vermutungen. Konkurrenz könne man das nicht nennen, sie würden schließlich auf vollkommen verschiedenen Gebieten arbeiten. »Dort, in unseren Fachgebieten, hatten wir unsere Konkurrenten.«

Die frühe Erfahrung als Unternehmer hat Klaus von Dohnanyi entscheidend geprägt. Er ist noch heute stolz darauf, dass er sie den meisten seiner Kollegen in der Politik voraus hat. »Deswegen konnte ich auch nie ein 68er werden. Ich war einfach schon ein Stück weiter. Ich hatte eine andere Erfahrung«, sagt Dohnanyi im Rückblick. Wolfgang Ernst, ein ehemaliger Jagdflieger, hatte Infratest 1948 zusammen mit seiner Ehefrau Lena-Renate gegründet und bis 1960 zu einem der führenden deutschen Meinungsforschungsinstitute ausgebaut. Dohnanyi lernte ihn auf Kongressen der Esomar (European Society of Market Analysis and Research) kennen und beeindruckte ihn mit seinen analytischen Fähigkeiten und seinem strategischen Denken. Ernst, ein Mann mit Risikobereitschaft und eine beeindruckende Persönlichkeit, bot ihm die Partnerschaft in seinem Unternehmen an.

Dohnanyi erwies sich für Infratest als die richtige Wahl zum richtigen Zeitpunkt. Er kannte neue Ideen aus Amerika, die in Deutschland noch kaum realisiert waren. Er brachte Kontakte mit, hatte Visionen und den Willen, sie umzusetzen. Er war der richtige Mann in einem Markt, der, von wenigen Unterbrechungen abgesehen, enorm wuchs. Ehemalige Mitarbeiter sprechen von ihm mit größter Anerkennung, auch wenn nicht jeder das Tempo mitgehen konnte und wollte, das der neue Chef vorlegte. Er war auf Effizienz bedacht. Selbst bei Autofahrten ließ er sich von seinen Mitarbeitern Akten vorlesen und Projekte referieren.

Die Zuwachsraten von Infratest fielen beeindruckend aus. In den acht Jahren, die Dohnanyi für das Unternehmen tätig war, wuchs es jährlich im Schnitt um zwanzig Prozent. Durch ihn kamen Aufträge aus der Automobilindustrie ins Haus, bis zum heutigen Tag eine Visitenkarte von Infratest. Das Institut hatte 1961, kurz nach Dohnanyis Einstieg, 130 Mitarbeiter und einen Umsatz von 2,82 Millionen DM. Bei seinem Ausscheiden 1968 war die Mitarbeiterzahl auf 196 angestiegen, bei einem Umsatz von 10,36 Millionen DM.[9]

Auch über die Automobilindustrie hinaus warb Dohnanyi neue, zahlungskräftige Kunden. Er akquirierte Unternehmen aus der Pharmaindustrie, Banken und Versicherungen. Die politischen Studien, mit denen Infratest betraut wurde, bedeuteten zwar großes Prestige, brachten aber bei weitem nicht das Geld, das auf anderen Feldern, etwa im Konsumgüterbereich, verdient werden konnte. Im Übrigen achtete Dohnanyi sorgsam darauf, dass sich die Aufträge aus der Politik in engen Grenzen hielten. Das Institut erhielt durch ihn eine neue Organisationsstruktur mit Profitcentern und Gewinnbeteiligung für die Mitarbeiter. Während der ersten Wirtschaftskrise der Bundesrepublik 1965/66 geriet es vorübergehend in Schwierigkeiten. Spätestens seit diesem Zeitpunkt wusste Dohnanyi, was Unternehmerrisiko bedeuten kann: rückläufige Aufträge, sinkende Einnahmen, rote Zahlen aufgrund fortbestehender Personalverantwortung.[10]

In seinen ersten Münchner Jahren lebte Dohnanyi in der Martiusstraße in Schwabing. Für eine Weile genoss er sein Junggesellendasein. Doch schon bald begegnete ihm eine außergewöhnliche Frau. Über seinen Freund Robert Layton, damals Generaldirektor von Ford, lernte er 1965 Christa Seidel kennen. 1966 heiratete er die junge Frau aus einer begüterten Heidelberger Kaufmannsfamilie, die in erster Ehe mit einem Münchner Psychologen verheiratet gewesen war. Sie hatte eine Ausbildung als Restaurateurin absolviert und war stark an Psychologie interessiert. Vor der Eheschließung schenkte Dohnanyi seiner künftigen Frau ein Buch mit dem Titel *Die politische Witwe* – ein deutlicher Hinweis auf seine beruflichen Ambitionen.

Christa Seidel, geborene Groß, brachte ein Kind mit in die Ehe: Jacob, heute ein handwerklich außerordentlich geschickter Spezialist, der technisch raffinierte Produkte unter anderem für Filmproduktionen herstellt. Er lebt in Berlin und hat seinen Stiefvater 2003 erstmals zum Großvater gemacht. Sohn Johannes aus erster Ehe kehrte bald darauf von Schwester Barbara zu seinem Vater zurück, blieb jedoch nicht lange in München, sondern legte das Abitur an einem Internat im Odenwald ab. Mit Babette bekamen die Dohnanyis am 14. Oktober 1966 ein gemeinsames drittes Kind. Dohnanyi hängt sehr an seiner Tochter, einer sensiblen, künstlerisch begabten jungen Frau, die als Schmuckdesignerin in Florenz lebt. Er hält engen Kontakt zu ihr. Bei den beinahe täglichen Telefonaten stellt sich für ihn ein Familiengefühl ein, das er aufgrund seines Lebensverlaufs oftmals entbehrt hat.

Christa war eine hoch gewachsene, attraktive, ungewöhnlich elegante Frau mit gestalterischer Begabung für Inneneinrichtungen und Design. Die junge Familie bezog eine Gründerzeit-Villa im Münchner Stadtteil Schwabing, die Christa 1965 erworben hatte. Das Interesse an bildender Kunst einte die beiden, sie besuchten gern Museen und Ausstellungen, schätzten die Musik Richard Wagners und hörten gern Jazz. Christa begann wenige Jahre nach der Heirat ein Psychologiestudium. Die Familie wohnte damals bereits in Bonn. Nach ihrem Abschluss eröffnete sie eine Praxis für Psychoanalyse in Hamburg.

Menschen, die Dohnanyi in diesen Jahren begleitet und schätzen gelernt haben, bemerken eine gewisse Zurückhaltung, die sie auf die tragischen Erlebnisse seiner Kindheit und Jugend zurückführen. Die Ängste, die er vermutlich in sich trug, kompensierte er mit einer Distanziertheit, die manch Außenstehender für Arroganz hielt. Das Klischee vom »überheblichen Dohnanyi«, das zu Beginn seiner politischen Laufbahn in Bonn entstand, begleitet ihn bis zum heutigen Tag. Doch es wird ihm nicht gerecht. Dasselbe Vorurteil war dem Vater und dem Großvater von Menschen entgegengebracht worden, die sie nur äußerlich kannten. Der *Stern* schrieb einmal zutreffend über Dohnanyi, dass er eine »Grundnervosität« ausstrahle und ein Tempo vorlege, das andere ins Schwitzen bringe. Er hat gute Freunde, die seine offene Art, sein Tempo und seine Anhänglichkeit schätzen. Menschen, die er mag, hält er die Treue.

Auch in dieser Hinsicht waren die amerikanischen Jahre prägend. Denn mehrheitlich sind seine engsten Freunde US-Amerikaner, etliche von ihnen stammen aus Emigrantenfamilien. Zu den wenigen deutschen Freunden gehört Werner Sörgel. Er war während der bewegten sechziger Jahre Leiter eines Studentenheimes in Frankfurt am Main, studierte bei Theodor W. Adorno und Max Horkheimer und hatte engen Kontakt zu Jürgen Habermas. Nach der Dissertation engagierte ihn der SPD-Politiker Carlo Schmid als seinen Assistenten. Wenige Monate bevor Dohnanyi Infratest verließ, um in die Politik zu gehen, wurde Sörgel 1967/68 Mitarbeiter des Instituts. Aus einer zunächst geschäftsmäßigen Beziehung entwickelte sich rasch ein persönlicher Kontakt. Sörgel kam während der Bonner Jahre Dohnanyis oft an den Rhein. Wegen eines Dissenses mit Wolfgang Ernst musste er das Unternehmen Mitte der siebziger Jahre verlassen. Bald darauf gründete er die Beratungsfirma »Sinus«, die Aufträge vom Bundeskanzleramt und hier vor allem von der Planungsabteilung erhielt. Über alle beruflichen Belastungen hinweg blieben Dohnanyi und Sörgel Freunde.

Mitte der achtziger Jahre – Dohnanyi war bereits Erster Bürgermeister in Hamburg – unternahmen die beiden eine Radtour durch Schottland. Sie flogen nach London, reisten per Bahn nach Glasgow weiter und starteten zur Umrundung des britischen Nordens. Mit Fährschiffen fuhren sie zu den Hebriden und durchquerten mehrere dieser Inseln. Pro Tag legten sie bei schönstem Wetter im Durchschnitt 100 Kilometer zurück, angesichts der Höhenunterschiede, die dabei zu bewältigen waren, eine beachtliche Leistung, die sie sich damit belohnten, dass sie in den besten Hotels abstiegen. Die Hoteliers waren jedes Mal verwundert, wenn anstelle der erwarteten Nobelkarosse Fahrräder mit Packtaschen vorfuhren. »Wir hatten eine wundervolle Zeit«, erinnert sich Dohnanyi, und Sörgel weiß zu erzählen, dass Dohnanyi ihm beim Aufwachen den Tee servierte. Eine für das folgende Jahr geplante Radtour durch die DDR kam nicht zustande.

Weitere deutsche Freunde sind Stefan Schulz-Dornburg, ein musikalisch hoch begabter Mann, den Dohnanyi durch seine Ehefrau Christa kennen lernte, und Detlev Vagts, der Sohn des Historikers Alfred Vagts. Alfred war Kollege und Freund Hans von Dohnanyis am Institut für Auswärtige Politik in Hamburg gewesen. Die beiden Söhne begegneten sich 1946 in München, als Detlev eines Tages bei den Dohnanyis anklopfte und sagte: »Mein Vater hat mir gesagt, ich solle nach München fahren und beim Aufräumen helfen.« Seitdem sind die beiden Gleichaltrigen befreundet. Detlev Vagts lehrt bis zum heutigen Tag an der Harvard Law School.

Von Sörgel, Schulz-Dornburg und Vagts abgesehen, stammen die Freunde Dohnanyis aus der Zeit seiner Studienjahre in Amerika. Da ist Peter Stern, vielleicht der engste Freund überhaupt, Präsident des bedeutendsten amerikanischen Skulpturen-Parks »Storm King Art Center«, etwa eine Autostunde von New York entfernt. Dohnanyi freundete sich mit ihm an der Yale

University an. Alljährlich treffen sich die beiden zur Weihnachtszeit, wenn Dohnanyi nach New York fliegt. Bob Beshar, ein weiterer Studienfreund, der ebenfalls in New York lebt, heiratete die Schwester Maria von Wedemeyers, der Verlobten Dietrich Bonhoeffers. Die beiden lernten sich über Dohnanyi kennen.
Zu den Überlebenden des deutschen Widerstands und ihren Kindern hat Dohnanyi wenig Kontakt. Ausnahmen sind die Guttenbergs, eine Tochter von Canaris, und Jan Haeften, der Sohn Hans von Haeftens. In den frühen sechziger Jahren war Dohnanyi mehrfach Gast im Hause von Inge Aicher-Scholl, der Schwester von Sophie Scholl. In den fünfziger und sechziger Jahren begriffen die Überlebenden aus den Familien des Widerstands ihr Schicksal als ein individuelles. Nur bei den Gedenkfeiern zum 20. Juli 1944 und bei vergleichbaren Anlässen sah man sich. Dohnanyi sprach wiederholt bei diesen Veranstaltungen, doch es widerstrebte ihm, sich in eine Gruppe einzureihen, von der der Eindruck entstehen konnte, sie empfände sich als die »nächste Generation von guten Deutschen«. Gleichwohl: Für die politische Kultur der frühen Bundesrepublik kamen immer wieder wichtige Anstöße von den Kindern der Hitler-Gegner.
Dass er sich nie mit Georg Ferdinand Duckwitz, der als deutscher Diplomat im Herbst 1943 dänische Juden vor der Deportation rettete, über diese Operation unterhalten hat, obwohl sie in Bonn miteinander zu tun hatten, bedauert Dohnanyi. Duckwitz war Staatssekretär im Auswärtigen Amt unter Willy Brandt. Er starb 1973. Im März 1971 hatte er noch selbst die Ehrung durch die israelische Gedenkstätte Yad Vashem, seine Aufnahme unter die Gerechten der Völker, miterleben können.
Im Dezember 1959 wurde in Köln eine Synagoge geschändet. In den darauf folgenden Wochen kam es im gesamten Bundesgebiet zu etwa vierhundert Vorfällen mit nazistischem oder antisemitischem Hintergrund. Zusammen mit Heinrich Böll und anderen gründete und förderte Dohnanyi daraufhin die Bibliothek »Germania Judaica«. Er freundete sich mit Hartmut von Hentig an, der später als Leiter der Bielefelder Laborschule ein

wichtiger Ratgeber in Bildungsfragen war und ihn auch im Wahlkampf unterstützte. Eine Verwandte aus Ungarn, die ihn damals in seinem Münchener Infratest-Büro besuchte, wunderte sich, auf seinem Schreibtisch ein Foto vom 17. Juni 1953 zu sehen, auf dem zwei junge Männer Steine auf einen sowjetischen T 34-Panzer werfen. Als sie ihn darauf ansprach, entgegnete er: »Die Leute vergessen zu früh.«

Als die neonazistische NPD Mitte der sechziger Jahre Zulauf erhielt, wollte Dohnanyi sich selbst ein Bild machen und besuchte im Herbst 1965 eine Veranstaltung der Partei im Münchner Zirkus Krone. Vor Tausenden von Zuhörern sprach der NPD-Vorsitzende von Thadden über die Rolle der jüdischen deutschen Frontsoldaten im Ersten Weltkrieg. Er verlas angebliche Grußworte von jüdischen Kriegsteilnehmern, die »tapfer an der Seite deutscher Soldaten gekämpft hätten«, woraufhin Dohnanyi dazwischenrief: »... und dafür von Hitler vergast wurden«. – »Der Saal hat gebrüllt wie ein einziges Tier«, erinnert er sich. Mit angewinkelten Ellenbogen seine Gefährtin Christa, seine spätere Frau, beschützend, wich er dann rückwärts vor den herbeieilenden Saalordnern zurück. Als der *Spiegel*-Herausgeber Rudolf Augstein zwei Jahre später bei einem öffentlichen Auftritt im Audimax der Münchner Universität als »Landesverräter« beschimpft wurde, schnappte sich der 1,86 Meter große Dohnanyi den Störenfried und schob ihn aus dem Saal. Der oft als hanseatisch kühl Beschriebene kann in solchen Fällen ausgesprochen impulsiv reagieren, darin seiner Mutter sehr ähnlich.

Neben dem Vater hat Willy Brandt für Klaus von Dohnanyi als Vorbild eine große, womöglich die entscheidende Rolle gespielt. Brandt war für ihn wohl eine Art Vaterfigur, ein Mann mit einem untadeligen Lebenslauf, in seiner Gradlinigkeit dem eigenen Vater ähnlich. Dohnanyi umgekehrt wird für Willy Brandt wegen des Schicksals seiner Familie interessant gewesen sein, anziehend wegen der großbürgerlichen Herkunft und Bildung, die ihn zu einem ebenso untypischen Sozialdemokraten machten, wie er es war. Außer für Brandt empfand Dohnanyi Hochachtung und Zuneigung zu sozialdemokratischen Weggefährten wie Waldemar von Knoeringen, Karl Schiller, Alex Möller, Egon Bahr oder Klaus Dieter Arndt, parlamentarischer Staatssekretär im Bundeswirtschaftsministerium. Allen gemeinsam ist, dass sie eigenwillige Köpfe, untypische, bürgerliche Sozialdemokraten waren.

Zu den engeren Freunden in der Politik, wo verlässliche Freundschaften selten sind, zählte Horst Ehmke. Die beiden waren sich in den fünfziger Jahren am Institut für Internationales Privatrecht der Universität Köln begegnet, wo Ehmke, Sozialdemokrat seit 1947, sich habilitieren wollte. Dohnanyi stieß zum Kreis der Doktoranden und Habilitanden, um sich auf das Zweite Juristische Staatsexamen vorzubereiten. Mit seinen USA-Erfahrungen war er für Ehmke ein wichtiger Gesprächspartner. Rasch wurden sie Freunde, auch privat. So war es nur noch ein kleiner Schritt bis zur Frage Ehmkes, ob die berufliche und private Verbindung nicht auch um die politische Dimension erweitert werden sollte.[11]

So kam es, dass Dohnanyi 1957 in Köln, seinem Wohnsitz, der SPD beitrat. Nach den Erfahrungen seiner Kindheit und Jugend kam für ihn keine andere Partei in Frage. Er war sicherlich kein geborener Sozialdemokrat, aber er wuchs in die Partei hinein, die spätestens seit Brandts Kanzlerkandidatur 1961 eine moderne Ausstrahlung vermittelte. Mit der Mutter gab es wegen dieses Schrittes monatelange Diskussionen. Dohnanyi konstatierte zwar, dass zum Versagen der deutschen Politik in der Weimarer Republik auch die SPD beigetragen habe, aber sie sei immer die stärkste demokratische Kraft gewesen, die sich der Gerechtigkeit, der Vernunft und dem Frieden verschrieben habe. Sie habe mehr Konsequenz und mehr Substanz gezeigt als jede andere Partei in der deutschen Geschichte. Er trat der SPD unmittelbar nach dem großen Wahlerfolg der CDU/CSU im September 1957 bei, der der Union die bislang einzige absolute Mehrheit für eine Partei bei Bundestagswahlen bescherte.

Der Kontakt zu Ehmke ist noch immer eng. Im Gegensatz zu dem ein Jahr älteren gebürtigen Danziger, der mitunter zu einer parteipolitischen Betrachtungsweise neigt, ist Dohnanyi völlig undogmatisch. Sein Credo lautet: »Ich hoffe, dass meine Partei zu 51 Prozent Recht hat. Das genügt mir.« Nachdem er 1960 nach München umgezogen war, bewegte er sich zunächst in der dortigen SPD-Szene, ohne als Parteiaktivist besonders aufzufallen. Sein politischer Ehrgeiz war jedoch schon erkennbar. Hans-Jochen Vogel, zu dieser Zeit Münchner Oberbürgermeister, erinnert sich an einen lebhaften, visionären jungen Mann. Die Kontakte zu führenden bayerischen Sozialdemokraten, Verbindungen nach Bonn und Berlin und erste Publikationen führten rasch dazu, dass der neue Geschäftsführer von Infratest ein begehrter Gesprächspartner wurde und in kürzester Zeit in die Spitzengruppe der bayerischen SPD vorstieß.

Dohnanyi hatte aber auch schon bundesweit einen gewissen Bekanntheitsgrad, wie eine Einladung zu den »Darmstädter Gesprächen« im Jahre 1960 zeigt. Zwar wurde er noch nicht als Referent geladen, saß aber unter anderem mit Carlo Schmid auf dem Podium. Mit seinem Diskussionsbeitrag deutete er seine Bereitschaft an, in den kommenden politischen Auseinandersetzungen des Landes eine Rolle zu spielen. Die »Darmstädter Gespräche«, geleitet von dem Literaten-Oberbürgermeister Winfried Sabais, befassten sich in jenem Jahr mit dem Thema »Der Mensch und seine Meinung«.

Dohnanyi vertrat bei seiner Wortmeldung den Standpunkt, dass eine freie Presse von der Werbung leben müsse, eine heutzutage auf dramatische Weise aktuelle Auffassung. Sie zeigt ein Politikverständnis, das sich in den USA geformt hat. Die Presse müsse sich so präsentieren, dass sie wirtschaftlich erfolgreich sei. »Freiheit ist nicht ästhetisch schön. Demokratie ist gerichtet auf einen langfristigen Durchschnittserfolg, und Durchschnitt ist das wirkliche Bild der Demokratie und ist auch wahrscheinlich das Bild der Freiheit. [...] Die Kritik, die man üben kann und die man üben sollte, muss auch im Rahmen der politischen Realität durchsetzbar sein. Ein Beispiel vielleicht, das uns helfen könnte, ist das: Auch in Amerika ist die Presse kommerzialisiert. In Amerika richtet sie sich in ganz anderem Umfang als bei uns nach dem, was gewünscht, was gekauft wird.« Dohnanyi warnte vor idealen Vorstellungen einerseits und künstlichen, realitätsfernen Gegensätzen andererseits: Kommerzialisierung bedeute nicht den Verzicht auf eine unabhängige Meinung.[12]

Dohnanyi war seinerzeit sehr durch die Lektüre von C. P. Snows 1959 erschienenem Buch *The Two Cultures* beeinflusst, in dem der Autor die These vertritt, dass sich in der modernen Welt zwei Zivilisationskreise entwickelt hätten, ein literarisch-intellektueller und ein naturwissenschaftlich-technischer, zwischen denen es hinsichtlich Wissen, Vorstellung und Sprache kaum gegenseitiges Verstehen gebe.[13] Beide Welten in sich zu vereinen, das Auseinanderdriften von Wissen und Handeln zu vermeiden, möglichst universell informiert und gebildet zu sein war stets Dohnanyis Anspruch und Bestreben.

In München lernte Dohnanyi bald den bayerischen SPD-Vorsitzenden Waldemar von Knoeringen kennen. Es entwickelte sich eine enge Zusammenarbeit, die sich auch mit Knoeringens Nachfolger Volkmar Gabert fortsetzte. Knoeringen machte Willy Brandt auf das Nachwuchstalent aufmerksam, und Dohnanyi nutzte die Chance. Schon beim Bundestagswahlkampf 1961 stieß er zu Brandts Kernteam vor. Er beriet ihn, beteiligte sich an der Ausarbeitung des Wahlkampfkonzeptes und unterstützte den Hoffnungsträger der SPD in der heißen Schlussphase des Wahlkampfes. Dabei verbrachte er mehrere Tage in Klausur im Schöneberger Rathaus zusammen mit Horst Korber, einem Vertrauten Brandts, der später die Passierscheinverhandlungen mit der DDR führte. Die Bundestagswahlen gingen für die SPD am 17. September 1961 verloren. Zum Dank für sein Engagement im Wahlkampf schenkte Brandt Dohnanyi das Buch des amerikanischen Autors James David Atkinson: *The Edge of War (Bis zum Flammenrand des Krieges)*. Die Widmung vom 19. November 1961 lautete: »Herrn Dr. von Dohnanyi mit Dank für wertvolle Unterstützung.« Das Buch ist ein Indiz für das, was Brandt zu dieser Zeit gedanklich stark beschäftigte: die Gefahr eines bevorstehenden Atomkriegs.

Wie Brandt strebte Dohnanyi an, mit einer intelligenten Ostpolitik gegenüber den Satellitenstaaten der Sowjetunion die

Chance für eine Wiedervereinigung Deutschlands offen zu halten. Und wie Brandt riet er nach der verlorenen Bundestagswahl dazu, die deutsche Teilung als gegeben anzusehen, von zwei deutschen Staaten innerhalb einer Nation auszugehen und die politischen »Realitäten« anzuerkennen; erst auf dieser Basis könne auf die Wiedervereinigung hingearbeitet werden. Dohnanyi, mit einem verlässlichen »historischen Gefühl« ausgestattet, rechnete damals damit, dass es bis zu einer Wiedervereinigung wenigstens zwanzig Jahre dauern würde. Der Wahlkampf, schrieb er im August 1961 an Brandt, sei seit dem Bau der Berliner Mauer politischer geworden, die Bevölkerung beginne zu begreifen, dass der »große Realist Adenauer« entweder kein Realist oder unaufrichtig gewesen sei.[14]

Er machte seiner Partei Mut: Dank Brandts überragender Persönlichkeit habe sie den richtigen Kandidaten. Die SPD, schrieb er in der Parteizeitschrift *Die Neue Gesellschaft,* müsse »die Dynamik der politischen Entwicklung erkennen, bevor sich die Alternativen« zur Entscheidung kristallisiert haben«.[15] Wenn man diesen analytischen Schritt vollzogen habe, könne man der Regierung mit der Formulierung von Alternativen das Gesetz des Handelns aufzwingen. Hier meldet sich bereits der Freund politischer Planungsprozesse und der unterschätzte Macher zu Wort. Heute sagt Dohnanyi: »Ich fand, und das ist noch heute meine Überzeugung, dass die Sozialdemokratie eine Substanz hat, die für unsere Gesellschaft von großer Bedeutung ist. Ob das noch in zwanzig Jahren so sein wird, kann ich nicht beurteilen. Aber ich glaube, dass diese Verbindung aus demokratischer Tradition und sozialer Überzeugung ein sehr wesentlicher Bestandteil einer damals wie heute richtigen Zukunft für unser Land ist.«

Dohnanyi fiel durch Thesen auf, die über die Tagespolitik hinauswiesen, durch frühe programmatische Aufsätze und unorthodoxe Überlegungen, wie es der SPD gelingen könnte, die Regierungsverantwortung zu übernehmen. Für sein politisches Engagement aufschlussreich ist eine kleine Wahlkampfbroschüre, in der er gut zehn Jahre später, 1972, mittlerweile Bundesminister für Bildung und Wissenschaft im letzten Kabinett Brandt, begründete, warum er Sozialdemokrat geworden sei.[16] Er argumentiert dort mit der deutschen Geschichte, und zwischen den Zeilen liest man das Schicksal seiner Familie. Begriffe wie »gerade«, »gradlinig« und »gerecht« fallen, »Menschlichkeit«, aber auch »Mut«. In seiner politischen Denkweise und Argumentation ist er sich stets treu geblieben. Seine Reden und Texte sind von klaren Grundsätzen getragen und haben einen hohen Wiedererkennungswert, wenn man die Kernpunkte seiner Aussagen miteinander vergleicht.

Selbstverständlich argumentierte der junge Dohnanyi auf der Grundlage allgemeiner Überzeugungen der Nachkriegsjahre. Er vertraute auf die Leistungsfähigkeit der Technik; ihre Entwicklung werde auch die menschlichen und politischen Bedingungen verbessern. In einem Land, das ihm im Vergleich zu den USA rückständig und zaghaft erschien, drängte er auf Veränderungen und brachte ein, was er im zurückliegenden Jahrzehnt erlernt und erlebt hatte. Schon ehe 1966 die Große Koalition zwischen CDU und SPD unter Kanzler Kurt-Georg Kiesinger gebildet wurde, plädierte er in einem Beitrag für den Sammelband *Deutschland ohne Konzeption?*, der 1964 erschien, dafür, den politischen Betrieb durch Planung effizienter zu gestalten.[17] Er besaß einen guten Überblick über die Vorgänge der politischen Planung in den USA, Großbritannien und Frankreich und war zu der Erkenntnis gelangt, dass sich die Quellen von Wissen und Information in einer privatwirtschaftlich organisierten Gesellschaft ebenfalls weitgehend im »privaten Bereich befänden«.

Der Kontakt zu Willy Brandt blieb nach dem Bundestagswahlkampf 1961 erhalten. Die Erfahrungen, die er im Wahlkampf gesammelt, und die Verbindungen, die er dabei geknüpft hatte, bewogen Dohnanyi 1965, im Norden von München für den Deutschen Bundestag zu kandidieren. Das Direktmandat war unerreichbar, und auf der bayerischen Landesliste war er so weit hinten platziert, dass er keine Chance hatte. Seine Freunde in München, Berlin und Bonn, vor allem Horst Ehmke, hatten jedoch beruhigende Nachrichten für ihn: Dohnanyi gehörte zusammen mit Karl Otto Pöhl, Manfred Lahnstein und Detlev Rohwedder zu einer Gruppe potentieller Seiteneinsteiger, die bei einer Regierungsbeteiligung der SPD im Bund eine Chance auf hohe Ämter haben würden. Ehmke hatte Brandt für diesen Gedanken längst gewonnen: Bei einem Wahlsieg werden »die stillen Reserven aktiviert«, lautete die Absprache.[18]

Diese Chance eröffnete sich für Dohnanyi bereits 1966, als ihn der hessische Ministerpräsident Georg-August Zinn als Justizminister nach Wiesbaden holen wollte. Zinn, der Hitler-Gegner, hatte wie Hans von Dohnanyi in Berlin Jura studiert und am Ende der Weimarer Republik in seiner Heimatstadt Kassel den Aufstieg der Nationalsozialisten unter dem dortigen stellvertretenden Gauleiter Roland Freisler bekämpft. Nur mit Glück überlebte er den 20. Juli 1944. Zinn hatte mit Dohnanyi 1966 nichts Geringeres vor, als ihn anstelle des ungeliebten Albert Oswald zu seinem Nachfolger aufzubauen. Er ging dabei jedoch sehr ungeschickt vor. Die Rebellion in der SPD-Fraktion gegen den Seiteneinsteiger war wohl der Anfang vom Ende der Ära Zinn. Dieser hatte zwar die Zustimmung des hessischen SPD-Landesvorstands eingeholt, aber in der mehrstündigen Sitzung der SPD-Landtagsfraktion am 13. Dezember 1966 ergab sich am Ende ein Verhältnis von 30 : 17 Stimmen gegen die Berufung Dohnanyis. Ein wütender Ministerpräsident verließ die Sitzung, noch bevor das Resultat feststand.

Wie kam es dazu, dass es Dohnanyi binnen drei Jahren gelang, vom einfachen SPD-Mitglied in die vorderen Ränge der Partei vorzustoßen und für Führungspositionen eingeplant zu werden? Man muss annehmen, dass er für die überlebende Weimarer Politikergeneration, auch für die Sozialdemokraten aus dem Exil, wie ein Geschenk wirkte. Zu ihm, dem Sohn eines der führenden Köpfe des Widerstands, konnten sie leichter politisches und menschliches Vertrauen aufbauen als zu anderen Vertretern der jüngeren Generation. Dohnanyi erwies sich sehr rasch als prägnanter, umsichtiger Denker, der auch in seinen strategischen Überlegungen auf die politische Praxis abzielte. Für Zinn waren dies die entscheidenden Gründe gewesen, ihn mit politischer Verantwortung zu betrauen. Man erkannte allgemein, dass man es mit einem politischen Ausnahmetalent zu tun hatte.

In der Politik

Klaus von Dohnanyi wechselte aus der Wirtschaft in die Politik, als sich die Große Koalition unter Kiesinger und Brandt ihrem Ende näherte. Das Regierungsbündnis der beiden großen Volksparteien war, wie wohl oft in lebensfähigen Demokratien, die politische Lösung für eine Übergangszeit. Sie bereitete den Weg zur Wunschkoalition, die Dohnanyi in den nun folgenden zwanzig Jahren immer anstrebte – die sozialliberale Koalition von SPD und FDP. Eine solche politische Konstellation hätte wohl auch sein Vater während der Weimarer Republik vorgezogen. Karl Schiller machte Dohnanyi Anfang 1968 das Angebot, beamteter Staatssekretär im Bonner Wirtschaftsministerium zu werden. Der Kontakt zu Schiller war über Klaus Dieter Arndt zustande gekommen. Auch Zinn hatte seinen Bonner Parteikollegen auf das Talent aufmerksam gemacht, nachdem der zweite Versuch, Dohnanyi nach Wiesbaden zu holen, ebenfalls gescheitert war. Dieses Mal hatte er für den zum Bundeswohnungsbauminister avancierten Lauritz Lauritzen als Staatssekretär nach Wiesbaden gehen sollen.

Dohnanyi zögerte nicht lange und nahm das Angebot aus Bonn an. Rückblickend hält er diesen Schritt für richtig, auch wenn er augenzwinkernd darauf verweist, für den Einstieg in die Politik einen hohen Preis bezahlt und auf ein stattliches Vermögen verzichtet zu haben. Er verkaufte seinen Unternehmensanteil an Infratest. Als das Institut in den neunziger Jahren wieder einmal den Besitzer wechselte, wäre dieser Anteil einen hohen zweistelligen Millionenbetrag wert gewesen. Sein Ausstieg aus der Beteiligung wäre nach einer ausdrücklichen Verfügung

Schillers gar nicht nötig gewesen, doch durch seinen Verzicht vermied Dohnanyi jegliche Interessenkollision, denn Infratest erhielt Regierungsaufträge.

Die achtjährige Tätigkeit als Unternehmer hatte ihn unabhängiger gemacht – wirtschaftlich und in seiner Lebenseinstellung. Er wusste, dass er nicht darauf angewiesen war, zur Wahrung seines Lebensstandards in der Politik bleiben zu müssen. Er hatte Reserven, und er war sich vollkommen sicher, dass er jederzeit ein neues Tätigkeitsfeld finden würde. Er besaß die unter Politikern seltene Freiheit, jederzeit aufhören zu können, wenn er dies für geboten hielt. Sein Weggang wurde bei Infratest mit Bedauern aufgenommen. Einige mögen auch Erleichterung empfunden haben, weil sie das Tempo der Veränderungen, das der junge Chef vorlegte, nicht mithalten konnten oder wollten. Jeder Umbau einer Institution, jede Veränderung ihrer Zielsetzung und jede Optimierung ihrer Methoden wirkt polarisierend. Das war bei Infratest nicht anders. Doch der Erfolg des Unternehmens gab Dohnanyi offenkundig Recht.

Am 15. März 1968 nahm der mittlerweile Neununddreißigjährige als Staatssekretär im Wirtschaftsministerium seine Tätigkeit auf. Schnell hatte er in Bonn den Spitznamen »Der kleine Kennedy aus Bayern« weg, wie die Zeitschrift *Capital* eine Geschichte über ihn im Zusammenhang mit den hessischen Ereignissen getitelt hatte. Sie lag damit nicht ganz falsch, denn John F. Kennedy war für ihn ein Hoffnungsträger gewesen – weltpolitisch und mit dem Modell einer offenen Gesellschaft, das er vertrat. Werner Höfer fragte Dohnanyi damals in einem Beitrag für *Die Zeit,* warum er in die Politik gegangen sei. Er antwortete in der Diktion Kennedys: Was immer man tue, habe man als Dienst für sein Land aufzufassen. Sein Verständnis von Politik definierte er bei dieser Gelegenheit als Bemühen, das menschliche Leben würdiger zu gestalten.

Wie für alle vier Positionen, die Dohnanyi in der Bundespolitik bekleidete, gilt auch für seine Tätigkeit als Staatssekretär: Es fällt schwer, sie angesichts der kurzen Amtszeit von gerade eineinhalb Jahren angemessen zu beurteilen. Vielleicht geriet er in dem großen Ministerium, in dem er für die Europa-, die Mittelstands- und die Außenwirtschaftsabteilung zuständig war, tatsächlich »bald aufs Abstellgleis«, wie Rolf Zundel in der *Zeit* schrieb, »und das wohl nicht nur wegen persönlicher Unverträglichkeit«.[19] Aber dieses Urteil kommt ein wenig überraschend, weil Dohnanyi binnen kurzer Zeit beachtliche Ergebnisse vorzuweisen hatte. Der spätere Regierungssprecher Armin Grünewald schrieb damals über ihn, dass sich seine Herkunft aus Juristen- und Musikerkreisen »zu jener Mischung aus strenger Rationalität und sensibler Fantasie zusammenfüge, die der Selbststilisierung von der ›Rarität‹ glaubhafte Züge gibt«. An derartigen Äußerungen fällt auf, dass Dohnanyi von seinen Anfängen in der deutschen Politik an in der überregionalen Presse genauestens registriert wurde. Die damalige Bundesrepublik war oft eng, mitunter auch spießig, das politische Führungspersonal bestand überwiegend aus älteren Herren. Anders lässt sich kaum erklären, mit welcher Verve man sich bei dem »Newcomer« auf Äußerlichkeiten stürzte. Dohnanyis Auftreten, seine Anzüge, seine Autos, sein häusliches Umfeld wurden zum Dauerthema. Aber selbst seine schärfsten Kritiker vergaßen nie – mit Respekt und gelegentlicher Bewunderung –, auf das Schicksal seiner Familie hinzuweisen. Er war am Rhein ein Paradiesvogel, und er tat eine Menge dazu, dass es so blieb.

Im November 1968 unternahm Dohnanyi an der Spitze einer Regierungsdelegation eine knapp dreiwöchige Japanreise. Die Idee war ihm gekommen, nachdem ihm aufgefallen war, dass sich in Bonn beinahe wöchentlich eine japanische Regierungsdelegation einfand, dass aber niemand in die Gegenrichtung reiste. Schiller stimmte dem Vorschlag seines Staatssekretärs, den Aufstieg der kommenden Technologie-Großmacht zu erkunden, sofort zu. Bei einer Pressekonferenz in Bonn unmittelbar nach der Rückkehr bezeichnete Dohnanyi den Inselstaat im Fernen Osten als den größten Konkurrenten der Bundesrepublik. Seine Eindrücke fasste er in einem Buch zusammen, in dem er Japan mit Deutschland verglich und der Bundesrepublik ein Führungsdefizit attestierte.[20]

Viele Ideen und Konzepte, die Dohnanyi bereits in den Infratest-Jahren entwickelt hatte, wurden hier zu Papier gebracht. Er forderte mehr politische Planung, die Modernisierung des in den Adenauer-Jahren angestaubten Regierungsapparats und eine Stärkung des Kanzleramtes. Dort waren nur zwei Beamte mit Zukunftsfragen betraut. Eine Planungsabteilung gab es nicht. »Nur eine kontinuierliche Information der politischen Führung kann das erforderliche Informationsniveau für die täglichen Entscheidungen garantieren«, heißt es in dem Buch.[21] »Nur indem wieder integriert wird, was spezialisiert auseinander strebt, kann heute die Nation geführt werden.« Dohnanyi erkannte die Nachteile des deutschen Föderalismus, die Zersplitterung der Führungseliten. »Der Verlust der Hauptstadt und eine Regierungsstadt mit großen Distanzen zu den Metropolen des Landes sind damit auch zu Problemen der politischen Führungstechnik geworden, die es zu lösen gilt«, schrieb er hellsichtig.[22] Er schloss das Buch mit einem klaren Bekenntnis zum europäischen Einigungsprozess ab. Kein Zweifel, für einen beamteten Bonner Staatssekretär waren dies damals sehr weit gehende und ungewöhnlich strategische Äußerungen. Unter anderem auch deswegen fand das Buch ein geteiltes Echo. Dohnanyi führt im Rückblick noch einen weiteren Grund an: Während in der angelsächsischen Welt Bücher von Politikern unvoreingenommen Beachtung fänden, begegneten sie in Deutschland nach der Devise, dass Macht und Geist einander fremde Welten seien, nur geringer Wertschätzung.

In Japan sollte das Buch Mitte der achtziger Jahre neu aufgelegt werden. Dohnanyi, inzwischen Mitglied des Club of Rome, lehnte ab, weil kein Kapitel zur Umweltpolitik enthalten war. Ein solches wäre seiner Überzeugung nach in den achtziger Jahren unverzichtbar gewesen, in den sechziger Jahren hatten Umweltfragen in der politischen Diskussion noch keine Rolle gespielt. Er sah sich jedoch zeitlich nicht in der Lage, ein entsprechendes Kapitel nachzutragen, und so unterblieb eine erneute Veröffentlichung. Journalisten wie Nina Grunenberg, die das Buch nach seiner Veröffentlichung kritisiert hatten, änderten später ihre Meinung über Dohnanyis angeblich »unzeitgemäße Betrachtungen«.

Dohnanyi hatte sein Japan-Buch Anfang 1969 binnen weniger Wochen verfasst. Unwillkürlich erinnert man sich an den parallelen Bucherfolg eines smarten Franzosen, dessen Vorfahren aus Deutschland stammten, an Jacques Servan-Schreiber, der zu dieser Zeit ebenfalls vor einer großen politischen Karriere stand. Servan-Schreiber hatte gerade *Die amerikanische Herausforderung* geschrieben. Der wie Dohnanyi Amerika-erfahrene Franzose hatte sein Buch, in dem die USA als wirtschaftliches und politisches Vorbild geschildert werden, kurz vor Dohnanyis Japan-Buch veröffentlicht, und es wurde ein Bestseller.[23]

Ausführlich berichtete die deutsche Presse über Dohnanyis Reise nach Moskau, wo er im Mai 1969 Gespräche über sowjetische Erdgaslieferungen führte. Den Verhandlungen, die er teilweise in enger Abstimmung mit dem bayerischen Ministerpräsidenten Franz Josef Strauß geführt hatte, ist der Bau einer Erdgaspipeline aus der Sowjetunion ins fränkische Marktredwitz zu verdanken. Reisen deutscher Politiker in die Sowjetunion waren damals noch äußerst selten.

Eine seiner größten Leistungen während der achtzehn Monate im Bundeswirtschaftsministerium vollbrachte der »Europäer« Dohnanyi, zu dessen Aufgaben auch die Koordinierung der deutschen Europapolitik in Bonn gehörte, im Zusammenhang mit dem Airbus, dem großen europäischen Gemeinschaftsprojekt. Ohne seine Weitsichtigkeit und Hartnäckigkeit wäre das Flugzeug vielleicht nie gebaut worden. Allein deswegen müsste man seine Zeit im Wirtschaftsministerium als Erfolgsgeschichte bezeichnen. Die Idee des Airbus hat eine lange Vorgeschichte. Vor dem Zweiten Weltkrieg waren die Europäer in der Luftfahrtindustrie führend, und auch in der Forschung hielten sie bis 1939 die Spitzenposition. Dieser Vorsprung ging im Zweiten Weltkrieg verloren. Die Vereinigten Staaten und die Sowjetunion überholten die Europäer. Nur in Frankreich erkannte man die Notwendigkeit, Europas Kräfte beim Flugzeugbau zu bündeln, um in der Konkurrenz insbesondere zur amerikanischen Luftfahrtindustrie bestehen zu können.

In den sechziger Jahren erzielte der zivile Luftverkehr traumhafte Wachstumsraten. Der Massentourismus florierte, ferne Urlaubsziele gewannen zunehmend an Attraktivität. Die Amerikaner zogen aus der wachsenden Nachfrage die Konsequenz und bauten größere Maschinen wie die spätere Boeing 747, den »Jumbo«, oder die McDonnell Douglas DC 10. Die Europäer setzten dagegen auf schnellere Flugzeuge, damals entstanden die Pläne für das Überschallflugzeug »Concorde«; drei französische und zwei britische Unternehmen arbeiteten an dem Vorhaben. In Planung befand sich 1964 auch das Projekt »Gallion«, der Bau eines Flugzeugs mit etwa 200 Sitzen für innereuropäische Distanzen. Beim Flugsalon von Le Bourget fiel 1965 erstmals der Begriff »Airbus«. Er sollte eine Lücke schließen. In der Bundesrepublik machte sich nun Franz Josef Strauß ans Werk, die deutsche Flugzeugindustrie für das Projekt zu gewinnen. Dies gelang.

Etwa zu der Zeit, als Dohnanyi Staatssekretär wurde, gab es in Europa intensive Bestrebungen, eine wirksame europäische Konkurrenz zu Boeing aufzubauen. Dohnanyi schaffte es, die erforderlichen Fusionen der kleinteiligen deutschen Flugzeugindustrie durchzusetzen und seinen Minister Karl Schiller von der Idee des Airbus-Projekts zu überzeugen. Am 29. Mai 1969 wurde zwischen Frankreich und Deutschland eine Vereinbarung über das Projekt getroffen; damit wurden die Weichen für Entwicklung und Produktion des Airbus gestellt. Das Projekt geriet noch viele Male in Gefahr. Während der Regierungszeit von Brandt und Schmidt wurde im Kabinett wiederholt erwogen, den einmal gefällten Beschluss aus Kostengründen rückgängig zu machen. Aus den Reihen der SPD kam ebenfalls Widerspruch. In Frankreich und Deutschland hat man nicht vergessen, welch treibende Rolle Dohnanyi seinerzeit spielte. Als in Hamburg das fünfundzwanzigjährige Bestehen der dortigen Airbus-Fertigung gefeiert wurde, hielt er in Anwesenheit Karl Schillers und des französischen Transportministers von 1969, Jean Chamant, die Festrede. Zum Jubiläum »30 Jahre Airbus« wurde Dohnanyi nach Toulouse eingeladen.

Wäre es nach Dohnanyi gegangen, hätte sich die Bundesrepublik auch an dem französisch-britischen Gemeinschaftsprojekt

»Concorde« beteiligt. Die damalige Bundesregierung habe übersehen, dass es nicht so sehr auf die Gewinnung von technischem Know-how ankam als auf das Besetzen von Märkten. Wirtschaft, Verwaltung und Politik könnten »gemeinsam etwas voranbringen, wenn sie die richtige Arbeitsteilung finden und langfristig denken«.[24] Angesichts künftiger Auseinandersetzungen mit den USA, die politisch, wirtschaftlich und teilweise militärisch-industriell enorme Vorteile gegenüber Europa besitzen, empfiehlt Dohnanyi eine enge Kooperation europäischer Politik und Wirtschaft. Heute gehe es dabei nicht zuletzt um die globale Kommunikationsindustrie und mit ihr auch um die »Selbstbehauptung Europas«.

Der SPD-Seiteneinsteiger nahm 1968/69 in Absprache mit Willy Brandt, dessen zu Beginn der sechziger Jahre erworbenes Vertrauen er als Staatssekretär in Bonn weiter ausgebaut hatte, Kontakte zur FDP-Spitze auf. 1969 standen Neuwahlen zum Deutschen Bundestag an. Walter Scheel, den er zu Sondierungen zu sich nach Hause einlud, erklärte, selbst bei knappstem Wahlausgang ein Regierungsbündnis mit der SPD wagen zu wollen. Dohnanyi informierte Brandt über das Gespräch. Er war es dann auch, der bei Scheel in der Wahlnacht anrief, als das geplante Bündnis auf des Messers Schneide stand. Denn die rechnerische Mehrheit für eine sozialliberale Koalition war denkbar knapp, sie ging durch Abtrünnige dann auch im Laufe der Legislaturperiode verloren. Aber Scheel stand zu seinem Wort. Dohnanyi hatte eine Schrecksekunde zu überstehen, als er von seinem Telefonat mit Scheel zum Büro des SPD-Vorsitzenden zurückkehrte. Denn vor der Tür Brandts stand wie ein Zerberus Herbert Wehner, der gerade einem Journalisten den verächtlichen Begriff von der »Pendlerpartei FDP« in den Block diktierte. Unmittelbar danach übermittelte Dohnanyi die gute Nachricht, »dass die FDP stehen werde«, an Brandt.

Die Auffassung, dass eine sozialliberale Koalition auf Bundesebene erstrebenswert sei, teilte Dohnanyi mit Brandt, der schon 1966 ein sozialliberales Bündnis favorisiert hatte und im Gegensatz zu Wehner und Schmidt immer ein Freund der Liberalen gewesen war. Für diese Einstellung wird wohl seine Zeit im skandinavischen Exil maßgebend gewesen sein. Dort war ein pragmatischer und toleranter Liberalismus Wesensbestandteil der Sozialdemokratie. Diese Art von Liberalität, von Freiheit besaß für Brandt einen anderen Stellenwert als für Schmidt und Wehner, die beiden anderen Mitglieder der »Troika«. Brandt war durch seine skandinavischen Erfahrungen noch etwas anderes zur Selbstverständlichkeit geworden: ein optimistischer Grundton in der Politik. Er unterschied sich grundlegend von der Verzagtheit, der Welt- und Erfolgsangst mancher führender Sozialdemokraten. Brandt kommentierte das Phänomen, das noch heute in der SPD zu beobachten ist: »Der deutschen Sozialdemokratie ist eine Tradition angeboren, in der der Misserfolg moralisch in Ordnung geht und der Maßstab des Erfolges einen anrüchigen Beigeschmack hat.«[25] Dohnanyi zitiert diesen Satz auffallend häufig.

Die Bundestagswahlen 1969, aus denen dann tatsächlich eine sozialliberale Koalition hervorging, bedeuteten für Dohnanyi den endgültigen Wechsel in die Politik. Über die Landesliste von Rheinland-Pfalz, unter anderem vermittelt durch Carlo Schmid, kam er in den Deutschen Bundestag. Schmid, wie Dohnanyi der seltenen Spezies eines liberalen Sozialdemokraten zugehörig, hielt dazu später fest: »Ich hatte mich sehr darum bemüht, weil ich der Meinung war, es könnte diesem ideenreichen Mann gelingen, der Partei in diesem Bundesland ein modernes Gepräge zu geben.«[26] Mit 34,2 Prozent der Erststimmen erzielte Dohnanyi gegenüber dem CDU-Konkurrenten Leicht, der auf 52,0 Prozent kam, in Landau in der Südpfalz nur ein respektables Ergebnis. Beobachtern fiel auf, dass er während des Wahlkampfs leidenschaftlich die NPD attackiert hatte, für ihn auch ein persönliches Anliegen.

Dohnanyi gelang die von Schmid erwartete Modernisierung der Partei in einer CDU-Bastion und in einem Bundesland mit ausgeprägten Landsmannschaften. Aber sie brauchte Zeit. Richtig warm wurden die Rheinpreußen, Mosellaner und Pfälzer mit ihm zunächst nicht. Das lag weniger an den Bürgern als an den

SPD-Funktionären und einer Bonner Presse, die die Abstecher des »Überfliegers« in die Provinz mit Boshaftigkeit begleitete.[27] Nina Grunenberg, die ihn beim Wahlkampf in seinem Wahlkreis Landau beobachtete, konstatierte: »Der Kontakt mit der Pfälzer Basis erschöpft ihn.« Aber dieses Problem hatte Dohnanyi überall in der Bundesrepublik. Sie war eine Gesellschaft der Mittelschicht geworden, die Persönlichkeiten, die durch eigenen Erfolg herausragen, nur auf dem Feld von Kunst und Sport duldete.[28]

Ungewollt verursachte Dohnanyi mit seinem kühlen, kontrollierten und selbstbewussten Auftreten das, was der Bonner Gesellschaftschronist Walter Henkels als »Minderwertigkeitskomplexe bei kleinen Leuten« beschrieben hat.[29] Aber Dohnanyi gab nicht auf. Ob er registrierte, was in der Partei über ihn geflüstert wurde, ist nicht festzustellen. In jedem Fall bekam er die Intrigen, die gegen ihn gesponnen wurden, nicht mit. Er ging in Rheinland-Pfalz aktiv auf die Menschen zu, errang mit der Zeit mehr als Achtungserfolge und am Ende das beglückende Gefühl, als Sozialdemokrat angekommen, angenommen worden zu sein. Das erklärt seine große Anhänglichkeit an Rheinland-Pfalz bis zum heutigen Tag.

Unter dem parteilosen Minister Hans Leussink wurde Dohnanyi nach dem Wahlsieg von 1969 Parlamentarischer Staatssekretär im Bundesministerium für Bildung und Wissenschaft.[30] Die beamteten Staatssekretäre waren Hans von Heppe und später Hildegard Hamm-Brücher. Es waren die Jahre, in denen, wie es Peter Glotz einmal formulierte, »mit Bildungspolitik Wahlen gewonnen oder verloren wurden«. Dohnanyi hatte sofort einen guten Draht zu Leussink, dem gelernten Diplomingenieur und bisherigen Präsidenten des Wissenschaftsrates, der im Zweiten Weltkrieg Soldat in Russland gewesen war. Leussink war mit Finanzminister Alex Möller befreundet, der ihn förderte. Dohnanyi stellte für Leussink die Verbindung zu den Bundestagsfraktionen, den Landtagen und zur SPD her. Der Minister und sein Staatssekretär verfügten gleichermaßen über internationale Erfahrung. Leussink, gebürtiger Westfale, langjähriger Professor an der Technischen Hochschule Karlsruhe, hatte an der Planung des Assuan-Staudamms in Ägypten sowie an zahlreichen Großprojekten in Asien und Afrika mitgewirkt und umfangreiche Erfahrungen in der amerikanischen Hochschullandschaft gesammelt.

Um Großprojekte ging es nun auch im Wissenschaftsbereich – um die Magnetschwebebahn, den heutigen »Transrapid«, dessen Bau unter Dohnanyi beschlossen wurde, um den »Schnellen Brüter« in Kalkar, um Baugenehmigungen für Atomkraftwerke. Als der Antrag gestellt wurde, einen Atomreaktor im Großraum Ludwigshafen zu bauen, lehnte Leussink entschieden ab.

Leussink und Dohnanyi machten sich sofort an die Ausarbeitung eines Hochschulrahmengesetzes, das lange zwischen Bund und Ländern umstritten war, später jedoch verabschiedet wurde. Auch der angekündigte Bildungsgesamtplan hatte mit anfänglichen Schwierigkeiten zu kämpfen. Das von Helmut Schmidt erdachte Konzept für Bundeswehrhochschulen fand dagegen rasch Konsens; schon nach wenigen Jahren nahmen die beiden Neugründungen in Hamburg und München den Lehrbetrieb auf. Die Hamburger Institution wurde im Dezember 2003 nach Helmut Schmidt benannt, der bei diesem Anlass den Ehrendoktor »seiner« Hochschule erhielt. Das von Dohnanyi favorisierte Gesamtschulprojekt kam angesichts des Widerstands in den CDU-geführten Bundesländern zu Beginn der siebziger Jahre nicht voran. Dohnanyi plädierte damals für die flächendeckende Einführung von Gesamtschulen und glaubt noch heute, dass sie in einer vernünftigen Größe – nicht als riesige Bildungsfabriken – eines nicht zu fernen Tages in der gesamten Bundesrepublik existieren werden. Kinder sollten, findet er, beim Schulunterricht nicht vor dem 14. Lebensjahr getrennt werden. Solange man dies tue, würden die Begabungspotentiale nicht ausgeschöpft, bildeten sich Gesellschaftsklassen heraus.

Hans Leussink verlor im Kabinett rasch an Rückhalt. Sein Förderer Alex Möller trat im Mai 1971 zurück. Der linke Flügel der SPD verfolgte Leussinks Vorhaben mit Argwohn. Karl Schiller, der neue Superminister, strich ihm die Planungsreserven.

Während einer Süd- und Mittelamerika-Reise erklärte Leussink schließlich im Januar 1972 seinen Rücktritt.

Ein Jahr zuvor hatte Dohnanyi in seinem Buch *Die Schulen der Nation* seine bildungspolitischen Ziele formuliert.[31] Die Bund-Länder-Kommission für Bildungsplanung und Forschung hatte zu diesem Zeitpunkt ein Jahr lang an Reformvorschlägen gearbeitet. Dohnanyi versuchte, Kompromisslinien festzulegen. Er vertrat weiterhin die Auffassung, dass die Schranken zwischen Grund- und Hauptschule, Realschule und Gymnasium niedergerissen werden müssten, um eine optimale Ausbildung für alle zu erreichen. Auch im Hochschulbereich setzte er auf die Gesamthochschule als Voraussetzung für ein Konzept sinnvoll aufeinander abgestimmter Studiengänge. Die Reform der beruflichen Ausbildung befand sich 1971 noch in den Anfängen. In seiner Ministerzeit wurde sie dann ein wichtiges Vorhaben.

Dohnanyi interessierten grundlegende Fragen: Wie wird Leistung beurteilt – Leistung als Maßstab der Auslese? Wer darf studieren und wer entscheidet darüber? Auch mit den heiklen Fragen der Lehrerbesoldung und -arbeitszeit setzte er sich auseinander. Offensichtlich konnten nicht die gleichen Privilegien bei der Anstellung im öffentlichen Dienst beansprucht werden, wenn zwanzig Prozent eines Jahrgangs Abitur machten und nicht mehr fünf Prozent, wie noch in den fünfziger Jahren. Eine geringere Bezahlung sah er als eine Art Solidarbeitrag an, um allen am Lehramt Interessierten eine Beschäftigungschance zu eröffnen. »Es lässt sich nicht vermeiden, dass eine wirkliche Reform auch weh tut. Dies nicht zu verschweigen gehört zu dem Mut, den wir jetzt brauchen«, schrieb er 1971 in einem *Zeit*-Artikel. Dem Econ Verlag, der den Artikel nachdruckte, unterlief ein Fehler in der Titelzeile. Dort war von der Reform, die »not tut«, die Rede anstatt einer, die »weh tut«. Dohnanyi korrigierte daraufhin eigenhändig die zahlreichen Belegexemplare, die anschließend an wichtige Multiplikatoren versandt wurden.

Am 27. Januar 1972 schlug Willy Brandt vor der SPD-Bundestagsfraktion Dohnanyi als Nachfolger Leussinks vor, am 15. März 1972 wurde er Bundesminister für Bildung und Wissenschaft. Er »überlebte« im Gegensatz zu den beiden anderen Staatssekretären – auch ein Indiz für seine Härte und sein Selbstbewusstsein. Erhard Eppler und Horst Ehmke, die zuerst gefragt worden waren, hatten abgewinkt. Die Bildungspolitik schien festgefahren. Schließlich fiel die Wahl auf Dohnanyi. Unter den gegebenen Umständen werde ihm nichts anderes übrig bleiben, als die Geschäfte schlecht und recht abzuwickeln, lautete der Tenor in der Presse. Von der Bildungspolitik wurde nicht mehr viel erwartet. Aber die Kritiker täuschten sich.

Dohnanyi machte sich mit Feuereifer und großem Ernst an die Arbeit, wie seine engen Mitarbeiter übereinstimmend berichten. Mit dreiundvierzig Jahren war er eines der jüngsten Mitglieder im Brandt-Kabinett, neben Ehmke und Bahr zählte er zu den intellektuellen Stars. Fotos, die am 27. April 1972 nach dem gescheiterten Misstrauensvotum gegen Willy Brandt aufgenommen wurden – der Deutsche Bundestag versagte damals dem CDU-Kandidaten Rainer Barzel die Mehrheit –, zeigen Dohnanyi direkt hinter dem Bundeskanzler stehend. Noch im gleichen Jahr begleitete er als Bildungsminister den Kanzler auf einer USA-Reise, die unter anderem zum Weltraumzentrum der NASA auf Cap Kennedy führte.

Inmitten des vorgezogenen Bundestagswahlkampfes 1972 brachte Dohnanyi eine strategische Neuordnung der europäischen Weltraumpolitik zustande. Das drohende Kompetenzchaos zwischen mehreren beteiligten Staaten wurde durch ein Abkommen vermieden, und die europäische Rakete, die damals bei Abschüssen zumeist im Atlantik versank und bereits als »Instrument der Meeresforschung« verspottet wurde, geriet allmählich auf die Bahn des Erfolgs. Frankreich entwickelte nun im Rahmen des europäischen Weltraumprojekts die Trägerrakete »Ariane«, Deutschland erhielt den Zuschlag für die Konstruktion und Fertigung des »Spacelab«, das mit den US-Raumfähren kompatibel sein sollte; die Entwicklung der Satellitentechnik teilten sich Großbritannien und die Bundesrepublik. Dohnanyi gewann für seinen Plan der europäischen Zusammenarbeit den damaligen Präsidenten der Max-Planck-Gesellschaft, Raimar

Lüst, und auf politischer Ebene den zunächst skeptischen Außenminister Scheel. Der Dohnanyi-Plan kam dann auch zur Ausführung.

Dohnanyi beschäftigte seine Mitarbeiter mit vielen Anregungen und Anweisungen. »Er war sehr anspruchsvoll«, berichtet ein hoher Beamter. Tagsüber hatte er oft Außentermine, von denen er am Nachmittag ins Ministerium zurückkehrte. »Er sprudelte nur so von Ideen«, erinnert sich einer seiner engsten Mitarbeiter. Stundenlang wurde dann mit dem Minister diskutiert.

»Dohnanyi ist ohne Zweifel in Bonn der größte Lieferant an politischen Patentrezepten«, hieß es böse in einer Hamburger Wochenzeitung im Februar 1972, und weiter: »Seine Neigung, zwischen Vision und praktischer Politik hin- und herzuspringen, und sein bisher ungehemmter Einfallsreichtum haben schon manchen Mitarbeiter verwirrt.« Friedrich-Karl Fromme schrieb in der *Frankfurter Allgemeinen Zeitung,* dass Dohnanyi »etwas Aalartiges« auszeichne, dass er eine »tänzerische Eleganz« zeige. Bonner Beobachter konstatierten bei ihm einen »Spieltrieb«, den man auch mit dem Modewort »Kreativität« bezeichnen könne, wie ein angesehener Korrespondent schrieb. Dohnanyi selbst hat Jahre später im Fragebogen des *FAZ*-Magazins als seinen größten Fehler bezeichnet, »zu viel zu wollen«. Auf Reisen im In- und Ausland beförderte sein Bürochef immer ein »fliegendes Archiv« in zwei großen Aktentaschen mit sich, um jederzeit für die Fragen seines Ministers zu wichtigen Dokumenten, Briefen oder Regierungserklärungen gewappnet zu sein.

Nach dem triumphalen Wahlsieg der SPD im November 1972 musste sich Dohnanyi mit einem Teil seines bisherigen Ressorts, dem Bildungsministerium, begnügen. Die Forschung ging an Horst Ehmke. Schlagzeilen machte Dohnanyi, als er in den Tagen des Jom-Kippur-Krieges, der die erste große Ölkrise auslöste, im Oktober 1973 zu zweiwöchigen Fachgesprächen in die Volksrepublik China reiste und der lange in der politischen Versenkung verschwundene Deng Xiaoping sich erstmals wieder in der Öffentlichkeit zeigte. Dohnanyi führte ein zweistündiges

Gespräch mit ihm und ist bis heute tief beeindruckt von der Persönlichkeit dieses Mannes. Deng sprach anhaltend und fast besessen von den Risiken eines Atomkriegs mit der Sowjetunion.

Eine andere Auslandsreise führte Dohnanyi im November 1973 nach Rumänien. Im Programm der rumänischen Regierung war auch ein Ausflug in die Karpaten vorgesehen, wo der Minister alte Klöster besichtigen konnte. Bei der Ausarbeitung des Programms war den rumänischen Stellen ein Irrtum unterlaufen. Dohnanyis Ministerium hatte ausdrücklich mitgeteilt, dass der Minister auf keine Jagd gehen wolle. In Bukarest wurde daraus »eine kleine Jagd«. Dohnanyi willigte schließlich ein, entdeckte jedoch bei der Durchsicht der zur Verfügung gestellten Ausrüstung, dass Strümpfe fehlten. Bevor er gegen 2.30 Uhr nachts auf die Pirsch ging, waren die Strümpfe dann da. Ein Mitarbeiter hatte dafür gesorgt, dass eine Rumänin sie in Rekordzeit strickte.

Im Morgengrauen hatte Dohnanyi dann ein Erlebnis, das ihm unvergesslich ist. Auf einer großen Lichtung tauchten nach und nach mehrere kapitale Hirsche auf. Es war Brunftzeit. »Ein unbeschreibliches Bild.« In Bukarest hatte er danach einen abschließenden Termin bei Regierungschef Ceauşescu, der ihn sogleich nach seinen Jagderlebnissen fragte. Dohnanyi berichtete, dass er lediglich auf die Pirsch gegangen sei, aber kein Wild habe erlegen wollen. Darauf der Diktator: »Warum sind Sie dann überhaupt nach Rumänien gekommen?« Als besessener, aber keineswegs treffsicherer Jäger hatte der Diktator kein Verständnis für den aus Bonn angereisten Schöngeist.

In den ersten Bonner Jahren wohnte Dohnanyi mit seiner Familie in einem Haus in der Stirzenhofstraße in Bad Godesberg. In einem landschaftlich besonders schön gelegenen Bonner Vorort baute er mit seiner Frau Christa nun eines der bemerkenswertesten Architektenhäuser des Landes, das in zahlreichen Architekturzeitschriften beschrieben wurde. Das Haus mit der Adresse Am Lappenweiher 20 hatte insgesamt vier Wohnungen, von denen man direkten Zugang zu einem gemeinsamen großen Kaminraum und zum Hallenbad hatte. Der Architekt war

Professor Erich Schneider-Wessling. Einer der Mieter war der spätere Bundesbankchef Karl-Otto Pöhl, mit dem Dohnanyi noch heute befreundet ist. »Das Haus war auf die siebziger Jahre hin konzipiert: Wohngemeinschaft, ohne dass man sich ›auf den Wecker geht‹, was ja nicht eigentlich der Sinn einer Wohngemeinschaft ist«, meint Dohnanyi heute zu dem Projekt, das am Ende ein elitäres war. Rasch hatte das Haus in der Nachbarschaft den Spitznamen »Gesamtschule«. Es wurde später verkauft und umgebaut, das Hallenbad existiert nicht mehr. Stil und Auftreten Dohnanyis animierten Franz Josef Strauß damals zu der Bemerkung vom »Playboy-Sozi«. Hermann Höcherl, Strauß' Parteifreund, war da anderer Ansicht: »Bei allem Spinnerten ein Gentleman von oben bis unten.«

Werner Sörgel, der Freund aus Infratest-Zeiten, hielt engen Kontakt zu Dohnanyi. Wenn er seine Aufträge beim Kanzleramt oder in Bonner Ministerien ablieferte, war er stets dessen Gast. Gemeinsam unternahmen sie Wanderungen in den Alpen oder Skiurlaube. Auch die etwa gleichaltrigen Töchter waren miteinander befreundet.

Bei offiziellen Essen und Empfängen gehörte das kultivierte Ehepaar Dohnanyi im In- und Ausland zu den besonders gern gesehenen Gästen,[32] auch wenn Christa Abstand zur politischen Klasse des Landes hielt und eigentlich nur Willy Brandt, Hans Leussink und ein paar wenige andere gerne um sich hatte. Gelegentlich begleitete sie Dohnanyi zu Diners nach Brüssel. Sie galt als hervorragende Gastgeberin. Dohnanyi rühmt ihre Vielseitigkeit, darunter die Fähigkeit, im Notfall ein Essen für ein Dutzend Personen binnen einer halben Stunde auf den Tisch zaubern zu können.

Im Juli 1973 stellte Dohnanyi den Entwurf für ein Hochschulrahmengesetz vor und geriet wie sein Vorgänger unter heftigen Beschuss. Die CDU- bzw. CSU-geführten Länder sprachen sich gegen die Vorlage aus. Das Gesetz wurde dann erst nach seiner Ministerzeit verabschiedet. Dohnanyi selbst verweist im Rückblick auf kritische Punkte, die damals in der bildungspolitischen Diskussion unterschätzt wurden. Sie betreffen das Verhältnis von

Bund und Ländern in der föderalen Verfassung der Bundesrepublik. Die Bildung liegt in der Hoheit der Länder. Dennoch habe man damals gemeint, Bildungspläne oder Prüfungskriterien bedürften der bundesweiten Vereinheitlichung, weil sonst die Mobilität über Ländergrenzen hinweg erschwert oder gar unterbunden wäre. Daher legte der Bund in Zusammenarbeit mit der Kultusministerkonferenz ein umfassendes Rahmengesetz vor.

Über die Bildungs- und Forschungspolitik hinaus gab es weitere Bereiche, die vom Bund und von den Ländern gemeinsam zu finanzieren waren. Das habe, was keiner der Befürworter einer stärkeren Bundeskompetenz damals erkannte, zur Verwischung der Zuständigkeiten und damit zu einer »organisierten Unverantwortung« geführt. Die Konsequenzen könne man heute unter anderem bei der Blockadepolitik der Länderkammer gegenüber Gesetzesinitiativen der Bundesregierung beobachten. Dass damals nahezu alle Reformen scheiterten, lag für Dohnanyi »an der für das deutsche Modell so typischen Verrechtlichung des Gleichheitsgrundsatzes« und am »Widerstand einer starren ideologischen Front von Bildungspolitikern auf beiden Seiten, auf der Seite des Bundestages und auf der Seite der Länder«.[33]

Dohnanyi stellte sich in jenen unruhigen Zeiten, in denen der Vietnamkrieg die Gesellschaft polarisierte, immer wieder der öffentlichen Diskussion. 1973 sprach er beim zweiten Schriftstellerkongress in Hamburg zum Thema »Entwicklungsland Kultur«.[34] Es kam damals zu einer beispiellosen Ausweitung des Bildungssektors, die Etats der Max-Planck-Gesellschaft und der Deutschen Forschungsgemeinschaft wurden binnen kürzester Zeit erheblich aufgestockt. Auf den Boom und die Euphorie folgte jedoch rasch ein Zustand der totalen Erschöpfung, begleitet von einem Kulturkampf, der mit einem größeren Fanatismus als im Rest Europas ausgetragen wurde. Dohnanyis Kritik an den 68ern war schon damals scharf, sie hat im Abstand der Jahrzehnte noch zugenommen. In einem Vortrag »1968 und die Folgen« zog er im Jahre 2003 eine ernüchternde Bilanz:

»Die 68er haben vieles aufgehalten oder sogar aus den deutschen Mottenkisten wieder herausgeholt, was wir damals hätten ablegen sollen. [...]
Was Deutschland nach der Adenauer-Zeit gebraucht hätte, das wäre eine Stärkung pragmatischen persönlichen Freiheitssinnes gewesen, eines verantwortlichen Individualismus, einer Ermutigung für den reformorientierten Sachverstand. Was die 68er, auch mit ihrem Einfluss auf Teile der Regierung Brandt, erzeugten, das war jedoch eine mit Sprüchen hoffähig gemachte Intoleranz und Gewalt, ein moralisch getönter Kollektivismus. Das war letztlich eine Erneuerung von romantischen Parolen und Träumen statt einer zukunftsgewissen Nüchternheit, die wir bis heute so schmerzlich vermissen. Freiheit muss eben immer auch als persönliches Risiko erfahren werden und nicht nur als Risiko vor Wasserwerfern. Sonst, ohne ein gewisses Lebensrisiko in Freiheit, entsteht nur ein Gefühl für Ansprüche. [...]
Es mag sein, dass ich diese ganze Bewegung nicht nur deswegen so negativ erinnere, weil ich damals schon in Verantwortung stand, sondern auch, weil ich selbst immer ein eingefleischter Reformer war; weil ich in den Schäden der Revolutionen historisch immer das Ausbleiben rechtzeitiger Reformer erkenne. Reformer suchen die neue Gestalt, Revolutionäre aber in erster Linie die Zerstörung der alten: Über die Machbarkeit ihrer Träume legen sie sich nie Rechenschaft ab.«[35]

Großes Aufsehen erregte Dohnanyi mit einem Interview, das er am 8. März 1974 dem Sender Freies Berlin gab. Im Verlauf des Gesprächs regte er an, Brandt zur Entlastung eine Art Kabinettsausschuss für die Innenpolitik an die Seite zu stellen. In der Presse wurde daraus die Forderung nach einem »Nebenkanzler«. Dohnanyi wusste nicht, wie kritisch es um den Kanzler wegen der Guillaume-Affäre bereits stand. Folglich war er über die heftigen Reaktionen sehr verwundert, weil er und Helmut Schmidt ganz offen über die Vorschaltung eines »Wirtschaftskabinetts« gesprochen, also einen ganz ähnlichen Gedanken erörtert hatten. Davon wollte nun niemand etwas wissen. Dohnanyi stand allein. Auch Brandt zeigte sich irritiert. Das Interview war eine Steilvorlage für jene Parteifreunde, die den engen Kontakt Brandts zum so umtriebigen Bildungsminister misstrauisch verfolgten. Willy Brandt sei der einzige Sozialdemokrat, hatte Dohnanyi in einem der damaligen Wahlkämpfe gesagt, mit dem er sich vorbehaltlos identifizieren könne. Ob Brandt die Bewunderung, die der Jüngere ihm entgegenbrachte, auf seine Weise erwiderte, ist schwer zu ergründen. In den zahlreichen Büchern, die er bis zu seinem Tod verfasste, wird Dohnanyi nur am Rande erwähnt. Ein enger Mitarbeiter Brandts berichtet, dass dieser sich gelegentlich über Dohnanyi lustig gemacht und von dem Mann gesprochen habe, bei dem »alles etwas zu nasal« sei.

Manchem Genossen war Dohnanyi wegen seines umfassenden Politikansatzes suspekt, sicherlich auch wegen der Unabhängigkeit seines Denkens. Ein Ministerkollege, der deutlichen Abstand zu ihm hielt, sprach für viele, wenn er Dohnanyi als »exzeptionell« bezeichnete. Dass er das als süffisante Kritik meinte, ist aufschlussreich genug. Andere Kollegen waren der Ansicht, dass Dohnanyi zweifellos viele Ideen entwickle, aber bislang kaum etwas verwirklicht habe.[36] Wieder andere warfen ihm vor, dass er unentwegt mit alternativen Denkmodellen operiere, aber sich nie festlege. Dohnanyi machte sich schließlich auch deshalb nicht nur Freunde, weil er über seine Ressortgrenzen hinausdachte und Vorschläge machte, die die Kompetenzen anderer Ministerien betrafen. Spätestens hier kam es zu unvermeidbaren Kollisionen zwischen Dohnanyi einerseits und Helmut Schmidt, in noch stärkerem Maße mit Herbert Wehner andererseits. Von Wehner spricht Dohnanyi noch heute mit einer Mischung aus Respekt und Abscheu.

Die Brandt-Jahre mit dem Einzug von Journalisten, Wissenschaftlern und Intellektuellen in die Politik gingen nun ihrem Ende entgegen. Die Kritik an Dohnanyi war daher auch ein Signal, dass die kurze Phase des Einflusses der »Intellektuellen« – bedeutender Professoren, gebildeter, nachdenklicher Persönlichkeiten mit bemerkenswertem Lebenslauf – in der SPD vorbei war.

Was im Pulverdampf der politischen Auseinandersetzung vernebelt blieb, zeigt sich im Abstand eines Vierteljahrhunderts dann doch deutlicher. Die Bildungspolitik, für die Dohnanyi eine Zeit lang verantwortlich war, kann trotz aller Frustrationen als Erfolgsgeschichte gewertet werden. Nur wenige Jahre nach der von dem Philosophen Georg Picht 1964 diagnostizierten Bildungskatastrophe hatten sich im letzten Ministerjahr Dohnanyis die Abiturientenzahlen verdoppelt. Der Anteil der Bildungsausgaben am Bruttosozialprodukt lag – wie von Picht gefordert – bei fünf Prozent oder noch darüber. 1960/61 hatte es in der Bundesrepublik 161 000 Studenten gegeben. 1970/71 waren es bereits 273 000, 1975/76 – zwei Jahre nach Dohnanyis Demission – bereits 439 000. An der Universität Bonn gab es 1960/61 für 10 021 Studenten 132 Professoren. 1970/71 standen 16 236 Studenten 219 Ordinarien gegenüber. 1975/76 waren es bereits 24 000 Studenten und 256 Professoren.

Einer der letzten öffentlichen Auftritte Dohnanyis als Bundesminister fand am 29. März 1974 anlässlich des hundertfünfzigjährigen Bestehens des Kölner Wallraf-Richartz-Museums statt. Er hielt dort eine Rede zum Thema: »Ist ›schön‹ noch ›relevant‹?« Mit der Formulierung des Themas spielte er kritisch auf das Modewort der Zeit und die Verengung gesellschaftlicher Güter auf ihre soziale Bedeutung an. Er widersprach dem Sozialphilosophen Herbert Marcuse und führte aus: »Wir brauchen Mut zur Irrelevanz, wenn wir überleben wollen.«[37] In politisch turbulenter Zeit, kurz vor Brandts Rücktritt, führte er aus, »dass das Schöne eine eigene Wahrheit und eine eigene Wirklichkeit und damit auch eine eigene Wirkung hat, die sich nicht im Koordinatensystem vordergründiger Gesellschaftsbedürfnisse bewerten lässt«. Worte eines Ästheten, der seine Reden und Texte immer selbst verfasst hat, der von seinen Ghostwritern höchstens einmal Anregungen übernahm. »Kunst spricht zu uns über die Sinne, über die Augen und Ohren, und über Gefühle. Ein Leben ohne Gefühle, ohne Sinne, ist das wirklich sinnlose Leben. Wo es nur noch gesellschaftliche Wirklichkeit gibt, aber keine Freuden des Einzelnen, kein Glück *gegen* die Gesellschaft, dort erst ist die künstliche Welt, eine wirklich unwirkliche, eine unmenschliche, eine schreckliche Welt.«

Der Auftritt in Köln ließ erahnen, dass Dohnanyi eines Tages Abschied von der Politik nehmen würde. Zwar zeigte er sich davon überzeugt, dass den deutschen Kunstmuseen gute Zeiten bevorstünden – »Ich meine heute eine Rückbesinnung auf das Ästhetische zu spüren« –, doch er kritisierte den vorgeblich pragmatischen Blickwinkel, aus dem Kultur nur als Kostenfaktor für die öffentlichen Haushalte betrachtet werde. Selbstverständlich gehörte die Förderung von Kunst und Kultur zu den elementaren Aufgaben des Staates. Ähnlich wie sein Bruder Christoph sieht Dohnanyi im Reichtum an kulturellen Einrichtungen einen der größten Vorteile Deutschlands im internationalen Vergleich. Mitte der achtziger Jahre traf er sich – damals Erster Bürgermeister der Freien und Hansestadt Hamburg – im Rahmen einer Reise an die Ostküste der Vereinigten Staaten mit dem New Yorker Bürgermeister Ed Koch und sprach mit ihm über die Bedeutung der Kultur für die Standortpolitik. Angesichts der Etatnotlage in Hamburg wollte er überzeugende Argumente gegen drastische Einschränkungen des Kulturbudgets sammeln. Koch führte damals aus, dass der Beitrag der Kultur zum Bruttosozialprodukt New Yorks mit zirka sechs Milliarden US-Dollar jährlich zu beziffern und damit als standortrelevante Größe anzusehen sei.

Als Helmut Schmidt im Mai 1974 Bundeskanzler wurde, überging er Dohnanyi. Ein Starjournalist, der Zugang zum neuen Kanzler hatte, schrieb später: »Im Kabinett wurde ausgewechselt, wessen Namen mit negativen Reizworten belastet war. Es gab keinen Ehmke mehr, keinen Dohnanyi.«[38] Ein Gespräch zwischen Schmidt und Dohnanyi führte zu der gemeinsamen Erklärung, dass »aus gesamtpolitischen Gründen eine Beteiligung von Dohnanyis am neuen Kabinett nicht zweckmäßig erscheint«. Als Nachfolger berief Schmidt den Nichtakademiker Helmut Rohde. Der erfolgsverwöhnte Dohnanyi, inzwischen Mitte vierzig, musste eine politische Auszeit von über zwei Jahren hinnehmen, was ihn äußerst hart ankam. Peter Glotz besuchte ihn gelegentlich, um seinen Rat einzuholen.»Er kam mit Stiefeln und Gummihandschuhen aus seinem Garten, war ruhig, hilfsbereit und vermied den Anschein von Bitterkeit. Ich kann nicht ausschließen«, erinnert sich Glotz, »dass das, was er zeigte, auch das war, was in ihm vorging.«[39] Vorübergehend war Dohnanyi damals als Präsident des Goethe-Instituts im Gespräch, nachdem er eine entsprechende telefonische Anfrage von Hildegard Hamm-Brücher erhalten hatte, lehnte jedoch ab. Immer wieder geisterten Meldungen durch die Presse, dass er eine leitende Position in der deutschen Wirtschaft anstrebe.

Ohne Bonner Regierungsamt drohte der »rote Baron«, wie Dohnanyi damals gelegentlich tituliert wurde, ein Spielball für Taktiker zu werden und ins Abseits zu geraten. Eine unheilige Allianz aus rheinland-pfälzischen Bezirksfürsten und Jungsozialisten beschloss Anfang 1976, ihn politisch auszuschalten. Die *Frankfurter Rundschau* schrieb, der Vorgang habe den Zuschnitt provinzieller Enge. Denn es gab keinen Grund, sich von Dohnanyi zu trennen – außer dem, dass er kein gebürtiger Rheinland-Pfälzer war und einem Einheimischen vielleicht den Weg zu einem Bundestagsmandat verstellte. Der SPD-Landesvorsitzende Wilhelm Dröscher bemerkte: »Ein brillanter Intellektueller, aber – der hat keine Freunde.« Andere wurden deutlicher: »Klaus is kääner von uns«, hieß es, und ein SPD-Landtagsabgeordneter erklärte unverblümt: »Der Klaus, sagen alle, sei ein fähiger Mann, freilich wählen können wir den nicht.«

Und so geschah es. Angeführt von Adolf Müller-Emmert, einem der vier roten Kurfürsten in der Pfalz, kam es zu der Verabredung mit den Jusos, Dohnanyi bei den bevorstehenden Bundestagswahlen auf den angestammten, aber nahezu aussichtslosen Listenplatz des Landauer Wahlkreises zu setzen. Da er trotz guter persönlicher Resultate keine Chance hatte, gegen den CDU-Kandidaten das Direktmandat zu erobern, schien sein Schicksal besiegelt. Doch die Politik war ihm längst zum Lebensinhalt geworden. Wenn er sie aufgeben müsste, so sagte er, wäre es, »als ob man einem Pianisten die Hände abhackt«. Selbst Briefe von Brandt und Schmidt – er halte für den Kollegen »noch Aufgaben« bereit – an den Landesvorstand bewirkten nichts. Die rheinland-pfälzische SPD setzte Dohnanyi im Mai 1976 tatsächlich auf Listenplatz dreizehn. Aber er hatte das nötige Quäntchen Glück. Die SPD schnitt besser als erwartet ab. Ganz knapp schaffte er erneut den Einzug in den Bundestag.

Im Dezember 1976 wurde er von Kanzler Schmidt in den Stab der Bundesregierung zurückgeholt. Beobachter werteten dies als »halbes Come-back«. Dohnanyi wurde zum Staatsminister im Auswärtigen Amt ernannt, an der Seite von Hans-Dietrich Genscher, mit dem sich eine »ausgezeichnete, vertrauensvolle Zusammenarbeit« ergab.[40] Schmidts Urteil über ihn hatte sich inzwischen geändert. Er wollte offenbar auf den Begabten nicht länger verzichten, zumal es in den großen Fragen der Außenpolitik keine entscheidenden Differenzen gab. Während Genscher als FDP-Vorsitzender den Spagat zwischen Innen- und Außenpolitik zu bewältigen hatte, konnte sich Dohnanyi ganz auf die Sacharbeit konzentrieren. Im Juni 1977 machte er Schlagzeilen, als er bei einem Moskau-Besuch die Aufrüstung der Sowjetunion scharf kritisierte. Das Schicksal Berlins wie auch die Verbesserung der deutsch-polnischen Beziehungen hatten für ihn während der Jahre im Auswärtigen Amt einen besonderen Stellenwert.

Aber er behielt auch ein Standbein in der deutschen Innenpolitik. Die rheinland-pfälzischen SPD-Mandatsträger liefen 1977 in Scharen zu ihm über. Im April 1978 wurde Dohnanyi zum Spitzenkandidaten der rheinland-pfälzischen SPD nominiert. Ministerpräsident Bernhard Vogel (CDU) nannte ihn im Wahlkampf einen »Durchreisenden«. Aber er blieb und erzielte bei den Landtagswahlen im März 1979 mit 42,3 Prozent der Stimmen das für lange Zeit beste Ergebnis für die SPD in diesem Bundesland. Erst 2001 überbot Kurt Beck dieses Resultat mit 44,7 Prozent. Dohnanyi hatte sich im Wahlkampf nicht auf die Ratschläge der SPD-Funktionsträger verlassen. Er formulierte aus der Analyse der landespolitischen Notwendigkeiten sein Wahlprogramm, mit dem er die rheinland-pfälzische Partei in die Auseinandersetzung um Macht und Mandate führte. Trotz des Rekordergebnisses gelang es ihm nicht, die CDU-geführte Landesregierung abzulösen. Nach der konstituierenden Sitzung des neuen Landtags verzichtete er auf sein Abgeordnetenmandat und hielt von Bonn aus Kontakt zur SPD-Fraktion in Mainz.

Im Mai 1979 wurde Dohnanyi zum SPD-Landesvorsitzenden von Rheinland-Pfalz gewählt. Im gleichen Jahr rückte er in den SPD-Parteivorstand auf. Als er Anfang 1981 den Landesvorsitz abgab, um nach Hamburg zu gehen, hatte er nach Ansicht von vielen Beobachtern in den zwölf Jahren seines Engagements im Südwesten der Republik die Grundlagen für den Aufstieg der SPD im Land gelegt, der dann zehn Jahre später, nach vierundvierzigjähriger Alleinherrschaft der CDU, im Jahre 1991 zum Wahlerfolg von Rudolf Scharping führte. Dessen Nachfolger, Kurt Beck, ist Dohnanyis Entdeckung. Beck hatte sich zu Beginn der siebziger Jahre für ihn im Wahlkampf engagiert. Als in der Südpfalz überraschend ein Wahlkreis frei wurde, sagte ihm Dohnanyi auf einer Autofahrt an der Jahreswende 1971/72: »Du musst das machen.« Beck spricht mit größter Sympathie von Dohnanyi, den Rheinland-Pfalz, und nicht nur die dortige SPD, nie vergessen hätte. Er habe im Gegensatz zu anderen prominenten Parteifreunden immer »eine hohe Präsenz im Lande« gezeigt. Bernhard Vogel, der langjährige Ministerpräsident, »hatte Angst vor Dohnanyi«, erinnert sich Beck. Als er 1997 sein fünfundzwanzigjähriges Jubiläum als SPD-Mitglied in seinem kleinen Heimatort an der Grenze zu Frankreich feierte, lud Beck Dohnanyi ein und bat ihn, den Festvortrag zu halten.

Die Bundesrepublik ist im Laufe der Jahre immer mehr zu einer Mittelklassegesellschaft geworden, aus der die überragenden Persönlichkeiten der fünfziger und sechziger Jahre, die das Hitlerregime im In- und Ausland überlebt hatten, verschwanden. Individualisten und Exzentriker, wie es sie in den politischen Klassen der USA und Großbritanniens in größerer Zahl gibt, wurden nur ungern geduldet. Dohnanyi bewahrte sich sein unabhängiges Denken, das sich keiner Parteiräson beugte. Sein scharfer Intellekt und sein elegantes Auftreten wurden von manchen als Arroganz gedeutet. Ein Einzelgänger blieb er selbst in der Gruppe der bürgerlichen Sozialdemokraten um Schiller, Möller und Ehmke, die die Garanten der Regierungsübernahme der SPD im Jahre 1969 gewesen waren. Er blieb sich auf eine in Deutschland nur selten anzutreffende Weise treu, ging auch keine faulen Kompromisse mit der aufkommenden Mediengesellschaft ein. Trotz mancher Kritik war ihm die deutsche Presse in seiner aktiven politischen Zeit im Grunde gewogen. Sie würdigte sein Potential, seine Individualität. Gefälligkeitsinterviews gab er nie, ebenso wenig gab es falsche Vertraulichkeiten oder Kumpanei mit einzelnen Organen. Als Erster Bürgermeister in Hamburg lehnte er es zum Beispiel ab, mit Bürgern über ihre persönlichen Belange in Anwesenheit von Fotografen zu sprechen. »Die Beobachtung selbst verändert den Gegenstand«, schrieb er in Anlehnung an den Physiker Werner Heisenberg, »nimmt dem Gespräch mit den Bürgern die Selbstverständlichkeit und Natürlichkeit, beeinflusst deren Verhalten und Äußerungen und beeinflusst vermutlich auch mein eigenes Verhalten.«[41]

Sehr viel leichter als in den innenpolitischen Auseinandersetzungen hatte es Dohnanyi in den Jahren als Staatsminister im Auswärtigen Amt. Hier war er in erster Linie für die Koordinierung der Europapolitik zuständig und vertrat den Minister. Die Position des Außenministers, für die er gewiss eine Idealbesetzung gewesen wäre, war für die SPD in den siebziger und achtziger Jahren nicht zu haben. Er erarbeitete sich rasch einen hervorragenden Ruf unter seinen Kollegen in Europa und weltweit. Seine große internationale Erfahrung, seine Weltläufigkeit, seine weit gespannten Interessen und Sprachkenntnisse, aber auch das väterliche Erbe kamen ihm dabei zugute. Im Juni 1979 eröffnete er eine Ausstellung zum deutschen Widerstand in Rotterdam. Wenige Monate später suchte er das Anne-Frank-Haus in Amsterdam auf. Mit der Familienbiografie im Rücken betätigte er sich als »Türöffner« für ein im Ausland noch immer skeptisch beurteiltes Deutschland.

Dohnanyi war dafür bekannt, dass er mit seinen Dossiers und

Akten bestens vertraut war.[42] Von Genscher spricht er mit Hochachtung, rühmt dessen Kompetenz und verteidigt auch sein mediales Engagement, das andere als übertrieben oder gar skurril empfanden. Der frühere EU-Kommissionspräsident Roy Jenkins berichtete wie andere Beobachter auch, dass es Genscher in Brüssel mitunter mehr darauf ankam, von einem Team der »Tagesschau« interviewt zu werden, als im Konferenzsaal zu erscheinen. Sein Nachfolger, der Luxemburger Gaston Thorn, sprach von einer TV-Obsession des deutschen Außenministers.[43] Auf jeden Fall erkennte Genscher schärfer als andere die Bedeutung der Medien und nutzte sie.

Wie sein Bruder in der Musik, maß sich Dohnanyi mit den besten Köpfen in der Politik, seien sie Außenminister, Spitzenbeamte, Berater oder Wissenschaftler in Expertenkommissionen. Mit Henry Kissinger war er gut bekannt, mit Jean François-Poncet, dem französischen Außenminister, Michel Rocard und Jacques Delors war er befreundet. Die Franzosen haben ihn in den Jahren, als er Staatsminister war, als einen Geistesverwandten angesehen. Er entsprach dem Typus des Enarchen. Wie sein Großvater setzte sich Dohnanyi – in der Politik-Pause 1974 bis 1976 – noch einmal hin und lernte Französisch. Später las er dann mit großem Interesse die Werke von Fernand Braudel, besonders seine *Sozialgeschichte des 15.–18. Jahrhunderts* – allerdings in deutscher Sprache.

Helmut Plessner, der Philosoph und Soziologe, beklagte einmal, dass ein bestimmter Typus »französischer Geister« in Deutschland keine tiefere Resonanz gefunden habe: »unsystematisch und weltmännisch, doch nie flach; souverän und skeptisch, doch nicht haltlos«. Dohnanyi, wiewohl im Habitus eher angelsächsisch, kann als Bestätigung dieser These gelten. Auch Roy Jenkins hielt große Stücke auf ihn. Als er Willy Brandt bei einer Zusammenkunft im Sommer 1979 fragte, wer zum Kreis der Kanzlerkandidaten der SPD gehöre, war er sehr erfreut, als Brandt – wenn auch nur mit Außenseiterchancen – Dohnanyi nannte.[44] Außer Brandt sah im engeren SPD-Führungskreis dies vermutlich niemand so. Ein prominenter Sozialdemokrat und Konkurrent Dohnanyis findet noch heute, dass er politisch »schwer zuzuordnen« war.

Mit seinem eigenen Kanzler geriet der Europa-Enthusiast Dohnanyi jedoch einige Male in Konflikt. Schmidt verdächtigte ihn zu großer Konzilianz gegenüber Margaret Thatchers Großbritannien, als er nach sechsunddreißigstündigem Verhandlungsmarathon im Alleingang und ohne nächtliche Rücksprache mit Kanzler und Bundesfinanzminister am 30. Mai 1980 einem Kompromiss zustimmte, der den deutschen Anteil am damaligen EG-Haushalt um einen Milliardenbetrag erhöhte. Auch teilte Dohnanyi Schmidts Einschätzung über eine »Raketenlücke«, einen Rüstungsrückstand des Westens gegenüber dem Machtsystem des Warschauer Paktes, nicht. Er argumentierte daher gegen den NATO-Doppelbeschluss. Er widersprach auch der verbreiteten Auffassung, dass sich die Sowjetunion beim Wettrüsten mit den USA übernommen habe und dadurch in eine wirtschaftliche Krise geraten sei, die schließlich ihren Zerfall bewirkte. Nach seiner Analyse zerbrach die UdSSR vor allem daran, dass ihre Führung die Gesetze der modernen Kommunikation nicht begriff. Um international insbesondere in den Wissenschaften Anschluss zu halten, habe die sowjetische Führung ihre Eliten auch ins westliche Ausland schicken müssen. Sie habe sich damit dem internationalen Vergleich ausgesetzt. Nach ihrer Rückkehr aber hätten die Eliten gegen Augenschein und Erfahrung die Parteidoktrin verbreiten müssen. Das habe auf Dauer nicht gut gehen können, »gegen Information helfen keine Mauern«.

Als sich das persönliche Verhältnis zwischen US-Präsident Carter und Helmut Schmidt rapide verschlechterte, reiste Dohnanyi im Mai 1979 nach Washington. Botschafter Berndt von Staden gab ein Essen, bei dem Dohnanyi eine kurze Tischrede hielt. Als Carters Sicherheitsberater Brzezinski im Anschluss von einer »Finlandization« Deutschlands sprach, gemeint war eine Politik weg von der NATO in Richtung Neutralität, die die Sowjetunion machtpolitisch begünstigt hätte, erhob sich der Gast aus Bonn entgegen den Gepflogenheiten nochmals und widersprach.[45]

Der Aktionsradius Dohnanyis in diesen Jahren war enorm. Genau wie Brandt entwickelte er ein starkes Interesse am Schicksal Afrikas und leitete unter anderem eine große Konferenz der deutschen Botschafter auf dem Schwarzen Kontinent im Januar 1979 im tansanischen Arusha. In schwieriger Mission war er im Mai 1980 unterwegs, als er als erstes deutsches Regierungsmitglied die äthiopische Militärregierung unter Oberst Mengistu in Addis Abeba besuchte, die Kaiser Haile Selassie gestürzt hatte.

Im Juli 1980 weigerte sich das bolivianische Konsulat in Hamburg nach einem Militärputsch in der Heimat, angeführt von General Luis Meza, die neue Regierung anzuerkennen. Der Hamburger Senat unter dem Ersten Bürgermeister Hans-Ulrich Klose unterstützte den abgesetzten Konsul Juan Emilio Sánchez und hielt ihn und sein Team mit einer monatlichen Zuwendung über Wasser. Die neuen Machthaber in La Paz machten Druck auf Bonn, diesen Zustand zu beenden. Dohnanyi, mit der Angelegenheit befasst, spielte jedoch auf Zeit und hielt die Militärs hin. Drei Monate später kehrte Bolivien zur Demokratie zurück, die Militärs hatten aufgegeben. Die Regierung Siles Zuazo lud den Staatsminister zur Vereidigungszeremonie nach La Paz ein. Der lehnte mit den Worten ab: »Das soll Klose machen.« Eine feierliche Stille breitete sich einige Tagen später im bolivianischen Parlament aus, als dieser die zerschlissene, gefaltete Fahne des bolivianischen Konsulats aus Hamburg übergab.

Dohnanyi vergaß das Schicksal seiner Familie nicht, als er das erste Mal in seiner Eigenschaft als Staatsminister im Juli 1977 nach Budapest reiste. Vor allem Martha von Dohnányi, die Tochter von Matthias, dem Sohn seines Großvaters aus zweiter Ehe, hatte unter den Repressalien des kommunistischen Regimes gelitten, war aber mittlerweile ausgereist. Nun ging es um eine andere Verwandte, für die sich Dohnanyi einsetzte. Sein Gesprächspartner, ebenfalls Staatsminister, versprach eine bessere Behandlung der Frau. Tatsächlich hörte die Bespitzelung auf. Der Brief, den Dohnanyi nach dem Gespräch per Fahrer vom Hilton-Hotel in Budapest an seine Verwandte auf den Weg brachte, erreichte diese jedoch nie.

Zurück in Hamburg

Als Klaus von Dohnanyi im Jahre 1981, dreiundfünfzig Jahre alt, in seine Geburtsstadt zurückkehrte, sollte die sozialliberale Koalition unter Schmidt und Genscher noch knapp eineinhalb Jahre bestehen. Gewiss wäre Dohnanyi gern in der Bundespolitik geblieben. Aber er wusste um seine Aussichten in Bonn, wo das sozialliberale Bündnis seit Februar 1981 immer tiefer in die Krise steuerte. Er hatte mittlerweile auch gelernt, mit Rückschlägen und Niederlagen umzugehen. Von seinen insgesamt zwanzig Jahren in der Politik verbrachte er immerhin achtzehn in Regierungsämtern und nur zwei als gewöhnlicher Abgeordneter.

Dohnanyi zögerte, als er von seiner Partei aufgefordert wurde, das Amt des Ersten Bürgermeisters von Hamburg zu übernehmen, nachdem Hans-Ulrich Klose wegen des innerparteilichen Streits um die friedliche Nutzung der Atomenergie aufgegeben hatte. Er wusste, dass er ein hohes Risiko eingehen würde. In Rheinland-Pfalz war er der Spitzenmann, dort war er inzwischen gut verankert, hatte zahlreiche Freundschaften geschlossen. Aber dann freundete er sich mit dem Gedanken an, Regierungschef eines Bundeslandes zu werden und damit unverhofft doch noch die Chance zu eigenem Gestalten zu erhalten. Hinzu kam, dass er in sich »verborgen, ja verschüttet, eine alte Bindung« zu Hamburg entdeckte.

Nahezu die gesamte Führungsriege der SPD war dafür, Dohnanyi an die Elbe zu entsenden. Der entscheidende Wegbereiter scheint jedoch der SPD-Bundestagsabgeordnete Freimut Duve gewesen zu sein. Hamburg besaß damals in der politischen Landschaft der Bundesrepublik einen hohen Symbolwert. Die Hansestadt war traditionell eine der Hochburgen der Sozialdemokratie. Doch die Umfragewerte für die SPD waren im Frühsommer 1981 katastrophal. Ein Verlust der Macht an die CDU wäre ein bundespolitisches Signal gewesen. Helmut Schmidt und Herbert Wehner, die beiden starken Männer aus der SPD-Führung, hatten in Hamburg ihre Wahlkreise.

Es gab neben Dohnanyi noch andere Interessenten für die Klose-Nachfolge. Hans Apel, Bundesverteidigungsminister und ebenfalls gebürtiger Hamburger, sondierte im Auftrag der Parteiführung die Lage in der Hansestadt. Er hätte gern selbst für das Amt des Ersten Bürgermeisters kandidiert, aber die Hamburger SPD wollte ihn angesichts bald bevorstehender Wahlen nicht. Er galt als ruppig und stand der Parteirechten nahe. Beim Kandidatengespräch mit Dohnanyi überhörte er entscheidende Nuancen und meinte, dieser zeige sich an einer Nominierung nicht interessiert. Aber schließlich einigte sich die Hamburger SPD, der Bürgerschaft Klaus von Dohnanyi als Nachfolger von Hans-Ulrich Klose vorzuschlagen.[46]

Das entscheidende Gespräch fand bei einem Frühstück im Hause von Herbert Wehner, dem SPD-Fraktionsvorsitzenden, auf dem Heiderhof in Bonn-Bad Godesberg statt. Dohnanyi konnte nach den Verletzungen, die der Zuchtmeister der Partei ihm zehn Jahre zuvor zugefügt hatte, mit Gelassenheit bei ihm auftreten. Er wurde plötzlich gebraucht, und das tat ihm gut. Wehner überzeugte am Ende den Zweifler mit den Worten: »Manchmal beruht das Schicksal der Partei auf zwei Augen. Dieses Mal sind es deine.«

Für einen kundigen Beobachter wie Gunter Hofmann von der *Zeit* verkörperte Dohnanyi damals die moderne Sozialdemokratie. Er sah ihn im Zentrum des großen Konsenses stehen, dort, »wo man den gesellschaftlichen Fortschritt zu suchen hat«. SPD-Bundesgeschäftsführer Peter Glotz sah in ihm den Perfektionisten und Workaholic, der »neue Entwicklungen riecht«.[47] Dass ein Arbeitstag von vierzehn Stunden für eine gewisse Zeit durchaus zu verkraften sei, davon war Dohnanyi überzeugt. Tatsächlich arbeitete er manchmal bis zu achtzehn Stunden, und das nicht nur in den Jahren im Auswärtigen Amt mit den Brüsseler Nachtsitzungen. Seinen engsten Mitarbeitern verlangte er die hohen Anforderungen, die er an sich selbst stellte, zwar nicht in gleicher Weise ab, dennoch verschliss er mit Sepp Binder und Christian Schmittlein rasch hintereinander zwei Regierungssprecher. 1983 holte er Thomas Mirow, den Leiter des Büros von Willy Brandt, an die Elbe und ernannte ihn zum Senatssprecher. Der Schüler von Karl-Dietrich Bracher wurde im Herbst 2003 SPD-Spitzenkandidat in Hamburg.

Entsprechend der Hamburger Verfassung trat mit dem Ersten Bürgermeister Hans-Ulrich Klose nicht automatisch auch die gesamte Regierungsmannschaft zurück. Die Senatoren der Fachressorts blieben im Amt, Dohnanyi konnte also das Kabinett nicht nach seinen Wünschen zusammenstellen, sondern musste sich in das vorhandene fügen. Lediglich auf der Beamtenebene konnte er Leute nachziehen, die sich ihm als besonders fähig empfohlen hatten: Granzow, Bludau, Vahrenholt und Mirow. Selbstverständlich hatte er, wie es in zugespitzten Situationen die Regel ist, auch Neider und Kritiker. Hans Apels deutliche, wenn auch damals nur dem Tagebuch anvertraute Worte gegen den einstigen Kabinettskollegen verwundern nicht, hätte er sich doch selbst gern im Amt des Stadtvaters gesehen: »Mit oder unter Dohnanyi zu arbeiten ist keine einfache Sache. Zu viele schillernde Ideen, zu wenig Führungswille.« Als Apel ihm kurz darauf gegenübersaß, fand er, Dohnanyi »zelebriert Weltmann mit eindrucksvollen Gesten«.[48] Das Verhältnis zwischen den beiden Spitzenpolitikern war gestört.

Am 20. Juni 1981 nominierte ein Sonderparteitag der SPD Klaus von Dohnanyi zum Kandidaten für das Amt des Ersten Bürgermeisters. In einem weiteren Schritt wurde er am 24. Juni von der Hamburger Bürgerschaft in den Senat gewählt. Dieser bestimmte ihn dann zum Ersten Bürgermeister. Knapp dreihundert Meter von dem Ort entfernt, an dem sein Vater in den zwanziger Jahren seine berufliche Tätigkeit aufgenommen hatte, bezog Dohnanyi sein Büro im Rathaus. Walther Leisler Kiep, CDU-Fraktionschef in der Hamburger Bürgerschaft, notierte bereits am 11. Juni in seinem politischen Tagebuch: »Er ist ein Linker, der seine Ideologie unter aristokratischen Manieren verbirgt.«[49] In seiner Antrittsrede sagte Dohnanyi: »Erlauben Sie mir, Herr Präsident, dass ich einige persönliche Bemerkungen hinzufüge. Ich denke in diesem Augenblick an meine Mutter und meinen Vater, die hier in Hamburg während der wenigen hellen und hoffnungsvollen Jahre der ersten deutschen Republik wohl die glücklichsten Jahre ihres Lebens verbrachten.«

In den folgenden Wochen bis zum Ende der politischen Sommerpause ging das Licht in Dohnanyis Büro im Rathaus immer erst spät in der Nacht aus. Als er kam, erinnert sich ein Weggefährte, kannte er die Hamburger Verhältnisse noch kaum. Doch als die Bürgerschaft nach den Ferien wieder zusammentrat, beherrschte er alle wichtigen Themen und kannte Hamburg gut, einschließlich der Fahrpläne und des Straßennetzes.

Dohnanyi wohnte zu Beginn seiner Hamburger Zeit privat bei seinem Bruder Christoph, der damals Intendant und Generalmusikdirektor der Hamburgischen Staatsoper war. Nach langen Arbeitstagen im Rathaus fuhr er gelegentlich zum Opernhaus, um den Proben zuzuhören, die sein Bruder dort leitete. Er besuchte Opern und Konzerte, die Christoph dirigierte, und die ungewöhnlichen Programmzusammenstellungen, mit denen dieser neue Sichtweisen auf das tradierte Repertoire herausforderte und den Zugang zu neuer Musik ermöglichte, sind ihm unvergessen. Die Anwesenheit des Bruders in der Hansestadt und die Möglichkeit zum Gedankenaustausch mit ihm trugen mit dazu bei, dass sich Dohnanyi von Beginn seiner Bürgermeisterzeit an wohl fühlte und sich besonders intensiv – hier an die Bonner Jahre anschließend – mit Fragen der Kulturpolitik und des Hochschulbetriebs auseinander setzte.

Dohnanyis Ära als Regierungschef im Stadtstaat Hamburg fiel mit einer Zeit des wirtschaftlichen und gesellschaftlichen Umbruchs zusammen. Sie war entsprechend reich an Konflikten auf fast allen Gebieten. Dohnanyi rang mit seiner Partei um die friedliche Nutzung der Kernenergie. Er befürwortete diese, andere in der SPD lehnten sie ab und vertraten in dieser Frage ähnliche Positionen wie die Grün-Alternative Liste (GAL). Sie hätten auch eine mögliche Koalition mit dieser Gruppierung (die sich damals bewusst nicht als Partei organisierte) befürwortet, während Dohnanyi ein solches Bündnis ablehnte. Die GAL attackierte ihn wegen des so genannten Hamburger Kessels, bei dem Demonstranten, darunter eine große Zahl gewaltbereiter, von der Hamburger Polizei stundenlang eingekesselt worden waren. Dohnanyi befand sich zur fraglichen Zeit allerdings im Urlaub; der zuständige Staatsrat hatte die Polizeiaktion angeordnet, die dem Bürgermeister danach harte Kritik nicht nur von der GAL und nicht nur in Hamburg eintrug.

Die Verhandlungen mit den Hausbesetzern an der Hafenstraße zogen sich über mehrere Jahre hin. Dohnanyi hatte zwar mit seinem Innensenator Pawelczyk zu Hausbesetzungen eine klare Linie entwickelt: Besetzte Häuser waren binnen vierundzwanzig Stunden zu räumen. Diese Linie griff jedoch an der Hafenstraße nicht, weil dort zum Teil Mietverträge geschlossen worden waren, die den staatlichen Handlungsspielraum erheblich einschränkten. Durch Untervermietungen, Räumungsankündigungen, erneute Untervermietungen kam es zu einem Katz-und-Maus-Spiel zwischen Staat und Hausbesetzern, das die Mehrheit der Bürger zunehmend verdross. Das »Problem Hafenstraße« konnte Dohnanyi erst gegen Ende seiner Amtszeit lösen, dann aber in einer Form, die ihm Zustimmung aus allen politischen Richtungen eintrug.

Dohnanyi gewöhnte sich rasch an mancherlei Hamburger Besonderheiten, insbesondere an die zeitraubenden Abstimmungsprozesse zwischen Fraktion und Senat. Sie hatten ihre Ursache in der Hamburger Verfassung, die zum Teil jahrhundertealte Strukturen aufwies. Sie sah beispielsweise vor, dass jeder Senator in geheimer Abstimmung gewählt wird. Was wie eine verstärkte parlamentarische Kontrolle aussieht, konnte zur Lähmung der Politik führen. Drohte etwa ein Senator bei Meinungsverschiedenheit mit Rücktritt und verfügte über einen genügend starken Rückhalt in der Fraktion, die sich einer Neuwahl sperrte, wäre der Senat handlungsunfähig, der Bürgermeister faktisch erpressbar gewesen. Dohnanyi initiierte eine entsprechende Verfassungsreform, die unter seinem Nachfolger Voscherau umgesetzt wurde.

Dohnanyi wurde als Erster Bürgermeister in allen politischen Lagern respektiert. Er galt als idealer Repräsentant der traditionsbewussten Stadt, wenngleich es zu Beginn auch Stimmen gab wie die des Journalisten Ulrich Kempski, der am 3. Juni 1982, drei Tage vor der ersten Wahl, der sich die SPD mit Dohnanyi als Spitzenkandidat zu stellen hatte, schrieb, es gelinge ihm nicht, sich im Wahlkampf »den emotionalen Bedürfnissen des Publikums zu öffnen«, und dann fortfuhr: »Dohnanyi weiß das, und es bedrückt ihn. In seiner inneren Grundstruktur ein musisch angelegter Intellektueller, ist er sensibel, leicht verletzbar. Dies bedingt psychologisch eine gewisse Blamageangst. Um sie zu überwinden, versucht er sich seelisch abzuhärten, was dazu führen kann, dass er als abweisend erscheint, als besserwisserisch, unfröhlich, nicht ganz frei von Arroganz. Ihm ist, wie er zugibt, Wahlkampf zuwider.«[50]

Solche Urteile, auf einer Momentaufnahme beruhend, wird man relativieren müssen. Immerhin gelang es Dohnanyi zweimal, Wahlschlappen nachträglich auszubügeln. Ein Jahr nach seiner Amtsübernahme, am 6. Juni 1982, erlitt die SPD in Hamburg eine herbe Niederlage. Ihr Stimmenanteil fiel von 51,5 auf 42,7 Prozent. Die CDU unter Walther Leisler Kiep wurde stärkste politische Kraft mit 43,2 Prozent, konnte jedoch keinen Senat bilden. Die SPD führte mit der Grün-Alternativen Liste Koalitionsverhandlungen. Sie scheiterten. Daraufhin wurden Neuwahlen angesetzt. Am 19. Dezember, ein halbes Jahr nach ihrem historischen Tief, kehrte die SPD mit 51,3 Prozent der Stimmen nahezu wieder auf ihr altes Niveau zurück. Die CDU dagegen fiel auf 38,6 Prozent der Stimmen ab. Leisler Kiep gratulierte Dohnanyi, »der beherrscht im Sieg ist, so wie ich in der Niederlage«. Kiep, in der CDU ein ähnlicher Außenseiter wie Dohnanyi in der SPD, hatte resigniert: »Der Gedanke, die Politik aufzugeben, gewinnt Konturen, eine Aufgabe, die natürlich auch ein Eingeständnis des Scheiterns ist. Fünfzehn Jahre Politik, ohne eine Spur im Schnee zu hinterlassen ...«[51] Seinen Anteil am Wahlerfolg relativiert Dohnanyi: Maximal ein bis zwei Prozent des Wahlergebnisses bestimme der Kandidat, den weitaus größten Anteil verantworte die Bundespolitik. Als er sich im Juni 1982 zum ersten Mal zur Wahl stellte, befand sich die Bonner Koalition aus SPD und FDP bereits in Agonie. Es war jedem aufmerksamen Beobachter klar, dass Genscher den Machtwechsel wollte. Im Oktober 1982 wurde er dann vollzogen; CDU/CSU und FDP stürzten Bundeskanzler Helmut Schmidt durch ein konstruktives Misstrauensvotum und wählten Helmut Kohl zum neuen Regierungschef.

Dohnanyi war durch die Hamburg-Wahl politisch gestärkt und konnte sich in den kommenden zwei Jahren einer umfassenden Bestandsanalyse der Lage der Hansestadt widmen. Daraus entstand ein politisches Programm, das noch heute als richtungsweisend an der Elbe angesehen wird. In drei Grundsatzreden – »Unternehmen Hamburg« (1983), »Das geistige Gesicht Hamburgs« (1985) und »Hamburg. Stadtstaat und Verfassung: eine Existenzfrage« (1988) – entwickelte er darüber hinaus seine Vorstellungen von der Zukunft der zweitgrößten deutschen Stadt, die jenseits des Hafens, in der Welt von Wissenschaft und Technologie liegen sollte. In einer populären Fassung veröffentlichte er seine Ideen in dem Buch *Hamburg – mein Standort*.[52]

Einmal suchte Dohnanyi den Verleger Axel Caesar Springer auf, um mit ihm über die Rettung einer Immobilie zu sprechen. Springer war Eigentümer des Hauses »Am Falkenstein«, einer Villa, die von einem bedeutenden Bauhaus-Architekten entworfen worden war. Das Gebäude war dringend renovierungsbedürftig. Springer wollte es nicht restaurieren lassen, vielleicht weil es ihn an seinen Sohn, den bekannten Fotografen Sven Simon, erinnerte, der sich 1980 in Hamburg das Leben genommen hatte. Dohnanyi gelang ein Arrangement mit dem Verleger: Das Haus wurde an die Eigentümerin des Hamburger Puppenmuseums mit der Auflage verpachtet, es gründlich zu sanieren. Dafür musste sie für einen vereinbarten längeren Zeitraum keine Pacht entrichten. So wurde das Haus mit großem Aufwand restauriert, das Puppenmuseum erhielt die neuen Räume, die es brauchte. Als Dohnanyi bei der Unterredung, die auch andere Themenfelder berührte, Willy Brandt als den größten Politiker der Nachkriegszeit bezeichnete, schrieb Springer als Gegner der Brandt'schen Ostpolitik anschließend einem Vertrauten: »Der Schierensee war zu weit weg, um mich in ihn zu stürzen.«[53]

In den achtziger Jahren intensivierte Dohnanyi seinen Kontakt zur Richard von Weizsäcker. Der CDU-Politiker war im gleichen Jahr wie er selbst an die Spitze eines Stadtstaats gewählt worden. Ihm war im Westen des geteilten Berlin gelungen, was Dohnanyi in Hamburg hatte verhindern können: dass nämlich die traditionelle Herrschaft der Sozialdemokratie beendet und durch eine CDU-geführte Regierung abgelöst wurde. An der Freundschaft der beiden Politiker, die in der Geschichte ihrer Familien und deren Beteiligung am Widerstand wurzelte, änderte die Zugehörigkeit zu unterschiedlichen Parteien nichts. Als Weizsäcker Dohnanyi einmal im Hamburger Rathaus besuchte, sagte er ihm – auch unter dem Eindruck, Regierender Bürgermeister einer geteilten Stadt zu sein –, dass er ihn beneide. »Sie leben in einer interessanten Stadt.« Dohnanyi entgegnete: »Es ist eine interessante Stadt. Aber ich würde zu Fuß nach Berlin laufen, wenn ich dort leben könnte.«

Da dies nicht möglich war, machte Dohnanyi Hamburg interessanter. Er öffnete das Rathaus für Dichterlesungen (»Poesie im Rathaus«), rief das Literaturhaus ins Leben und schuf die Hamburger »Kunstmeile«, auf der ein großer Museumsneubau errichtet wurde. Er berief Egon Bahr zum Nachfolger von Wolf Graf von Baudissin als Leiter des Hamburger Instituts für Friedensforschung und Sicherheitspolitik. Auch der Fußball war ihm ein Anliegen. Noch Jahre später, 1993, schrieb der bekennende Anhänger des Hamburger Sportvereins ein kenntnisreiches Vorwort zu einem Buch des früheren HSV-Torwarts und Nationalkeepers Uli Stein. Stein revanchierte sich mit einer umfänglichen Widmung an der Jahreswende 1993/94 und bezeichnete Dohnanyi als einen »guten Politiker«, den er auch »als Mensch schätzen gelernt habe«.[54]

Durch die Ehe mit Christa hatte Dohnanyi einen besonderen Zugang zur Psychoanalyse, die ihn immer interessiert hat. Im Sommer 1985 fand in Hamburg zum ersten Mal seit dem Ende der Weimarer Republik ein Kongress der *International*

Psycho-Analytical Association (IPA) in Deutschland statt. In seiner kurzen, rund zehnminütigen Eröffnungsrede sagte Dohnanyi. »Meine eigene Erfahrung der Nazijahre ist, dass es viele komplizierte Gründe gab, sich anzupassen – aber letztlich nur einen einfachen, um aufzustehen gegen den Terror: nämlich weil dieser böse, weil er unmenschlich war«, und fuhr dann fort: »Wer sagt ›unser Bach‹ und ›unser Beethoven‹, der muss auch sagen ›unser Hitler‹.«[55] Der Saal, in dem sich viele jüdische Wissenschaftler aus der ganzen Welt, vor allem aus den angelsächsischen Ländern, befanden, die zum Teil erstmals nach Deutschland gekommen waren, bereitete Dohnanyi daraufhin eine »Standing ovation«. Noch heute wird er immer wieder auf diese Rede angesprochen.

Ein Jahr zuvor hatte der Hamburger Senat entschieden, das Klinkerwerk im ehemaligen Konzentrationslager Neuengamme vor den Toren der Stadt zu erhalten. »Es soll erinnern«, schrieb Dohnanyi, »wie unmenschlich Menschen werden können, wenn die Politik versagt.«[56] Im Jahr des IPA-Kongresses, also 1985, wurde der Pädagoge Hartmut von Hentig, mit dem Dohnanyi seit den sechziger Jahren befreundet war, in Hamburg mit dem Lessing-Preis ausgezeichnet. In seiner sehr persönlich gefassten Laudatio für den langjährigen Weggefährten sagte Dohnanyi: »Sie sind in die Tiefe gegangen und haben sich doch für die Gegenwart im täglichen Leben engagiert.«[57]

Norbert Elias, der britische Soziologe und Kulturphilosoph deutsch-jüdischer Herkunft, wurde für Dohnanyi in den achtziger Jahren zu einem wichtigen »Vordenker«. Elias verband in seinen Werken Soziologie, Psychologie und Geschichtswissenschaft und entwickelte eine interdisziplinäre Analyse langfristiger geschichtlich-gesellschaftlicher Prozesse.[58] Dohnanyi faszinierte dabei besonders dessen Erkenntnis, dass der Kommunikationsprozess die zentrale Kraft in der Evolution der menschlichen Zivilisation sei. Das deckt sich mit seinen Überzeugungen, Elias' Gedanke, »dass man Zukunft nur gestalten kann, wenn man Geschichte begreift«.[59] Dohnanyi lud den Briten in seiner Zeit als Erster Bürgermeister zu einem Vortrag nach Hamburg ein. Im

Gästehaus des Hamburger Senats diskutierten die beiden nach der Veranstaltung noch lange weiter. Dohnanyi war beeindruckt von der Klarheit und Präzision der Aussagen Elias', der das Gespräch mit ihm bis um zwei Uhr nachts fortsetzte. Er starb 1990 im Alter von dreiundneunzig Jahren.

Die zweite Hälfte der achtziger Jahre war in Hamburg durch wachsende wirtschaftliche Probleme und steigende Arbeitslosigkeit bestimmt. Dohnanyi betonte immer wieder, dass die Zukunft der Stadt nicht allein vom Hafen abhängen dürfe. Man habe die zunehmende Bedeutung von neuer Technologie, Forschung und Bildung allzu lange verkannt. Das Schicksal des Standortes Hamburg werde sich im Binnenland entscheiden, auf den Gebieten von Wissenschaft, Technik, Dienstleistungen, Medien und Kultur. Um im Wettbewerb zu bestehen, müsse der Stadtstaat beim Steueraufkommen zulegen und bei den Bundeszuweisungen deutlich besser gestellt werden. Bestätigt in seinen Annahmen fühlte er sich durch Erkenntnisse auf einer USA-Reise, die ihn im Januar 1986 nach Massachusetts und in die Nähe der Orte führte, an denen er studiert hatte.

Der damalige SPD-Kanzlerkandidat Rau hätte Dohnanyi gern in sein Schattenkabinett berufen. Aber dieser war vorläufig unabkömmlich. Bei der Bürgerschaftswahl am 9. November 1986 fiel die SPD erneut zurück und erreichte mit 41,7 Prozent ein um zwei Zehntelprozentpunkte schlechteres Ergebnis als die CDU. Da die FDP, der Wunschpartner Dohnanyis, erneut unter der Fünfprozentmarke blieb, musste er vorerst mit einem Minderheitensenat weiterregieren. Als auch die Gespräche mit der CDU über die Bildung einer Großen Koalition scheiterten, kam es am 17. Mai 1987 zu Neuwahlen. Die SPD erreichte 45,0 Prozent der Stimmen. Dohnanyi nannte das Resultat »beachtlich«. Da die Liberalen dieses Mal die Fünfprozenthürde schafften, war die Bildung einer sozialliberalen Koalition möglich.

In den siebziger und achtziger Jahren hatte sich Dohnanyi eingehend mit der Ostpolitik beschäftigt. Nun kamen neben der Hamburger Stadtpolitik gesamtdeutsche Themen hinzu.

Abraham Lincoln, der amerikanische Präsident, den Dohnanyi seit seinen Studienzeiten bewundert, hatte in der berühmten Gettysburg-Rede gesagt: »*The house divided in itself cannot stand.*« Anlässlich des vierzigsten Jahrestages der Zerstörung von Dresden reiste Dohnanyi im Februar 1985 in die sächsische Metropole und nahm an einem Konzert in der wieder aufgebauten Semperoper teil. Im Anschluss traf er mit mehreren Mitgliedern des SED-Politbüros zusammen. Den Abend wollte er jedoch mit einer Andacht in der Kreuzkirche beschließen. Hans-Otto Bräutigam, der Leiter der Ständigen Vertretung der Bundesrepublik in der DDR, begleitete ihn auf dem Weg dorthin. Als sich die kleine Gruppe, zu der noch einige Sicherheitsbeamte und Dohnanyis Fahrer gehörten, dem Ort näherte, stellte sie fest, dass die Andacht bereits vorbei war. Tausende von Menschen zogen mit ihren Kerzen still über den Platz, um diese in die Gitter des Zaunes um die Frauenkirche zu stellen. Dohnanyi erinnert sich: »Leise und wie aus großer Ferne erklang, fast wie ein Wiegenlied, ›Dona nobis pacem‹ von verschiedenen Seiten, dann näher ›Großer Gott, wir loben Dich‹, und alles verschmolz zu einem unendlich friedlichen Vielklang. Jemand sah uns stehen, eine junge Frau, ein junger Mann; ich glaube, sie erkannten mich, öffneten ihre Hände, zogen uns in ihren Kreis. ›Sie gehören doch dazu!‹ Und so standen wir in der winterlichen Kälte des kommunistischen Dresden, der ›Botschafter‹ der BRD, der Regierungschef und seine Sicherheitspolizisten aus Hamburg, Hand in Hand mit den Dresdnern, die vier Jahre später der DDR die neue Demokratie erstritten.«[60] 1987 wurde eine Partnerschaft zwischen Dresden und Hamburg, den beiden Elbstädten, geschlossen – eines der »schönsten Ereignisse meiner Amtszeit«, schrieb Dohnanyi Jahre später.[61] Eine weitere Städtepartnerschaft schloss Hamburg in der Regierungszeit Dohnanyis mit Bratislava ab, der Geburtsstadt seines Großvaters.

In den nun folgenden Monaten löste Dohnanyi eines der Probleme, das ihn von Beginn seiner Dienstzeit in Hamburg an beschäftigt hatte: eine Regelung für die besetzten Häuser an der Hafenstraße unweit des Fischmarktes zu finden. Dabei profitierte

Die Geschwister bara, Klaus und ristoph im Garten des rower Hauses, um 1942.

Klaus mit seinem ßvater Ernst von nányi in Tallahassee, 0.

33 Hochzeitsreise an den Bodensee mit Renée Illing im Mai 1951.

34 Mit Renée Illing und Sohn Johannes in Yale, 1953.

Weihnachtsfeier 1964 bei Infratest mit Gründer Wolfgang Ernst (links).

Mit der zweiten Ehefrau Christa Seidel und den Kindern Jakob und Babette (links) in Bonn.

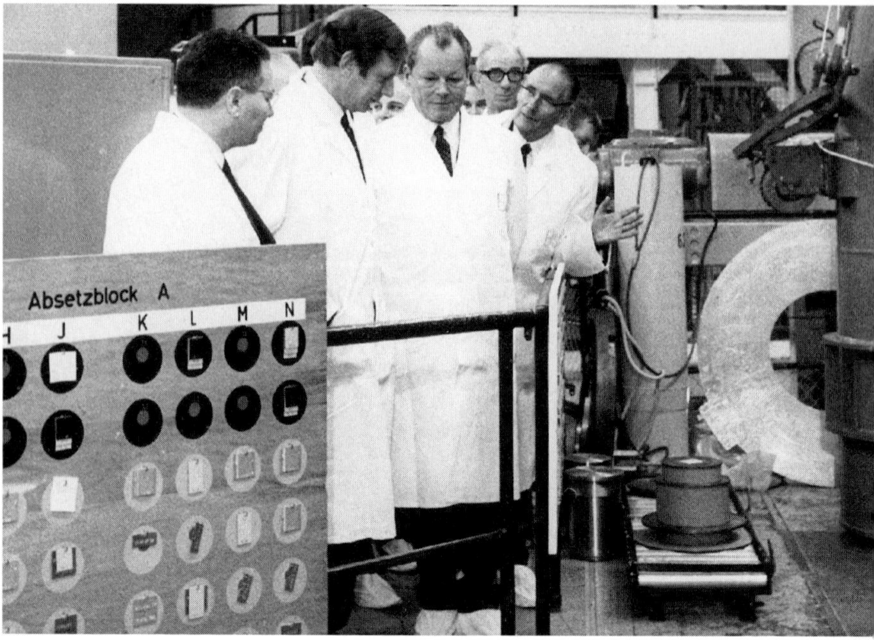

37 Als Bundesforschungsminister mit Kanzler Willy Brandt beim Besuch eines Atomkraftwerks, 1972.

38 Wahlkampf in Rheinland-Pfalz, März 1979.

Beim Schachspiel mit Helmut Schmidt im Bonner Kanzleramt, 1979.

Staatsbesuch des spanischen Königspaares Sofia und Juan Carlos 1982 in Hamburg. Klaus Dohnanyi als Erster Bürgermeister und Christoph von Dohnányi als Intendant der burgischen Staatsoper begrüßen die Gäste zu einer Aufführung von Mozarts »Zauberflöte«.

41 Verleihung der Ehrenbürgerwürde der Stadt Hamburg an Herbert Wehner durch Bürgermeister Klaus von Dohnanyi im Mai 1986.

42 Pressekonferenz anlässlich des Rücktritts als Erster Bürgermeister von Hamburg im Mai 1988.

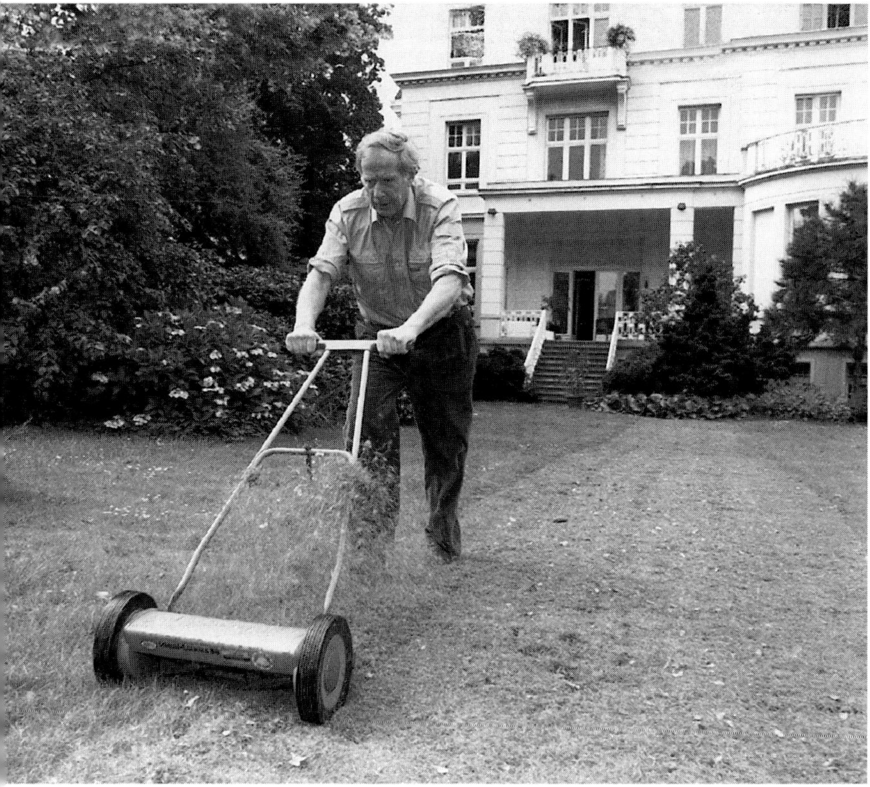

Im Garten des
[...]burger Privathauses am
[...]pfad, 1985.

Mit der dritten Ehefrau
Hahn, 1996.

45 Mit dem Vorsitzenden des Zentralrats der Juden, Ignatz Bubis, 1998 in Bonn.

46 Mit Richard von Weizsäcker anlässlich der feierlichen Enthüllung einer Gedenktafel für Widerstandskämpfer des 20. Juli 1944 im Bundesverteidigungsministerium in Berlin, dem einstigen Sitz des Oberkommandos der Wehrmacht.

er zweifellos von den Erfahrungen, die Richard von Weizsäcker in der Berliner Hausbesetzerszene mit der »Berliner Linie« gesammelt hatte: die innere Berechtigung des Protestes anzuerkennen, nicht jedoch seine äußere Form. Dohnanyi handelte am 20. November 1987 mit aller Entschiedenheit und mit der ganzen Kraft seiner Persönlichkeit und seines Amtes. Er machte die Entscheidung über seine politische Zukunft öffentlich vom Gelingen einer Lösung abhängig. Er stellte ein Ultimatum und kündigte seinen Rücktritt an, sollte es nicht erfüllt werden. Die 5000 Polizisten, die in Bereitschaft standen, um das Haus gegebenenfalls zu stürmen, hielt er zunächst zurück. Die Besetzer räumten in letzter Minute die Barrikaden beiseite, erklärten sich zu zivilen Umgangsformen bereit und erhielten im Gegenzug einen Pachtvertrag.

In einer für ihn ungewöhnlichen Gefühlsaufwallung zog Dohnanyi nach Bekanntwerden der Nachricht, dass der Hafenstraßen-Vertrag von der Gegenseite unterzeichnet worden sei, die Vorhänge in seinem Büro zu und umarmte mehrere Mitarbeiter. In der gesamten deutschen Presse war von einer dramatischen Wende in der politischen Kultur des Landes die Rede. Es gebe über Nacht wieder »Zivilcourage« in Deutschland, kommentierte der *Stern*. Der *Spiegel* widmete Dohnanyi in der Woche nach der gelungenen Lösung die Titelgeschichte. Das Cover zeigte einen selbstbewussten Politiker, der mit verschränkten Armen wie ein Fels in der Brandung steht. Die Titelzeilen lauteten: »Hafenstraße: Schlichter Dohnanyi« und »Wunder oder Illusion?« Dohnanyi habe nach den Todesschüssen an der Frankfurter Startbahn West »nicht mit dem Gefühl leben [wollen], vielleicht nicht auch noch das Letzte versucht zu haben«. Und Chefredakteur Erich Böhme schrieb in seinem Kommentar »Der Alleingang«, dass die waghalsige Operation Dohnanyis »die Wiedereinführung des common sense in die deutsche Politik« zur Folge habe. Der *Stern* vermutete, Dohnanyi habe eine heimliche Sehnsucht gehabt, »der Hamburger Mängelliste aus den vergangenen Jahren – Polizei-Kessel, Neue Heimat, Fall Pinzner, knappes Wahlergebnis – ein positives Symbol entgegenzusetzen«.⁶² Die gesamte deutsche Presse von links bis rechts zollte Dohnanyi Anerkennung. Eine Kunstmalerin schrieb: »Sie sind das C in der SPD.« Gerhard Schröder, bis dahin nicht gerade ein Freund Dohnanyis, zollte ihm Respekt und setzte im SPD-Parteirat eine Resolution durch, die die »Friedenslinie« Dohnanyis ausdrücklich befürwortete. In linken SPD-Kreisen zirkulierte nun das neue Kürzel KvD – »Kaiser von Deutschland«.

1988 wurde Dohnanyi für sein umsichtiges, entschlossenes Handeln mit der Theodor-Heuß-Medaille ausgezeichnet. In der Begründung hieß es: »In einer Zeit zunehmender innenpolitischer Polarisierung und Konfrontation hat Klaus von Dohnanyi mit seinem persönlichen Einsatz zugunsten einer gewaltfreien Lösung des kurz vor einer unabsehbar gewalttätigen Auseinandersetzung stehenden Konfliktes in der Hamburger Hafenstraße, unter verantwortungsbewusster Beachtung der Verhältnismäßigkeit der Mittel, ein außergewöhnliches Beispiel des persönlichen Mutes gegeben.«⁶³

In seiner Dankesrede erwiderte Dohnanyi: »Wir brauchen Veränderungen, damit wir die Fähigkeit zur gewaltlosen Bewältigung der Konflikte bewahren. Wer aber treibt diese Anpassung der Gesellschaft voran? Es sind nicht Recht und Rechtsordnung: Denn diese sind eher statisch oder gar starr. Sie tendieren zur Festigung des Status quo, nicht zu seiner Veränderung.« Und er fuhr fort: »Wer aber treibt diese notwendige Anpassung der Gesellschaft an die veränderten Rahmenbedingungen voran? Wer schafft das neue Fundament, auf dem eine gewaltlose Bewältigung von Konflikten möglich bleibt? Doch immer nur die, die wir als Außenseiter verstehen, die Nonkonformisten, die widersprechenden Minderheiten. Diejenigen also, die widerstehen.« Sein Resümee lautete schließlich: »Zur Sicherung des zukünftigen Friedens, also der bleibenden Fähigkeit, Konflikte gewaltlos zu lösen, sind uns gerade diejenigen unentbehrlich, die das geltende Recht in Frage stellen.« Diese außergewöhnliche Rede, in der das geistige Erbe des Vaters zum Vorschein kam, war ein Aufruf zu zivilem Ungehorsam. Mit besonderer Genugtuung berichtet Dohnanyi vom »Forum P«, einer Veranstaltung der Hamburger Polizei, bei der die leitenden Beamten des Einsatzes an der Hafenstraße auf ihn zugekommen seien und ihm gesagt hätten: »Herr von Dohnanyi, die Geschichte gab Ihnen Recht.« Das Problem Hafenstraße war gelöst. Im Bund regierte die Union, in der SPD war die Stafettenübergabe an die Generation der Enkel Willy Brandts erfolgt. Kurz vor seinem sechzigsten Geburtstag nahm sich Dohnanyi die Freiheit, das Geschäft der Tagespolitik aufzugeben und einen neuen Lebensabschnitt zu beginnen. Seinem Sohn Johannes gegenüber hatte er im März 1988 bekannt, Politik sei »ausbeuterisch«.[64] Für ihn war Politik immer eine Angelegenheit auf Zeit. Am 10. Mai 1988, einen Tag nach den Landtagswahlen in Schleswig-Holstein, trat er vom Amt des Ersten Bürgermeisters von Hamburg zurück. Henning Voscherau wurde sein Nachfolger.

Am Tage seines Rücktritts sagte Dohnanyi zur Begründung, er habe einen wachsenden Widerspruch zwischen Worten und Handeln ausgemacht. »Unser Ruder reicht nicht mehr ins Wasser.« In einem Buch, das Anfang 1990 zeitgleich in der Bundesrepublik und in der DDR erschien *(Brief an die Deutschen Demokratischen Revolutionäre)*, ergänzte er, er sei zurückgetreten, »weil ich über einige politisch-wirtschaftliche Fragen, die mich lange umgetrieben hatten, mit mehr Gründlichkeit nachdenken wollte und weil ich glaubte, es sei Zeit, dass Jüngere die schwierige Führung der Hansestadt übernehmen sollten«.[65] Andere Motive kamen gewiss hinzu. Die Richtungskämpfe innerhalb der SPD, der Vorwurf der Rechten, er sei kein Mann von »law and order«, und die Kritik der Linken, er sei zu wirtschaftsfreundlich, er habe der FDP zu viele Konzessionen gemacht, haben dem sensiblen Politiker zugesetzt. Der entscheidende Beweggrund für den Abschied aus der Politik dürfte gewesen sein, dass Dohnanyi einfach etwas anderes machen wollte.

Ende 1988 griff Dohnanyi, wie schon mehrfach zuvor, in die Auseinandersetzung mit der deutschen Vergangenheit ein. Anlass war die Rede, die der CDU-Politiker Philipp Jenninger in seiner Eigenschaft als Parlamentspräsident zum 50. Jahrestag der

Reichspogromnacht im Deutschen Bundestag gehalten hatte. Jenninger zitierte die Argumente, mit denen die Nationalsozialisten ihren Terror begründeten, um sie anschließend zu widerlegen. Was als Entlarvungsrede gedacht war, kam durch den Vortrag, der zwischen Zitat und Entkräftung im Tonfall nicht erkennbar unterschied, als solche nicht an. Die Rede wurde heftig kritisiert, Jenninger trat, auch unter dem Druck der eigenen Fraktion, zurück. Dohnanyi fand die Demission zunächst richtig, las sich die Rede dann aber genau durch und kam zu einer anderen Auffassung. Ignatz Bubis, damals Vorsitzender des Zentralrats der Juden in Deutschland, bestätigte ihm später, dass er selbst, Bubis, diese Rede vor Zuhörern nachgesprochen und dabei keinen Widerspruch geerntet habe. Dohnanyi bat darauf bei einem Treffen mit Jenningers Nachfolgerin Rita Süßmuth darum, das Bundestagspräsidium möge sich noch einmal mit dem Fall befassen und Jenninger rehabilitieren; ihm sei Unrecht geschehen. Rita Süßmuth teilte Dohnanyi mit, dass sich das Präsidium zu einem solchen Schritt nicht in der Lage sähe. »Kein Zeichen von Zivilcourage«, kommentierte er den Vorgang in einem Vortrag am 18. März 2003 im Bayerischen Landtag.[66]

Um den vormaligen Hamburger Bürgermeister wurde es nun allmählich ruhiger. Die Resultate seines schöpferischen Rückzugs präsentierte er in den neunziger Jahren. Mehrere Bücher und zahlreiche Aufsätze entstanden nach seinem Abschied aus der Regierungspolitik. Er versteht es, glänzend zu formulieren und zu schreiben, wie auch jene anerkennen, die ihm als Ghostwriter zugearbeitet haben. »Viele Dinge könnte ich gar nicht wissen und verstehen und nicht gelernt und nicht gesehen haben, wenn ich diese ganze Zeit in Parteiversammlungen verbracht hätte. Mein Kopf wäre einfach ein Stück ärmer«, sagt er heute.

Doch zunächst veränderte das Jahrhundertereignis der deutschen Wiedervereinigung auch sein Leben. Wie Willy Brandt hat Dohnanyi den Fall der Mauer und die friedliche Revolution in Osteuropa sofort in ihrer ganzen Tragweite erfasst. Schon ein Jahr zuvor hatte er Freunden gegenüber gesagt, dass die Wiedervereinigung kommen werde, »wenn das in der Sowjetunion so weitergehe«. Er war und ist ein guter Prognostiker, wie er in seinen Büchern oftmals dokumentiert hat. Dohnanyi, der in den siebziger und achtziger Jahren die Politik der Annäherung an die DDR mitgetragen hatte, ging nun auf Distanz zu Lafontaine, der vor einer zu schnellen Wiedervereinigung warnte. Mit ihm und mit dem bremischen Kollegen Klaus Wedemeier hatte Dohnanyi am 27. Oktober 1987 SED-Chef Honecker besucht,[67] um bei dieser Gelegenheit auch die Städtepartnerschaft zwischen Hamburg und Dresden zu besiegeln. Die schärfsten Konkurrenten um diese Sonderbeziehung zum einstigen »Elb-Florenz« waren Essen (mit Bertold Beitz) und Stuttgart (mit Lothar Späth) gewesen. Am Ende des Gesprächs brachte Honecker zum Ausdruck, dass er sich über die Partnerschaft mit Hamburg und speziell mit dem Ersten Bürgermeister freue. »Schließlich sind wir doch beide Antifaschisten.« Dohnanyi entdeckte zu seiner Verwunderung, wie stark ihn diese Bemerkung aus dem Munde eines Diktators doch berühren konnte.

Bei der Sitzung des SPD-Parteivorstands am 20. November 1989 stand Dohnanyi mit seinem klaren Plädoyer zugunsten einer sofortigen Wiedervereinigung ziemlich allein. Es gab erbitterte Auseinandersetzungen. Zahlreiche Redner traten dafür ein, die beiden deutschen Staaten in einer Konföderation zusammenzufassen. Dohnanyi widersprach, kennzeichnete diese Auffassung als Illusion. »Zwei deutsche Staaten hätten ja angesichts der historischen Erfahrungen, die wir mit *einem* großen deutschen Staat in Europa gesammelt haben, durchaus Vorteile im Zeitalter der europäischen Integration«, resümierte er 1990 in seinem Buch *Das Deutsche Wagnis*. »Vielleicht sogar Vorteile auch für die Deutschen. Aber dann durfte eben die DDR nicht die DDR sein; sie müsste soziale, ökologische und wirtschaftliche Qualifikationen aufweisen, die auch die Menschen bewahren wollen.«[68] Er glaube nicht, führte Dohnanyi in jener Vorstandssitzung der SPD aus, dass ein engeres Aneinanderrücken der Deutschen »als Rückkehr auf alte nationalstaatliche Linien diskreditiert« werden dürfe.[69]

Der Dissens über die deutsche Wiedervereinigung führte auch zu persönlichen Zerwürfnissen. Es fällt auf, dass Dohnanyis Kritik an Lafontaine, vor allem an seinen wirtschaftspolitischen Vorstellungen, im Laufe der neunziger Jahre an Schärfe zunahm.[70] Wenn Lafontaine vor einer schnellen Wiedervereinigung aus ökonomischen Gründen warnte, sprach hier ein Naturwissenschaftler mit der Vorstellung vom Laborversuch, die mit der deutschen Wirklichkeit nichts zu tun hatte.

Wenige Monate zuvor, in den bewegten Sommerwochen des Jahres 1989, als das Loch im ungarischen Grenzzaun erste Massenfluchten auslöste, hatte Dohnanyi auf dem evangelischen Kirchentag in Berlin zum Thema »Das Erbe des Widerstands« gesprochen. »Widerstand«, sagte er hier, »ist der unbesiegbare Mensch.«[71] Er sei die Haltung einer Minderheit. »Das Wort Widerstand schmeckt deswegen für mich nicht nur nach Mut und Verfolgung, sondern immer auch nach Einsamkeit.« In den Straßen von Leipzig und Berlin wurde bald darauf bei den Massenprotesten dieser Zustand der Einsamkeit überwunden.

Elder Statesman and More

Willy Brandt bezeichnete Dohnanyi einmal als den »bestausgebildete[n] deutsche[n] Politiker«.[72] Ein Weggefährte Dohnanyis, der Präsident des Übersee-Clubs, Peter von Foerster, meinte, Dohnanyis eigentliche Stärke liege »in einer sehr feinsinnigen, souveränen, nie ideologisch verbrämten Intellektualität«. Und Dohnayi selbst urteilt: »Meine Begrenztheit in der Politik, davon bin ich fest überzeugt – Begrenzung auf eine bestimmte Ebene und nicht darüber hinaus –, kommt auch daher, dass ich die Bereitschaft zur einseitigen Parteibetrachtung in meinem Leben nie gehabt habe.« Als er Ende November 2003 vom Hamburger Bürgermeister Ole von Beust (CDU) eine Ehrung in Empfang nimmt, die Bürgermeister-Stolten-Medaille, sagt er über die

Laudatio seines dritten Nachfolgers: »So eine schöne Rede ist mir in meiner eigenen Partei nie gehalten worden.« Der Saal lacht.

Klaus von Dohnanyi sieht sich bis heute in politischer Verantwortung, auch ohne einer Regierung anzugehören. Das Amt des Bundeskanzlers betrachtete er während seiner Politikerkarriere nie als erreichbares Ziel. Das klingt glaubhaft, obwohl in der politischen Klasse Deutschlands die gegenteilige Auffassung vorherrscht; nahezu jeder Befragte meint, dass Dohnanyi Kanzler habe werden wollen. Er selbst mag sich auch zugetraut haben, an der Spitze der bundesdeutschen Exekutive zu stehen. Aber es widerstrebte ihm, das gigantische persönliche Opfer zu bringen, das die politische Spitzenkarriere fordert. »Ich bin kein Machtmensch, kein Parteimensch«, sagt er. »Ich habe keine Fähigkeit, Macht zu organisieren, zu konzentrieren und um der Macht willen zu kämpfen. Das ist meine Sache nicht. Man muss einen wirklichen Jagd- und Machtinstinkt haben, um Bundeskanzler zu werden.« Nur ein Zufall, eine Konstellation, in der sich andere gegenseitig blockiert hätten, hätte ihn in Deutschlands höchstes Regierungsamt führen können. Dann hätte er wohl zugepackt, die geäußerten Bedenken hinter sich gelassen und die Herausforderung angenommen. Und er hätte etwas daraus gemacht.

Die politische Großwetterlage war jedoch anders, das *»window of opportunity«* öffnete sich für ihn nicht. Als Helmut Schmidt und seine Regierung am 1. Oktober 1982 abgewählt wurden, war Dohnanyi vierundfünfzig Jahre alt. Kaum einer ahnte, trotz Wehners Warnung, dass die SPD an diesem Tag für sechzehn Jahre aus der bundespolitischen Macht verabschiedet würde. Als Rot-Grün 1998 die Wahlen zum 14. Deutschen Bundestag gewannen, hatte Dohnanyi wenige Monate zuvor seinen siebzigsten Geburtstag gefeiert. Gewiss hätte er gegen den »Kanzler der Einheit«, Helmut Kohl, als Herausforderer einen schweren Stand gehabt. Aber es bleibt ein bemerkenswerter Vorgang, dass ihn die SPD niemals zu ihrem Kanzlerkandidaten nominierte. Seine Erfahrungen als Minister und seine Wahlerfolge sowohl im ländlichen Rheinland-Pfalz, also in der Heimat Kohls, als auch im urbanen Hamburg hätten ihn dazu prädestiniert. Brandt hatte vor, ihn zum Bundesgeschäftsführer zu berufen. Mehrere sozialdemokratische Landesverbände in den neuen Bundesländern boten ihm Anfang 1990 nach seinem Aufsehen erregenden Buch *Brief an die Deutschen Demokratischen Revolutionäre* die Spitzenkandidatur an. Dohnanyi lehnte ab.

Als Kanzler hätte Dohnanyi vielleicht den Mythos, der Brandt umgab und von dem die SPD noch heute träumt, für seine Partei zurückerobern können: im Kampf gegen Hitler dank der väterlichen Courage auf der richtigen Seite gestanden und gesiegt zu haben. Wäre die SPD nach ihrem Verhalten im Jahre 1933 beurteilt worden, hätte sie die ersten Wahlen in der zweiten deutschen Republik gewinnen müssen. Denn das geschlossene Votum gegen das »Ermächtigungsgesetz« am 23. März 1933 verlieh der Partei in der Bundesrepublik lange Zeit einen Hauch von Unschuld. Dieses Votum war ein großer Augenblick für die Sozialdemokratie, bevor das Land endgültig in die Diktatur abglitt. Dass die letzte sozialdemokratisch geführte Regierung unter Reichskanzler Müller 1930 wegen eines geringfügigen Anlasses (sie hob die Beiträge zur Arbeitslosenversicherung um ein halbes Prozent an) zurückgetreten war und damit den Weg für die Präsidialkabinette geöffnet hatte, gehört zu den Traumata der Partei. Es wurde virulent, als die SPD 1982 erneut versagte und Helmut Schmidt durch ein konstruktives Misstrauensvotum abgewählt wurde.

Einen »jüngeren Brandt« in der Gestalt Dohnanyis hat sich die SPD dann nicht mehr geleistet, wohl auch nicht mehr leisten wollen. Beide, Brandt und Dohnanyi, waren auf ihre Weise Außenseiter. Gescheitert ist der »Grenzgänger« (Peter Glotz) Dohnanyi dennoch nicht. Er hat mehrere Leben gelebt, vor allem hat er den Wechsel zwischen Politik und »normalem« Berufsleben mehrfach erfolgreich vollzogen – mit einer Mischung aus Souveränität und intensiver Arbeit. »Eine Sache richtig machen«, lautete der Wahlspruch, den Hans von Dohnanyi seinem Sohn mit auf den Weg gegeben hatte.

Eine preußische Tugend? »Ich glaube, das ist eine bestimmte Form von bürgerlicher Disziplin, die es auch in Bayern und in Schwaben gibt«, meint Dohnanyi. Ähnlichen Erziehungsidealen begegne man auch in Großbritannien und an der amerikanischen Ostküste. Sie besagten: Nehmt euch nicht so wichtig, macht eure Arbeit anständig, versucht das Private und das Öffentliche gleichermaßen im Auge zu behalten. »Das hat etwas zu tun mit einer gewissen bürgerlichen Unabhängigkeit, nicht mit Geld, sondern mit einer inneren Haltung. Und ich würde sagen: Das ist nicht preußisch. Diese Einstellung finden Sie auch in Frankreich. Aber sie stirbt aus.« Und wenn es nur noch Berufspolitiker gibt, ergänzt er, »werden wir in einer anderen demokratischen Welt leben«. Die politischen Auseinandersetzungen seien in den USA und Europa in den letzten dreißig Jahren heftiger geworden. »Daran tragen auch die Achtundsechziger ein gerüttelt Maß an Schuld«, fügt er hinzu. Neuer Nationalismus oder neues Klassenbewusstsein seien keine Mittel, um den dringend erforderlichen gesellschaftlichen Konsens zu erreichen.

Als Dohnanyi im Mai 1988 als Erster Bürgermeister von Hamburg zurücktrat, konnte er nicht wissen, dass er bald schon neuen politischen Herausforderungen gegenüberstehen würde. Mit dem Fall der Berliner Mauer und der deutschen Einheit erfüllte sich für ihn auch ein Stück der Geschichte, für die sein Vater gearbeitet und gekämpft hatte: Deutschland als eine »demokratische und solidarische Gemeinschaft«[73] zu gestalten. Dohnanyi bewies auch in den Tagen der Euphorie eine nüchterne Sicht der Dinge, in der ein tieferes Verständnis für die Bürger der zu Ende gehenden DDR zum Ausdruck kam als in allen Versprechungen, die auf glänzende Perspektiven verwiesen, aber den mühsamen Weg dorthin ausgeblendet ließen.

Im Dezember 1989 begann Dohnanyi, den erwähnten *Brief an die Deutschen Demokratischen Revolutionäre* zu schreiben, den er Mitte Januar 1990 abschloss und der bereits im Februar gleichzeitig in beiden Teilen Deutschlands erschien. Ein anderes Buchmanuskript, an dem er zur Zeit des Mauerfalls arbeitete, stellte er zurück. Die Widmung des *Briefes* lautete: »Meinem Vater und seinen antifaschistischen Freunden zum Gedenken«. Erinnerte er sich an das Treffen mit Honecker? Auf den ersten Buchseiten wies der Autor, erkennbar bewegt, darauf hin, dass der so genannte Runde Tisch seine Beratungen am 7. Dezember 1989 im Bonhoeffer-Haus in der Mitte Berlins aufgenommen habe, das nach dem Bruder seiner Mutter benannt sei.[74] Sodann sprach er sich unmissverständlich für die Wiedervereinigung aus, berichtete über seine Jugend in der Zeit des Nationalsozialismus und über seine gesamtdeutschen Initiativen als Erster Bürgermeister von Hamburg. Es war vielleicht das bemerkenswerteste Buch, das Dohnanyi bis dahin geschrieben hatte, mit großem Verständnis für die Ostdeutschen, ungewöhnlich fair, weit weg vom Kleinlichen der Parteipolitik – ein typischer Grundzug des heutigen Mittsiebzigers kommt darin zum Vorschein. Darüber hinaus äußerte er sich zu einer Vielzahl von Themen, auch zur Frage des Widerstands in totalitären Systemen. Hier merkte er an: »Widerstand ist immer eine Probe auf einen außergewöhnlichen Charakter. Anpassung ist die menschliche Normalität.«[75]

In dem Buch sprach Dohnanyi von der »Unausweichlichkeit einer Wiedervereinigung (oder Neu-Vereinigung) beider deutscher Staaten« und vertrat die Auffassung, dass bei echten Reformen in Ostdeutschland Vollbeschäftigung möglich sei und sich ein westlicher Lebensstandard innerhalb von zehn Jahren erreichen lasse.[76] Dies ist bis heute ein Wunschtraum geblieben, und es spricht vieles dafür, dass der echte Ausgleich noch eine ganze Generation auf sich warten lassen wird. Am Ende des schmalen Bandes wendet sich Dohnanyi mit folgendem Rat an seine ostdeutschen Adressaten: »Gute Politik ist oft unsichtbar; andere, zum Beispiel die Wirtschaft, die Wissenschaft und die Künste, zeigen dann ihre Blüte. Schlechte Politik jedoch kann sehr viel verderben; wer wüsste das besser als Sie! Also geben Sie bitte denen, die jetzt ehrlich versuchen, die verfahrene Karre aus dem Dreck zu ziehen und die Versteinerungen der Geschichte beiseite zu räumen, auch einen Vorschuss an Vertrauen. Und zwar gleichgültig, in welcher Partei sie arbeiten. Achten Sie mehr auf die Sache, die einer vertritt, als auf die Partei, in der einer arbeitet: Wenn er nur ehrlich und demokratisch ist.«[77]

Nur wenige Monate später legte Dohnanyi ein weiteres Buch vor, eine eindringliche Analyse des Einigungsprozesses, vor dem Deutschland damals stand: *Das Deutsche Wagnis*.[78] Schon damals sprach Sorge und Enttäuschung aus seinen Worten. Die Überschrift des Vorworts lautete: »Warum sagt denn hier niemand die ganze Wahrheit?« Der *Spiegel* brachte in mehreren Folgen einen Vorabdruck. Das Buch liest sich noch heute, als sei es gestern geschrieben, denn die dort beschriebenen Risiken in der Innen- und Außenpolitik bestehen fort, vor allem die wegen der Wiedervereinigung und des ausgeuferten Sozialstaats anhaltende Schwäche des Landes, die zu politischer und wirtschaftlicher Instabilität führen kann. Egon Bahr merkte an, dass Dohnanyi mit diesem Buch einen Monat vor der deutschen Einheit »in seiner weitsichtigen Analyse […] seinen Realitätssinn dokumentierte«.[79] *Das Deutsche Wagnis* wurde – höchst ungewöhnlich – sogar in der renommierten *New York Times Book Review* besprochen. Der Kritiker schrieb: »Die bestinformierte Erörterung, die ich über die wirtschaftlichen Probleme, vor denen Ostdeutschland steht, gelesen habe.«

Auch heute wird Dohnanyi nicht müde, auf die Risiken für Deutschland hinzuweisen. Er ist beunruhigt darüber, dass der Osten Deutschlands, als dessen Anwalt er sich im Westen sieht, beim Wirtschaftswachstum nicht Schritt hält und die Arbeitslosenzahlen auf gefährlich hohem Niveau verharren. In Anwesenheit eines illustren Publikums, darunter Helmut Schmidt, nannte er im November 2003 bei einer Rede in Hamburg die Schlüsselzahlen: Die neuen Länder (ein Drittel der Gesamtfläche der vereinigten Bundesrepublik) beherbergen rund ein Fünftel der deutschen Bevölkerung, produzieren aber nur gut ein Zehntel des deutschen Sozialprodukts und nur gut ein Zwanzigstel des deutschen Exports. Die tatsächliche Arbeitslosigkeit liegt bei 25 Prozent, und das, obwohl eine Million Ostdeutsche seit 1989 in den Westen gegangen sind, 400 000 täglich von Ost nach West pendeln und nach wie vor jährlich etwa 40 000 zumeist junge Menschen aus Ostdeutschland ihre Heimat verlassen, um in die alten Bundesländer oder ins Ausland zu ziehen.

Angesichts der Dynamik der politischen Prozesse – *Das Deutsche Wagnis* wurde zwischen dem Beitritt der DDR zum Grundgesetz und den ersten gesamtdeutschen Wahlen geschrieben – räumte Dohnanyi in seinem Buch ein, dass er noch im Februar 1990 mit zwei Jahren bis zur Wiedervereinigung gerechnet habe. »Alles, nur die Freiheit hatten wir nicht in unseren Planungen«, schrieb er selbstkritisch.[80] Die heutige Lage im vereinigten Deutschland gibt ihm Recht. Er sagte 1990 sehr präzise voraus, in welcher Größenordnung sich der finanzielle Transfer von West nach Ost bewegen werde. Die Ausgangslage fasste er in dem Bild zusammen, dass die Vereinigung der beiden deutschen Staaten einem technischen Vorgang entspreche, bei dem ein Achtzylinder-PKW Baujahr 1990 mit einem Traktormotor Baujahr 1957 zu einem Antriebsaggregat verschmolzen werde.[81] Natürlich hinke dieser Vergleich, räumte der Verfasser ein. Motoren könne man zerlegen. »Die Integration beider Maschinen muss (im wiedervereinigten Deutschland) sozusagen bei laufendem Motor stattfinden.«

Dohnanyi bezeichnete die Sowjetunion als »unfreiwillige[n] Vater der unausweichlichen Wiedervereinigung«, er hielt die Wirtschafts- und Währungsunion für alternativlos und kritisierte das fehlende Gesamtkonzept beider deutscher Regierungen. Zwei asketische Protestanten und zwei katholische Lebenskünstler, so seine Beobachtung, hätten den Einheitsvertrag unterschrieben. Dohnanyi bescheinigte Kohl, die Weichen richtig gestellt, aber die Gleise für die weitere Strecke nicht gelegt zu haben. »Der Markt jedenfalls ist ein überschätzter Sieger«, schrieb er.[82] Nicht unterdrücken konnte er in diesem ansonsten völlig unpolemischen Buch eine spitze Bemerkung über Gregor Gysi, »dessen Wende so glatt und sauber verlief wie die eines Seehundes unter Wasser«.

Als Dohnanyi *Das Deutsche Wagnis* verfasste, befand sich die

Debatte um den Sitz der Bundesregierung auf ihrem Höhepunkt. Im Buch vermied er jede Zuspitzung und trug behutsam die Argumente zugunsten von Berlin zusammen.[83] Er prognostizierte, dass der Prozess der Wiedervereinigung eine Generation dauern werde. Angesichts der anstehenden Probleme sprach er sich für eine Große Koalition aus. Ihn beunruhigte der Gedanke, dass es dem vereinigten Land an Kraft mangeln könnte. Er hatte keine Bedenken hinsichtlich einer zu starken Nation in der Mitte Europas, zumal sie aller Voraussicht nach ärmer werde, nicht reicher. »Die Vereinigung der beiden deutschen Staaten«, beschloss er sein Buch, »ist ein großes Wagnis. Wir werden alle unsere Kraft brauchen, dieses Wagnis zu bestehen.« Arnulf Baring bemerkte in der Wochenzeitung *Die Zeit,* dass das Buch »eine Denkschrift für die SPD von morgen« darstelle. »Ihr Verfasser hat sich mit ihr als kompetenter, sensibler Kanzlerkandidat der Sozialdemokraten ausgewiesen – für die Wahlen der kommenden Jahre.«[84]

Die Arbeit an einem weiteren Buchmanuskript, das Dohnanyi begonnen hatte, bevor die Mauer fiel, nahm er erst Jahre später wieder auf. Die Wiedervereinigung und ihre Folgen hatten für ihn Priorität. Das Buch erschien schließlich 1997. Er befasst sich darin mit den Folgen der Globalisierung für Deutschland,[85] neben dem Prozess der Wiedervereinigung und dem Umgang mit der jüngeren deutschen Geschichte das dritte große Thema, das ihn in diesen Jahren beschäftigte.

Mitten in der Phase der neuen politischen Herausforderungen trennte sich Dohnanyi nach sechsundzwanzig Ehejahren von seiner zweiten Frau Christa. Die beiden hatten sich auseinander gelebt. Nächtelange Aussprachen bestätigten nur die gegenseitige Entfremdung und überwanden sie nicht mehr. 1992 ließen Klaus und Christa von Dohnanyi sich scheiden. Als besonders schmerzlich empfand er es, dass sich infolge der Trennung seine Familie auflöste. 1997 heiratete er die Schriftstellerin Ulla Hahn; die zierliche, filigrane Frau ist mit 1,54 Meter eineinhalb Köpfe kleiner als er.

Ulla Hahn, im Sauerland geboren, wuchs im Rheinland auf, ihr Vater war ein ungelernter Arbeiter. Nach einer Bürolehre machte sie auf dem Zweiten Bildungsweg das Abitur und studierte Germanistik, Geschichte und Soziologie. Die promovierte Germanistin war Lehrbeauftragte an den Universitäten Hamburg, Bremen und Oldenburg und arbeitete als Kulturredakteurin bei Radio Bremen. Marcel Reich-Ranicki entdeckte sie in den frühen achtziger Jahren als lyrisches Talent. Sie war Stipendiatin der Villa Massimo und erhielt unter anderem 1985 den Hölderlin-Preis. Seit 1972 lebt sie in Hamburg, seit 1989 als freie Schriftstellerin. Auf ihren 1991 erschienenen ersten Roman *Ein Mann im Haus* folgte 2001 der autobiografisch gefärbte Roman *Das verborgene Wort,* der monatelang auf den Bestsellerlisten stand. Der begeisterte Lyrik-Leser und Hölderlin-Verehrer Dohnanyi schrieb das Nachwort für die von Ulla Hahn zusammengestellte Anthologie *Gedichte fürs Gedächtnis.* Zum Lesen von Romanen nimmt er sich selten Zeit, er bevorzugt Werke zur Geschichte. Unter den Autoren literarischer Prosa schätzt er Robert Musil; er gehört dem Kuratorium der Robert-Musil-Gesellschaft an.

Auf das »Wagnis Deutschland« ließ sich Dohnanyi nicht nur schreibend, sondern auch gestaltend ein, nicht mehr qua Regierungsamt, sondern in der Wirtschaft. Er wurde im Mai 1990 Aufsichtsratsmitglied der TAKRAF AG Leipzig, eines DDR-Kombinats für Schwermaschinenbau. Kranbau, Fördertechnik, der Bau von Aufzügen und Rolltreppen gehörten ebenso zu den Erzeugnissen wie Bühnenanlagen für Theater und Oper. Wie es sich für ein DDR-Kombinat gehörte, unterhielt die TAKRAF auch Sozialeinrichtungen, Ferienheime und Clubhäuser. Im Jahr vor der Wiedervereinigung beschäftigte das Kombinat an einundsechzig Produktionsstätten knapp 40 000 Menschen.
Als Dohnanyi im Mai 1990 zum Aufsichtsratsvorsitzenden berufen wurde, war die Zahl der Beschäftigten schon auf knapp 30 000, die der Produktionsstätten auf siebenundzwanzig Gesellschaften gesunken. Einige profitable und weniger profitable

Teile des Kombinats waren von der Treuhandanstalt Berlin bereits veräußert worden. Die Übernahme des Vorsitzes fiel mit dem Tag der Wirtschafts- und Währungsunion der beiden deutschen Staaten zusammen. Die Märkte in Osteuropa, Hauptabsatzgebiet für DDR-Produkte, brachen durch die Umstellung auf die D-Mark, vor allem aber durch den Zusammenbruch des osteuropäischen Wirtschaftsverbunds COMECON, weg. Die DDR-Wirtschaft musste ab Juli 1990, wie Dohnanyi formulierte, »in der Ritterrüstung zur Olympiade« antreten.[86] Im September 1991 stimmte die Treuhand dann einem Vorschlag der TAKRAF zu, das Unternehmen in ein Kerngeschäft und Sondervermögen aufzuteilen. Dies hatte zur Folge, dass fortan fünfzehn Tochtergesellschaften der neu gegründeten Holding und zwölf dem Sondervermögen zugerechnet wurden. Kurz darauf wanderten weitere Gesellschaften ins Sondervermögen ab. Der Gigant wurde überschaubar.

Bereits 1994 war die Privatisierung der TAKRAF weitgehend abgeschlossen. Etwa 10 000 Menschen waren an den diversen Produktionsstätten noch beschäftigt, angesichts des massiven Verlustes von Arbeitsplätzen im Maschinenbau ein gutes Ergebnis für Dohnanyi und den Konzernvorstand. Kein vergleichbares Maschinenbaukombinat im Osten konnte ein entsprechendes Resultat vorlegen. Rückblickend meint Dohnanyi, dass eine noch schnellere Entflechtung in den Jahren 1990/91 wahrscheinlich mehr Arbeitsplätze gesichert hätte. Spätestens jetzt machte Helmut Schmidt mit dem Jüngeren, mit dem ihn ein weitgehend gleiches Politikverständnis, aber auch ein Konkurrenzverhältnis verband, seinen Frieden und lobte Dohnanyi wegen seines Engagements im Osten des Landes.[87]

Dohnanyi verzichtete bei der TAKRAF auf Honorare und spendete das Geld gemeinnützigen Zwecken. Bei Übernahme seiner Tätigkeit hatte er dies damit begründet, dass jede erfolgreiche Sanierung mit erheblichen Opfern der Belegschaft erkauft werden müsse.[88] Der größere Teil des Geldes ging an die Deutsche Nationalstiftung in Weimar, der restliche Betrag wurde für soziale Zwecke innerhalb der TAKRAF verwendet. In der zweiten Hälfte der neunziger Jahre übernahm Dohnanyi im Zusammenhang mit dem Aufbau Ost zahlreiche weitere Aufgaben, unter anderem 1999 den Vorsitz bei der Bewerbung von Sachsen und Sachsen-Anhalt für den BioRegio-Wettbewerb und im Jahr 2000 die Leitung des InnoRegio-Wettbewerbs. Beide Veranstaltungen sind im Bereich der Zukunftstechnologien angesiedelt, wo der Osten Deutschlands immer noch starke Defizite aufweist.

Dohnanyi hält es für gefährlich, dass der Aufbau Ost inzwischen weitgehend aus den öffentlichen Debatten verschwunden ist. »Er bleibt das zentrale Thema der Zukunft unseres Landes«, schrieb er 2003 im Abschlussbericht der Bundesanstalt für vereinigungsbedingte Sonderaufgaben.[89] »Denn diese Zukunft wird nicht von militärischen und auch nur zu einem kleinen Teil von transatlantischen Beziehungen bestimmt werden: Die Selbstbehauptung Deutschlands, unsere Identifikation mit unseren sozialen und kulturellen Traditionen und deren Bedeutung in Europa und in der Welt, wird ökonomisch bestimmt sein oder sie wird nicht sein. Ein wirtschaftlich schwaches Deutschland würde seine Stellung in Europa und der Welt schnell verlieren und damit mit seiner Kultur, seinem Sprachraum, seinen sozialen Strukturen und schließlich auch politisch in das Schlepptau anderer Mächte geraten.«

Und er beschloss seine mahnende Bilanz: »Nur, wenn der Aufbau Ost, wenn seine finanziellen, sozialen und politischen Probleme endlich wieder im Mittelpunkt stehen, werden wir auch in der Lage sein, uns endlich strategisch dieser unbewältigten Aufgabe wirklich zu stellen und so unsere Wachstumsschwäche zu überwinden. Dazu wird es einer nüchternen Bestandsaufnahme, einer langfristig orientierten, räumlichen Konzentration der Fördermittel (Cluster-Bildung), also einer konzeptionellen Industriepolitik für die ostdeutsche Region und einer ehrlichen, jährlichen Überprüfung der Ergebnisse unserer Politik bedürfen. Nur so kann auch wieder Vertrauen in eine ostdeutsche Zukunft entstehen und damit auch in eine erfolgreiche Zukunft Deutschlands. Doch davon sind wir weit entfernt. Es ist höchste Zeit für eine Umkehr.«[90]

Die Umkehr im Aufbau Ost, die Dohnanyi schon früh gefordert hatte, könnte fünfzehn Jahre nach der so genannten Wende in Deutschland Gestalt annehmen. Auf sein Anraten stellten die Minister Clement und Stolpe einen »Gesprächskreis Ost« zusammen, sechzehn Experten aus Politik, Wirtschaft und Wissenschaft mit Ostererfahrung. Der »Praktiker-Kreis«, wie der Initiator ihn gerne nennt, legte im Frühjahr 2004, einen Monat vor der Osterweiterung der Europäischen Union, eine Bilanz der bisherigen Einheitspolitik vor. »Der Osten steht still – der Westen stürzt ab, weil er die Milliardentransfers längst aus der eigenen Substanz begleichen muss«, schrieb der *Spiegel* in einer Titelstory zur Dohnanyi-Bilanz[91] und fuhr fort: »Die ökonomischen Daten zeichnen das Bild einer Gesellschaft, die aus sich heraus schon jetzt nicht lebensfähig ist. [...] Erstmals sagt eine von der Regierung selbst einberufene Kommission den Politikern die ganze Wahrheit – ungeschminkt und erschütternd zumindest für jene, die den optimistischen Tönen in all den Jahren vertraut hatten.«

Das Echo auf diesen Bericht war so stark, dass die Allparteienkoalition der »Weggucker« die Dinge nicht mehr länger treiben lassen konnte. Erstaunlich bleibt, mit welcher Genauigkeit Dohnanyi bereits 1990 in seinem Buch *Das Deutsche Wagnis* und danach immer wieder vor solchen Fehlentwicklungen gewarnt und angemahnt hatte, durch zielstrebige, illusionslose Anstrengung aller in West und Ost den Aufbau der neuen Bundesländer zur nationalen Aufgabe zu machen. Erstaunlich auch, zu welchem Engagement der inzwischen Fünfundsiebzigjährige noch immer bereit ist, obwohl seine Mahnungen und Vorschläge selbst von den eigenen Parteifreunden jahrelang in den Wind geschlagen wurden. Der von ihm verantwortete Bericht, der Deutschland im europäischen Kontext wieder aus der Krise führen soll, wirkt wie Dohnanyis »Spätwerk«, in das sich der Historiker, der Ökonom, der Rechtskundige und der Politiker in ihm gleichermaßen eingebracht haben. In diesem »Spätwerk« würde sich auch der Wunsch seines Vaters erfüllen, eine deutsche Demokratie mit aufzubauen, die wirtschaftlich gesund ist und ihre Verantwortung als Gemeinwesen im Herzen Europas selbstbewusst wahrnimmt.

Je älter Dohnanyi wurde, umso wichtiger wurde für ihn die Auseinandersetzung mit der jüngeren deutschen Geschichte. Die deutsche Wiedervereinigung, das große positive Erlebnis seiner Generation, mag ihren Anteil daran gehabt haben. Im Vergleich zu vielen deutschen Intellektuellen, die sich seit dem Historikerstreit in den achtziger Jahren zur deutschen Vergangenheit äußerten, ging es ihm aber nie um Rückblick allein, sondern immer auch um den Blick nach vorn. Zum Bau des gigantischen Holocaust-Denkmals im Zentrum von Berlin äußerte er sich skeptisch. Wie der Publizist Rafael Seligmann vermutete er, dass es nicht zum Gedenken anregen und daher am Ende die Versöhnung von Deutschen und Juden nicht fördern wird. »Deutschland heute macht es sich wirklich zu leicht mit Deutschland damals«, schrieb er in einem *Zeit*-Artikel im März 1995. Der »anständige deutsche Patriotismus«, den es während der NS-Zeit durchaus gegeben habe, komme in heutigen Betrachtungen zu kurz. »Die heutige Sicht will im Widerstand gegen Hitler nur das humanistische Weltbürgertum sehen, obwohl dem aktiven Widerstand doch gerade das auf die Nation bezogene Verantwortungsbewusstsein die Fundamente für die Überwindung nationalsozialistischer Verbrechen geben konnte.« Auch die jüngere Generation müsse lernen, so Dohnanyi, »dass wir zuerst immer für unser Land und den Weg unserer Nation verantwortlich sind«.

Wie sehr ihn das Dritte Reich und seine Verbrechen noch heute belasten, mag man daraus ersehen, dass Dohnanyi bei der Ausstrahlung von Filmdokumenten und Fernsehserien über den »Holocaust« den Raum verlässt. Den Film »Schindlers Liste« hat er aus den gleichen Gründen nicht gesehen. Auf der anderen Seite hat er sich bei vielen öffentlichen Reden dem Thema gestellt. 1996 war er Festredner, als der Hitler-Biograph Joachim Fest auf seinen Vorschlag hin den Ludwig-Börne-Preis erhielt. »Unser historisches Gedächtnis ist ein Bildergedächtnis, und Bilder verkörpern Haltungen«, sagte er bei der Laudatio in der Frankfurter Paulskirche. Er kritisierte die um sich greifende »political correctness« bei NS-Themen, beklagte, dass Fest im Zuge des Historikerstreits in die revisionistische Ecke gedrängt worden sei, und sprach sich dafür aus, dass Ernst Nolte, dessen Äußerungen über den Zusammenhang von sowjetischem und nationalsozialistischem Totalitarismus den Historikerstreit ausgelöst hatten, seine Auffassungen öffentlich darlegen dürfe.[92] Dohnanyi argumentierte hier im Stile seines Vaters, der zu Beginn der zwanziger Jahre die These von der Alleinschuld Deutschlands am Ersten Weltkrieg abgelehnt und später versucht hatte, sie durch genaue Rekonstruktion der historischen Ereignisse anhand von Dokumenten zu widerlegen.

Im Dezember 1996 hielt Dohnanyi anlässlich des 25. Jahrestages der Verleihung des Friedensnobelpreises an Willy Brandt die Festansprache im Schöneberger Rathaus. Dabei bezog er sich auf die Rede, die Brandt einen Tag nach seiner Ehrung im Dezember 1971 gehalten hatte. Brandt hatte darin einen »neuen Realitätssinn« angemahnt, ein Begriff, den Dohnanyi für den Schlüssel zum politischen Handeln des einstigen SPD-Kanzlers hält. Von ihm war bereits 1961 die Rede gewesen, als Dohnanyi Brandt erstmals begegnete. »Ob wir allerdings den Realitätssinn schon zurückgewonnen haben, der mit den Aufgaben der deutschen Nation in Europa verbunden ist und sein wird, daran mag man zweifeln«, sagte Dohnanyi im Dezember 1996.[93] Ähnlich skeptisch über die politische Reife der Deutschen haben sich Berufene immer wieder geäußert – von Adenauer bis Helmut Schmidt, von Thomas Mann bis Heinrich Heine, in dessen »Wintermärchen« es heißt:

> Franzosen und Russen gehört das Land,
> das Meer gehört den Briten.
> Wir aber besitzen im Luftreich des Traums
> die Herrschaft unbestritten ... [94]

Anlässlich des Auschwitz-Gedenktages sagte Dohnanyi am 27. Januar 1997 im Deutschen Bundestag in Bonn: »Warum sind diese Verbrechen bei uns geschehen? Mein ganzes Leben hat mich diese Frage umgetrieben. Eine Antwort, die mir wirklich Ruhe geben könnte, habe ich nicht gefunden.«[95] Beinahe im Jahresrhythmus hielt er eine wichtige Rede zum Thema Nationalsozialismus und Widerstand, schrieb Beiträge und bestritt Fernsehdiskussionen. Aber es waren punktuelle Auftritte. Er verstand es, sich rar zu machen und in seinem hellen, lichtdurchfluteten Arbeitszimmer in der Nähe der Alster in Hamburg, umgeben von antiken Möbeln und Asiatica, über die Themen nachzudenken, die ihn bewegen.

Nach dem Historikerstreit in den achtziger Jahren sorgte ab 1995 die Ausstellung »Vernichtungskrieg. Die Verbrechen der deutschen Wehrmacht 1941–44« für heftige öffentliche Kontroversen, an denen sich auch Dohnanyi beteiligte. In der Frankfurter Paulskirche sprach er am 25. Januar 1998 anlässlich der Eröffnung der Ausstellung »Aufstand des Gewissens. Militärischer Widerstand gegen Hitler und das NS-Regime 1933–1945«. Die Frankfurter CDU hatte den ursprünglich als Redner vorgesehenen Historiker Hans Mommsen wieder ausgeladen und an seiner Stelle Dohnanyi gebeten, die Rede zu halten. Mommsen gehörte zu den Initiatoren der »Wehrmachtsausstellung« und hatte seine Argumentation über die Rolle der Wehrmacht und die von ihr begangenen Kriegsverbrechen zuletzt noch erheblich verschärft. Dohnanyi, aufgebracht vor allem durch die maßlose Kritik eines Historikers im Begleitband zur Ausstellung an Henning von Tresckow und dessen Rolle an der Ostfront, verteidigte dort den Widerstand im Militärapparat und setzte sich mit Mommsen auseinander. Er sei überzeugt, dass die Militärs unter normalen Bedingungen gute Demokraten gewesen oder geworden wären.

Dohnanyi war nie ein Apologet des bürgerlichen Widerstands. Wie seinen Vater beeindruckte ihn der Kampf gegen Hitler, der von SPD-Mitgliedern, Gewerkschaftern und Kommunisten geführt worden war. »Menschlichkeit und Mut sind klassenlos«, heißt es in seinem Begleitwort zum Buch des Historikers Winfried Meyer, *Unternehmen Sieben*. In seiner Zeit als Erster Bürgermeister in Hamburg hatte sich Dohnanyi sehr für den Bau einer Thälmann-Gedenkstätte und für die Benennung eines Platzes nach dem im KZ ermordeten Kommunistenführer eingesetzt.

Als im November 1998 die Debatte um Martin Walsers Paulskirchen-Rede losbrach, in der der Schriftsteller sich dem Umgang der Deutschen mit der Erinnerung an den Holocaust zuwandte und von der »Moralkeule Auschwitz« sprach, meldete sich Dohnanyi mit einem Beitrag in der *Frankfurter Allgemeinen Zeitung* zu Wort. Er war verärgert darüber, dass Walser ungerecht behandelt worden war. Mit seinem Beitrag sorgte er dafür, dass die Hauptlinie der Auseinandersetzung vorübergehend zwischen ihm und dem Vorsitzenden des Zentralrats der Juden in Deutschland, Ignatz Bubis, verlief, der Walser einen »geistigen Brandstifter« genannt hatte. Bubis habe Walser nicht verstanden, meinte Dohnanyi. Walser sei ein »vom Gewissen bedrängter Deutscher«.

In seinem Artikel, erschienen am 14. November 1998, sprach Dohnanyi vieles an, was ihm wichtig ist: das Schicksal seiner Familie, seine lebenslange Beschäftigung mit der Geschichte und den Konsequenzen aus Nationalsozialismus und Widerstand, seine geistige Unabhängigkeit, sein Naturell. Anstoß wurde an einem einzigen Satz genommen, der gegen den bundesrepublikanischen Comment verstieß. Nach einigen selbstkritischen Bemerkungen schrieb Dohnanyi: »Allerdings müssten sich natürlich auch die jüdischen Bürger in Deutschland fragen, ob sie sich so sehr viel tapferer als die meisten anderen Deutschen verhalten hätten, wenn nach 1933 ›nur‹ die Behinderten, die Homosexuellen oder die Roma in die Vernichtungslager geschleppt worden wären. Ein jeder sollte versuchen, diese Frage für sich selbst ehrlich zu beantworten.«[96] Er konnte sich mit diesen Bemerkungen auf viele seiner jüdischen Freunde und auf einen Vortrag berufen, in dem der Historiker Joseph Rovan im Februar 1994 in der Münchner Universität bekannt hatte: »Ich habe mir selbst oft gesagt, dass es ein Glück für mich gewesen ist, von den Nazis unter die Nichtarier gerechnet zu werden, sonst wäre auch ich vielleicht für mehr oder weniger kurze Zeit der […] Versuchung unterlegen.«[97]

Der Eklat war da, als Bubis zurückpolterte und in seiner Kritik an Dohnanyi völlig überzog. Dagegen war das Echo aus der Bevölkerung ein ganz anderes. Dohnanyi erhielt Körbe voll zustimmender Post. Er bat Bubis schriftlich um eine Aussprache im Zentralrat der deutschen Juden. Schließlich legten beide ihren Streit bei. Auch bei seinen Freunden stieß Dohnanyi nicht nur auf Zustimmung. Es gab kritische Bemerkungen von Hans-Jochen Vogel, und auch Richard von Weizsäcker war nicht seiner Meinung, bemühte sich aber, ausgleichend nach beiden Seiten zu wirken.

Im Juli 1999 starb im Alter von vierundneunzig Jahren Sabine Leibholz, die Schwester von Christine und Zwillingsschwester von Dietrich Bonhoeffer. Dohnanyi widmete seiner Tante in der *Frankfurter Allgemeinen Zeitung* einen bewegenden Nachruf. Er schrieb dort: »[...] Sabine Leibholz war die letzte der einmal acht Bonhoeffer-Geschwister, mit ihr verlöscht diese große Familie endgültig [...]. Doch das, was diese Familie einmal zusammenhielt, das gibt es schon lange nicht mehr: jenes geistige, ständig um seine Kultur ringende Deutschland. Das Deutschland, dessen unruhige innere Suche nach Sinn und Aufgabe seine unvergleichliche Stärke, aber eben auch seine unpolitische Schwäche war, die dann in den Abgrund führte. [...]«[98]

In privat formulierten Gedanken zum Jahreswechsel 2000 äußerte Dohnanyi die Ansicht, dass der einzelne Mensch lerne, die Menschheit insgesamt aber nur »zögernd lernfähig« sei. Und in einem Beitrag für eine Festschrift, die anlässlich des hundertsten Geburtstags von Siegfried Landshut erschien, einem Kollegen und Freund seines Vaters, schrieb er: »Ich war immer skeptisch gegenüber politischen Organisationsformen, die ohne die Berücksichtigung der anthropologischen Voraussetzungen jeder Politik konstruiert werden.«[99] Dohnanyi formulierte damit seine Sorge, wie das künftige geeinte Europa mit drei- bis vierhundert Millionen Menschen parlamentarisch repräsentiert werden könne, ließ aber auch eine allgemeine Skepsis gegenüber den Möglichkeiten der Politik anklingen, die bei ihm früher nicht anzutreffen war.

»Hat uns Erinnerung das Richtige gelehrt?«, lautete die Überschrift der Reinhold-Frank-Gedächtnisvorlesung, die Dohnanyi 2001 in Karlsruhe hielt. Zu den wichtigsten Lehren aus

1933, vielleicht zur wichtigsten überhaupt, zählte er eine Verfassung, die es ermögliche, dass Institutionen auch in Krisenzeiten ein Höchstmaß an Flexibilität aufweisen. Tief gestaffelte Verteidigungslinien der demokratischen Institutionen allein reichten jedoch nicht aus. Man benötige Frauen und Männer, die die Demokratie offen und mutig verteidigen. Indirekt kam er auf die Walser-Bubis-Kontroverse zurück, als er von der Notwendigkeit einer offenen, streitbaren demokratischen Debatte sprach, die nicht durch Verbote eingeengt werden dürfe. Deutschland, so Dohnanyi, mangele es noch immer an Toleranz für radikal abweichende Meinungen und an Zivilcourage, sich, wenn nötig, auch gegen eine Mehrheitsauffassung zu exponieren. »Aus der Zivilcourage des Widerstandes«, fuhr er fort, »könnten die Deutschen heute mehr lernen als aus dem ständig wiederholten Hinweis auf die Verbrechen.« Nach den Auseinandersetzungen um Martin Walser warnte Dohnanyi vor jedweder Einschüchterung in derartigen Debatten. Deutschland müsse nach vorne schauen, dürfe nicht zum Gefangenen seiner Vergangenheit werden. »Europa braucht ein Deutschland, das auch an seine Zukunft glaubt.«[100]

Seine Vaterstadt Hamburg übertrug ihm im Sommer 2002 den Vorsitz einer Expertenkommission, die ein Gutachten über die Hochschullandschaft der Hansestadt erarbeitete und einige Monate später Reformvorschläge unterbreitete. Drei Jahre zuvor war Dohnanyi Mitglied der deutschen Delegation bei einer Konferenz der europäischen Bildungsminister in Budapest gewesen. Dort sprach er einführend zum Thema: »The European House of Education: Education and Economy – A New Partnership?«[101] Das Thema Bildung blieb dauerhaft im Mittelpunkt seines Interesses und seiner Kompetenz.

Ein skeptischer Unterton war bei Dohnanyis öffentlichen Äußerungen während der letzten Jahre nicht zu überhören. So sprach er am 18. April 2002 im Hamburger Übersee-Club, in dem sein Vater in den zwanziger Jahren viele Vorträge gehört hatte, die sein Weltbild prägten. In seinem Vortrag »Zum europäischen Auftrag Deutschlands« forderte Dohnanyi seine Landsleute auf, erneut »geopolitisch zu denken«, und sagte weiter: »Alles in allem, man muss sich große Sorgen machen um Deutschland, weil ein fester politischer Wille, unsere Probleme zu erkennen und dann auch anzugehen, nicht sichtbar ist.« – »Kein nationaler Wille ist spürbar«, hatte er wenige Jahre zuvor geschrieben, »die Standortdebatte Deutschland wird zu defensiv und zu pessimistisch« geführt.[102] Mit unvermindertem Engagement beteiligte er sich weiterhin aktiv daran, die politische Landschaft mitzugestalten. 2003 unterbreitete er als Schlichter im Tarifkonflikt der Lufthansa einen Vorschlag, der von den streitenden Parteien akzeptiert wurde. Unter seiner Anleitung kam ein zukunftweisender Kompromiss zustande, der manche seiner Gedanken aus den neunziger Jahren in die Praxis umsetzte. Als der zivile Luftverkehr bald darauf in wirtschaftliche Turbulenzen geriet, fanden die unter Dohnanyi erarbeiteten Regelungen Anwendung.

Er sei immer dem Neuen zugetan, sagte Dohnanyi anlässlich seines 75. Geburtstags am 23. Juni 2003 der »Deutschen Presse-Agentur«. Diese Neugierde habe ihn in die unterschiedlichsten Aufgaben und Ämter geführt. Hans-Ulrich Klose, sein Vorgänger als Bürgermeister in Hamburg, hat einmal über seinen Parteifreund geschrieben, er sei nicht »zum Anfassen«, aber auf »distanzierte Weise liebenswert« – eine treffende Beobachtung, die auch an den Großvater Ernst von Dohnányi denken lässt. Richard von Weizsäcker schließlich findet, dass sich mit Dohnanyi ein ungewöhnlicher Mensch in die Politik gewagt habe, begabt, brillant, sensibel und außergewöhnlich engagiert. Er begegne ihm »ohne letzten Rest von Misstrauen«. Ein führender deutscher Bankier sieht Dohnanyi als »einen der letzten Herren in der Politik« und als den »mit Abstand fundiertesten, ehrlichsten und offensten deutschen Politiker«. Von der Politik wird er nie lassen können, wie seine Beteiligung am »Konvent für Deutschland«, der Herzog-Kommission für eine Föderalismusreform, und zuletzt sein Engagement als Regierungsberater für den Aufbau Ost beweisen. Gleichwohl bleiben die Jahre im Kabinett von Willy Brandt für ihn der Höhepunkt seines beruflichen Weges.

IV. Christoph von Dohnányi

Kindheit in widriger Zeit

Christoph von Dohnányi kommt am 8. September 1929 als drittes Kind von Christine und Hans von Dohnanyi in Berlin zur Welt. Sein Patenonkel wird Dietrich Bonhoeffer. Christophs berufliche Karriere folgt teilweise den Spuren des Großvaters, er schlägt jedoch musikalisch – der Moderne zugewandt – einen anderen Weg ein und wird einer der bedeutendsten Dirigenten der Welt. Wie sein Großvater und sein Bruder verbringt er eine wichtige Zeit seines Lebens in den USA. Die Dohnanyis: auch eine Geschichte von vier Weltbürgern.

Christoph war das jüngste der Dohnanyi-Kinder, vielleicht deshalb auch das unbekümmertste und eigenwilligste. Er sei nicht so fleißig, nicht so konsequent und nicht so bildungsbewusst gewesen wie sein um fünfzehn Monate älterer Bruder Klaus, sagt er. Wenn die Mutter den Jungen in einer klaren Nacht die Sternbilder am Himmel erklärte und ihre Namen nannte, drückte Christoph zwar seine Bewunderung für die Schönheit des Firmaments aus, sah aber keine Veranlassung, sich die Bezeichnungen und Konstellationen der Himmelskörper einzuprägen: »Ich muss mir die Namen nicht merken.« Natürlich kennt er sie. Understatement und Selbstironie sind typisch für ihn. Aber sein Behauptungs- und Durchsetzungswille ist – wie bei seinem Bruder – nicht zu unterschätzen.

Vor allem zu Klaus hatte Christoph ein inniges Verhältnis, obwohl sich die beiden hinsichtlich ihrer Talente und Neigungen deutlich unterschieden. Sie verbrachten viel Zeit miteinander, vor allem bei den Schularbeiten, aber auch beim Herumtollen im Garten des Sacrower Anwesens und beim Schachspiel, das sie vom Vater erlernt hatten. Christoph, mit Kosenamen »Stoffel« genannt, schlug den größeren Bruder öfter, als diesem lieb war.

Für die beiden gab es hinsichtlich der kleinen Pflichten im Haushalt eine klare Aufgabenteilung: Während Klaus für den Garten zuständig war, für die Gemüsebeete, Kartoffeln und Obstbäume, trug der kleine Bruder die Verantwortung für die Tiere, für Karnickel und Ziegen. Christoph war auch sonst für Gerechtigkeit: Als sein Bruder 1932 einen Leiterwagen zum Geburtstag bekam, mit dem die Größeren sofort Eisenbahn spielten, verlangte Christoph beleidigt, er müsse auch ein Geburtstagsgeschenk bekommen. Wie sein Vater bastelte er leidenschaftlich gern.

Länger, als ihm lieb war, nämlich noch als Schulkind, trug ihn seine Mutter in der Öffentlichkeit auf dem Arm. Christine verweigerte beharrlich den Hitlergruß, und Christoph war die Rettung. Das Verhältnis zum Vater war eng, auch wenn die Zeit äußerst begrenzt war, die dieser den Kindern widmen konnte. Einen besonderen Stellenwert hatten für die Dohnanyi-Kinder die Ferien in Friedrichsbrunn im Försterhaus der Großeltern. »Heute noch hat es in meiner Erinnerung einen ganz bestimmten Geruch«, sagt Christoph. »Wenn man da drei oder vier Wochen lebte, merkte man das nicht mehr; im nächsten Jahr aber freute man sich auf diesen ersten Eindruck.«[1]

Vor einigen Jahren war er noch einmal dort, traurig über den schlechten Zustand des Hauses. Nach dem Fall der Mauer fuhr er auch nach Sacrow und betrat zum ersten Mal seit 1945 wieder das Grundstück des Elternhauses, das sich seit 1961 in der um Westberlin gezogenen Sperrzone befunden hatte. Er ließ seine Familie am Haus zurück und ging allein den schmalen Weg zur Havel hinunter, wo er als Junge oft gesessen hatte, lehnte sich an den Pfahl, an dem in Jugendtagen das Ruderboot befestigt war, und die Bilder von einst stiegen wieder auf. Nicht anders war es 1989 gewesen, als er anlässlich des »Carinthischen Sommers« mit der Tschechischen Philharmonie und einem slowakischen

Chor mit »Ödipus Rex« in Österreich gastierte. Er hatte es sich nicht nehmen lassen, einen Abstecher nach Preßburg und dort in die Clarissengasse zu machen und einen Augenblick vor dem Hause zu verweilen, in dem sein Großvater einst gelebt hatte.

Christoph von Dohnányi war gut drei Jahre alt, als die Nationalsozialisten in Deutschland an die Macht kamen, zu jung, um eigene Erinnerungen an diese Zeit zu bewahren. Die Familie lebt in den folgenden Jahren abwechselnd in Berlin, Hamburg, Leipzig, Ettal und Potsdam. Christoph erinnert sich daran, dass seine Eltern oft im Garten – in Berlin, später in Sacrow – auf und ab gingen und sich dabei angeregt unterhielten. Häufig war Dietrich Bonhoeffer zugegen. Gewiss, folgert Christoph, wurden dabei auch Fragen und Aktionen des Widerstands diskutiert. Für die Kinder gehörten diese Unterhaltungen im Freien, die nicht abgehört werden konnten, zum Familienalltag. Nichts Geheimnisvolles, nichts Ungewöhnliches umgab sie: »Das war für uns die Normalität.«

Auch bei den obligatorischen Sonntagsspaziergängen hatten Hans und Christine genügend Gelegenheit, Gespräche zu führen, über deren Inhalt niemand sonst wissen sollte. Die Dohnanyi-Kinder unterschieden sich bei derartigen Familienaktivitäten nicht von Gleichaltrigen: Spaziergänge lösten gedämpfte Begeisterung aus und wurden nach Möglichkeit zum Rennen, Toben und Fußballspielen genutzt.

Selbstverständlich registrierte Christoph, worüber im Familienkreis offen und freimütig gesprochen und was vergleichsweise knapp behandelt oder gänzlich übergangen wurde. Kinder haben für Nuancen im Sprachgebrauch und Tonfall ein feines Gespür. Aber im Grunde erfasste er die Vorsichtsmaßnahmen der Eltern nicht. Er gewann nie den Eindruck, dass die Erwachsenen sich abkapselten oder den Kindern gar Zuneigung verweigerten. Im Gegenteil, Eltern und Großeltern lebten gegenseitiges Vertrauen vor und übertrugen dies auch auf die Heranwachsenden. Insgesamt zieht Christoph eine positive Bilanz seiner ersten Lebensjahre: »Ich erinnere mich an eine schöne Kindheit.«

Im Sommer 1936 verfolgte Christoph in der Ministerloge des Berliner Olympiastadions an der Seite seiner Mutter die Leichtathletik-Wettbewerbe der Olympischen Spiele. Er saß auf Gürtners Platz, nur wenige Meter von Hitler entfernt, als Jesse Owens im 100-Meter-Endlauf triumphierte und eine von vier Goldmedaillen gewann. Christoph war aufgebracht, weil Hitler dem Afroamerikaner den Handschlag verweigerte und vorzeitig das Stadion verließ. Allerdings schüttelte Hitler während der Spiele keinem Olympiasieger die Hand, um einen internationalen Eklat um Owens zu vermeiden. Schon als Siebenjähriger musste der Junge mit zwei Welten, mit zwei Wahrheiten leben: der Offenheit und Wärme in der Familie und der harten politischen Realität jenseits seines Zuhauses, die er erahnte, aber nicht analysierte. Die Familie schien ihm durch ihren inneren Zusammenhalt unverletzlich. Darüber hinaus erhielt er sich seine kindliche Welt, indem er sie erfolgreich abschirmte. Christoph war schwer aus der Ruhe zu bringen. Beispielsweise hatte er ein tiefes, geradezu magisches Vertrauen darin, dass die Familie rechtzeitig mit den Weihnachtsvorbereitungen fertig würde. Seine Mutter beschrieb seine Philosophie im Jahre 1939 so: »Es habe keinen Sinn, sich zu hetzen, er habe noch nie erlebt, dass man Weihnachten nicht fertig würde. Am Weihnachtsabend wäre ›es‹ eben fertig.«

Früh lebte Christoph seine Begabung zur Musik aus, er spielte sehr gerne Klavier, doch genauso gern drückte er sich um die disziplinierte Seite des Übens, um das, was man gemeinhin »Technik« nennt. Die Abneigung gegen Fingerübungen, Tonleiterstudien und dergleichen teilte er mit den meisten Heranwachsenden, die ein Instrument erlernen – und mit seinem Großvater Ernst. Schon im Alter von dreieinhalb Jahren war sein musikalisches Talent offensichtlich. Er sang seine Kinderlieder mit einer Präzision und einem Klang, der Eltern und Geschwister aufhorchen ließ. Als der Vater 1938/39 vorübergehend am Reichsgericht in Leipzig tätig war, sang Christoph aushilfsweise als Sopran bei den Thomanern. »Sie können machen, was Sie wollen, der wird Musiker«, prophezeite der damalige Thomaskantor Karl Straube seiner Mutter.[2]

Auch der weltberühmte Großvater attestierte dem Jungen bei seinem Besuch im Sommer 1939 in Berlin viel Talent. Christoph spielte ihm ein selbst komponiertes Stück vor. Der Großvater seinerseits intonierte für seine Enkel das Klavierstückchen »Für Elise« und schenkte den Brüdern Uhren, damals durchaus etwas Besonderes. Christoph spielte bereits ganz ordentlich Klavier, von 1941 an auch Flöte, und unternahm schon früh erste Kompositionsversuche. Er hatte vor, wie sein Großvater eines Tages Komponist zu werden.

Zu Beginn des Zweiten Weltkriegs lebten die Dohnányis vorübergehend bei den Bonhoeffer-Großeltern in der Marienburger Allee in Berlin-Charlottenburg. In der kleinen Kammer, die Christoph dort bewohnte – nur durch eine Glastür und einen Vorhang vom Schlafplatz der Eltern getrennt –, knipste er trotz elterlichen Verbots nachts das Licht an und las Abenteuerbücher. Von der Mutter erwischt und zur Rede gestellt, änderte er kurzerhand seine Lektüre. Er lese in der Bibel, sagte er beim nächsten Mal, und er tat dies dann auch wirklich. Als er sich einmal von einem Klassenkameraden einen Schmöker auslieh, prüfte seine Mutter mit kritischem Blick das Buch und meinte, dass es eine problematische Sicht auf Menschen und Dinge vermittle. Dennoch unterband sie die Lektüre nicht und gab stattdessen dem Sohn zu verstehen, »dass wir das nicht lesen müssen«. Zum starken Vertrauensverhältnis der Dohnányis untereinander gehörte auch, dass die Eltern auf Vorbild und Überzeugung und nicht auf Verbote setzten.

Christophs Urvertrauen wurde am 5. April 1943 in seinen Grundfesten erschüttert. Er war an diesem Tag mit seiner Mutter allein zu Hause. Plötzlich hielt vor dem Haus eine große schwarze Limousine, der mehrere korrekt gekleidete Herren entstiegen. Es klingelte, die Tür wurde geöffnet, und die Herren teilten seiner Mutter mit, sie möge das Nötigste zusammenpacken, sie sei verhaftet. Danach durchwühlten die Besucher den Schreibtisch des Vaters. Höflich seien die Gestapo-Beamten aufgetreten, erinnert sich Christoph, nicht wie Eindringlinge; seine Mutter hätten sie sogar mit »Gnädige Frau« angesprochen. Aber gerade diese Höflichkeit habe er als besonders schockierend empfunden. Erhobenen Hauptes habe sich seine Mutter dann abführen lassen. Als die Limousine davonbrauste, wurde dem Dreizehnjährigen schlagartig klar, wie verwundbar seine Familie in Wirklichkeit war.

Christoph schnappte sich sein Fahrrad und fuhr von Sacrow über Kladow zur Spandauer Heerstraße und dann weiter zur Marienburger Allee in Berlin-Charlottenburg, wo die Großeltern wohnten – eine an diesem Tag schier endlos scheinende Distanz von etwa fünfzehn Kilometern. Von den Großeltern erfuhr er, dass sein Vater am Vormittag im Büro verhaftet worden war. Danach war alles anders im Leben des Jungen. Die Mutter wurde nach vier Wochen aus dem Frauengefängnis am Charlottenburger Kaiserdamm entlassen und kehrte nach einem kurzen Aufenthalt in den Kurklinken Westend zu ihrer Familie zurück. Der Vater aber blieb bis zu seiner Ermordung am 9. April 1945, kurz vor Kriegsende, in Haft.

Während der Kriegsjahre waren die Möglichkeiten einer musikalischen Ausbildung ohnehin stark beschränkt, doch die Inhaftierung des Vaters machte Christoph schlagartig klar, dass es Wichtigeres im Leben gab als die Musik. Als er einmal zusammen mit seinem Bruder den Vater im Gefängnis besuchte und ihn auf dem Hof seine Runden drehen sah, war ihm klar, dass »einem etwas Schlimmes passieren kann«. – »Wenn man in diesem Alter begreift, dass das Unerwartete tatsächlich Besitz von einem ergreifen kann, erfordert das schon eine gewisse Reife«, gab er Jahre später zu Protokoll.[3]

In der Schule in Potsdam geriet Christoph unterdessen ungewollt in große Gefahr. Jungen mit ein wenig technischem Geschick bauten sich damals einfache Radiogeräte, die ohne Elektroanschluss funktionierten, so genannte Detektor-Empfänger. Man benötigte dafür einen Kristall – Bleiglanz, Silizium oder Ähnliches –, einen dünnen Metalldraht mit feiner Spitze, einen Schwingungskreis und einen Kopfhörer. Um einen Sender einzustellen, tastete man mit der Metallspitze an dem Kristall entlang und fixierte die Position, wenn man »guten« Empfang hatte. »Ich hatte meinen Detektor zum Beispiel auf die deutsche Flugwarnung eingestellt«, erzählt Christoph von Dohnányi. »Da wurde dann etwa gemeldet, dass sich ein Geschwader mit so und so vielen Flugzeugen von Hannover her, ein anderes von der und der Stärke von Fulda her nähere und dass sie wohl zu einer bestimmten Zeit Berlin erreichen müssten. Mit dem normalen ›Volksempfänger‹ konnte man diese Meldungen nicht ohne verbotene Manipulationen am Gerät empfangen.«

Selbstverständlich erzählten sich die Jungen in der Schule, was sie alles »reinkriegten«. – »Und ich kriegte eben auch die BBC rein und erzählte das einem Klassenkameraden namens Schüßler, der das nicht geschafft hatte.« Schüßler erpresste daraufhin seinen Mitschüler. Er verlangte, dass ihm Dohnányi in Latein die Hausaufgaben mit erledige, sonst würde er ihn wegen Hörens von Feindsendern »verpfeifen«. – »Die Drohung kostete mich schlaflose Nächte«, erinnert sich Christoph. »Es ist furchtbar, wenn Sie als Kind das Gefühl haben: Der Vater ist schon verhaftet, und jetzt schaden Sie ihm womöglich noch durch eine solche Erpressungsgeschichte.« Schüßler bekam, was er wollte, Christoph wurde nicht denunziert. Als er viele Jahre später von einem DDR-Staatssekretär namens Schüßler hörte, erinnerte er sich sofort an den Vorfall, ging der Geschichte jedoch nicht weiter nach.[4]

Eltern und Großeltern hörten in den Kriegsjahren regelmäßig den Deutschsprachigen Dienst der BBC, dessen Meldungen mit dem Anfangsmotto aus Beethovens Fünfter Symphonie, von Pauken gespielt, eingeleitet wurden. Die Kinder wussten, dass die Eltern das taten, und die Eltern waren sich, wie Christoph annimmt, im Klaren darüber, dass die Kinder den britischen Sender ebenfalls kannten. Gesprochen wurde aber nie darüber. »Es herrschte stillschweigendes Einverständnis.« Nur einmal hörte die Familie gemeinsam Verbotenes. Der Vater rief Frau und Kinder eines Tages zu sich ins Arbeitszimmer. Er hatte dort eine Schallplatte mit Gustav Mahlers »Lied von der Erde« aufgelegt und wollte, dass die gesamte Familie zuhörte. Mahler war damals in Deutschland verboten, wie Mendelssohn, Meyerbeer oder Arnold Schönberg.

Noch eine andere Begebenheit, an die sich Christoph von Dohnányi erinnert, hing mit einer »feindlichen« Radiomeldung zusammen. Am Wochenende des 7./8. November 1942 war Dietrich Bonhoeffer, der Patenonkel, bei den Dohnanyis in Sacrow zu Besuch. Gemeinsam unternahm man einen Sonntagsspaziergang nach Kladow. Auf dem Weg sah Bonhoeffer ein altes Hufeisen liegen. Er hob es auf, hielt es freudig in die Höhe und meinte: »Heute ist wirklich ein Glückstag, die Amerikaner sind in Nordafrika gelandet.« Tatsächlich waren an diesem Wochenende US-Truppen unter dem Kommando von General Dwight D. Eisenhower in Marokko und Algerien an Land gegangen. Sie besiegelten die endgültige Niederlage des deutschen Afrikakorps unter Generalfeldmarschall Erwin Rommel.

Die Verständigung in Andeutungen, auf die sich die Kinder ihren eigenen Reim machten, vor allem aber der Schock, den die Verhaftung der Eltern auslöste, ließen bei Christoph in sehr jungen Jahren ein erstaunlich scharfes politisches Bewusstsein reifen. Er durchschaute den Widerspruch zwischen NS-Propaganda und Wirklichkeit, erfasste die Notwendigkeit zu taktischer Vorsicht und entwickelte dabei eine Ironie, wie man sie bei Fünfzehnjährigen sonst nicht antrifft. So schrieb er seinem zum Reichsarbeitsdienst eingezogenen Bruder am 9. Februar 1945: »Von dem traurigen Tod des Präsidenten des Volksgerichtshofes Dr. Roland Freisler hast Du ja sicher auch schon durch die Zeitung gehört.«[5]

Freisler, Mitte der dreißiger Jahre Hans von Dohnanyis Gegenspieler im Reichsjustizministerium, war am 3. Februar 1945 bei einem Bombenangriff im Volksgerichtshof ums Leben gekommen. Eine seiner letzten Amtshandlungen war das Todesurteil gegen Klaus Bonhoeffer und Rüdiger Schleicher, den Ehemann Ursula Bonhoeffers, gewesen. Der Bruder von Rüdiger Schleicher, ein Arzt, hatte an jenem 3. Februar den Volksgerichtshof aufgesucht. Er wollte mit Freisler sprechen, um die Vollstreckung der Todesurteile abzuwenden. Stattdessen wurde er zur Feststellung von Freislers Tod gebeten, als nächster greifbarer Arzt in dieser Situation. Eine makabre Koinzidenz.

Ab Januar 1945 übernahm der fünfzehnjährige Christoph die Verantwortung für die Verbindung der Familie zum Vater. Seit der Einberufung seines Bruders war er der einzige Mann im Haus. Klaus merkte treffend an: »Christoph hat eine schwere Aufgabe, Papa und mich zu ersetzen.« Ihn ersetzte er zu einhundert Prozent, »und Papa – das kann sowieso keiner!!«. Der Jüngste war nun der Kurier der Familie, er überbrachte Briefe, Päckchen und erlaubte Lektüre für seinen Vater und gab sie bei den zuständigen Dienststellen ab. Jede Fahrt von Sacrow ins Stadtzentrum von Berlin zum SS-Reichssicherheitshauptamt in die Prinz-Albrecht-Straße 9 war wegen der Bombardements und Fliegerangriffe eine riskante Angelegenheit. Christoph erinnert sich, wie er eines Tages mit einem Holzkoffer in das nach einem alliierten Luftangriff stark zerstörte Gebäude kam. Viele Räume waren leer, nur in einem lagen Aktenbündel herum. Nachdem er bei der Gefängnisleitung den Kofferinhalt abgegeben hatte, schlich er noch einmal zu dem Büroraum zurück und stopfte die Unterlagen in seinen Koffer, bis dieser voll war – in der Hoffnung, Material über den Vater gefunden zu haben. Dann eilte er nach Hause.

Als es am Abend einen Luftangriff gab und die Familie im Luftschutzkeller Unterschlupf suchte, fiel ihm die Geschichte wieder ein und er gestand der Mutter die »Sammelaktion«. Christine war entsetzt. Hätte ihn jemand beim Einsammeln der Dokumente beobachtet, wären er und die Familie in höchster Gefahr gewesen. Das Material musste sofort verschwinden. Als Christoph auf Anordnung seiner Mutter hin den Koffer herbeischleppte und öffnete, stockte ihnen der Atem: Er enthielt Originaldokumente – Schriftstücke und technische Zeichnungen – über den Anschlag auf Hitler im Münchner Bürgerbräukeller vom November 1939 und über den Täter: Johann Georg Elser.

Elser lebte zu diesem Zeitpunkt noch. Er wurde am 9. April 1945, also am gleichen Tag wie Hans von Dohnányi, auf persönlichen Befehl Hitlers im Konzentrationslager Dachau ermordet. Erst wenige Wochen zuvor war er aus dem KZ Sachsenhausen dorthin verlegt worden, hatte also vorübergehend das Schicksal von Hans in unmittelbarer Nähe zu ihm geteilt. Christoph erinnert sich noch heute an genaue technische Zeichnungen der Bombe, die der schwäbische Einzeltäter gebaut hatte. Gemeinsam mit seiner Mutter durchblätterte er in großer Hast die Dokumente. Anschließend verschwanden die Aktenbündel in einem mit Koks befeuerten Zentralheizungsofen. Erst jetzt konnte die Mutter aufatmen.

Die alliierten Bomberangriffe gingen weiter. Gleichzeitig rückte die Rote Armee von Osten her immer weiter auf Berlin vor. Christoph teilte dem Bruder den Tod der Hausziege mit. Da sie keine Milch mehr gab, hatte man sie schweren Herzens schlachten müssen. Mitunter fiel nun der Strom aus. Bei Kerzenlicht machten er und Barbara im Februar 1945 ihre Schularbeiten. Ab März ging die Schwester auf eine Dolmetscherschule am Kurfürstendamm. Am 15. März 1945 schrieb Christoph seinem Bruder: »Was hältst Du von dem Satz: ›Jedes Volk hat die Regierung, die es verdient‹? Man kann das gar nicht glauben, dass wir ein so gutes Volk sind, dass wir unseren Führer verdienen. Aber es scheint ja beinahe so.« Ein paar Tage später wurde er noch kecker. Während Klaus in seinen Briefen seinen Beinahe-Soldaten-Status reflektierte – er rechnete fast wöchentlich mit seiner Einberufung zur Wehrmacht –, war sein Bruder verspielter, aber auch sarkastischer. Zwei Monate vor Kriegsende schrieb er: »Mainz, Worms, Bingen und viele andere Städte mussten dem Feind überlassen werden. Wie werden die Amerikaner wieder hausen!« Christoph war zu diesem Zeitpunkt erkrankt: »Gelernt wird ja doch nichts mehr, und da lese ich lieber im Bett.«

Über den tiefen Einschnitt, den die beiden letzten Kriegsjahre in seinem Leben bedeuteten, hat er später gesagt: »Ich kann nicht übersehen, dass meine Einstellung zum Leben vom Schock geprägt ist, den die Verhaftung meiner Eltern und die Ermordung meines Vaters ausgelöst haben.« Als er 1990 nach Sacrow fuhr, tauchten die Erinnerungen wieder auf: die vor der Tür stehenden Gestapobeamten, das Auto, das mit der Mutter davonfährt, und die Gefängnisbesuche beim tapferen, standhaften Vater.

Als im April 1945 die letzten Kämpfe um Berlin tobten, saßen die Dohnanyis eines Abends mit ihren Nachbarn, den Zutts, zusammen. Jürg Zutt, ein Mediziner und ehemaliger Assistent von Karl Bonhoeffer, hatte 1933 an dessen Gutachten über Marinus van der Lubbe mitgearbeitet. Seine Frau, eine Russin, konnte den eintreffenden Truppen der Roten Armee klarmachen, dass die Dohnanyis zum Widerstand gegen Hitler gehörten und dass der Vater KZ-Insasse war. Ein russischer Offizier und sein Sohn, der zugleich sein Adjutant war, schützten die beiden Familien in diesen Tagen persönlich. Eine Nacht lang wachten sie mit im Hause. Die Pistolen hatten sie für alle Fälle vor sich auf den Tisch gelegt.

Russische Soldaten tauchten auch nach dem Ende der Kämpfe um Berlin immer wieder in Sacrow auf, fischten in der Havel oder schossen auf Schwäne, »ziemlich wilde, aber ganz nette Kerle«, wie sich Dohnányi erinnert, »aber eben Soldateska. Junge Mädchen durften sie nicht sehen, die wurden mitgeschleppt und vergewaltigt«. Um Barbara und Renate Bethge, die damals bei den Dohnányis in Sacrow wohnte, vor Übergriffen zu schützen, hatte Christine von Dohnányi ein Versteck konstruiert. Unter der Treppe, die auf den Dachboden des Hauses führte, war ein Schrank eingebaut. Vor ihn schob sie einen Kleiderschrank, unter dessen Füße sie Speckschwarten legte, so dass er sich leicht bewegen ließ. Wenn sich Soldaten näherten, versteckten sich Barbara und Renate Bethge im Einbauschrank. Für die Frischluftzufuhr hatte Christoph ein Loch gebohrt. Der Kleiderschrank wurde nun davor geschoben. Die russischen Soldaten entdeckten die Mädchen nie.

Einmal gab es jedoch eine kritische Situation. Die erste Welle der Plünderungen, Brutalitäten und Vergewaltigungen war vorbei, es herrschte schönstes Sommerwetter. Barbara und Renate befanden sich gerade im nachbarlichen Garten, als unversehens zwei russische Soldaten erschienen. Sie gingen auf die Mädchen zu, doch Christoph fing sie ab, sprach sie an und führte ihnen die

Uhr vor, die er vom Großvater erhalten hatte. »›Uhr‹ war eines der wenigen deutschen Wörter, die sie kannten«, erinnert er sich, und Uhren waren begehrte Trophäen. Barbara und Renate konnten sich inzwischen verstecken. Schließlich zogen die beiden Rotarmisten mit der Uhr ab, ohne sich nach den beiden Mädchen noch einmal umzuschauen.

Das Sacrower Haus wurde schließlich – im Zusammenhang mit der Potsdamer Konferenz – doch von den Sowjets requiriert. Christine zog mit den Kindern zu ihren Eltern in die Marienburger Allee im Westen von Berlin-Charlottenburg. Anfang September 1945 wurden die drei Dohnanyis dann aus dem zerstörten Berlin nach Frankfurt am Main ausgeflogen und trafen dort auch Klaus wieder, der in einer abenteuerlichen Odyssee per Fahrrad von Mecklenburg nach Hessen gefunden hatte. In Windach unweit von Landsberg am Lech erhielten sie eine Wohnung. Christoph und Klaus besuchten das Gymnasium im nahe gelegenen Kloster von St. Ottilien. Beide wurden in die gleiche Klasse, die Oberprima, aufgenommen. Das ging allerdings nicht ganz ohne Schwierigkeiten. Sie mussten sich zuvor bei der Münchener Schulbehörde vorstellen. Der zuständige Oberstudiendirektor fragte zunächst Klaus, welche Klasse er zuletzt besucht habe, dann wandte er sich an Christoph. Klaus antwortete geistesgegenwärtig für seinen Bruder: »Wir waren immer zusammen!«[6] Das entsprach schulisch gesehen zwar nicht ganz der Wahrheit, aber so konnten sich beide gemeinsam einer Gruppe von Benediktinern aus dem Kloster St. Ottilien zur Vorbereitung des Abiturs anschließen.

Christoph hatte allerdings eine erheblich schwächere Konstitution als sein Bruder. Die nächtlichen Luftangriffe in Berlin, die Flucht in die Luftschutzkeller im Abstand von wenigen Stunden hatten seine Gesundheit angegriffen. Mangelerscheinungen wegen der schlechten Versorgungslage kamen hinzu. Er war unterernährt, litt immer wieder an Krankheiten, zog sich eine Gelbsucht zu, fehlte häufig in der Schule und konnte zeitweise den drei Kilometer langen Schulweg nicht aus eigener Kraft zurücklegen. Christine berichtete im März 1946 von Zuckermangel und vom vergeblichen Bemühen, etwas Schokolade aufzutreiben. Trotz aller Widrigkeiten aber schaffte Christoph gemeinsam mit seinem Bruder in der Kriegsteilnehmerklasse von St. Ottilien das Abitur. Im Juni 1946 erhielt er das Zeugnis der Reife und musste nun seine Berufswahl treffen. Kurze Zeit spielte er wohl mit dem Gedanken, in die Politik zu gehen. Er verwarf ihn.

Der Weg zur Musik

Komponist wollte der junge Christoph von Dohnányi einmal werden. Das war sein Kindertraum. Schon in ganz jungen Jahren erfand er eigene Stücke und spielte sie am Klavier. Mitunter war er selbst noch gar nicht in der Lage, sie richtig aufzuschreiben. Ein Freund seines Vaters, ein angeheirateter Onkel, half ihm. Rüdiger Schleicher, als Jurist im Reichsluftfahrtministerium tätig, besaß das absolute Gehör und spielte selbst sehr gut Geige. »Sein Ton«, erinnert sich Dohnányi, »war nicht besonders edel, er konnte manchmal ziemlich grob spielen. Aber er bewältigte auch schwierige Literatur und las phänomenal gut vom Blatt.« Schleicher notierte, was Christoph ihm vorspielte. Eines der Stücke, die auf diese Weise Schriftform gefunden hatten, trug Christoph seinem Großvater vor, als dieser 1939 bei einem Berlin-Gastspiel der Budapester Philharmonie die Einladung Karl Bonhoeffers zu einem Abendessen annahm und dabei zum ersten Mal die Familie seines Sohnes traf.

1941 begann Christoph von Dohnányi außerdem, Flöte zu spielen. Seine Großmutter, Elza Kunwald, schenkte ihm in den Ferien, die sie im bayerischen Metten verbrachten, eine Piccoloflöte. Während der Ferien probierte er das Instrument aus und brachte sich selbst einiges bei. Es stellte sich allerdings bald heraus, dass die Flöte nicht nach dem System gebaut war, das sich inzwischen international, auch in Deutschland durchgesetzt hatte, und deshalb für viele Töne eine eigentümliche, ungewöhnliche Grifftechnik erforderte. Um Unterricht zu nehmen, brauchte Christoph ein anderes Instrument. Er bekam es schließlich im Rahmen eines innerfamiliären Friedensvertrags. Die Dohnanyis beschäftigten damals ein französisches Au-pair-Mädchen, sie hieß Margarete. Christoph mochte sie. »Aber Sie wissen ja, wie Jungen mit zwölf, dreizehn Jahren sind: Mädchen, die ihnen gefallen, ärgern sie erst einmal, und so verhielt ich mich gegenüber Margarete.« Sein Vater wies ihn wiederholt zurecht und schlug ihm schließlich ein Abkommen vor: Er bekäme eine neue Flöte und erhielte auch Unterricht, wenn er sich Margarete gegenüber in Zukunft anständig benehme. So wurde Christoph von Dohnányi ab 1942 Schüler des philharmonischen Flötisten Heinz Breiden.

Mit den Luftangriffen auf Berlin ließ sich ein regelmäßiger musikalischer Privatunterricht so wenig aufrechterhalten wie stetiges Üben. Der Schock, den die Verhaftung der Eltern auslöste, die Verantwortung, die Christoph für den Kontakt zu seinem Vater übernehmen musste, rückten die Beschäftigung mit der Musik ebenfalls in den Hintergrund. Auch in Windach, im ersten Jahr nach Kriegsende, erhielt er weder Klavier- noch Flötenunterricht. Mit seiner schwachen physischen Konstitution war er den Anforderungen der Schule, aber keinen zusätzlichen Belastungen gewachsen. Für eine Virtuosenkarriere nach dem Vorbild seines Großvaters fehlten ihm entscheidende Jahre des kontinuierlichen Unterrichts und des regelmäßigen Übens. Das war das Schicksal eines großen Teils seiner Generation.

Im Herbst 1946 zog Christine von Dohnanyi mit ihren drei Kindern nach München. Klaus und Christoph hatten ihr Abitur bestanden, sie sollten mit dem Studium beginnen, auch Barbara sollte ihre Berufsausbildung weiterführen. Sosehr sich Christoph zur Musik hingezogen fühlte: zunächst entschied er sich für einen anderen Studiengang. Wie sein älterer Bruder schrieb er sich in der Ludwig-Maximilians-Universität in der rechtswissenschaftlichen Fakultät ein. Seine Mutter bestärkte ihn in diesem Entschluss. Denn mit dem Jurastudium zeichnete sich eine klare, vorhersehbare und Erfolg versprechende Laufbahn ab. Dohnányi war eben siebzehn Jahre alt, als er sich immatrikulierte. Mit zwanzig hätte er bei der damals üblichen Studienzeit und beim familientypischen Tempo sein Erstes Staatsexamen absolviert, spätestens mit zweiundzwanzig die Promotion. Als Vierundzwanzigjähriger hätte er sich bereits als Rechtsanwalt selbständig machen können.

Neben dem Jurastudium verfolgte Dohnányi seine musikalischen Interessen weiter. In München konnte er nun endlich wieder Klavierunterricht nehmen und kam auch zu Hause wieder regelmäßig zum Üben. Sein erster Klavierlehrer, Hans Possegger, machte ihm zum Einstieg ein großes Kompliment: »Du spielst, als wenn du zwischen deinem elften und sechzehnten Lebensjahr jeden Tag geübt hättest.« Mit seinem Bruder arbeitete Christoph als Statist an der Bayerischen Staatsoper, die damals noch im Prinzregententheater untergebracht war; damit erwarb er sich neben anschaulicher Repertoirekenntnis auch noch ein kleines Taschengeld. Bei Georg Solti, dem einstigen Meisterschüler seines Großvaters, der nun Generalmusikdirektor der Münchener Staatsoper war, konnte er neben dem Studium her volontieren. Dohnányi übernahm Aufgaben eines Korrepetitors, studierte mit Sängern ihre Partien ein oder arbeitete sie nach. Immer deutlicher wurde ihm bewusst, dass er nicht die Laufbahn eines Juristen einschlagen, sondern Musiker werden wollte. Im Familienkreis wurde darüber gesprochen. Die Mutter riet ihm, das begonnene Studium zu Ende zu führen, denn ein Jura-Examen gewährte ihm eine gewisse Sicherheit.

Im Spektrum der Musikerberufe kam für Christoph nur der des Dirigenten in Frage. Vom Wunschtraum des Komponisten hatte er sich längst verabschiedet: »Ich erkannte, wie viele großartige Werke schon geschrieben waren. Ich würde mich mit meinen Kompositionen im Vergleich dazu nicht behaupten können, dessen war ich mir sicher. Wer aber wirklich Komponist werden will, beschäftigt sich mit solchen Gedanken nicht. Er schreibt, weil er sich in seinen Werken mitteilen will und muss. Dieses zwingende Bedürfnis leitete mich nicht. Mir war also schon vor meinem Studium klar, dass ich niemals Komponist werden würde. Das hieß nicht, dass ich Komposition nicht studieren und erproben wollte. Wer selbst Musik schreibt, gewinnt Einsichten, die durch nichts zu ersetzen sind. Aber Komponieren als Beruf kam für mich nicht in Frage.«

Für die Virtuosenkarriere, wie sie sein Großvater gemacht hatte, fehlten ihm nach eigener Überzeugung entscheidende Jahre. Daran änderte auch Posseggers großes Lob nichts. Die Dohnányis und die Bonhoeffers hatten an ihre beruflichen Leistungen immer die höchsten Maßstäbe angelegt. In der Familie war dies eine selbstverständliche Maxime, über die nicht groß gesprochen werden musste. An ihr beurteilte Christoph seine pianistischen Aussichten. Von ihr ging auch Christine von Dohnanyi aus, als sie über den Berufswunsch ihres Jüngsten nachdachte. Sie konnte das Risiko, das er eingehen wollte, nicht abschätzen. Sie wandte sich daher im Frühjahr 1947 an ihren Schwiegervater mit der Bitte um Rat. Zu Ernst von Dohnányi hatte sie seit dessen Besuch im Jahre 1939 offenkundig Vertrauen gefasst. Der fragte zunächst genauer nach: Was Christoph gerade spiele? Wo er lebe? Ob er das absolute Gehör habe (um gleich hinzuzufügen, dass ein relatives genüge)? Ob er über ein gutes musikalisches Gedächtnis verfüge? Was seine Lieblingsstücke seien? Wie es um Theorie, Komposition und sein Flötenspiel stehe, an das sich Ernst zu erinnern glaubte?[8] Mit dieser Erinnerung muss sich Ernst allerdings geirrt haben, denn sein Enkel spielte das Instrument noch nicht, als sich die beiden 1939 zum ersten Mal sahen. Möglicherweise hatte ihm Hans von den musikalischen Fortschritten seines jüngsten Sohnes erzählt, als er 1942 in Budapest zu Besuch war.

Auf Christines Brief hin nahm Ernst von Dohnányi Kontakt zu seinem früheren Schüler Georg Solti auf, der aus seinem Schweizer Exil 1946 als verantwortlicher Leiter für den musikalischen Neuaufbau an die Bayerische Staatsoper berufen worden war. Er schrieb ihm, dass seine Schwiegertochter mit ihren Kindern in München wohne und dass er sich freuen würde, wenn Solti sie empfinge. Christoph entschied sich 1948 nach vier Semestern Jurastudium, die Universität zu verlassen und an die Musikhochschule zu wechseln. »Ich wollte in Übereinstimmung mit mir selbst kommen«, meint er heute. Der Zeitpunkt, zu dem er seiner Mutter den unumstößlichen Entschluss mitteilte, war alles andere als günstig. Christine lag mit einem Hals-Mandel-Abszess im Bett. Lakonisch meinte sie zu ihrem Sohn: »Du weißt, daran ist Dostojewskis Mutter gestorben.«

Im Rückblick nennt Dohnányi die Entscheidung für den Dirigentenberuf »aufs Ganze gesehen meine wichtigste Tat«,[9] versteht aber auch sehr wohl die Bedenken, die seine Mutter damals gegen den geplanten Wechsel vorbrachte. Sie hatten nichts mit dem verbreiteten Argwohn gegen Künstlerberufe zu tun. Schließlich gab es nicht nur in der Familie Dohnányi, sondern auch bei den Bonhoeffers viel Kunstverstand und eine Reihe professioneller Künstler, die Kalckreuths etwa, den berühmten Maler und dessen Tochter, Schülerin von Franz Liszt. Dietrich Bonhoeffer war ein ausgezeichneter Pianist, ein Blattspieler ersten Ranges. Bei Bonhoeffers wurde regelmäßig Hausmusik gemacht, und zwar auf anspruchsvollem Niveau.

»Aber mit dem Dirigentenberuf hat es eine eigene Bewandtnis«, erläutert Dohnányi. »Wenn Sie als Flötist Ihr Traumziel, die Solostelle im besten Orchester des Landes zu bekommen, nicht erreichen, dann können Sie dennoch auf dem Niveau, das Ihnen zu Gebote steht, Musik machen, als Solist, als Kammermusiker, als Pädagoge. Wenn Sie es als Pianist nicht auf die internationalen Podien schaffen, können Sie im kleineren Rahmen konzertieren, können unterrichten, auf jeden Fall können Sie immer Ihrem Können gemäß Musik machen. Aber ein Dirigent? Er braucht immerhin ein ziemlich gutes Orchester, um seine Vorstellungen zu realisieren. Das Orchester ist sein Instrument; wenn er nicht an ein gutes kommt, was bleibt ihm dann, um seinen Möglichkeiten gemäß Musik zu machen? Nichts. Es geht dabei nicht nur um Fragen der Einkünfte oder der Position auf der großen Karriereleiter, sondern vor allem um die Möglichkeit, das, was in einem steckt, auch zur Wirkung bringen zu können, also letztlich um die Glaubwürdigkeit vor sich selbst. Meine

Mutter hatte für diese Probleme sicherlich ein untrügliches Gespür, auch wenn wir meines Wissens nie ausdrücklich darüber sprachen. Sie konnte allerdings das Risiko, das eine Dirigentenkarriere bedeutete, nicht abwägen, auf diesem Gebiet fehlte ihr die entsprechende Erfahrung, deshalb äußerte sie ihre Sorge. Aber sie wollte mich nicht vor der Brotlosigkeit des Künstlerlebens bewahren, so trivial hat sie nie gedacht. Sie wollte, dass ich das Beste aus meinen Talenten mache. Wenn jemand meine Mutter gefragt hätte: ›Soll Ihr Sohn Dirigent werden?‹, dann hätte sie wahrscheinlich geantwortet: ›Wenn er so gut ist wie Furtwängler, ja!‹«

Dohnányi begann im Wintersemester 1948/49, neunzehn Jahre alt, sein Studium an der Staatlichen Hochschule für Musik in München. Dirigieren und Partiturspiel erlernte er bei Heinrich Knappe, der bereits seit den zwanziger Jahren an der Hochschule unterrichtete. Ab und zu gab Hans Rosbaud Kurse für die angehenden Kapellmeister. Rosbaud, Jahrgang 1895, hatte sich zwischen 1920 und 1935 als Dirigent zeitgenössischer Werke hervorgetan; Kompositionen von Béla Bartók, Paul Hindemith und Arnold Schönberg verdankten ihm die Uraufführung. 1945 ernannte ihn die Amerikanische Militäradministration zum Generalmusikdirektor der bayerischen Landeshauptstadt und zum Dirigenten der Münchner Philharmoniker, 1948 übernahm er das Südwestfunk-Sinfonieorchester, das sich unter seiner Leitung zum maßgeblichen Ensemble für die Musik der Gegenwart entwickelte. Bei seinen Kursen, so erinnert sich Dohnányi als einstiger Teilnehmer, vermittelte er nicht nur Dirigiertechnik, er schulte vor allem auch das Gehör. So ließ er etwa hinter einem Vorhang ein Stück in geringfügig unterschiedenen Instrumentationen spielen und verlangte von den Studenten, die jeweilige Besetzung genau anzugeben. Vor allem aber erleichterte er seinen Kursteilnehmern den Zugang zur Musik der Gegenwart.

Dohnányis Klavierprofessorin war Rosl Schmidt, die eng mit dem Dirigenten Joseph Keilberth befreundet war, »eine hervorragende Lehrerin mit einem fabelhaften Gehör«, wie sich Dohnányi erinnert. In Tonsatz und Komposition gehörte er der Klasse von Gustav Geierhaas an. Von ihm spricht er mit höchster Achtung. Geierhaas war kein bedeutender Komponist. Aber er war kenntnisreich und arbeitete in seinem Unterricht sehr gründlich. Er war bereits sechzig Jahre alt, als Dohnányi bei ihm zu studieren begann. Das hieß, er kannte die Moderne, der die Nationalsozialisten das Etikett des »Entarteten« angeheftet hatten, noch aus eigener Erfahrung. Bei ihm lernte Christoph zum Beispiel, was das »Komponieren mit zwölf nur aufeinander bezogenen Tönen« bedeutet. In der unmittelbaren Nachkriegszeit, in der man in Deutschland wieder den Anschluss an das internationale Musikleben und seine exponierten Richtungen suchte, konnte Geierhaas seinen Studenten weit mehr vermitteln als mancher seiner Kollegen, der zwar als Komponist bekannter war, aber nicht über Geierhaas' Kenntnishorizont verfügte.

Was Dohnányi an der Hochschule methodisch lernte, wurde durch die lebendige Erfahrung im Münchener Musikleben ergänzt. Rosbaud bei den Philharmonikern, Solti und ab 1951 auch Keilberth an der Bayerischen Staatsoper standen für einen musikalischen Neubeginn. Sie suchten und schufen den Kontakt zu den modernen Komponisten ihrer Zeit, die in den Jahren des Nationalsozialismus verboten waren. Besonders wichtig wurde für Dohnányi die Verbindung zu Karl Amadeus Hartmann, der seit September 1945 als Musikdramaturg und Leiter der Neuen Musik am Bayerischen Staatstheater beschäftigt war. Er war wohl der einzige Komponist von internationalem Rang, der sich völlig vom NS-kontrollierten Musikbetrieb ferngehalten hatte, obwohl er 1933 in Deutschland geblieben und nicht emigriert war. Er rief noch 1945 die Reihe ›Musica viva‹ ins Leben. Sie stellte ein repräsentatives Spektrum zeitgenössischen Komponierens zur Diskussion. Hartmann konnte den Bayerischen Rundfunk und die Münchner Philharmoniker als Kooperationspartner gewinnen. Komponisten wie Igor Strawinsky kamen und dirigierten eigene Werke. Die jungen Wilden der fünfziger und sechziger Jahre gaben bei der ›Musica viva‹ ihren Einstand in München. Für angehende Berufsmusiker wie Christoph von Dohnányi öffnete Hartmanns Initiative das Tor zur Welt, zur internationalen Szene des aktuellen Musikschaffens, von der Deutschland zwölf Jahre lang abgeschnitten war.

Dohnányi absolvierte sein Studium konzentriert und in kürzest möglicher Zeit. Darin glich er seinem Großvater. Im Sommersemester 1951 legte er sein Abschlussexamen als Jahrgangsbester ab. Für seine Leistungen zeichnete ihn die Stadt München mit dem Richard-Strauss-Preis aus, der für Dirigieren und Komponieren vergeben wurde. Das Preisgeld und die Rücklagen, die er sich aus den Statisten- und Volontärshonoraren an der Staatsoper im Lauf der Jahre hatte bilden können, reichten aus, um eine Überfahrt in die USA und die Grundkosten eines Studiums zu finanzieren. Im Spätsommer 1951 fuhr Dohnányi mit seiner Schwägerin Renée auf der »Queen Elizabeth« von Cherbourg aus nach New York. In der großen Abfertigungshalle auf Ellis Island wurden sie von Klaus begrüßt, der bereits zum Studium in die USA vorausgereist war. Das junge Ehepaar blieb in New York, Christoph fuhr von dort aus weiter nach Tallahassee im Norden Floridas zu seinem Großvater. Bei ihm wollte er seiner musikalischen Ausbildung den erwünschten Feinschliff geben. Er wohnte bei Ernst von Dohnányi und dessen Familie; im Haus am Beverly Court erhielt er ein kleines Zimmer.

In dem einen Jahr, das er in Tallahassee verbrachte, erlebte Christoph die drückenden, feucht-heißen Sommertage dieses Südstaates. An Klimaanlagen war noch nicht zu denken. Er genoss die Abende mit seinem Großvater und dessen Familie auf der Terrasse des Hauses, lernte, sich vor Klapperschlangen in den Gehölzen der unmittelbaren Umgebung in Acht zu nehmen. Tallahassee aber bedeutete für ihn vor allem musikalisch eine intensive, überaus fruchtbare Zeit. Er schrieb dort unter anderem eine zwölftönige Sonate für Violine und Klavier, »sicher sehr unvollkommen«, wie er im Rückblick vermutet, denn er verfügte kaum über eigene Erfahrungen mit der Kompositionsmethode, die in Deutschland zwölf Jahre lang als »entartet« gegolten hatte. »Ich legte sie ihm [dem Großvater] abends auf den Tisch. Am nächsten Morgen war die so genannte Reihe im Stil von Großvater harmonisiert, und darunter stand: ›Warum so hässlich, wenn es auch schön geht?‹«[9]

Die Harmonisierung sei genial gewesen, entsinnt sich Christoph von Dohnányi, mit einer Leichtigkeit hingeworfen, dass man eigentlich vor Neid erblassen musste. »Mein Großvater schrieb Musik wie andere einen Brief, und es stimmte alles, der Aufbau und die Durchführung der musikalischen Themen, die Form, die Proportionen.« Aber vielleicht sei eben diese Leichtigkeit auch sein Problem gewesen, meint Christoph. Es habe in seiner Kreativität keinen Widerstand gegeben, gegen den er sich durchsetzen und behaupten musste, wahrscheinlich sei das der Grund dafür, dass Ernst zwar viel Gutes, aber keine Werke geschaffen habe, an denen sich sein Zeitalter polarisierte. Er teile dieses Problem mit anderen Wunderkindern wie Erich Wolfgang Korngold. Bei Ernst von Dohnányis Klavierspiel verhalte es sich nicht viel anders: Er habe über nahezu unbegrenzte technische Fähigkeiten verfügt, bis ins hohe Alter. »Wer diesen Mann erlebt hat, konnte nicht anders, als ihn bewundern.«[10] Christoph komponierte in Tallahassee außer der Violinsonate noch einige Stücke für Klavier. Eines von ihnen, ein »Capriccio«, gefiel seinem Großvater ausgesprochen gut. Als der Geiger Albert Spalding die Dohnányis einmal besuchte, wollte Ernst, dass Christoph es vorspiele. Der weigerte sich, worauf sich sein Großvater ans Klavier setzte und das Werk, das er nur vom Hören kannte, aus dem Manuskript vortrug.

Die kurze Lehrzeit bei seinem Großvater in Tallahassee sei für ihn die intensivste und ergiebigste während seiner gesamten Ausbildung gewesen, resümierte Dohnányi später. »Ich habe viel von ihm gelernt, vor allem über das 19. Jahrhundert. Darum war es so komisch, wenn die Leute immer sagten, ich sei ein Spezialist für neue Musik. Mein Großvater hatte noch direkte, lebendige Kontakte zur Beethoven-Zeit durch Kopisten von damals. Ich habe ihn immer gebeten, für mich zu spielen. Und er hat mir alle Dinge vorgeführt, die wir heute heiß diskutieren, die ganze Ornamentik der Klassik und Romantik. Um die müsse man wissen, behauptete er. Am Ende aber entscheide nur eines:

der Geschmack. Dieser Geschmack aber bilde sich, wie das Talent, in der Stille.«[11]

Ernst vermittelte seinem Enkel über alles musikalische Fachwissen hinaus eine wichtige Lehre für das Künstlerleben: die Einsicht in die Vergänglichkeit des musikalischen Ruhmes. Wahrscheinlich hatte er diesen Effekt gar nicht beabsichtigt, als er Christoph eines Tages *Das goldene Buch der Musik* schenkte, das um 1910 erschienen war und alle großen Zelebritäten des damaligen Musiklebens in Bild und Lebensbeschreibung vorstellte. »Sieben Achtel der Leute in diesem Buch kannte ich nicht. Da merkte ich, wie unsinnig es wäre, als ausübender Musiker auf den Nachruhm zu setzen und mit ihm zu spekulieren. Wir Dirigenten sind im besten Fall ein Medium, Mittler, und diese Medien wechseln im Lauf der Jahre und Jahrzehnte und fallen in Vergessenheit. Das ist ganz natürlich, sogar notwendig. Unter einer solchen Perspektive relativieren sich natürlich so große Worte wie ›Weltstar‹ recht schnell.«

Zunächst einmal aber sorgte der Großvater für den ersten öffentlichen Auftritt Christophs in den USA. In Sarasota, im Südwesten Floridas, rund sechshundert Kilometer von Tallahassee entfernt, war der Dirigent des »Ringling Theatre« erkrankt. Ernst von Dohnányi versprach, dass sein Enkel einspringen werde, und der tat es dann auch. So gab Christoph sein USA-Debüt mit Giovanni Battista Pergolesis Oper »La serva padrona« und mit Mozarts früher Talentprobe für das Musiktheater, »Bastien und Bastienne«, in der kulturellen Provinz.

Die Sommerwochen des Jahres 1952 verbrachte Christoph nicht in der subtropischen Hitze Floridas, sondern in angenehmerem Klima weiter im Norden, auf einem großen Gut, das nahe Pittsfield (Massachusetts) auf der Anhöhe einer malerischen Hügellandschaft gelegen ist. In Tanglewood wurde seit 1934 regelmäßig ein Sommerfestival abgehalten, das sich in den Nachkriegsjahren zu einer Art musikalischer Eliteuniversität mit kooperativem Arbeitsstil entwickelte. Der zeitgenössischen Musik wurde ein breites Forum geschaffen. In dem Dirigentenkurs, den Christoph besuchte, übernahm der damals vierunddreißigjährige Leonard Bernstein einige Unterrichtseinheiten. Durch die Arbeit, in Gesprächen während der Pausen und nach den Konzerten entwickelten die beiden Musiker, ganz unterschiedliche Temperamente, einen freundschaftlichen Kontakt zueinander.

Im Sommer 1952 schloss Christoph von Dohnányi, noch keine dreiundzwanzig Jahre alt, sein Studium ab. Mit drei »heimischen« und einem Auslandsjahr hatte er eine Ausbildungsform gewählt, die heute als richtungweisend gilt, aber damals die Ausnahme war. Er hätte in den USA bleiben und dort den Berufseinstieg wählen können. Bernstein bot ihm an, eine Show nach Verdis »Aida« in New York zu dirigieren. Nach Hollywood hätte er gehen können, László Halasz, langjähriger Chef der City Center Opera in New York, bot ihm dort eine Position an. Doch Dohnányi entschied sich, wie sein Bruder, ins kriegszerstörte Deutschland zurückzukehren und dort seine Laufbahn zu beginnen. Das war, wie Norbert Ely konstatierte, für den jungen Künstler Teil einer Moralität der Musik, die nicht nur für die komponierten Werke, sondern auch für die Musiker selbst Gültigkeit besitze. Die Erfahrungen der Kindheit und Jugend seien für Dohnányi ein immer währender Impetus.

Erste Stationen

Ein Dirigent, der sein Studium erfolgreich abgeschlossen hat, verfügt zwar über wesentliche handwerkliche und musikalische Grundlagen für sein Metier. Wichtige Erfahrungen aber muss er erst noch sammeln. »Wir sind im Vergleich zu anderen Musikern schlecht dran«, meint Christoph von Dohnányi. »Wir kommen an ein Institut, an ein Theater, zu einem Orchester, und wir haben unser Instrument nicht gelernt. Der Pianist kann zu Hause spielen. Aber man kann nicht zu Hause dirigieren. Die Leute glauben immer, man dirigiert vor dem Spiegel. Ich habe das mein ganzes Leben lang nicht getan. Ich halte auch nichts davon. Da erklingt nichts, da erfährt man nicht eine einzige Reaktion auf das, was man anzeigt. Wir haben an den Konservatorien und Akademien eigentlich nur die Vorschule unserer Kunst durchlaufen und uns das nötige Begleitwissen erworben.«

Die Praxis besteht außerdem nicht nur aus Musik, sondern auch aus dem, was ein Altersgenosse Dohnányis einmal das »Drum und Dran« genannt hat.[12] Die ersten Berufsjahre eines Dirigenten haben nichts mit dem Glanz und Glamour zu tun, der den internationalen »Pultstars« angedichtet wird, nichts mit dem Rausch des Erfolgs, mit der Medienpräsenz, den Traumgagen und dem Jetset, sondern mit harter Arbeit vor Ort, wenig Geld, Kampf um Anerkennung und Kontakte. Ein Kenner der Szene bezeichnete diese Einstiegsphase einmal als Mischung aus Berufspraktikum und Fegefeuer, in dem jeder noch einmal gründlich auf die Probe gestellt wird, ob er sich für die richtige Laufbahn entschieden hat. Die Dirigentenkarriere verläuft nicht als kometenhafter Aufstieg, selbst wenn es in einem besonders günstigen Moment so scheint, sondern als ein Weg jahrelanger hartnäckiger Arbeit auf das Ziel hin, die musikalischen Vorstellungen, die man entwickelt, optimal verwirklichen zu können.

Die Stufen zu den großen Aufgaben sind dabei relativ klar vorgezeichnet, der eine nimmt sie schneller, der andere langsamer. Überfliegerkarrieren wie die eines Daniel Harding oder eines Mikko Franck waren vor fünfzig Jahren kaum denkbar; sie lassen sich nur mit Hilfe von Künstleragenturen organisieren, und die spielten damals noch keine so dominierende Rolle wie heute. Am Anfang des professionellen Weges stand die Stelle als Korrepetitor, am besten mit Dirigierverpflichtung. Danach kam üblicherweise die künstlerische Verantwortung in der so genannten Provinz, also an einem kleinen Haus, an dem nicht die großen Gagen gezahlt werden. Dort bewährte man sich dadurch, dass man beschränkten Bedingungen möglichst gute künstlerische Ergebnisse abtrotzte. Durch guten Teamgeist entstanden an solchen Orten schon manche Produktionen, die weit über ihr unmittelbares Einzugsgebiet hinaus Aufsehen erregten und aufhorchen ließen. Jeder, der auf dieser Stufe mit hohem künstlerischem Ehrgeiz und Einsatz arbeitet, gerät irgendwann unweigerlich in eine Zwickmühle, denn er muss sich seine Reputation auf doppeltem Weg erwerben: durch eine vorbildliche Arbeit vor Ort und durch Gastdirigate an anderen Häusern und bei anderen Orchestern.

In einem Gespräch mit dem *Spiegel* fasste Christoph von Dohnányi seine Erfahrungen in der ihm eigenen pointierten Art zusammen: »Die Situation ist grotesk. Bleiben Sie eine für heutige Verhältnisse ungewöhnlich lange Zeit an einem Ort [...] und tun dort Ihre Arbeit mit Ernst und Erfolg, dann fragen doch die Lokalpolitiker, die diesbezüglich von nichts eine Ahnung haben, gleich: Warum ist der nicht woanders, will den sonst keiner? Ist man aber gefragt und beweist es, schimpfen sie genauso.«[13] Er erwähnte in diesem Zusammenhang Günter Wand und dessen Alterskarriere, die manchem wie ein Gerechtigkeit stiftendes Wunder erschien. Der Mann hatte Jahre, Jahrzehnte das Kölner Gürzenich-Orchester, die heutige Kölner Philharmonie, geleitet, hatte Schlüsselwerke der Moderne uraufgeführt, ohne dass man ihn in seinem Eigensinn und seiner knorrigen Art unter die Großen seines Metiers eingereiht hätte. Mit siebzig aber gewann er fast schlagartig Publizität – als Chefdirigent des NDR-Sinfonieorchesters, mit den symphonischen Riesen von Anton Bruckner – und mit einer Berufsauffassung, die er überall, wo er auftrat, zur Voraussetzung machte: Er verlangte wesentlich mehr Proben als üblich, und er bekam sie. »Der wird auf einmal entdeckt«, merkte Dohnányi 1988 an. »Nun heißt es auf einmal: Der Mann ist etwas Besonderes, der hat richtig gearbeitet, der war fest an einem Ort, nämlich in Köln, der hat nicht ständig hier und da gastiert. Hat auch nicht so ausgesehen, dass man gleich hätte sagen können oder mögen, das ist ein Porsche- oder Lamborghini-Fahrer. Er war Musiker und das viele Jahre hindurch ›nur‹ in Köln, wo man ihn zuletzt geschmäht hat. [...] Wand war nie ein bequemer Mann. Aber gerade deshalb hat er im hohen Alter noch regelrecht Karriere gemacht und viele preisgekrönte Schallplatten eingespielt.

Ich freue mich für ihn. Bequeme Dirigenten sind oft auch zweitklassige Dirigenten.«[14]

Dohnányi begann seine Berufslaufbahn als Dirigent wenige Monate nach seiner Rückkehr aus den USA an der Oper in Frankfurt am Main. Georg Solti hatte dort nach fünf Jahren Arbeit in München 1952 die Position des Generalmusikdirektors und Künstlerischen Leiters der Museumskonzerte übernommen. Er engagierte seinen einstigen Volontär als »Korrepetitor mit Dirigierverpflichtung«. Dohnányi hatte vor allem mit den Sängern ihre Partien einzustudieren, Proben zu übernehmen, und er bekam die Chance, Vorstellungen zu dirigieren, wenn weder Solti noch einer der anderen Kapellmeister dies konnten oder wollten. Sein Vertrag sicherte ihm eine monatliche Gage von DM 250,–. Als Unterkunft konnte er sich von diesem bescheidenen Salär ein sehr einfaches Zimmer in der Gutleutstraße in der Frankfurter Innenstadt leisten. Die Vermieterin muss eine unangenehm pedantische Person gewesen sein. Sie hielt Christoph unter Beobachtung – Besuchsregelungen waren streng in jenen Zeiten; sie erteilte ihm die Auflage, sich tagsüber nicht aufs Bett zu setzen, damit der Überzug nicht unnötig stark abgenutzt würde. Dohnányi entzog sich dem Regiment der Dame durch Arbeit. Meistens war er morgens um acht bereits in der Oper, selten kehrte er vor 22 Uhr am Abend in sein Zimmer zurück.

Als seine Mutter ihn einmal besuchte, zeigte sie sich über Zustand, Ausstattung und Ambiente dieser »Bude« einigermaßen entsetzt und sorgte für Abhilfe. Sie hatte sich ohnehin mit dem Gedanken getragen, ihre Münchner Wohnung aufzugeben, denn keines ihrer Kinder lebte mehr in der bayerischen Landeshauptstadt oder in deren Nähe. Barbara war mit ihrem Mann inzwischen nach Wuppertal gezogen. Klaus arbeitete noch in den USA, Christoph in Frankfurt. Sie entschloss sich daher, für sich und ihren Sohn in der Mainmetropole eine Dreizimmerwohnung anzumieten. Da sie häufig bei ihrer Tochter war, stand die Wohnung Christoph meist allein zur Verfügung. Dort traf er sich dann auch des Öfteren mit einer jungen Schauspielerin, die er in Frankfurt kennen lernte, als sie in Bertolt Brechts »Kaukasischem Kreidekreis« mitwirkte. 1956 heirateten Christoph von Dohnányi und Renate Zillessen. 1958 wurde Tochter Katja, zwei Jahre später Sohn Justus geboren. Doch die Ehe mit Renate, einer attraktiven, viel gefragten Theaterschauspielerin, zerbrach schon wenige Jahre später. Renate Zillessen bekam ihre Alkoholabhängigkeit nicht in den Griff. Christoph litt sehr darunter, konnte ihr aber trotz aller Bemühungen nicht helfen. Er machte sich große Sorgen wegen seiner beiden kleinen Kinder, die die Krankheit der Mutter miterleben mussten. Als sich die beiden schließlich trennten, blieben die Kinder beim Vater, der das Sorgerecht erhielt. Von Renate Zillessen, die Anfang der siebziger Jahre in der populären Fernsehserie »Der Bastian« mitspielte, wurde Dohnányi 1977 auch formell geschieden. Sie starb 1992 in München.

Die knapp fünf Jahre in Frankfurt bedeuteten für Dohnányi eine unverzichtbare Lehrzeit. Er lernte das Repertoire kennen, erarbeitete es von verschiedenen Seiten her. Er erlebte den Opernbetrieb in seinen wirklichen Strukturen, in seiner Innenansicht und Alltagswirklichkeit. Er musste sich mit allen Facetten musikalischen Arbeitens auseinander setzen, vom Einüben einzelner Partien bis zur künstlerischen Verantwortung für einen ganzen Abend. In Georg Solti hatte er nach eigenen Worten »einen wunderbaren Chef«. Er war »sehr geradeheraus, zielgerichtet, kompromisslos, hart. Solti war der große Boss: bedingungslos, fordernd, hart arbeitend. Man hatte aber nie das Gefühl, dass er von einem Dinge verlangte, die er sich nicht auch selbst zumuten würde.«[15]

Übrigens kam Dohnányi damals jene Kunst, die er nicht zu seinem Beruf erwählen wollte, sehr zugute: das Komponieren. Sie verschaffte ihm den ersten öffentlichen Auftritt als Dirigent, mit ihr konnte er sein schmales Budget ein wenig aufbessern, so dass zum Beispiel Reisen nach München zu seiner künftigen Frau, die dort am Theater engagiert war, möglich wurden. Für das Frankfurter Schauspielhaus war 1955 ein Ballettabend mit neuen Werken geplant. Ein Stück fehlte noch. Dohnányi fasste sich nach langem Überlegen ein Herz, ging zu Solti und ließ ihn wissen, »dass ich durchaus ein Ballett komponieren könnte. Solti forderte mich auf, ihm etwas zu zeigen, was ich geschrieben hatte. Ich legte ihm einige Lieder vor, sie gefielen ihm, und er gab mir den Auftrag.« – »Circulus vitiosus« hieß das Kammerballett, im Szenario ging es um einen Strafentlassenen, der sich in der Freiheit so verhielt, dass er erneut ins Gefängnis musste. »Ich schrieb eine Musik, die etwas nach Strawinsky klang. Das Stück brachte mir Erfolg. Ich dirigierte den Ballettabend, und eine Zeitung meinte danach, man habe vielleicht keinen großen Komponisten, aber einen sehr begabten jungen Dirigenten kennen gelernt.«

Danach wurde Dohnányi häufiger mit der musikalischen Leitung einer Vorstellung betraut, er dirigierte Operetten und – auf einem Abstecher der Frankfurter Oper nach Hanau – Puccinis »Madame Butterfly«. Durch eine zufällige Begegnung wurden ihm vor kurzem auch die Schauspielmusiken wieder in Erinnerung gerufen, die er für das Staatstheater Darmstadt und für Münchner Bühnen geschrieben hatte. Während sich sonst Komponisten als ausübende Musiker das erforderliche Brot oder Zubrot verdienen, besserte der Dirigent Christoph von Dohnányi seine knappen Einkünfte durch Komponieren auf.

Viereinhalb Jahre blieb Dohnányi als Korrepetitor an der Frankfurter Oper, dann wurde er zum Nachfolger des Dirigenten Gotthold Ephraim Lessing als Generalmusikdirektor an die Städtischen Bühnen Lübeck berufen. Im vitalen Musikleben der traditionsreichen Hansestadt zählte die Oper zu den relativ jungen Einrichtungen. 1799 gegründet, spielte sie erst seit 1839 mit eigenem Ensemble. 1908 bezog sie ein neues, größeres Haus. Als Ergebnis des Zweiten Weltkriegs verlor die Stadt an der Travemündung wirtschaftlich und politisch an Bedeutung. Sie lag nun dicht an der Grenze, die Deutschland und Europa seit den Zeiten des Kalten Krieges teilte. Sie blieb ein Tor Richtung Skandinavien, die Verbindungen in den östlichen Teil Europas aber brachen weitgehend ab. Das Musiktheater dort tat in Zeiten ökonomischer Beschränkungen das einzig Richtige: Es setzte auf das Engagement und die Innovationsfreude junger Künstler.

Als Dohnányi im April 1957 seine Arbeit in Lübeck aufnahm, war er der jüngste Generalmusikdirektor der Bundesrepublik Deutschland. Seine spätere Ehefrau, die Sängerin Anja Silja, die ihm in dieser Zeit erstmals begegnete, als er als Gastdirigent zu einem Konzert nach Frankfurt eingeladen war, erinnert sich, dass er eine dunkel umrandete, damals modische Brille trug, die er noch viele Jahre später besaß. »Er [...] sah damit streng und seriös aus, obwohl er noch so jung war.«[16]

Die Verpflichtung aufstrebender junger Künstler hat in der Hansestadt im Übrigen Tradition: Wilhelm Furtwängler, zwischen 1922 und 1954 trotz politischer Zwangspausen der prägende Chefdirigent der Berliner Philharmoniker, hatte in Lübeck 1911 bis 1915 seine erste leitende Stellung als Musikdirektor inne; als er sie antrat, war er fünfundzwanzig Jahre alt. Sein Vorgänger, Hermann Abendroth, der nach dem Zweiten Weltkrieg als Generalmusikdirektor in Weimar zu den profiliertesten Musikern in der DDR zählte, übernahm 1907 als Vierundzwanzigjähriger die musikalische Verantwortung für die Lübecker Oper und die Konzerte der Gesellschaft der Musikfreunde. Auch nach Dohnányis Abschied blieb Lübeck dieser Tradition treu: Als Nachfolger nominierte man mit Gerd Albrecht einen Musiker, der bei seinem Amtsantritt nur wenige Monate älter war als Dohnányi bei seiner musikalischen Premiere in der Thomas-Mann-Stadt.

Dohnányi war in Lübeck ausschließlich für die musikalische Seite verantwortlich, hatte die Opern, unterstützt von Korrepetitoren und Kapellmeistern, einzustudieren und zu dirigieren. Dazu kam die Leitung der Abonnementskonzerte, die das Städtische Orchester gab. Er war jedoch weder für die Inszenierungen und die Auswahl der Regisseure noch für die Administration des Opernhauses zuständig. Im Rückblick hält er die Begrenzung und das Hineinwachsen in die Verantwortung für richtig und notwendig. Er konnte sich dadurch zunächst auf sein Repertoire konzentrieren, musste sich nicht um die vielen außerkünstlerischen Angelegenheiten des Opernbetriebs kümmern und sich an ihnen aufreiben. »Ich habe damals in Lübeck einen ausgezeichneten Intendanten gehabt, Christian Mettin, der wusste, was er mit mir riskierte, und mir die Gelegenheit geben wollte, vernünftig zu arbeiten. Und so habe ich in Lübeck eine schöne Zeit gehabt.«[17]

Während seiner Lübecker Jahre wurde Dohnányi mehr und mehr als Gastdirigent an andere Bühnen und zu anderen Orchestern eingeladen. Die Stadtväter beobachteten die wachsende auswärtige Popularität des jungen Generalmusikdirektors mit dem verwaltungseigenen Argwohn. Der Spitzname »Herr Dochnie-da« machte die Runde. Solch kleine Bosheiten gehören zum Betrieb, sie zeugen nicht nur von Einwänden und Kritik, sondern auch von Respekt. Der junge Dirigent musste das Verhältnis von Ortsgebundenheit und Weltläufigkeit, für das es keine allgemein gültige Formel gibt, ausbalancieren. Selbstverständlich nahm man auch in Lübeck zur Kenntnis, was die überregionale und internationale Presse über ihn schrieb. Man las es mit einer Mischung aus Stolz und der sicheren Erwartung, dass sich der so Gepriesene in absehbarer Zeit größeren Aufgaben stellen würde.

Als es 1963 so weit war, resümierte Rudolf Walter Leonhardt in einem ausführlichen Artikel in der Wochenzeitung *Die Zeit* die Stimmen seiner Journalistenkollegen: »Dohnányi musste reisen, um jene Resonanz zu finden, die dann in Hunderten von deutschen und ausländischen Zeitungen nachklang: ›Christoph von Dohnányi ist eine primäre Dirigierbegabung. Wer sich Sorgen um den Nachwuchs macht: Hier ist ein kommender Mann‹ *(Die Welt).* – ›Die Fähigkeit des Dirigenten, ein Werk zu durchleuchten, die Melodie erblühen zu lassen, die Spannungsbögen herauszuarbeiten, nahtlos die Themen ineinander zu fügen und große Aufschwünge zu dynamischen Höhepunkten zu führen, gestaltete Schumanns Meisterwerk zu einem hinreißenden Erlebnis‹ *(Westdeutsche Rundschau).* – ›Christoph von Dohnányi ist schon heute ein ausgezeichneter Dirigent, der bereits in Kürze zu den ersten Dirigenten unserer Konzertsäle gehören wird‹ (*Express,* Österreich). – ›... der junge Dirigent Christoph von Dohnányi verkörpert eine moderne Art zu musizieren‹ (*Il Giorno,* Italien). – ›Christoph von Dohnányi – ein geborener Dirigent‹ (Schlagzeile in *Het Parool,* Niederlande). – ›Dohnányi wurde vom Publikum begeistert gefeiert‹ (Schlagzeile in *St. Louis Dispatch,* USA). Wer den Dirigenten Dohnányi erlebt hat und ein Journalist ist, würde gern solchen Pressestimmen das letzte und ein für allemal rangbestimmende Wort hinzufügen – wenn er die Sprache nur kennte, in der das möglich wäre.«[18]

Als Dohnányi am 21. Mai 1963 verabschiedet wurde, sagte der Lübecker Bürgermeister Wartemann: »Christoph von Dohnányi hat die großen Erwartungen, die vor sechs Jahren in ihn gesetzt wurden, nicht nur erfüllt, sondern übertroffen.« Rudolf Walter Leonhardt aber wagte eine Prognose: »Da ich die treffenden Worte dafür nicht finden kann, möchte ich einfach wetten: 1970 wird kein Musikfreund mehr daran zweifeln, dass zu den großen Dirigenten unserer Zeit Christoph von Dohnányi gezählt werden muss.«[19]

Der Dirigent behält seine erste Stelle als Generalmusikdirektor seinerseits in guter und dankbarer Erinnerung. Den geschenkten Tag des Schaltjahres 2004, den 29. Februar, widmete er dem Theater Lübeck. Auf seine Initiative und unter seiner musikalischen Leitung veranstalteten das Schleswig-Holstein Musik Festival (SHMF) und der NDR in der neuen hansestädtischen Musik- und Kongresshalle ein Galakonzert zugunsten des Theaters. »In Zeiten einschneidender Sparmaßnahmen müssen auch wir Musiker Zeichen setzen. Das Theater Lübeck war für meinen Werdegang eine wichtige Station, und ich fühle mich der Stadt immer noch verbunden. Daher war es für mich ein großes Anliegen, dieses Galakonzert zu initiieren, um meiner alten Wirkungsstätte zu helfen.«

Zwischen dem Journalisten Rudolf Walter Leonhardt und Christoph von Dohnányi entstand damals ein guter Kontakt. Leonhardt bat Christoph, nach Bayreuth zu fahren und für die *Zeit* seine Eindrücke vom »Parsifal« niederzuschreiben. Wieland Wagner bekam Wind von dem Vorhaben und lud Christoph prompt zu einem Gespräch ein. Für Wagner dürfte der Name Dohnányi ein Begriff gewesen sein, hatte sich doch sein Vater, Siegfried Wagner, während der Bayreuther Festspielpause nach dem Ersten Weltkrieg mit Christophs Großvater in New York getroffen und mit ihm eine Broadway Show besucht. Die von der *Zeit* erbetene Kritik hat Christoph nie geschrieben. Wieland Wagner aber hatte einen jungen Dirigenten auf seiner Liste, der sich mit etwas mehr Berufserfahrung durchaus für Bayreuth empfehlen konnte. Doch Dohnányi und Bayreuth – das ist eine eigenes Drama um Musik und Musiker.

Mit Beginn der Spielzeit 1963/64 nahm Dohnányi die Arbeit als Generalmusikdirektor in Kassel auf. Leonhardt berichtete damals von Gerüchten, die den jungen Dirigenten bereits mit höheren Positionen in Verbindung brächten. »Ein Angebot kommt selten allein, wenn es so weit ist!«, schrieb er. »Als Rudolf Sellner, seit längerem auf der Suche nach führenden Dirigenten für die Deutsche Oper, die mehr in Berlin als auf Reisen wären, beim Intendanten in Kassel sein Interesse anmeldete für den Tag, da der eben erst engagierte Dohnányi mit Anstand ein neues Angebot annehmen konnte (zwei Jahre gelten als Anstandsfrist), da musste Intendant Günter Skopnik ihm sagen: Vor Ihnen hat schon eines der größten westdeutschen Orchester sich gemeldet, nun werden sie wohl mit denen verhandeln müssen ...«[20]

Klatsch und Tratsch sei das, fügte Leonhardt hinzu, aber im Wesentlichen hatte er Recht. Die Deutsche Oper Berlin suchte nach dem frühen Tod Ferenc Fricsays einen Generalmusikdirektor; man entschied sich schließlich im Westen der Viermächtestadt für die gleiche Personalunion wie bei Fricsay und berief Lorin Maazel, den neuen Chefdirigenten des Radio-Symphonie-Orchesters (heute: Deutsches Symphonieorchester) Berlin, auch zum GMD am Opernhaus. Tatsächlich übernahm der fünfunddreißigjährige Dohnányi 1964 zusätzlich zu seinen Kasseler Verpflichtungen als erster Chefdirigent die Leitung des WDR-Sinfonie-Orchesters (heute: Kölner Rundfunk-Symphonieorchester). Siebzehn Jahre lang hatte das Orchester ohne Chefdirigenten gearbeitet, die Hoffnungen, Dimitri Mitropoulos enger an den WDR zu binden, hatten sich 1960 durch dessen Tod zerschlagen. Rundfunkorchester genießen in Deutschland – im Gegensatz etwa zu den Vereinigten Staaten – einen guten Ruf. Neue, aktuelle Musik zu spielen und aufzunehmen, gehörte seit je zu ihren festen Aufgaben. Mehr als andere Orchester wurden sie dadurch zu Pionieren der Gegenwartskunst. Die Aufgaben am Rundfunk forderten ihnen außerdem eine Breite des Repertoires und stilistische Flexibilität ab. In ihren Städten waren und sind sie, wie in Köln, Freiburg/Baden-Baden und Hamburg, die ersten Ensembles am Platze, oder wie in München und zumindest zeitweise in Berlin die permanenten Herausforderer der Philharmonischen Spitzenorchester. Dohnányi erweiterte also seinen Verantwortungsbereich zusätzlich zum Musiktheater um ein Konzertorchester, das eine andere Arbeitsweise und andere Programmdispositionen verlangt als die »Kapelle« in der Oper. Inzwischen sind solche Doppelverantwortungen, die ihren musikalischen Sinn haben, unter führenden Dirigenten fast die Regel.

Dohnányi leitete mit dem Kölner RSO eine Reihe von Uraufführungen, teilweise Werke, die der Sender in Auftrag gegeben hatte, 1965 das Cellokonzert von Boris Blacher, 1966 in Münster Krzysztof Pendereckis »Lukas-Passion«, ein Werk der Versöhnung, das dennoch die Gemüter erhitzte, die enttäuschten Avantgardisten noch mehr als die erschreckten Konservativen. 1967 dirigierte er Henzes »Los Caprichos«, eine Orchesterfantasie nach Radierungen von Francisco Goya. Im Mai 1966 gelang ihm eine Zusammenarbeit, die einem historischen Signal gleichkam: Im Rahmen einer Schweizer Tournee spielte unter seiner Leitung der Pianist Artur Rubinstein seit 1933 zum ersten Mal wieder mit einem deutschen Orchester, und zwar ein Werk, das wie kaum ein anderes Solopart und Orchester, Solokonzert und symphonische Form miteinander verbindet: Brahms' Zweites Klavierkonzert.

Hatte er in Lübeck bereits in den Konzerten, die dort zu seinen Verpflichtungen gehörten, das Publikum mit neuer Musik aus der Reserve gelockt, so setzte er in Kassel weitere Zeichen seiner Repertoirepolitik. Er dirigierte dort selbstverständlich auch die Standardstücke. Aber als erster Dirigent in Deutschland setzte er 1964 eine Oper auf den Spielplan, die seit 1932 nicht mehr gegeben worden war. Von »Musik, die Luftwurzeln treibt«, sprach Theodor W. Adorno in Bezug auf Franz Schrekers »Der ferne Klang«. Die Oper war noch vor dem Ersten Weltkrieg entstanden. In den zwanziger Jahren gehörten die musikalischen Bühnenwerke Schrekers, des Rektors der Berliner Musikhochschule, zu den am häufigsten aufgeführten Werken zeitgenössischer Komponisten. 1933 wurden sie verboten. Schreker selbst starb, von den Nationalsozialisten gedemütigt, im Jahre 1934. Seit Dohnányis Initiative, Verdrängtes wieder ins Gedächtnis zu rufen und zur Diskussion zu stellen – sie fiel historisch in dasselbe Jahr, in dem in Frankfurt am Main der Auschwitz-Prozess begann –, sind immer wieder Schreker-Renaissancen versucht worden. Dohnányi ist inzwischen ziemlich sicher, dass Stücke wie der klangsinnliche Opernerstling Schrekers nicht mehr ins engere Repertoire gelangen werden, aber er hält es vierzig Jahre nach der Wiederaufführung nach wie vor für geboten, dass die von den Nazis verbotene Musik wieder in die Öffentlichkeit gebracht und in guten Produktionen zur Diskussion gestellt wird.

Rudolf Walter Leonhardt hatte auch mit der dritten Spur, die er 1965 im »Klatsch und Tratsch hinter den Kulissen« entdeckte, nicht ganz Unrecht, auch wenn Dohnányi nicht an die Deutsche Oper Berlin verpflichtet wurde. Doch er dirigierte dort; am 7. April 1965 leitete er die Uraufführung von Hans Werner Henzes Oper »Der junge Lord«, das Libretto hatte Ingeborg Bachmann nach einer Vorlage von Wilhelm Hauff geschrieben. Unter den vielen Uraufführungen, die er im Laufe seiner Karriere dirigierte, erinnere er sich an diese mit besonderer Freude, sagte Dohnányi 1999 in einem Interview mit Hartmut Lück, »nicht nur wegen der musikalischen Begegnung mit Henze und der Produktion mit Filippo Sanjust, sondern auch wegen der Begegnung mit Ingeborg Bachmann. Das war ein wesentlicher Punkt in meinem Leben, diese Dichterin kennen zu lernen.«[21] Im darauf folgenden Jahr dirigierte er die nächste Henze-Uraufführung, die Oper »Die Bassariden« nach Audens und Kallmans Bearbeitung von Euripides' »Bacchantinnen«, dieses Mal an noch renommierterem Ort, bei den Salzburger Sommerfestspielen am 6. August 1966.

Damals wurden die angesehenen Festspiele an der Salzach seit zwei Jahren wieder von Herbert von Karajan geleitet, dem Chef der Berliner und Wiener Philharmoniker, dem Impresario und Hauptdirigenten des Festivals – man nannte ihn auch den »Generalmusikdirektor Europas«. Dohnányi bewunderte ihn, hält ihn auch heute noch für einen außergewöhnlichen Dirigenten. Er selbst genoss nie Karajans besondere Förderung, war nie ein Protegé dieses ungekrönten Königs im Reich der Töne. Aber er konnte mit dem um eine Generation Älteren auf gleicher Höhe diskutieren. Dohnányi bereitete eine Premiere von Richard Strauss' »Rosenkavalier« vor, Karajan probte parallel vom selben Komponisten die Oper »Salome«. Sie kritisierten gegenseitig ihre Auffassungen. Karajan wollte den »süffigen«, opulenten Klang; Dohnányi interessiert an Strauss dagegen vor allem der revolutionäre, rebellische Klang, mit dem der Komponist sich gegen alles Wohlige, Gewohnte seiner Zeit absetzte – virtuos, brillant und provokant. Die Auffassungen blieben unvereinbar, aber sie wurden ausgetauscht und gegenseitig respektiert.

Von Karajan gingen damals die stärksten Impulse für eine systematische Vermarktung klassischer Musik aus. Er nutzte die Möglichkeiten der Schallplatte für sein Perfektionsideal und für eine bislang nie gekannte Verbreitung klassischer Musik. Er war der Vorkämpfer für die Compact Disc; dass sie sich durchsetzte, ist auch sein Verdienst. »Für Karajan«, so Dohnányi, »galt die Faszination der großen Zahl: Heute hören mich drei Millionen Menschen, in zehn Jahren sind es vielleicht schon zwanzig Millionen. Damit lag er damals im Trend der Zeit. Er diskutierte mit mir über die Filme, die er von seinen Opernproduktionen drehen ließ, über seine Plattenprojekte, auch über Fragen des Urheberrechtsschutzes. Er hat das alles sehr genau und bis zur letzten Konsequenz bedacht.« Dohnányi beurteilt die Erfolge des Marketing skeptischer. Er bezweifelt, dass man der Musik durch ihre Verbreitung in unvorbereitetes Terrain genutzt hat. Seiner Meinung nach wurden dadurch auch viele Missverständnisse erzeugt und genährt. Klassik als Unterhaltung, Klassik als Event – nach Dohnányis Überzeugung kann man Publikum dauerhaft nur gewinnen, wenn man Verständnis für die Musik weckt. Das aber sei vor allem eine Frage von Bildung und Erziehung, und erst dann eine Frage des Marketing.

1967, als seine Ehe mit Renate Zillessen bereits gescheitert war, begegnete Christoph der Wagner-Sängerin Anja Silja, einer groß gewachsenen, siebenundzwanzig Jahre alten Berlinerin. Die temperamentvolle, gefühlsbetonte Künstlerin mit enormer Wirkung auf Männer war die Lebensgefährtin von Wieland Wagner gewesen, der 1966 gestorben war. Für Aufsehen sorgte vor einiger Zeit die Nachricht, dass Wagner als junger Mann in der Außenstelle des Konzentrationslagers Flossenbürg tätig gewesen war,[22] dem Ort, an dem Christophs Patenonkel Dietrich Bonhoeffer hingerichtet wurde. Ob Anja das wusste, ist nicht bekannt. Kurz bevor sie Christoph kennen lernte, hatte sie einen weiteren Partner verloren, den belgischen Dirigenten André Cluytens.

Sie war in den sechziger Jahren ein Paradiesvogel im spießigen, stockkonservativen Bayreuth, trug Miniröcke und Jeans und hatte eine Vorliebe für schnelle Autos. Schon ehe die ersten Klatschgeschichten über das Paar Dohnányi/Silja geschrieben wurden, hatte die deutsche Unterhaltungspresse regelmäßig über ihr Leben berichtet. Christoph mied diese Welt und überließ die Interviews in der Regenbogenpresse und die Fernsehauftritte der Silja. Er erinnert sich daran, dass er einmal mit seiner Frau zum Wiener Opernball ging und sich dort nicht besonders wohl fühlte. Im Übrigen kümmerte es ihn nicht, welche Interviews die Silja den Journalisten von Zeitungen und Zeitschriften, Funk und Fernsehen gewährte. Er sagte ihr in der Anfangsphase der Beziehung: »Es gehört Mut dazu, sich mit dir einzulassen. Deine Männer sterben ja immer!«[23]

Anja Silja gefiel Dohnanyis direkte Art, mit der er etwa beim ersten Besuch in ihrem Apartment in München-Nymphenburg sofort bemängelte, dass der Konzertflügel im Wohnzimmer weiß lackiert war. Christoph befand sich mit seinen knapp neununddreißig Jahren damals in einem Alter, in dem man der Silja zufolge »rücksichtslos nach vorn sieht«. Die Sängerin glaubt, dass er damals jemanden an seiner Seite haben wollte, der »etwas darstellte«, einen »Weltstar«, wie er Anja ironisch nannte. Dohnányi sieht das anders. Ihn faszinierte die außergewöhnliche Persönlichkeit. »Sie hat angepackt, sie hat Dinge schnell und entschlossen realisiert. Ich war in einer überaus schwierigen Lage, mit einer sehr kranken Frau und zwei Kindern. Anja hat mir damals sehr geholfen. Auf der anderen Seite war sie durch den Tod von Wieland Wagner und André Cluytens selbst verlassen und hatte das Gefühl: Hier ist jemand, mit dem ich mir vorstellen könnte zu leben, und das ging ja eine lange Zeit auch sehr gut.« Als die beiden sich näher kamen, entdeckte Anja hinter Christophs oft als Arroganz missverstandenen Zurückhaltung und Ironie einen liebevollen, hilfsbereiten Mann, der sich nach Harmonie sehnt – Eigenschaften, die er bis heute nur Menschen gegenüber zeigt, die sein Vertrauen gewonnen haben.[24]

Anja Silja gab schon bald ihre Wohnung in München auf und zog zu Christoph nach Königstein in den Taunus. Wie selbstverständlich übernahm sie die Mutterrolle für die beiden halbwüchsigen Kinder, begleitete die Schularbeiten, hörte Vokabeln ab und unternahm mit ihnen Ausflüge. Auf der Bühne arbeitete sie in diesen Jahren eng mit Christoph zusammen. Als es einmal Streit gab, brach Silja in Tränen aus und entgegnete trotzig: »Aber berühmter bin ich«, worauf beide lachten und die Auseinandersetzung begruben. Die Bemerkung der Sängerin blieb ein geflügeltes Wort in der Verbindung der beiden Künstler. 1968 machten sie erstmals Urlaub in dem wunderschönen Haus des dänischen Sängers Franz Andersen, mit dem sie befreundet waren. Andersen besaß noch ein zweites Anwesen mit einem ziemlich baufälligen Hof. Anja Silja kaufte es und baute es mit Christoph zusammen aus. Für die folgenden fünfundzwanzig Jahre wurde es zum Feriendomizil der Familie.

Das Jahr 1968 bedeutete für Dohnanyi auch beruflich eine

Zäsur. Er hörte nach fünf Jahren am Staatstheater Kassel auf und kehrte an das Haus zurück, an dem sechzehn Jahre zuvor seine berufliche Karriere begonnen hatte. Mit Beginn der Spielzeit 1968/69 wurde er Generalmusikdirektor an den Städtischen Bühnen Frankfurt am Main, vier Jahre später wurde er zum Operndirektor ernannt und übernahm damit auch die Aufgaben eines Intendanten für den Bereich des Musiktheaters. Die Chefposition beim WDR-Sinfonie-Orchester behielt er bis August 1970 bei.

Generalmusikdirektor und Intendant

Dohnányis neun Jahre in Frankfurt wurden zu einer Ära des Aufbruchs, für ihn wie für das Musiktheater in der Mainmetropole. Der Generalmusikdirektor und Operndirektor erwies sich als treibende Kraft einer Opernreform, die weniger das Institutionsgefüge als den Inhalt der Arbeit, die Ästhetik des Musiktheaters betraf. Die Kunstform Oper bedurfte nach Dohnányis Überzeugung dringend neuer Impulse, die seiner Meinung und Erfahrung nach von außen kommen mussten, vom Schauspiel, in dem sich das Regietheater inzwischen durchsetzte, vom Film und von exponierten bildenden Künstlern, die in der Lage waren, Theatervisionen zu entwickeln. Dohnányi fasste kühne Pläne. Am liebsten wollte er Alfred Hitchcock für die Inszenierung von Puccinis »Tosca« gewinnen. Bei Pablo Picasso fragte er wegen Ausstattung und Bühnenbild für Bizets »Carmen« an, der Künstler zeigte sich nicht uninteressiert; für die Regie sprach er Louis Malle an.

Die Vorhaben mit den Altmeistern aus Malerei und Film ließen sich nicht verwirklichen. Desto erfreulicher gestaltete sich die Zusammenarbeit mit den jungen Künstlern der visuellen Medien. Der Filmregisseur Volker Schlöndorff gab sein Operndebüt in Frankfurt mit einer Inszenierung von Leoš Janáčeks »Katja

Kabanowa«. Klaus Michael Grüber, der am benachbarten Frankfurter Schauspiel mit Brechts »Im Dickicht der Städte« Furore gemacht hatte, bot eine »grandios-verrätselte Doppel-Regie von Bartóks ›Herzog Blaubarts Burg‹ und Schönbergs ›Erwartung‹«.[25] Die Kombination dieser beiden Einakter über Liebe, Gewalt und Tod machte Schule; als »Double-Bill« der Moderne wurde sie danach in den verschiedensten Inszenierungen an vielen Opernhäusern gegeben. Die exponierte Sopranpartie von Schönbergs Monodram wird bis zum heutigen Tag von keiner Sängerin überzeugender gestaltet als von Anja Silja. Rudolf Noelte und Erich Wonder legten mit Bergs »Lulu« eine eindrucksvolle erste Auseinandersetzung mit dem Musiktheater vor. Die Titelrolle dieser Wedekind-Oper, die Berg nicht mehr zu Ende komponieren konnte, stellte Anja Silja mit ihrer unvergleichlichen, natürlich erotischen Ausstrahlung dar. Dohnányi ging das Wagnis ein, den jungen Peter Mussbach mit der Inszenierung des »Rings des Nibelungen« zu betrauen und ihn mit der »Götterdämmerung« beginnen zu lassen. Das Ergebnis war umstritten; Dohnányi aber schätzt bis heute die kühnen Ansätze, mit denen sich der Regisseur der schwierigen Aufgabe näherte. Zweimal führte er selbst Regie, 1974 in »Figaros Hochzeit« und 1976 in Beethovens »Fidelio«. Bei beiden Inszenierungen arbeitete er mit dem Maler und Bühnenbildner Achim Freyer zusammen, der 1973 aus Ost-Berlin in den Westen gekommen war und sich mit seiner Bildersprache weit vom herkömmlichen Kulissenstil entfernte. In Frankfurt erprobte Freyer den Stil, der später die legendäre »Freischütz«-Inszenierung in Stuttgart und die tief symbolische Bebilderung von Händels »Messias« an der Deutschen Oper Berlin bestimmen sollte. Frankfurt war in der Ära Dohnányi das Laboratorium einer neuen Ästhetik des Musiktheaters.

Dohnányi achtete bei der Ausarbeitung seiner Spiel- und Repertoirepläne jedoch darauf, dass keine Einseitigkeit entstand, dass Innovation und Tradition, bekannte und neue Werke in einer vernünftigen, vom Publikum nachvollziehbaren Balance blieben. Nach diesem Grundsatz legte er auch seine Konzertprogramme in Köln und Frankfurt an, wo die Leitung der Museumskonzerte ebenfalls zu seinen Aufgaben zählte. Er bezog die Neue Musik mit ein, hielt aber wenig von Konzerten, die ihr exklusiv gewidmet waren. Mit den Einnahmen, die er aus erstklassig besetzten Repertoire-Produktionen erzielte, schuf er sich Freiraum für die Einstudierung neuer, unbekannter, selten aufgeführter Werke wie Schönbergs einziger (und unvollendeter) Oper »Moses und Aron« oder auch Prokofjews wenig gespieltem »Feurigen Engel«.

Zusammen mit seinem Stimmen-»Scout« Peter Mario Katona brachte Dohnányi immer wieder Entdeckungen an die Frankfurter Oper, die danach große Karrieren machten, etwa Julia Varady, Agnes Baltsa, Eva Marton, Ileana Cotrubas und Hildegard Behrens. Nach ihrem glanzvollen Auftritt in der Frankfurter »Fidelio«-Inszenierung engagierte Karajan die Behrens für die Salzburger Festspiele. Auch in der Wahl seiner Mitarbeiter außerhalb von Bühne und Orchestergraben bewies Dohnányi Umsicht und Geschick. 1973 holte er den damals neunundzwanzigjährigen Belgier Gérard Mortier an die Frankfurter Oper. Mortier übernahm 1989 als Nachfolger Herbert von Karajans die Intendanz der Salzburger Festspiele. In seiner Frankfurter Zeit ging Dohnányi vermehrt Engagements als Gastdirigent ein. Nach dem Erfolg der »Bassariden« wurde er von Karajan wieder zu den Salzburger Festspielen eingeladen. 1972 dirigierte er zum ersten Mal an der Metropolitan Opera New York (Verdi, »Falstaff«), 1974 gab er sein Debüt am Covent Garden Opera House in London mit Richard Strauss' »Salome«. Er dirigierte in Mailand, in Wien – und beinahe auch in Bayreuth.

Wieland Wagner hatte Dohnányi eingeladen, 1967 den »Tannhäuser« und 1968 die »Meistersinger von Nürnberg« einzustudieren und zu dirigieren. Die Verträge waren unterzeichnet. Dohnányi aber musste die »Tannhäuser«-Produktion absagen. Er litt an einer Venen-Thrombose, dem Dohnányi'schen Erbe, das immer in Zeiten extremer seelischer Belastungen ausbrach – bei seinem Großvater Ernst von Dohnányi nach der Trennung von der ersten Frau, bei seinem Vater im Konzentrationslager Sachsenhausen und bei Christoph von Dohnányi in der Situation, in der er hilflos mit ansehen musste, wie seine Frau immer mehr dem Alkoholismus verfiel, und für sich selbst wieder neue Lebensperspektiven gewinnen musste. Die Ärzte rieten ihm dringend, die musikalische Leitung des »Tannhäuser« abzusagen, weil er eine Oper von dieser Länge im buchstäblichen Sinne nicht durchstehen könne. Kurz danach wurde er von Günter Rennert gebeten, an der Münchner Staatsoper Bergs »Lulu« zu dirigieren. Sie dauert knapp zwei Stunden (im Gegensatz zu den vier Stunden »Tannhäuser«). Die Ärzte äußerten keine Bedenken. Dohnányi nahm das Dirigat an. Er beging jedoch den folgenschweren Fehler, die Bayreuther Festspiele nicht sofort über seine Entscheidung und ihre Gründe zu informieren. Wolfgang Wagner, der nach dem Tod seines Bruders Wieland dessen Nachfolge angetreten hatte und noch heute der mächtige Mann in Bayreuth ist, kündigte daraufhin auch den »Meistersinger«-Vertrag, den Dohnányi hätte erfüllen können. So hat Dohnányi oft Wagner-Opern dirigiert, auch an entscheidenden Stationen seiner Karriere, aber nie in Bayreuth. Dabei wird es wohl auch bleiben.

Das breit gefächerte Parallelprogramm aus prägender Präsenz vor Ort und Gastspielen an den Nervenpunkten des internationalen Musiklebens haben seine Nachfolger in Frankfurt nur in wenigen Fällen in so befriedigende Balance gebracht wie Dohnányi. Die Arbeit mit anderen Orchestern, vor allem mit den Wiener Philharmonikern und dem Orchester der Mailänder Scala, brachte ihn am Ende seiner Frankfurter Zeit zu der Erkenntnis, wie wichtig auswärtige Erfahrungen auch für seine Arbeit in der Mainmetropole waren. Aus ihnen gewann er vielfältige Anregungen. So entschieden Dohnányi auf klaren Verantwortungs- und Entscheidungsstrukturen besteht, so kompromisslos er in Fragen musikalischer Qualität ist, so sehr sind für ihn die Orchestermusiker vor allem Partner, von denen auch auf ihn als Dirigenten starke Impulse ausgehen. Musikalisch war Frankfurt für ihn vor allem von Bedeutung, weil er hier ein Opernrepertoire in einem Umfang dirigieren konnte, wie es ihm lange vorgeschwebt hatte.

Die Neuinszenierung von Franz Lehárs Operette »Die lustige Witwe« durch Otto Schenk, dirigiert von Christoph von Dohnányi, fiel in Frankfurt in die Hoch-Zeit des Terrors, der von der Rote-Armee-Fraktion ausging. Der Kern der Baader-Meinhof-Gruppe wurde verhaftet. Demonstrationen und Auseinandersetzungen mit der Polizei prägten das Bild in der Innenstadt der Mainmetropole. Das Polizeiaufgebot rund um die Oper wurde verstärkt. Eine Vorstellung fiel wegen Bombenalarms aus. Otto Schenk übernachtete bei den Dohnányis im Taunus aus Angst vor Anschlägen auf das Opernhaus, in dem er ein Apartment bewohnte. Einige Kritiker bemängelten, dass in solch unruhigen Zeiten überhaupt Operetten zur Aufführung kämen.

Dohnányis Frankfurter Ära gilt als die erste Hälfte des »Goldenen Zeitalters« für das Musiktheater in der Mainmetropole, die Ära seines Nachfolgers Michael Gielen als die zweite. In Frankfurt wurden damals Maßstäbe gesetzt, die weit über Deutschland hinaus Gültigkeit bewiesen.»Ein intelligentes Publikum erwartet von der Oper eine Interpretation, die der Zeit, in der es lebt, entspricht«, formulierte Dohnányi einmal als sein Credo. Ihm kam zugute, dass er neben genauen künstlerischen Vorstellungen und der Energie, sie durchzusetzen, auch über eine bemerkenswerte administrative Kompetenz verfügt. In einem Interview, das er der *Frankfurter Neuen Presse* 1977 anlässlich seines Abschieds gab, nannte er sich »verwaltungsbegabt« und verwies auf das Erbe der Familien Dohnányi und Bonhoeffer.[26] Er handelte schnell und entscheidungsfreudig. Anja Silja ergänzt: »Er ist gewohnt, alles im Griff zu haben, vor allem sich selbst.«[27]

Sechs Jahre blieb die Verbindung von Anja Silja und Christoph von Dohnányi kinderlos. Die Silja zog es zunächst vor, ihre internationale Karriere als Sängerin fortzusetzen, und Dohnányi zögerte mit der Scheidung, weil seine Kinder noch zu klein waren und er lange Zeit hoffte, der Zustand seiner Frau würde sich wieder stabilisieren. Der Wunsch des Paares, gemeinsame Kinder zu haben, ging 1974 in Erfüllung, als Anja Silja Tochter Julia zur Welt brachte. Zwei Jahre später wurde Sohn Benedikt und 1977 Tochter Olga geboren. Im gleichen Jahr bezog die Familie ein schönes Haus in den Hamburger Elbevororten. Dohnányi war inzwischen zum Intendanten und Generalmusikdirektor der Hamburgischen Staatsoper berufen worden. 1980 schließlich heirateten die beiden. »Ich war begeistert über meinen neuen Namen, stolz auf den neuen Stand. Endlich und zum ersten Mal war Ruhe und Ordnung in meinem Leben«, schreibt die Silja in ihren Memoiren.

Dohnányis Wechsel nach Hamburg als Nachfolger von August Everding im Jahre 1977 kam für viele Beobachter nicht überraschend. Er selbst zögerte zunächst, da er die norddeutsche Mentalität aus seiner Lübecker Zeit kannte und sich im Süden der Republik wohler gefühlt hatte. Anja Silja aber war begeistert und redete ihm zu.[28] Dohnányi entschied sich am Ende für die Hansestadt, weil ihm der Senat ein wesentlich höheres Budget für seine Arbeit bot und weil seiner Meinung nach die Zeit für einen erneuten Wechsel gekommen war. Lange wurde um die Konditionen des Vertrages verhandelt. Dohnányi bestand darauf, ausreichend Zeit für Gastverpflichtungen zu haben. Das Gehalt, das er bezog, überstieg das des Ersten Bürgermeisters – allerdings, so betont er, erwerbe man als Künstler keinen Pensionsanspruch, sondern müsse selbst vorsorgen. Dennoch hält er, im Gegensatz zur weit verbreiteten Meinung, Politiker für unterbezahlt, gemessen an dem, was sie zu leisten haben.

Mit der Saison 1977/78 nahm der mittlerweile Achtundvierzigjährige seine Arbeit an der Hamburgischen Staatsoper auf. Dass man es ihm nicht leicht machen würde, erfuhr der Designierte bereits lange vor seinem Amtsantritt. Die *Zeit* wusste in ihrer Meldung über Dohnányis Berufung zu berichten: »Noch am Vortag der Entscheidung [über den Vertrag] startete das Hamburgische Philharmonische Orchester, das den Dienst in der Oper versieht, eine letzte vergebliche Demarche gegen Dohnányi.«[29] Bereits beim ersten Konzert als designierter Intendant wurde er Anfang 1975 mit Buhrufen empfangen, als er an das Dirigentenpult trat.[30] Teile des Hamburger Publikums verdächtigten ihn, seinen Intendanten-Vorgänger Horst Stein verdrängt zu haben. Das war jedoch nicht der Fall. Dohnányi hatte vielmehr zur Bedingung gemacht, nur dann zu kommen, wenn die Position vakant sei. Ihm war versichert worden, dass Stein den Vertrag nicht verlängern wolle. Am Ende des Konzerts hatte er das Auditorium für sich gewonnen, kein einziger Buhruf war mehr zu hören, die Ablehnung, die ihm vor dem Konzert signalisiert wurde, war tosendem Applaus gewichen.

In Hamburg führte Dohnányi künstlerisch weiter, was er in Kassel begonnen und in Frankfurt entwickelt hatte. Nach Franz Schreker entdeckte er einen weiteren Komponisten, der an der Schwelle zur Moderne gestanden hatte: Arnold Schönbergs Lehrer, Freund und Schwager Alexander von Zemlinsky. Zwei der Opern Zemlinskys brachte er heraus: »Der Zwerg« und »Eine florentinische Tragödie«. Wie in Frankfurt suchte er die Erneuerung des Musiktheaters in der Zusammenarbeit mit »Quereinsteigern«. Er gewann Jürgen Flimm und Luc Bondy als Regisseure für die Oper. Bondy inszenierte die beiden Opern von Alban Berg, »Wozzeck« und »Lulu«. Gérard Mortier und Peter Mario Katona nahm er aus seinem Frankfurter Team mit an die Alster. Für seine Produktionen engagierte er wie in Frankfurt gern exponierte Künstler, die neue Impulse in die Arbeit brachten. Ein trotz Rolf Liebermann und Günter Rennert immer noch konservatives Hamburger Publikum lernte allmählich zu schätzen, dass Dohnányi die Oper aus einer drohenden Stagnation »im Umfeld einer betonierten Besucherstruktur« herauszuführen versuchte, wie er es einmal formulierte. »Ich bin gern mit Menschen zusammen, die in einem anderen Metier, etwa im Schauspiel, zu Hause sind, von denen man etwas lernen und über die man sagen kann: ›Das ist ein unglaublich begabter junger Mann, von dem möchte ich mir erzählen lassen, wie das in seinem Gehirn funktioniert‹«, bekannte er im Rückblick auf seine Hamburger Jahre.[31]

In seinem neuen Wirkungskreis ging Dohnányi aber noch einen entscheidenden Schritt weiter als in Kassel und Frankfurt. Die Linie der künstlerischen Erneuerung setzte er fort. Zusätzlich strebte er aber jetzt eine Reform der Institution

Oper an. Sinn und Zweck seiner Bemühungen: die Steigerung der künstlerischen Qualität. Um musikalisch das höchste Niveau nicht nur bei der Premiere einer Oper, sondern auch im täglichen Betrieb zu halten, müssten möglichst alle Vorstellungen eines Werkes von der Orchesterbesetzung gespielt werden, die es auch geprobt und einstudiert hat. Nur so blieben alle Differenzierungen erhalten. Das wäre das erstrebenswerte Ideal. Die Praxis nicht nur an deutschen Opernhäusern sah erheblich anders aus. Die Besetzungen wechselten von Vorstellung zu Vorstellung. Die Diensteinteilungen wurden von gewählten Mitgliedern des Orchesters vorgenommen. Bei ihnen konnten die Musiker selbstverständlich Wünsche anmelden, und manche machten von der Möglichkeit regen Gebrauch. Dabei kamen durchaus orchesterferne Überlegungen mit ins Spiel, und das nicht eben selten – Stichwort: Nebentätigkeiten, Aushilfen zum Beispiel bei anderen Orchestern. Dass im Opernalltag Kompromisse nötig sind und nicht immer die gleiche Besetzung spielen kann, wusste auch Dohnányi. Wenn das Ideal aber nicht hundertprozentig erreicht werden kann, muss es deswegen als Ziel nicht völlig aufgegeben werden. Man sollte, so Dohnányis Plädoyer, Kompromisse nicht als Grundlage, sondern als unvermeidliche Ausnahmen behandeln.

In Hamburg kam erschwerend hinzu, dass das Philharmonische Staatsorchester, das in der Oper spielt, außerdem Konzertverpflichtungen wahrzunehmen hat. Eine solche Konstruktion hat zwar Tradition, nicht nur in Hamburg. Auch in Wien war das so: Das Orchester, das die Philharmonischen Konzerte spielte, war das Hofopernorchester. Doch überall stieß diese Doppelaufgabe an ihre Grenzen, und das nicht erst, seit im Zeitalter höherer Mobilität die Tourneen der Orchester zugenommen haben. Überall mussten Lösungen gesucht werden. Für Hamburg schlug Dohnányi vor, das Orchester so zu vergrößern, dass auch parallel zu Konzerten Opernaufführungen, die mit einer kleineren Orchesterbesetzung auskommen, praktisch ohne Aushilfen gespielt werden könnten.

Mit seinem Reformvorstoß begab er sich in eine zweifache

Auseinandersetzung: nach innen und nach außen; nach außen mit dem Senat der Hansestadt, der mit dem Kulturetat auch über die finanzielle Ausstattung der Oper entschied, nach innen mit den Gremien der Mitbestimmung und mit der Verwaltung. Die Vergrößerung des Orchesters konnte er nicht durchsetzen. Solche Vorhaben verlangen eine breite Einsicht in die Notwendigkeit und entsprechende Prioritäten in der Politik. Von innen her wurde die Auseinandersetzung zum Teil mit erbitterter Härte geführt. Der Orchestervorstand, der bereits Dohnányis Berufung hatte verhindern wollen, protestierte und trat zurück, weil der Intendant zur Lösung der leidigen Besetzungsprobleme einen Orchesterinspektor einsetzen wollte. Gérard Mortier, Dohnányis engster und durchaus streitbarer Mitarbeiter, geriet in die Schusslinie. »Man schlug den Sack und meinte den Esel«, kommentiert Dohnányi heute. Mortier kündigte und ging zu Rolf Liebermann, dem einstigen Hamburger Opernintendanten, nach Paris.

Aus der Distanz eines Vierteljahrhunderts sehen die einstigen Kontrahenten die Auseinandersetzungen gelassener. »Zum Intendantenberuf gehört nun einmal wie zu dem des Politikers das Verständnis für notwendige Auseinandersetzungen«, sagt Dohnányi heute. Der Schlüssel für seine damalige Argumentation ist in einem Begriff zu finden, der in der Familientradition der Dohnányis wie der Bonhoeffers immer eine zentrale Bedeutung hatte: Verantwortung. Künstlerische Verantwortung bedeutete für ihn Opposition gegen Routine, Schlendrian, Stillstand und Selbstunterforderung. Gewiss, so betont er, können nicht alle Orchester Spitzenensembles sein. Es muss auch eine Mittelschicht geben, aus der heraus Musiker wie Dirigenten zu Spitzenkräften heranreifen. Aber auch dazu gehören Disziplin, Motivation, die Bereitschaft, sich Herausforderungen zu stellen. »Ich habe vor fünfundzwanzig Jahren beispielsweise einmal angeboten«, berichtet er, »das Orchester einer Musikhochschule zu dirigieren. Das Ganze fand an einem Samstag statt [...]. Was war? Da saßen ein paar Musikstudenten, darunter ein Oboist und zwei Zweite Violinen. Und da habe ich gesagt: Servus, so kann man leider mit einem Studentenorchester nicht weiterkommen.«[32] Dohnányi verachtet den Durchschnitt nicht, aber er kritisiert jene, die sich unterfordern, die keine Verantwortung für ihr Talent übernehmen, die ihre Grenzen nicht suchen und überschreiten wollen. Das ist sein Elitegedanke. »Kunst ist elitär. Wer eine Kultur will, die mehr bietet als Provinzialität, wird immer einen hohen Preis zahlen müssen. Langfristig lohnt sich das jedoch.«[33] Und an anderer Stelle sagt er: »Das Elitäre auszuschließen hieße: der Menschheit ›Stillgestanden!‹ zu befehlen. Das Elitäre hat die Welt vorwärts gebracht. [...] Marx war elitär, Freud war elitär, Thomas Mann war elitär – wie kann eine Gesellschaft darauf verzichten, sich das Elitäre zu leisten, ohne zugrunde zu gehen?«[34] Orchester sind musikalische Eliten, und als solche tragen sie eine besondere Verantwortung.

Institutionelle Verantwortung ist für Dohnányi unlösbar mit Entscheidungskompetenz verbunden. Wer entscheidet, soll auch die Verantwortung tragen; wer Verantwortung trägt, muss auch entscheiden können. Diese Auffassung stand hinter der Auseinandersetzung mit Verwaltung und Orchestervorstand in Hamburg. Für die musikalische Leistung an einem Opernabend trägt der Dirigent die Verantwortung. Daher muss er auch über die Besetzung zumindest mitentscheiden können.

Das Hauptproblem im deutschen Opernbetrieb sind in seinen Augen jedoch die festen Kosten, die Verwaltung, die ganzen Gewerke von der Unterhaltung der Gebäude über den Fensterputzer bis zu den Wachmannschaften. Diese Kosten, insbesondere die Personalkosten, steigen fortlaufend. Die Besoldung der Orchestermusiker, der Chormitglieder, des Balletts, der Technik und des Hauspersonals ist tarifvertraglich geregelt, die Steigerungen unterliegen den Tarifvereinbarungen, an denen das einzelne Haus nichts ändern kann. Als einziger bleibt der künstlerische Etat flexibel, in ihm sind Streichungen möglich. Wenn er zwanzig Prozent des Gesamtbudgets beträgt und von diesem drei Prozent gestrichen werden, bedeutet das eine Einbuße von fünfzehn Prozent für die künstlerische Arbeit. Betragen die festen Kosten – wie in den meisten Fällen – gar neunzig Prozent des

Gesamthaushalts, wirken sich jene drei Prozent im künstlerischen Etat als Reduktion um ein Drittel aus. Diese Zahlen machen sich viele Kritiker der angeblich hohen Kulturkosten nicht klar, betont Dohnányi.

In den achtziger Jahren versuchte Dohnányi, die Struktur der Oper zu reformieren. In seiner Amtszeit stieß er dabei auf heftigen Widerstand. Doch Vorstöße wie die seinen entfalteten Wirkung auf lange Sicht. Die Auseinandersetzungen werden heute im Ton und in der Sache anders geführt. In den letzten Jahren ist es auf Bitten internationaler Dirigenten gelungen, mehr personelle Stabilität in Aufführungsserien zu bringen. Aber im Opernbetrieb, so Dohnányi, komme man auch heute nicht ohne Aushilfen aus. Insgesamt jedoch hätten sich die Strukturen der Opernhäuser zum Besseren entwickelt.

»Es war die Struktur der Oper, die letzten Endes fast alle bedeutenden Dirigenten zu früheren Zeiten von der Oper weggetrieben hat«, stellt Dohnányi fest. »Kein Furtwängler, kein Toscanini, kein Gustav Mahler, kein Klemperer, kein Kleiber, kein Solti, kein Giulini, niemand ist an der Oper geblieben. Warum nicht? Weil die Oper es aus ihrer Struktur heraus bis dahin nie geschafft hat, die Forderung nach einer gewissen musikalischen Perfektion und den täglichen Repertoirebetrieb irgendwie miteinander in Einklang zu bringen. Mit dieser Problematik, mit diesen Imponderabilien musste man bis vor fünfundzwanzig Jahren, als ich diese Auseinandersetzungen hatte – wie sie Mahler hatte, wie sie Klemperer hatte, wie sie alle hatten –, rechnen. Das hat nichts mit persönlichen Streitereien zu tun. Auch bei Mahler war das nicht persönlich. Mahler war als großer Musiker in Wien anerkannt. Dass er nichts für die Oper geschrieben hat, könnte, wie ich vermute, eine Konsequenz aus seiner Kenntnis des Opernbetriebes sein.«

1981 wurde Christophs Bruder Klaus von Dohnanyi zum Ersten Bürgermeister der Freien und Hansestadt Hamburg gewählt. Dadurch wurde Christophs Position nicht einfacher. Er selbst fasste es in einem Interview mit dem *Spiegel* so zusammen: »Der Politiker wollte Frieden, auch aus wahltaktischen und stadtpolitischen Gründen – Frieden in Oper und Konzert. Ich wollte aus künstlerischen Gründen Veränderungen, die in einem solchen Betrieb notwendig mit Unfrieden verbunden sind.«[35] Das Problem bestand vor allem nach außen hin. Die beiden Brüder hatten genügend Verständnis für ihre gegenseitige Situation und hinreichend Erfahrung in ihrem Berufsleben gesammelt, um die persönliche Beziehung von den kulturpolitischen Gegebenheiten zu trennen. Für Christophs Entscheidung, seinen Vertrag, der bis 1985 lief, nicht auszuschöpfen, dürften die Konkurrenz der Ämter und die möglichen Interessenkollisionen der Brüder keine nennenswerte Rolle gespielt haben. Andere Gründe fielen weit stärker ins Gewicht, vor allem der, dass Dohnányi Arbeitsbedingungen in Aussicht hatte, die seinen Idealen weit eher entsprachen als die Hamburger Verhältnisse.

Natürlich wurde viel spekuliert, warum Dohnányi seine Position in Hamburg aufgab, um nach Cleveland (Ohio) zu gehen. Felix Schmidt, der frühere Chefredakteur des *Stern,* witterte sogar Rachegelüste: »Er nahm sich vor, Deutschland die Kränkung mit einem unerhörten Erfolg, den er drüben in Amerika anstrebte, heimzuzahlen. Der Gedanke erwärmte ihn.«[36] Es kann für einen Dirigenten jenseits allen Zorns und Grolls ein entscheidendes Argument geben: sich vor allem um das kümmern zu wollen, wofür man angetreten ist, um die Musik, und die geriet in Hamburg bisweilen in den Hintergrund. In einem Essay beklagte sich Dohnányi über die immer konservativere, überwiegend retrospektive Entwicklung im musikalischen Bereich und brachte seinen »Ekel vor dem wachsenden Spießertum in der Kunst« und der ständig zunehmenden Vermarktung von Kunst zum Ausdruck. »Ich bin froh, jetzt erst einmal etwas anderes machen zu können, als eine deutsche Oper zu leiten, denn an den Opernhäusern ist nichts mehr zu verändern«, schrieb er.

Dohnányi verabschiedete sich von Hamburg mit Wagners »Meistersingern«. – »So durchsichtig zart, selbst im Festtrubel des Finales, wird die Partitur selten musiziert«, schrieb Rolf Michaelis am 9. März 1984 in der *Zeit.*

Cleveland

1981 gab Christoph von Dohnányi sein Debüt beim Cleveland Orchestra. Es muss sich auf Anhieb eine gute Zusammenarbeit entwickelt haben, denn bereits 1982 wurde er offiziell als »designierter Chefdirigent« angekündigt und für größere, umfangreichere Aufgaben engagiert, als sie mit Gastdirigaten verbunden sind. Er leitete mehrere Konzerte pro Saison, nahm die Probespiele ab und entschied über die Neubesetzung vakanter Positionen. Er übernahm damit die Verantwortung für das Orchester als Nachfolger von Lorin Maazel, der 1982 nach Wien gegangen war. 1984, nach seinem Abschied aus Hamburg, trat Dohnányi seine Funktion als Chefdirigent in vollem Umfang an. Sein erstes Konzert als Music Director des Cleveland Orchestra wurde von mehreren europäischen Fernsehstationen übertragen.

Dohnányi bemerkte einmal, Cleveland, die ansonsten eher farblose Industriestadt im so genannten »rust-belt«, besitze eine hervorragende Klinik, ein außergewöhnliches Museum, eine fabelhafte Musikschule – und ebendieses erstklassige Orchester, das 1918 gegründet worden war. Nach dem Zweiten Weltkrieg wurde es vor allem von einem Musiker geprägt: von George Szell, dem gebürtigen Budapester, bis zu seiner Emigration nach Amerika im Jahre 1939 Generalmusikdirektor in Berlin und Prag. Er leitete die Clevelander von 1946 bis zu seinem Tod im Jahre 1970. Sein Klangideal verband kammermusikalische Klarheit und Transparenz mit sorgfältiger Klangbalance, sein Interpretationsethos setzte das Werk und den notierten Willen des Komponisten an die erste Stelle, er verachtete aufgesetzte Sentimentalität, Showgehabe, gefühlige Mimik und Gestik, mit der sich mancher »Nachschöpfer« zum Schmerzensmann des musikalischen Tiefsinns aufschwingt. Er dirigierte klar und präzise und zeigte, dass er den Zusammenhang und die Einzelheiten der Partitur jederzeit souverän präsent hatte.

George Szells Maximen könnten aus dem künstlerischen Credo Christoph von Dohnányis stammen. Die Ähnlichkeiten und Parallelen zwischen den beiden Maestri sind bis zu den Leitmotiven der Kritik, die an beiden geübt wurde, tatsächlich frappierend. Szell kreidete man zum Beispiel seine unterkühlten Mozart-Interpretationen an. »Ich kann nicht Schokoladensauce über Spargel gießen«, antwortete er. »Auch mir wurde zu große Distanziertheit, gar Kälte vorgeworfen«, bemerkt Dohnányi. »Ich erinnerte dann gern an Rudolf Kolisch, den großartigen Geiger, der einmal in einem Interview die Ansicht vertrat, ein Dirigent, der gut geprobt habe, brauche bei der Aufführung gar nicht mehr physisch präsent zu sein. Das ist gewiss überpointiert. Kolisch ergänzte dann sarkastisch, wenn es in der Musik um tiefe Emotionen gehe, dann täten ihm manche Dirigenten leid, weil sie, wie man sehe, so leiden müssten. Manche hielten das für Gefühle.« Die Polemik hätte von Szell stammen können.

Szell führte das Cleveland Orchestra in die Spitzengruppe der amerikanischen Klangkörper; Dohnányi brachte es in den achtziger Jahren wieder unter die »Big Five« zurück, in Augenhöhe mit den New Yorker Philharmonikern, dem Philadelphia Orchestra und den Symphonieorchestern aus Boston und Chicago. Szell gelang es, die fest besetzten Planstellen des Orchesters auf 107 anzuheben. Dohnányi konnte auch zu kritischen Zeiten diese Zahl als künstlerische Arbeitsbasis aufrechterhalten. Szell verschaffte dem Orchester durch Auslandstourneen, darunter zwei ausgedehnte in Europa, internationales Ansehen. Dohnányi achtete darauf, dass in einer Zeit zunehmender weltweiter Vernetzung das Orchester seinen Ruf durch eine kluge Balance zwischen kreativer Präsenz vor Ort und hochkarätigen Gastspielen im Ausland halten und steigern konnte.

Dohnányi führte also fort, was Szell angestoßen und in seiner langen Amtszeit perfektioniert hatte. »Ich war natürlich, wie wir alle, ein Riesenverehrer von George Szell«, bekannte Dohnányi im September 1989 in einem Interview mit der *Zeit*. »Er hatte für uns, als wir jung waren, eine ganz wegweisende Art, Musik zu machen. Heute, zurückschauend, sieht man natürlich, dass auch der Szell sehr in seiner Zeit gelebt hat und eigentlich ein spätromantischer Musiker war. Aber eben ein so unglaublich intensiver und alles hingebender Musiker, dass er [...] unseren Respekt abgefordert und auch bekommen hat. [...] Als ich hinkam [nach Cleveland], habe ich gedacht: Ich kann an den Szellschen Stil anknüpfen.«[37]

Fortsetzung aber bedeutet Veränderung. Dohnányi räumte der Musik der Gegenwart eine wesentlich stärkere Stellung ein, als Szell dies getan hatte; darin setzte er die Arbeit seines unmittelbaren Vorgängers Lorin Maazel fort. Er verwandte große Sorgfalt darauf, sie sinnfällig in Programmzusammenhänge zu integrieren und dadurch Neugier und Verständnis zu wecken. Nicht anders ist zu erklären, dass das Orchester den besten Kartenverkauf in einer Saison erzielte, die wagemutig konzipiert war. In Cleveland war ihm die Konstanz der Orchesterbesetzung, um die er im Hamburger Opernbetrieb so heftig gekämpft hatte, selbstverständlich garantiert. »Die Musiker in Cleveland haben gar nicht die Chance, abends in der Oper auszuhelfen. Sie müssten mindestens bis Chicago fahren und dann nachts wieder zurück, morgens müssten sie dann bei der Probe sein. Sie machen Kammermusik, sie unterrichten – und sie machen ihre Musik im Orchester. Das heißt: Sie spielen immer zusammen«, bemerkt Dohnányi. Dadurch werde die Klangqualität des Orchesters erheblich verfeinert. Das US-Magazin *Musical America* kürte ihn 1992 zum Dirigenten des Jahres. 1993 wurde das Orchester in Cleveland im 75. Jahr seiner Existenz vom Nachrichtenmagazin *Time* als »the best band in the land« gewürdigt.

Zielstrebig begann Dohnányi, auch das kulturelle Umfeld des Orchesters zu erweitern und zu gestalten. In San Francisco hatte er ein Jugendorchester erlebt, das unter seinem jungen Dirigenten engagiert und sehr gut spielte. Es war dem San Francisco Symphony Orchestra beigeordnet. Neunzig Musikerinnen und Musiker gehörten ihm an, alle um die zwanzig Jahre alt. Die Probenarbeit war so organisiert: Zwischen dreizehn und vierzehn Uhr erläuterten die Solobläser, die Konzertmeister und Vorspieler des San Francisco Symphony Orchestra den Nachwuchskünstlern die besonderen Schwierigkeiten der Stücke, die auf dem Arbeitsplan standen. Um vierzehn Uhr begannen die

Jugendlichen die Proben in den jeweiligen Instrumentengruppen. Dieses System des »coaching« wird inzwischen bei vielen Nachwuchsorchestern angewandt; die erfahrenen Musiker geben ihr Wissen an die künftigen Kollegen weiter und erleichtern diesen dadurch den späteren Berufseinstieg. Nach dieser Vorbereitung übernahm der Dirigent, der Assistent des Chefs, die Leitung der Gesamtprobe. Er überzeugte Dohnányi mit seiner Arbeit, und dieser engagierte ihn nach Cleveland. Jahja Ling ist ein hochbegabter Musiker, ein hervorragender Pianist. Er gewann unter anderem den zweiten Preis im Tschaikowsky-Wettbewerb. Bis 2002, als Dohnányi in Cleveland aufhörte, war Ling sein »Resident Conductor«. Danach übernahm er die Leitung des San Diego Symphony Orchestra.

Dohnányi griff das Vorbild aus San Francisco auf und gründete 1986 in Cleveland ein Jugendorchester. Ihm gehören hundertzwanzig junge Musikerinnen und Musiker im Alter zwischen zwölf und achtzehn Jahren an. Sie kommen aus mehr als fünfzig Kommunen in Nordohio und Pennsylvania. Ausgewählt werden sie in jährlich stattfindenden Probespielen. Wie in San Francisco werden die einzelnen Instrumentengruppen von Mitgliedern des Cleveland Orchestra auf die Gesamtproben vorbereitet, die in den ersten sieben Jahren Dohnányis »Entdeckung«, Jahja Ling, leitete. Das Orchester gibt drei Konzerte in Cleveland und mindesten drei weitere in der Umgebung. Es erspielte sich im Lauf der Jahre ein gutes Ansehen und war 1998 als eines von fünf US-Ensembles zum internationalen Jugendorchesterfestival des American Symphony Orchestra eingeladen.

Dohnányi ergriff weitere Initiativen. Zusätzlich zum 1952 gegründeten Cleveland Orchestra Chorus und dem Cleveland Orchestra Children's Chorus, der 1967 für Kinder zwischen neun und dreizehn Jahren ins Leben gerufen worden war, richtete das Cleveland Orchester den Youth Chorus für die Gruppe der über Vierzehnjährigen ein. Er zählt inzwischen mehr als hundert Mitglieder aus Kommunen und Schulen der Umgebung. Ziel ist es, über die eigenen Aufführungen und die Mitwirkung beim Cleveland Youth Orchestra hinaus bei Schülern das

Verständnis für Chormusik zu wecken und eine Kontinuität des Singens vom Kindes- bis zum Erwachsenenalter zu ermöglichen. Chormusik hatte in Cleveland vor allem auch durch die deutschen Einwanderergruppen eine starke Tradition. In den USA hat sich diese Szene wie auf dem Alten Kontinent inzwischen gewandelt, weg von vereinsartigen Zusammenschlüssen hin zu einem systematisch betriebenen, leistungsorientierten Freizeitengagement. Die Chöre des Cleveland Orchestra wirken daher in der ganzen Region als Ansporn und Vorbild.

Dohnányi initiierte außerdem den »Versuch Kammermusik und Kammeroper« in der Rheinberger Hall, dem kleineren Saal des Konzerthauses in Cleveland; auch richtete er eine Jazz-Reihe ein – alles in der sicheren Erwartung, dass die verschiedenen Schwerpunkte unterschiedliche Menschen ansprechen und dass sich durch die Bündelung der Veranstaltungen an einem Ort und unter einer planerischen Regie Besucher der einen Veranstaltungsart auch für eine andere interessieren lassen. Und tatsächlich: Die insgesamt zwanzig Jahre in Cleveland wurden für ihn in jeder Hinsicht ein großer Erfolg. Das Orchester liebte ihn, und die Zeitungen schrieben von einer »Ehe, die im Himmel geschlossen wurde«.[38]

Dohnányi selbst schwärmte davon, dass er sich auf die rein musikalischen Vorgänge konzentrieren könne und eine Atmosphäre von Freundschaft und Professionalität erlebe. Ein Konzertmeister sagte: »Er erlaubt uns, ihm beim Musikmachen nahe zu kommen. Das funktioniert nur bei Menschen, die ihrer selbst sicher sind.«

Pro Saison studierte Dohnányi mit dem Cleveland Orchestra fünfundvierzig bis fünfzig Werke ein, darunter immer einen relevanten Anteil an neuer Musik. Großen Wert legte er auf die »Komposition« der Programme aus der Erfahrung, dass eine gut durchdachte Konstellation von Werken ein wesentlicher Faktor in der Vermittlung seriöser Musik ist. Das Publikum dankte ihm diese Strategie, die mit höchster Sorgfalt in der Interpretation verbunden war. Dohnányi dirigierte das Cleveland Orchestra in insgesamt etwa tausend Konzerten. Allein vierundzwanzig Uraufführungen integrierte er in seine Programme, darunter auch Werke von jungen Komponisten, die damals am Anfang ihrer Karriere standen, inzwischen aber zu den Hoffnungsträgern ihrer Generation zählen, wie der Engländer Thomas Adès oder der Deutsche Matthias Pintscher.

Die starke Basis vor Ort erfuhr ihre notwendige Ergänzung durch die internationale Präsenz des Orchesters. Siebenundzwanzig Tourneen unternahm Dohnányi mit dem Cleveland Orchestra durch die USA, insgesamt elf durch Europa und vier nach Asien. Es muss ihn berührt haben, dass er dabei an Orten auftrat, an denen sein Großvater einst gefeiert wurde: in der New Yorker Carnegie Hall etwa oder beim Edinburgh Festival, bei dem Ernst von Dohnányi 1956 zum letzten Mal in Europa öffentlich aufgetreten war.

Tourneen sind längst keine großen Einnahmequellen mehr für hochrangige Berufsorchester. Sie sind gut vorbereitet und erfolgreich durchgeführt, wenn sie eine ausgeglichene Bilanz oder einen leichten Überschuss ergeben. Durch Gastspielreisen aber bestimmt sich der Rang eines Ensembles in einer Szene und einem Wettbewerb, der die Grenzen von Ländern und Kontinenten längst überschreitet. Bereits 1986 unternahm Dohnányi mit den Clevelandern eine Deutschland-Tournee mit Konzerten in München, Düsseldorf, Bonn, Stuttgart, Berlin, Hamburg und Frankfurt am Main; sie fand begeisterte Resonanz. 1989 und 1990 ging das Orchester erneut auf Europa-Tourneen. Es konzertierte im Mai 1989, ein halbes Jahr vor Öffnung der Mauer, im (Ost-)Berliner Schauspielhaus vor handverlesenem Publikum, an einem Ort, an dem auch Leonard Bernstein des Öfteren dirigiert hatte. So stand Dohnányis Konzert für eine kulturpolitische Öffnung der DDR Richtung Westen. Dass sie ein Signal für eine größere, radikalere Öffnung sein könnte, daran dachten damals noch nicht allzu viele.

Als in Berlin dann die Mauer fiel, hielt Dohnányi sich zusammen mit Anja Silja gerade in San Francisco auf. Die Stadt war wenige Tage zuvor von einem schweren Erdbeben heimgesucht worden, das in Teilen der kalifornischen Metropole große

Verwüstungen angerichtet hatte. Auch das Opernhaus, wo
Dohnányi dirigieren und Anja Silja singen sollte, war in Mitleidenschaft gezogen. An den Wänden zeigten sich Risse; sie waren nicht beunruhigend, aber auch die Decke wies Schäden auf.
Anja sprach sich dafür aus, die Vorstellung abzusagen. Zu groß
sei die Gefahr, dass bei lauter Musik etwas herunterfallen und
jemanden verletzen könne. Dohnányi war der Meinung, man
müsse unter solchen Bedingungen, wenn irgend möglich, erst
recht spielen und für die Menschen ein Zeichen setzen. Am
Ende fand das Konzert statt. Zum Schutz der Zuschauer waren
Netze unter der Decke gespannt worden. Anschließend waren
Anja Silja und Dohnányi nicht vom Fernseher wegzubringen;
sie verfolgten die Ereignisse in Berlin, der Stadt, in der sie beide
geboren worden waren.[39]

Kein anderes Orchester der USA spielte ab Mitte der achtziger
Jahre bis zur ersten großen Krise der Tonträgerindustrie um
1993/94 so viele Plattenproduktionen ein wie das Cleveland
Orchestra unter Christoph von Dohnányi. 109 Aufnahmen waren es insgesamt, eine ganz außergewöhnliche Bilanz. Dennoch
wurde hin und wieder behauptet, Dohnányi hege eine innere
Abneigung gegen Schallplatte und CD. Der Vorwurf trifft nicht.
Allerdings hat er kein unkritisches Verhältnis zum Tonträgermarkt und zu dessen Einfluss auf die Musik und das Musikleben. Er vertritt und verkörpert ein hohes, verantwortungsvolles Verständnis von musikalischer Interpretation. Dies hat auch
mit den Erfahrungen seiner Familie zu tun. Die Dohnányis und
die Bonhoeffers erlebten ab 1933 den »Exodus des Geistes« aus
Deutschland. Hans von Dohnányi verhalf damals Freunden und
Menschen, die ihn um Hilfe baten, zur Flucht. Deutschland verlor unter der NS-Herrschaft große kreative Potenzen, ganze
Stilrichtungen wurden ins Exil gedrängt. Die nationalsozialistische Verfolgung zog aber auch einen gewaltigen Einbruch der
Interpretationskultur nach sich. Exponierte Künstler wie Bruno
Walter, Otto Klemperer oder der Kammermusiker Rudolf Kolisch, Virtuosen wie Jascha Heifetz, Bronislaw Huberman, Fritz

Kreisler, Carl Flesch, Eduard Feuermann, Artur Schnabel, Rudolf Serkin und viele andere verließen Deutschland, Österreich und im Gefolge der Expansionspolitik des NS-Regimes auch andere Länder Europas. Mit ihnen emigrierte ihr Musikverständnis, mit ihnen gingen auch Interpretationstraditionen ins Exil. Diese sind für das Musikleben entscheidend, denn von keinem musikalischen Werk gibt es eine schlechthin gültige Darstellung. Zur Geschichte eines Werkes gehört immer auch die Geschichte seiner Interpretation. Für diese Erkenntnis bewahrt Dohnányi in seiner Arbeit ein feines Gespür. Die Möglichkeit, Musik aufzuzeichnen, also eine musikalische Momentaufnahme beliebig oft zu wiederholen, brachte im Verhältnis von Werk und Interpretation einschneidende Veränderungen. Eine große Gefahr sieht Dohnányi vor allem darin, dass bestimmte Aufnahmen, die durch ein gutes Marketing weite Verbreitung finden, in ungerechtfertigter Ausschließlichkeit stilprägend wirken. So gilt vielleicht die Aufnahme, die Dirigent A in den sechziger Jahren von den Sinfonien Gustav Mahlers einspielte, auf einmal als Mahler-Interpretation schlechthin und nicht mehr als eine unter vielen diskussionswürdigen Auffassungen. Es kommt auch vor, dass Aufnahmen nach wie vor auf dem Markt sind, obwohl der Interpret das entsprechende Werk inzwischen anders deutet. »Ich möchte nicht, dass durch den Tonträgermarkt der Eindruck erweckt wird, der siebzigjährige Dohnányi dirigiere etwa Mahlers erste Sinfonie genau so, wie es der fünfundvierzigjährige tat. Es gibt nicht die Aufnahme an sich von mir mit Mahler oder mit Brahms oder irgendeinem anderen Komponisten. In diesem Bereich ist die Schallplatte gefährlich, weil sie unter Umständen die Entwicklung eines Künstlers ignoriert.« Dohnányi plädiert daher für eine zeitlich begrenzte Verbreitung von CD-Produktionen.

»Mehr und mehr bin ich inzwischen für Live-Aufzeichnungen«, bekennt Dohnányi im Gespräch, »weil dabei der Aspekt der Momentaufnahme klarer im Bewusstsein bleibt. Sie sind außerdem wirtschaftlich wesentlich günstiger zu produzieren. Anfangs hatten wir in Cleveland eine wunderbare Aufnahmemethode. Wir spielten ein Programm, gut geprobt, in drei Konzerten nacheinander. Dann hatten wir meist einen Tag frei, danach machten wir die Aufnahmen. Das Orchester war also optimal vorbereitet. In der Regel spielten wir das jeweilige Werk einmal durch, hörten uns das Ergebnis an, korrigierten einzelne Stellen und spielten dann ein weiteres Mal das ganze Werk. Wir haben wenig geschnitten. Später änderte sich das. Die Aufnahmeleiter setzten auf äußerste Präzision und monierten jede Ungenauigkeit. Es wurde deshalb viel mehr geschnitten. Meine Einstellung ist heute, dass unter dieser Methode die Musik des 19. Jahrhunderts leidet, denn die Priorität hieß damals nicht Präzision, sondern Espressivo, Tempo, Phrasierung, kurz: sinnvolles Musizieren. Die Wiener Philharmoniker haben sich davon ein Stück bewahrt. Wenn einem Musiker im Konzert ein Fehler oder eine Ungenauigkeit unterläuft, dann gibt es vielleicht etwas Grinsen im Publikum, aber die Musik ist dadurch nicht gestört.«

Das 20. Jahrhundert wurde ab seinem zweiten Drittel von Dirigenten wie Toscanini und Fritz Reiner geprägt, die der Präzision einen höheren Wert einräumten. In der Nachkriegszeit war die Neue Musik auch so komponiert, dass sie nur mit äußerster Präzision zu realisieren war. Kompositions- und Interpretationsästhetik hingen also eng zusammen. Das Ideal ist auch für Dohnányi präzises Musizieren, in dem alles Expressive, Spontane mit verwirklicht wäre. Es wird aber – besonders in der Oper – kaum erreicht, und so muss man Prioritäten setzen. »Es sollten die Prioritäten sein, die dem jeweiligen Werk entsprechen«, verlangt Dohnányi. »Bei CD-Produktionen wurde darauf oft zu wenig geachtet. Darin sehe ich einen – nicht den einzigen – Grund für die Krise der Tonträgerindustrie. Sie hat sich allerdings auch durch die aufwendigen Produktionsmethoden, die zum Teil Unsummen verschlangen, in wirtschaftliche Turbulenzen manövriert.«

Aufnahmen seien aber vor allem von dokumentarischem Wert, fährt er fort. »Wenn wir Originalaufnahmen von Beethoven hätten, könnten wir manche Frage zu seinen Werken besser beantworten. In unserer Interpretation wären wir mit Sicherheit stärker eingegrenzt, aber auch gezwungen, unsere Auffassung immer genau zu durchdenken und zu begründen. Tonträger gaben uns zum ersten Mal in der Geschichte die Möglichkeit, uns selbst von außen zuzuhören und zu verbessern, was unserer Vorstellung nicht entspricht. Als Mittel der Selbstkontrolle sind sie unübertroffen. Und sie dokumentieren immer den Stand der Auseinandersetzung des Künstlers mit einem Werk. Man darf sie nur nicht für absolut nehmen, weder in Bezug auf das interpretierte Werk noch in Bezug auf die interpretierenden Künstler.«

Mit dem Cleveland Orchestra nahm Dohnányi unter anderem alle Sinfonien von Beethoven, Schumann und Brahms, Sinfonien von Mozart, Schubert, Berlioz, Bruckner, Tschaikowski, Dvořák, Mahler und Schostakowitsch, Werke von Smetana, Ives, Bartók, Webern, Varèse und Lutoslawski sowie die beiden ersten Opern aus Wagners »Ring des Nibelungen« auf – ein Repertoire, das von der Wiener Klassik bis hin zur Moderne reicht.

Das musikalische Erbe, das Dohnányi der Stadt und der Region Cleveland hinterließ, ist das Orchester, seine differenzierte, stilistisch versierte Klangkultur, seine Repertoirebreite und sein Engagement in der Region. Dreiundsiebzig der Musiker, die bei seinem Abschied dem Orchester angehörten, wurden von ihm verpflichtet, also mehr als zwei Drittel aller Orchestermitglieder. In Dohnányis Amtszeit fällt auch die gründliche Renovierung des Hauses, in dem das Orchester seinen Sitz und seine Arbeitsstätte hat. Die Bühne der Severance Hall wurde den gestiegenen Bedürfnissen moderner Veranstaltungsformen angepasst, die technische Ausstattung (Ton-, Licht- und Bühnentechnik) gründlich erneuert, die Nebenräume wurden auf das Übe- und Probebedürfnis auch in kleinen Gruppen abgestimmt. Möglichkeiten für die Verantwortlichen, sich mit den Trägern, Förderern und Unterstützern des Orchesters zu treffen, wurden geschaffen. Die Bühne erhielt den Namen Christoph von Dohnányis.

Den Anstoß zur Renovierung gab Dohnányi selbst. Er regte an, die Orgel, über die die Severance Hall wie die meisten großen Konzertsäle verfügte, generalüberholen und wieder aktivieren zu lassen. Bei Rekonstruktionsarbeiten in der Ära George Szells war sie hinter eine Trennwand verbannt worden; Szell, so heißt es, empfand keine Zuneigung zu der »Königin der Instrumente«. Die Verantwortlichen in Cleveland entschlossen sich, Dohnányis Initiative aufzugreifen und bei dieser Gelegenheit gleich eine Gesamtrenovierung des Hauses vorzunehmen – zum Glück, wie Dohnányi heute sagt, denn die wirtschaftliche Situation des Orchesters und der Stadt war damals wesentlich besser als heute. Die Orgel war von der Bostoner Firma Ernest M. Skinner gebaut worden. Das orchestrale Klangideal, für das Skinner bekannt war, kommt vor allem romantischer und modernerer Orgelmusik entgegen. Dohnányi regte eine Serie von Orgelkonzerten an. In der näheren Umgebung des Konzerthauses stehen einige Kirchen, die sonntags gut besucht werden. In der Region um Cleveland haben die christlichen Konfessionen einen starken Rückhalt in der Bevölkerung. Besucher der Gottesdienste könnten im Anschluss zu Orgelkonzerten eingeladen werden, so Dohnányis Idee. Dadurch würden mehr Menschen mit dem Cleveland Orchestra und seinen Veranstaltungen in Berührung kommen, die eine und der andere könnten zum Besuch von Sinfoniekonzerten gewonnen werden.

Dohnányi stieß über die Abonnementskonzerte hinaus eine Erweiterung der Orchestertätigkeit an, die vor allem zwei Zielen dient: dem Engagement des Orchesters in der allgemeinen Bildungsarbeit und der Verankerung in der Region. Amerikanische Orchester sind auf solchen Rückhalt stärker und direkter angewiesen als entsprechende Einrichtungen in Europa. Sie müssen sich praktisch selbst finanzieren, denn die staatlichen Zuwendungen decken nur einen Bruchteil ihres Etats, in der Regel nicht mehr als zwei Prozent. Alles andere wird durch Sponsoring, durch Spenden von Privatpersonen, durch Endowments (ein Orchester erhält die Zinserträge eines bestimmten Kapitalstocks zugesprochen, obwohl das Kapital selbst nicht in das Eigentum des Klangkörpers übergeht) und durch Einnahmen aus dem Kartenverkauf und aus Gastspielen erbracht. Da Kapitalerträge von den Zinssätzen abhängen, befinden sich die Orchester (und die Opernhäuser) in den USA derzeit in einer schwierigen Lage. Gerade die führenden Orchester sind hoch verschuldet. Das Chicago Symphony Orchestra sah sich zu drastischen Einschränkungen gezwungen, der einst vorbildliche »Education«-Bereich wurde nahezu eingestellt. Auch das Cleveland Orchestra blieb von den Folgen der Zinspolitik nicht verschont. Hätte es nicht so viele tragfähige Verbindungen zu Unterstützern und Interessierten geschaffen, dann stünde es heute vor einer sehr viel schwierigeren Situation.

Zwanzig Jahre nahm Dohnányi die künstlerische Verantwortung für das Cleveland Orchestra wahr. Es hätten wesentlich mehr werden können, wenn er gewollt hätte. Bis zum Schluss galt das Wort des Präsidenten des Orchesters: »Sie können bleiben, solange Sie wollen.« Eine vergleichbar enge, dynamische Beziehung zwischen Dirigent und Orchester habe nur zwischen Karajan und den Berliner Philharmonikern oder Toscanini und dem NBC Orchestra bestanden, bemerkte die *New York Times*. Dohnányi aber hatte den Eindruck, dass seine Zeit mit dem Orchester erfüllt, dass eine weitere kreative Steigerung in der Zusammenarbeit nicht mehr zu erreichen war. Deshalb gab er im Herbst 2002 seine Position auf. Er ging nicht nur im Frieden, er ging in einer Phase des Erfolgs. Sein Nachfolger, Franz Welser-Möst, übernahm ein Orchester in bester Verfassung und – trotz schwieriger finanzieller Verhältnisse – mit sicherem Rückhalt bei denen, die sich als Publikum, als Sponsoren und Donatoren für die Musikkultur in der Industriestadt am Eriesee engagieren. Das Haus, das er in Cleveland bewohnte, verkaufte Dohnányi. Sein Urlaubsdomizil am Michigansee aber behielt er. Denn der Abschied aus Cleveland war kein Abschied aus den USA. Er hat seitdem mit den anderen großen Orchestern aus der Neuen Welt gearbeitet, mit dem Boston und dem Chicago Symphony Orchestra, dem Philadelphia Orchestra oder dem Los Angeles Philharmonic Orchestra. Weitere Engagements werden folgen. Er wird weiter präsent sein in den Vereinigten Staaten, aber nicht mehr örtlich gebunden.

Dohnányi schätzt bestimmte Seiten der amerikanischen Lebens- und Denkart. Sie sind nicht in Schlagworten wie Freiheit, Mobilität oder Ähnlichem zu fassen.»Man braucht viele Jahre, um Amerika, um das, was die Leute dort zusammenhält, kennen zu lernen und zu verstehen. Europäer nennen den gesellschaftlichen Umgang in den USA gern oberflächlich. Gewiss, es gibt diese äußere Seite der Freundlichkeit und Höflichkeit, die nichts mit persönlicher Zuneigung zu tun hat. Aber wer sich zum Beispiel in den USA für Kultur engagiert, tut dies häufig mit höherem persönlichem Einsatz, als sich in Europa finden lässt, weil er weiß: von ihm hängt es ab, ob Konzerte stattfinden können oder nicht. Das Verantwortungsbewusstsein des Einzelnen, der sich engagiert, das schätze ich an den USA außerordentlich. Ich habe es in all meinen Jahren in Cleveland im Übrigen nie erlebt, dass ein Unternehmen oder ein Privatmann, die dem Orchester einen hohen Geldbetrag zukommen ließen, Wünsche, geschweige denn Forderungen zur Programmgestaltung geäußert hätten. Diese Befürchtung ist von Europäern immer wieder zu hören. In den USA geht man davon aus, dass derjenige, der Zuwendungen erhält, damit verantwortlich umgeht und das Beste daraus macht. Auf dieser Grundlage entwickelten sich hervorragende Orchester. Mit ihnen werde ich auch in den nächsten Jahren arbeiten.«

Eine Übertragung des amerikanischen Finanzierungsmodells auf deutsche Verhältnisse, wo es nach wie vor über hundert Orchester gibt, die mit erheblichen öffentlichen Geldern subventioniert werden, erscheint Dohnányi kaum denkbar. »Private Beteiligung an der Finanzierung der Kultur steckt in Deutschland noch in den Kinderschuhen. Sie entspricht einfach nicht unserer Tradition.«[40] In den letzten Jahren hat sich auf diesem Gebiet jedoch vieles verändert, auch unter dem Diktat knapper öffentlicher Kassen. Das Mäzenatentum von Privatpersonen und Wirtschaftsunternehmen wird bei der Finanzierung großer Kunst, davon ist Dohnányi überzeugt, eine wichtigere Rolle übernehmen, ohne dass deswegen ein grundsätzlicher Systemwechsel stattfinden wird. Diesen hält er auch gar nicht für erstrebenswert.

Auch während seiner Cleveland-Jahre achtete Dohnányi auf

eine gute Balance zwischen Präsenz vor Ort und Gastdirigaten bei anderen Orchestern, bei Festivals und an Opernhäusern. Regelmäßig dirigierte er in Berlin, Wien, London, bei den Salzburger Festspielen, dort meist mit den Wiener Philharmonikern, etwa mit der »Salome« von Strauss oder mit der »Zauberflöte« von Mozart. Mit dem Berliner Philharmonischen Orchester gab er 1985 ein Konzert, in dem er Janáčeks furiosen »Taras Bulba« der »Jakobsleiter« von Arnold Schönberg gegenüberstellte, eine Kombination, die wenige andere Dirigenten so gewagt hätten. In der Saison 1992/93 leitete er die Neueinstudierung des gesamten »Ring«-Zyklus an der Wiener Staatsoper. Mit dem langjährigen Schallplattenpartner war vereinbart, im Anschluss an die konzertanten Aufführungen in Cleveland die vier Teile des »Rings« einzuspielen. Die große Krise der Schallplattenindustrie, die zu dieser Zeit begann, verhinderte jedoch die Ausführung des Projekts. »Das Rheingold« und »Die Walküre« wurden aufgezeichnet, die beiden anderen Aufnahmen gestrichen.

Pläne, in den späten achtziger Jahren einige exponierte Produktionen in der Opéra Bastille musikalisch zu leiten, zerschlugen sich, als sich die Stadtverwaltung von Paris mit Daniel Barenboim überwarf und dieser daraufhin seine Position als Künstlerischer Leiter des ehrgeizigen Zukunftsprojekts Musiktheater aufgab. Er hatte Dohnányi, der über großartige Erfahrungen auch mit gewagten Opernproduktionen verfügte, für einige Musterprojekte an der Bastille engagieren wollen. Mit Barenboims Rückzug verschwanden auch die Vorhaben mit Dohnányi aus der Planung. Immer wieder hatte Dohnányi das Orchestre de Paris dirigiert, von 1998 bis 2000 war er dessen »Chef invité principal et Conseiller artistique«. Er ist dem Klangkörper weiterhin als Gastdirigent verbunden, auch wenn er in der letzten Zeit seltener mit ihm konzertierte. Paris ist für ihn ein Wert für sich: »Ich liebe diese Stadt, ihre Atmosphäre, dieses bunte, lebendige Gemisch von Menschen, den Puls der Stadt. Ich bin sehr gerne hier.« Unweit der Bastille hat Dohnányi bis heute ein Appartement, das man durch eine große Hofdurchfahrt am Ende einer kurzen Gasse erreicht. In der Mitte des großen, hohen und lichten Zentralraums steht ein Baum, der sechs bis sieben Meter hoch bis unter das Glasdach reicht. Es lässt sich öffnen, im Sommer kann der Innenraum zum Atrium werden, Vögel lassen sich dann auf den Ästen nieder. Selbst dann ist vom Lärm der Großstadt – die Gegend um die Bastille ist ein belebtes Viertel – nichts zu hören. Ein ideales Refugium, eine Oase der Ruhe inmitten der pulsierenden Seine-Metropole.

Zusätzlich zur Arbeit in Cleveland nahm Dohnányi im Herbst 1994 die Position eines »principal guest conductor« beim Philharmonia Orchestra in London an, 1996 wurde er zu dessen Chefdirigent benannt. Auch dieses Ensemble brachte er nach Auffassung der Experten in die Weltspitze zurück. Das Philharmonia Orchestra wurde 1945 von dem legendären Aufnahmeleiter Walter Legge vor allem für Schallplatteneinspielungen gegründet. In den fast sechzig Jahren seines Bestehens hat es mehr als tausend Produktionen eingespielt, mehr als jedes andere Orchester. Als Legge seine Schöpfung 1964 aus finanziellen Gründen auflösen wollte, reorganisierte sich das Orchester auf selbstverwalteter Basis. In den neunziger Jahren stand es vor einem ähnlichen Problem wie ein Teil der Rundfunkorchester in Deutschland. Mit dem Einbruch des Tonträgermarkts fuhren die Plattenfirmen die Anzahl ihrer Neuproduktionen drastisch zurück. Damit versiegte eine wichtige Einnahmequelle zumindest zum Teil. Das Orchester musste sich verstärkt dem Wettbewerb im internationalen Konzertleben stellen. Dohnányi fand intelligente Lösungen, unter seiner Leitung weitete das Orchester seinen Radius aus. Es hat inzwischen feste Konzertserien nicht nur in der Londoner Royal Festival Hall, sondern auch im Bedford Corn Exchange, in der De Montfort Hall in Leicester und in der modernen Konzert- und Veranstaltungshalle The Anvil in Basingstoke. Mit dem Philharmonia Orchestra produzierte Dohnányi am Châtelet in Paris mehrere große Opern, darunter Strauss' »Die Frau ohne Schatten«, »Die schweigsame Frau« und »Arabella«, Strawinskys »Oedipus Rex« und Schönbergs »Moses und Aron«, und baute die internationale Präsenz systematisch aus. Das Orchester war 2003 beim Schleswig-Holstein

Musik Festival und in der New Yorker Carnegie Hall zu Gast, 2002 und 2003 bei den Luzerner Festwochen. »Christoph von Dohnányi holte aus dem Londoner Philharmonia Orchestra einen betörenden Klang heraus«, resümierte der Kritiker der *Neuen Zürcher Zeitung*.

Mitten in Dohnányis Zeit in Cleveland kam es zu einem harten Einschnitt in seinem persönlichen Leben. Nach fünfundzwanzig Jahren zerbrach die Beziehung zu Anja Silja. Am Anfang war sie in der Welt der Musik die weitaus Bekanntere gewesen, am Ende war er es. Sie selbst räumt in ihren Memoiren ein, dass sie mit ihrer Instabilität, mit ihrer Impulsivität möglicherweise zum Scheitern der Verbindung beitrug. Es könne aber auch sein, dass die Ursache bei Christoph lag, bei seiner »Stabilität, die nichts anderes wirklich zuließ als seine eigene Sicht [...] Er war und blieb von einer geradezu erschreckenden Geradlinigkeit, Direktheit und Klarheit, die am Anfang begeistert, auf Dauer aber schwer zu leben ist. Es gab nur einen, seinen kerzengeraden Weg.«[41] Dohnányi seinerseits glaubt, dass seine erste wie auch seine zweite Ehe an der Problematik zweier starker Künstlerpersönlichkeiten gescheitert sei. Außerdem hätten ihn – was Erziehung und politische Einstellungen angeht – Welten von der Silja getrennt.

»Je berühmter Christoph wurde, umso mehr verstärkte sich sein Wunsch, eine Frau an seiner Seite zu haben, die nur für ihn da war«, meint die Silja.[42] »Für ihn und seine Musik«, ergänzt Dohnányi auf Befragen. Er ähnelt in diesem Wunsch seinem Bruder: Beide sind in einer Zeit aufgewachsen, in der die Frau zugunsten der Familie auf eine berufliche Karriere verzichtete. Ihre Mutter war in den zwanziger Jahren ein typisches Beispiel für diese in großbürgerlichen Kreisen verbreitete Einstellung. Die Dohnanyi-Brüder hatten andererseits eine Vorliebe für erfolgreiche, berufstätige, ihnen als Persönlichkeit ebenbürtige Frauen. In der Realität konnten sie ihr eher konservatives Frauenbild und den Emanzipationsgedanken jedoch schwer zusammenbringen. Beide glauben, dass ihre zweiten Ehefrauen wenig

Verständnis für den Beruf ihrer Männer aufbrachten. Anja Silja, so sagt Christoph von Dohnányi, achtete ihn selbstverständlich als Musiker, aber die Begleitumstände, die mit einem Dirigentenleben verbunden sind, seien ihr eher lästig gewesen. Möglicherweise habe auch eine Rolle gespielt, dass eine Dirigentenkarriere mit zunehmendem Alter nach oben führt, während es in der Karriere einer Sängerin schon bald darum gehe, zu halten, was man sich errang, und festzulegen, was man noch singt, was nicht mehr, und wann man ganz aufhört. Dies seien Gegenbewegungen, die zu persönlichen Belastungen werden können.

Eine Zeit lang gelang die Verknüpfung von Privatem und Beruflichem gut. Anja Silja und Christoph von Dohnányi führten eine glückliche Ehe, vor allem, als die drei gemeinsamen Kinder noch klein waren und sich die Silja um die Familie kümmerte. In Cleveland wohnten die Dohnányis in einem außergewöhnlich schönen Haus, gebaut im Landhausstil der zwanziger Jahre. Doch alle sechs Monate musste gepackt werden, denn die Familie pendelte zwischen Deutschland und Amerika. Die Kinder gingen in Deutschland zur Schule, ihre Eltern wollten ihnen eine europäische Identität erhalten. Mitte der achtziger Jahre meldete sich jedoch die Sängerin in der Silja wieder zu Wort. Mit einem Auftritt als Küsterin in Janáčeks Oper »Jenufa« kehrte sie 1987 in Brüssel auf die Bühne zurück. Die Familie verlegte ihren Wohnsitz nach Europa. Nur Dohnányi blieb Cleveland weiterhin beruflich verbunden.

Zur Überraschung seines Interviewpartners vom *Boston Herald* bekannte Dohnányi nach einem Konzert in Boston Ende 2002, dass er auch der Rap-Musik gewisse Reize abgewinnen könne. Dass er, wie sein Bruder Klaus, guten Jazz schätzt, war kein Geheimnis. Aber Rap? Früher habe er diese »Jugendmusik« für Trash gehalten. »Mittlerweile – glaube ich, dass es sich um Kunst handelt. Nicht alles. Aber guter Rap ist Kunst, sowohl hinsichtlich der Musik wie auch des Textanteils.« – »Roll over Beethoven, indeed«, fügte dem ein verblüffter Journalist hinzu.[43] Die neue musikalische Entdeckung ist Frucht eines innerfamiliären Dialogs. Sein Sohn Benedikt ist nicht nur ein vorzüglicher Basketball-Spieler, sondern als Dichter und Musiker ein leidenschaftlicher, sensibler Rapper.

Eine Reihe von Staaten zeichnete den Dirigenten mit hohen Ehrungen aus. Fünf US-Universitäten ernannten ihn zum Ehrendoktor. Auch wenn sie nichts mit seinen Leistungen als Dirigent zu tun hat, ist die »Union Medal« vielleicht die bemerkenswerteste Auszeichnung, die Christoph von Dohnányi, stellvertretend für seine Familie, erhielt. Sie wurde ihm 1992 vom Theologischen Seminar der Stadt New York verliehen, zur Erinnerung an die Rolle, die sein Vater und sein Patenonkel Dietrich Bonhoeffer, der kurz vor dem Zweiten Weltkrieg in New York tätig gewesen war, im deutschen Widerstand gespielt hatten. Andere Ehrungen waren der »Scopus Award« der Amerikanischen Freunde der Hebräischen Universität von Jerusalem, die »Freiheitskerze« der Anti Defamation League und die »Scroll of Remembrance« des Holocaust Museums in Washington D. C. Präsident Bill Clinton, der Musenfreund und praktizierende Saxophonist, schrieb Dohnányi aus diesem Anlass einen persönlichen Brief.

In Hamburg hatte sich Dohnányi 1984 mit Wagners »Meistersingern« verabschiedet. Von seinem Publikum in Cleveland nahm er im Sommer 2002 ebenfalls mit Wagner Abschied, mit einer konzertanten Aufführung des »Siegfried«. Die zehnminütigen »Standing Ovations« waren der Dank für eine grandiose Aufführung und für eine glänzende Ära des Cleveland Symphony Orchestra. Im Juni 2002 unternahm Dohnányi mit seinem Orchester eine große Abschiedstournee. Donald Rosenberg, Musikkritiker des in Cleveland erscheinenden *Plain Dealer*, begleitete die Musiker. In seinem Bericht schrieb er, die Ära des deutschen Dirigenten lasse sich in drei Begriffen zusammenfassen: anspruchsvoll, risikofreudig, kompromisslos. Er hinterlasse seinem Nachfolger »ein äußerst elegantes Orchester, das die höchsten Ideale europäischer Kultiviertheit mit unschlagbarem amerikanischem Geist verbindet«. Die *New York Times* stufte den Klang des Cleveland Orchestra im Sommer 2002 als »*both intellectual and thrilling*« ein. Und Bernard Holland verglich in der *New York Times* den Abgang Dohnányis mit dem von zwei anderen prominenten Dirigenten zu dieser Zeit: Seiji Ozawa und Kurt Masur. »War Mr. Ozawas Fortgang vielleicht wünschenswert und Mr. Masurs notwendig«, schrieb er, »löst derjenige von Mr. Dohnányi von allen dreien das größte Bedauern aus.«[44]

Schon bald nach dem Abschied von Cleveland unterschrieb Dohnányi beim NDR-Sinfonieorchester in Hamburg einen Dreijahresvertrag als Chefdirigent. Mit Beginn der Saison 2004/05 tritt er die Nachfolge von Christoph Eschenbach an.

Coming home

»So wird die Musikgeschichte wohl erst dann ein gerechtes Urteil über ihn zu fällen vermögen, wenn er in die Jahre gekommen ist und nicht mehr alles können kann, wenn sich das Lebenswerk so oder so einengt«, heißt es in dem 1985 erschienenen *Atlantisbuch der Dirigenten* über Christoph von Dohnányi.[45] Ist für den Fünfundsiebzigjährigen, getreu nach Goethe, die Zeit für die Meisterschaft der Beschränkung gekommen? Dohnányi gehörte nie, auch nicht in seinen unruhigsten Zeiten, zu den Hektikern des Musikbetriebs. Er machte eben nicht alles, lehnte auch lukrative Angebote ab, wenn die Bedingungen ihn zu Kompromissen gezwungen hätten, die er nicht eingehen wollte. Er schätzt Menschen, die Zeit haben, die zur Besinnung und Konzentration fähig bleiben. In diesem Zusammenhang nennt er überraschenderweise Konrad Adenauer, ohne dass er sich als Anhänger des Nachkriegskanzlers bezeichnen würde. Der hatte immer Zeit, erklärt Dohnányi, widmete sich sogar als Regierungschef seinem Garten. »Das ›Excuse, ich habe keine Zeit‹ bei wichtigen Dingen – und Kultur ist ein wichtiges politisches Phänomen – kann ich nicht akzeptieren. Das bedeutet für mich: ich habe kein Talent, ich bin mehr gefordert, als in mir drin ist.

Da finde ich einen Kanzler, der am Nachmittag auch mal Rosen züchtet, viel imponierender.«[46]

Dohnányi nimmt sich die Zeit, die er braucht, um sich nach Konzerten zu erholen, sich auf die nächsten Vorhaben einzustellen und sich mit Dingen zu befassen, die nicht unmittelbar mit seinen beruflichen Aufgaben zusammenhängen. Der 1,82 Meter große Mann mit der weißen Künstlermähne weiß, dass er in seinem Leben alles erreicht hat. Gleichwohl ist er sich über die Nachteile seines Berufs völlig im Klaren. Der Pianist Friedrich Gilda hat einmal gesagt, dass er in einem engmaschigen Käfig sitze. Dieses Bild benutzt auch Dohnányi, der anmerkt, dass Guldas Käfig engmaschiger sei als der des Dirigenten. In der heutigen Zeit könne man »in einem künstlerischen Beruf, besonders in der klassischen Musik, gar nicht wirksam werden«, wenn man nicht bereit sei, sich in diesen Käfig zu begeben. »Diese Entscheidung muss man fällen, und man weiß nie, ob sie richtig ist.«[47]

Präzision kann er bei seinen Orchestern als gegeben voraussetzen. Die Musik aber beginnt jenseits dieser Vorbedingung. Für Dohnányi ist Präzision ein Mittel, Musik als geistiges Konzept zur Wirkung zu bringen. Die *Frankfurter Allgemeine Zeitung* ging in einer Besprechung anlässlich seines sechzigsten Geburtstages wenige Wochen vor dem Fall der Berliner Mauer so weit, Dohnányis Interpretationen als »Teil eines philosophisch-kulturellen Gesamtkomplexes, ein Stück Kulturgeschichte« zu beschreiben. Der Musikkritiker Wolfgang Sandner stellte fest, dass Dohnányi Musik in einem umfassenderen Kontext von Kultur betrachte, und dies sei bereits zu seiner Zeit in Frankfurt am Main und in Hamburg zu erkennen gewesen.[48] Dohnányi steht damit in der Tradition der Moderne des 20. Jahrhunderts: Das »Geistige in der Kunst« war einer der Leitbegriffe von Kandinsky, Schönberg und den Künstlern, die ihnen nahe standen. Der Londoner *Guardian* schrieb unlängst über Dohnányi, es gebe nur wenige Dirigenten weltweit »*with a more significant intellectual hinterland than the German conductor*«.[49] Angesprochen auf Kritik in Italien an diesem »deutschen Intellektuellen« unter den großen Dirigenten, entgegnet er trocken: »Ich wäre beleidigt, wenn einer behaupten würde, ich wäre es nicht.«[50]

Von sich selbst sagt Dohnányi dagegen, er wolle »einfach Musik machen« und halte sich im Gegensatz zu dem, was man von ihm glaube, für zu wenig wissenschaftlich. Von Intellektualität hat er im Gegensatz zu manchen seiner Kollegen eine hohe Meinung. »Les intellectuels, die Verpönten – das waren die Leute, die auf der Seite von Dreyfuss standen. Sie wurden beschimpft, und diese Haltung haben dann die Faschisten übernommen«, hat er einmal bemerkt. »Für mich sind die Intellektuellen das Salz dieser Erde, die großen Menschen unserer Zeit, und ob einer intellektuell ist und gleichzeitig kühl scheint, hat in Wahrheit nichts miteinander zu tun. Mahler war ein Intellektueller von unvergleichlichem Brio. So war irgendwie auch Beethoven. Mozart würde ich nicht gerade als Intellektuellen im heutigen Sinn ansprechen. Doch sie waren doch alle große, flammende Geister.«[51] Und mit seinem berlinisch gefärbten Humor sagt er: »Die vierzig Zentimeter zwischen Herz und Verstand sollten nicht überschätzt werden.« Typisch für diesen Humor ist auch seine Antwort im berühmten Fragebogen der *FAZ* zum Lieblingsvogel: »Lerchen, aber auch ganz besonders die Eule (der Mensch muss auch nachts seinen Vogel haben!).«

Das Engagement für die neue Musik zieht sich durch sein ganzes musikalisches Wirken. Er hat sich auch für das, was die junge Generation heute musikalisch bewegt, eine unmittelbare Neugier bewahrt. Dem Musikbetrieb empfiehlt er radikale Entrümpelung statt fortgesetzter Ausgrabungen von Kleinmeistern aus Barock und Klassik. »Wir müssen einfach Platz schaffen für Neues. Wir hängen uns die Wände voll und sind nicht bereit, Bilder abzunehmen. Was wir – auch in der Oper – brauchen, sind wirklich neue Stücke. Und wir müssen das Vertrauen des Publikums gewinnen, uns zu folgen bei der Musik, die ihm noch fremd ist. Im Kino nehmen die Leute jede Musik an, ohne sich daran zu stören. Auch fürs Ballett können Sie fast jede Musik schreiben. Nur wenn die Leute im Konzert zeitgenössische

Musik hören, sagen sie oft: Davon verstehe ich nichts. Sie müssen auch gar nichts davon ›verstehen‹. Sie sollen versuchen, unvoreingenommen zu hören! Wann kann schon jemand von sich behaupten, er habe Mozart ›verstanden‹?«[52] Diese Haltung erklärt auch, warum Dohnányi lange Zeit kaum etwas vom Werk seines Großvaters zur Aufführung gebracht hat. Er begründet dies damit, dass ihm die Musik Ernst von Dohnányis für die Zeit, in der sie entstand, oft allzu verständlich erscheint.

Seine erste Saison als Chefdirigent des NDR-Sinfonieorchesters enthält keine Uraufführung, sondern neben Werken von Mozart, Beethoven, Bruckner, Strauss und Mahler vor allem die so genannte klassische Moderne: Berg, Bartók, Lutoslawski und den Exponenten der amerikanischen Moderne, Charles Ives. Er entwickle seine Arbeit mit dem Hamburger Spitzenorchester von den »Basics« aus, erläutert Dohnányi, und er vermittelt diese »Grundlagen« in Werkkonstellationen, auf die nur ein musikalisch Erfahrener kommen kann. Die Konzepte, die er verfolgt, und deren Ansätze bis in seine Lübecker Zeit zurückreichen, zeigen einen Künstler, der nicht das Partikulare, sondern das Ganze im Auge hat, der nicht zum Spezialistentum neigt, sondern in Zusammenhängen denkt. Die universelle Orientierung teilt er trotz unterschiedlicher Akzentsetzung mit seinem Bruder Klaus. Es ist, wie beide bestätigen, Dohnányisches und vor allem auch Bonhoefferches Erbe.

Dohnányi sieht sich nach seinem Abschied aus Cleveland in einem Lebensabschnitt, in dem er sich »noch einmal besinnen« und musikalischen Fragen nachgehen kann, die ihn seit langem beschäftigen. In den Programmen, die er mit dem NDR-Sinfonieorchester gestaltet, geht er gleichsam die Nervenpunkte der Musik noch einmal durch, um in neuen Werkkonstellationen auch neue Lesarten der einzelnen Stücke zu entdecken. Die Erwartungen hat er bereits im Sommer 2003 im Rahmen des Schleswig-Holstein Musik Festivals entsprechend hoch gesteckt. Die *Süddeutsche Zeitung* bescheinigte ihm, ein Mozart-Beethoven-Programm mit »Widerhaken« gewählt zu haben, »das sich nicht anbiedere«.[53] Das Zusammenspiel bei Mozarts G-Dur-

Konzert zwischen Solist und Dirigent bezeichnete der Rezensent als »intimes Wunder«.

Ähnlich positiv fiel die Kritik bei der Premiere von Richard Strauss' »Elektra« im Zürcher Opernhaus Mitte Dezember 2003 aus. Bis zum letzten Augenblick hatte Dohnányi gegen ein drohendes Debakel anzukämpfen, nachdem die Sängerin der Titelpartie nach der Hauptprobe erkrankt war. Dem Ersatz, der am Premierentag eintraf, blieben nur wenige Stunden zur Einarbeitung. Dohnányi wurde mit der Extrem-Herausforderung fertig. Die Kritikerin der *Neuen Zürcher Zeitung* schrieb: »Wie Christoph von Dohnányi diesen Zeitverlauf (zwei Stunden Hochspannung) gestaltet, wie er mit dem hochkonzentriert spielenden Orchester die ursprüngliche, überwältigende Wirkung der bald hundert Jahre alten Partitur nacherlebbar macht, indem er den Klang bis zu metallischer Härte schärft, wie sich der betörende Wohllaut der lyrischen Ruhepunkte dabei steigert, wie die großformale Architektur der dramatischen Spannungsbögen korrespondiert mit subtilen rhythmischen und dynamischen Akzentsetzungen, das alles bringt uns zum Bewusstsein, dass es jenseits aller inszenatorischen Diskurse Richard Strauss' grandiose Musik ist, die die Aufführung zum Ereignis macht.«[54]

Dohnányis Schlagtechnik wird allgemein gerühmt. Aber im Interview betont er, den Musikern in Cleveland habe er gleich gesagt, »dass Schlagabhängigkeit, technisch gesprochen, eine Begrenzung des Klangs bedeutet. Ich bin groß geworden in Berlin mit Furtwängler, ich habe Karajan erlebt, habe große andere Dirigenten im Ausland kennen gelernt und von ihnen profitiert. Alle diese Leute waren eigentlich keine Freunde vom – wenn ich es einmal technisch ausdrücken soll – Dirigieren im Sinne von Schlagen, von Taktstrichen im Sinne von Erleichterung des technischen Ablaufs«, sagte Dohnányi in einem *Zeit*-Interview zu seinem sechzigsten Geburtstag. »Ich habe gerade eine Fernsehsendung mit Toscanini gesehen, wo er an einer Stelle sagt: ›*Don't watch my stick. I don't know what it does. Listen to each other.*‹«[55]

Persönliche Entscheidungen, äußere Lebensumstände und Schicksalsschläge haben dazu geführt, dass beide Brüder seit

Christoph von Dohnányi, um 1931.

Beim Skilaufen in Kloster Ettal im Winter 1940/41.

49 Im bayerischen Windach, 1946.

50 Beim Schachspiel mit Bruder Klaus (links) in München, 1947.

Mit Bruder Klaus in New York, 1951.

Mit dem Pianisten Friedrich Gulda im Musikverein Wien, um 1960.

53 Mit Hans Werner Henze während der Proben zu »Der junge Lord« in Berlin, 1965.

54 Mit dem Pianisten Alfred Brendel, 1966.

Als Generalmusik-
direktor in Frankfurt/Main,
1968.

56 Mit der Sängerin Anja Silja, seiner zweiten Ehefrau, 1969 in Chicago.

57 Anja Silja mit den Kindern Julia, Benedikt und Olga 1980 in New York.

Mit Bruder Klaus
(rechts) bei Alfred Biolek,
1982.

Barbara von Dohnanyi
Ehemann Wilhelm Bayer,
1980.

60 Als Musikdirektor und Chefdirigent des Cleveland Orchestra, 2000.

61 Begrüßung durch Queen Elizabeth nach einem Konzert des London Philharmonic Orchestra in der Royal Festival Hall in London, 2003.

etwa einem Jahrzehnt jeweils mit einer dritten Lebenspartnerin zusammenleben. Christoph von Dohnányi hat inzwischen das Glück, das er auf Dauer bei seinen beiden ersten Ehefrauen nicht fand, bei einer wesentlich jüngeren Österreicherin gefunden. In aller Stille hat er Barbara Koller am 16. April 2004 in Wien geheiratet. Seine junge Frau ist ausgebildete Bratschistin und Musikmanagerin; sie stammt aus einer Familie von hervorragenden Musikern. Er lernte sie bei einer Inszenierung des »Ring« in Wien näher kennen. Mütterlicherseits stammt ihre Familie aus jener Gegend Mitteleuropas, aus der auch Ernst von Dohnányi kommt. Aus seinen ersten beiden Ehen ist Dohnányi Vater von fünf Kindern, die damit die Hälfte der vierten Dohnányi-Generation stellen. Sein Hamburger Haus ist Anlaufpunkt für Geschwister, Kinder und Enkel, nach wie vor auch ein Ort der politischen Diskussion.

Trotz enormer Beanspruchung ließ Dohnányi es sich nicht nehmen, zur Ehrung seines Vaters im Herbst 2003 nach Berlin zu kommen. Das Zusammensein mit den Geschwistern ist ihm wichtig, das Gedenken an die Eltern und den deutschen Widerstand insgesamt ein Anliegen. Außerdem üben die neue Hauptstadt und der Osten Deutschlands auf ihn, den gebürtigen Berliner, eine große Faszination aus. »Es ist mir schon sehr wichtig, was aus dieser Stadt wird«, bekannte er kurz nach der Wiedervereinigung.[56]

Anja Silja glaubt, dass die Ermordung des Vaters für Christoph und seine Geschwister ein »lebenslanges Trauma« darstelle.[57] Sie zieht darüber hinaus den fragwürdigen Schluss, dass die Dohnanyi-Kinder ihre Eltern überhöhen würden, während doch in einer entsprechenden Drucksituation auch andere Ehepaare in einer Diktatur an ihrer Aufgabe gewachsen wären. Hier, so hat es den Anschein, unterschätzt sie die Einsamkeit der Dohnanyi-Eltern. Unkritisch sieht Christoph diese keineswegs. Im Gespräch sind immer wieder Zwischentöne zu hören, Zwischentöne eines Kindes, eines Jugendlichen, der seine Eltern liebte, nicht analysierte.

Die regelmäßigen und engen Kontakte innerhalb der Familie

entzieht Christoph von Dohnányi wie sein Bruder der öffentlichen Betrachtung. Ihm war es selbstverständlich, im Frühjahr 2004 der Premiere eines Films beizuwohnen, in dem sein Sohn Justus unter der Regie von Volker Schlöndorff, dem Künstlerfreund aus Frankfurter Zeiten, die Hauptrolle spielt. Regelmäßig hält er Kontakt zu Katja, seiner ältesten Tochter. Mit Benedikt verbindet ihn nicht nur die Diskussion über die ästhetische Qualität des Rap. Julia, Mutter zweier Kinder, schloss kürzlich ihr Design-Studium ab; es zieht sie mit ihren bildnerischen Fähigkeiten zum Theater. Olga arbeitet als Ergotherapeutin.

Angesichts der aktuellen Probleme in den transatlantischen Beziehungen verteilt Dohnányi Kritik und Lob in beiden Richtungen. Er findet, dass Europa und Amerika alle Totalitarismen weltweit gemeinsam bekämpfen müssen. Aber in den USA würden Berichte über ein Anwachsen des politischen Rechtsextremismus in Europa oft übertrieben. Die Berichterstattung über Deutschland sei zumeist oberflächlich. Die demokratische Verankerung des Landes werde unterschätzt. Auf der anderen Seite würden viele Europäer leichtfertig über die USA urteilten, ohne die Supermacht wirklich zu kennen. »Sie müssen dort lange leben«, sagt er, »bevor Sie Amerika verstehen.«[58] Mit großer Sorge verfolgt er die Entfremdung zwischen Amerika und Europa, die in der Folge des Irakkriegs entstanden ist.

Von den Politikern verlangt er, dass sie ihre Verantwortung ernst nehmen, die schönen Künste zu fördern. »Sie reden alle davon, die Kultur zu verteidigen, aber anscheinend sprechen sie nie darüber, die Rahmenbedingungen ebendieser Kultur zu schützen.« Und mit dem ihm eigenen Sarkasmus ergänzt er: Er fordere die Politiker auf, die Kultur als »Katastrophe« zu begreifen. Zu deren Behebung sei immer Geld da. Die Vernachlässigung von Kunst und Kultur in der Allgemeinbildung nehme allmählich wirklich katastrophale Dimensionen an. Dabei sei Kultur das stärkste Argument für den »Standort Deutschland«. Dohnányi rät bildungspolitisch dringend zur Umkehr. Den Handlungsspielraum der Politik hält er in Zeiten der Globalisierung insgesamt allerdings für begrenzt. Dabei wählt er ein ähnliches Bild wie sein Bruder Klaus, als er 1988 als Hamburger Bürgermeister zurücktrat: »Als Politiker sitzen Sie gewissermaßen auf einem Floß ohne Ruder.«

Im Gegensatz zu vielen Kollegen suchte Dohnányi nicht die große Publizität außerhalb des Konzertsaals. Das möge ein Fehler gewesen sein, sinniert er heute. Die Zahl seiner Zeitungsinterviews und seiner Auftritte im Fernsehen bleibt bis zum heutigen Tage überschaubar. »Wir haben einen sehr medienbestimmten Dirigentenmarkt und beobachten, wie große Talente schon in einem sehr frühen Entwicklungsstadium kaputtgemacht werden, weil Plattenfirmen oder andere Medien ihnen Aufgaben zumuten, denen sie überhaupt noch nicht gewachsen sind – eine wahrhaft kunstfeindliche Entwicklung«, sagte er einmal.[59] Zu den angeblichen Gesetzen des Kulturbetriebs hält er eine kritische Nähe. Er kennt sie, er bedient sich ihrer, aber er kritisiert sie auch, wo er Bedarf zur Veränderung und zum Umdenken erkennt.

Sein Bild vom eigenen Beruf entwirft er vor dem Hintergrund einer reichen Musikgeschichte, die es zu vermitteln gelte. »Der Dirigentenberuf ist im Grunde ja nur ein Notbehelf. Deswegen bin ich auch glücklich, dass ich mit den Orchestern, die ich heute leite, das so genannte Dirigierhandwerk zwar in den Proben beweisen muss, mich am Abend aber physisch etwas zurücknehmen kann. Die Musiker sollen Musik machen können, und der Dirigent ist dazu da, ihnen das mit allen seinen Fähigkeiten möglich zu machen. Dazu gehört aber nicht, die ganze Zeit vor ihren Augen herumzuwedeln. Dirigent zu sein ist kein Beruf, den man als ›Show-Geschäft‹ betreiben sollte. Es ist ein Beruf, der wahrscheinlich notwendig ist, um Musik zu einer Form zu bringen, weniger ein Ersatz für das Fußstampfen vergangener Zeiten.«[60]

Beim Gespräch in seinem Hamburger Haus nimmt er sich noch weiter zurück: »Wir sind ein Instrument, auf dem die Musikgeschichte spielt«, sagt er fast andächtig. »Mein Job als Dirigent ist das Weitergeben und Entdecken.« Allerdings ist er auch der

Meinung, dass die Persönlichkeit eines Dirigenten das A und O ist. Ein absolutes Gehör und enorme Repertoirekenntnisse haben viele, meint er, doch es sei die menschliche und künstlerische Persönlichkeit, die Verbindung von starker seelisch-geistiger und musikalischer Potenz, die schließlich einen Musiker zum Dirigenten werden lasse.[61] Geistige Ausstrahlung aber könne man nicht bewusst erlernen. »Man kann nur versuchen, sein Gefühl für das psychologische Einwirken auf Menschen, das vor allem auf Empirik beruht, eben durch Erfahrung zu sensibilisieren.«[62] Am Ende müsse man eine Ausdrucksweise, eine Gestik finden, die mit der eigenen Persönlichkeit im Einklang stehe. Seine erfolgreiche Karriere betrachtet er mit der Weisheit des Alters: »Der Glamour fällt mit dem Tod ab. Das ist der Mantel, den du hier lassen musst.«[63]

★

Die zehn Mitglieder der vierten Dohnányi-Generation sind in vergleichsweise ruhigen Zeiten aufgewachsen. Sie arbeiten heute im In- und Ausland in künstlerischen Berufen, als Unternehmer im Bereich der Neuen Medien oder als Journalisten. Aus der Distanz betrachtet, schleicht sich der Gedanke ein, dass die Dohnanyis das Schicksal der Buddenbrooks ereilt hat, dass eine permanente Überanstrengung während drei Generationen die Familie in der darauf folgenden Generation erschöpft hat, dass die Enkel und Urenkel sich unbewusst nach Ruhe und Frieden sehnen. Das Schicksal ihres Großvaters Hans von Dohnanyi ist ihnen nahe; sie treffen sich an Gedenktagen, an denen Barbara, Klaus und Christoph ihre Familien versammeln, wie es in jüngster Zeit bei Gedenkveranstaltungen in Karlsruhe, Leipzig oder Berlin der Fall war. Aber unverkennbar ist ein Prozess der Historisierung eingetreten, der sich in den kommenden Jahren weiter beschleunigen wird. In zehn Jahren wird es kaum noch Zeitzeugen des Nationalsozialismus geben. Hans ist für die Enkel eine Persönlichkeit der Zeitgeschichte geworden.

Urgroßvater Ernst von Dohnányi liegt in der Erinnerung noch

weiter zurück. Die große Zeit, in der Klaus von Dohnanyi in der deutschen Politik aktiv war, waren die siebziger und achtziger Jahre. Doch stand er auch in jüngster Zeit im Zusammenhang mit dem Aufbau Ost wieder im Mittelpunkt des öffentlichen Interesses. Die Gedanken, die er in Büchern, Artikeln und Reden entwickelte und denen er als Aufsichtsratsvorsitzender und Regierungsberater Taten zur Seite stellte, scheinen allmählich auch bei den heute Verantwortlichen der Politik auf fruchtbaren Boden zu fallen.

Christoph von Dohnányi steht mit seiner Rückkehr als Dirigent nach Hamburg im Begriff, sich wieder stärker in der deutschen Öffentlichkeit zu verankern und dem Namen der Dohnanyis noch einmal zu großem Glanz zu verhelfen. Er kommt gern nach Hamburg zurück, wo er seinen Wohnsitz nie aufgegeben hat. Die Hansestadt, in der einst sein Vater seine berufliche Laufbahn begann, könnte nun bei ihm wie bei seinem Bruder zum Resonanzboden des »Spätwerks« werden. Für seinen Entschluss, wieder ein deutsches Orchester als Chefdirigent zu leiten, habe auch ein tief verwurzeltes Verantwortungsgefühl den Ausschlag gegeben. Ähnlich wie sein Bruder empfindet auch er Verantwortung für das Land, für das sich einst seine Großmutter väterlicherseits entschieden hat, in dem die Vorfahren mütterlicherseits in sozialen, wissenschaftlichen und künstlerischen Berufen gestaltend gewirkt haben und für dessen Rückkehr zu Demokratie, Zivilität und Weltoffenheit sein Vater und zwei Brüder seiner Mutter ihr Leben eingesetzt und verloren haben. Mit der Rückkehr in die Stadt, in der seine Eltern mit ihren Kindern die glücklichsten, am wenigsten beschwerten Jahre verbrachten, schließt sich ein Kreis. Die Dohnányis sind in Deutschland angekommen.

ANMERKUNGEN

1. Ernst von Dohnányi

1 E. Portisch (Hrsg.): *Geschichte der Stadt Preßburg-Bratislava*, 2 Bde., Preßburg–Bratislava 1933; Martin Trančik: *Zwischen Alt- und Neuland. Die Geschichte der Buchhändlerfamilie Steiner in Preßburg*, Bratislava 1996.
2 Dazu: Maria Eckhardt: »Briefe aus dem Nachlass Ernö von Dohnányis«, in: Studia Musicologica IX (1967), S. 410.
3 Artikel »Ernö von Dohnányi«, in: *Die Musik in Geschichte und Gegenwart* (MGG), 21 Bde., Sp. 1190.
4 Diesen Hinweis, belegt mit Beiträgen in slowakischen Fachzeitschriften, verdanke ich Dr. Ondrej Pöss, dem Direktor des Museums der Kultur der Karpatendeutschen in Bratislava.
5 Das wichtigste Werk für den gesamten ersten Abschnitt über Ernö/ Ernst von Dohnányi bildet die bereits 1971 in ungarischer Sprache erschienene Biographie seines Schülers, des international bekannten Pianisten Bálint Vázsonyi. Das Buch erschien im Herbst 2002 in zweiter Auflage unter dem Titel: *Dohnányi Ernö. Nap Kiadó Bt.* Freundlicherweise überließ Bálint Vázsonyi dem Verf. mehrere Kapitel der in Vorbereitung befindlichen englischen Übersetzung des Buches. Außerdem: Victor Papp: *Ernö Dohnányi*, Budapest 1927 (ebenfalls auf Ungarisch); unentbehrlich trotz erheblicher Quellenproblematik die Bücher der Ehefrauen von Ernst von Dohnányi: Elza Galafrés: *Lives, Loves, Losses*, Vancouver 1973; Ilona von Dohnányi: *Ernst von Dohnányi. A Song of Life*, hrsg. v. James A. Grymes, Bloomington, Ind., 2002; ders.: *Ernst von Dohnányi: A Bio-Bibliography*, Westport 2001; Mary F. Parmentier (Hrsg.): *Ernst von Dohnányi: Message to Posterity*, translated by Ilona von Dohnányi. Jacksonville 1960. Ferner die Artikel über Ernö von Dohnányi in MGG und in: *The New Grove. Dictionary of Music and Musicians*, 29 Bde.
6 Siehe stellvertretend: Martin Sloboda: *Bratislava, Mapa Slovakia*, Bratislava 2001. Auf Seite 39 des populären Reiseführers wird Béla Bartók erwähnt, nicht jedoch Ernst von Dohnányi.
7 Deborah Kiszely-Papp: *Ernö Dohnányi*, Budapest 2001.
8 Szene bei Bálint Vázsonyi beschrieben, ferner bei Ilona von Dohnányi, *A Song of Life*, S. 6 f.
9 Abgedruckt bei Ilona von Dohnányi, *A Song of Life*, Appendix C, S. 220.
10 Peter Laki: »Franz Schmidt (1874–1939) and Dohnányi Ernö (1877 bis 1960). A Study in Austro-Hungarian Alternatives«, in: *The Musical Quarterly* Vol. 80 No. 2 (1996), S. 362–381.
11 Christian Heindl: »Ein Ungar und Weltbürger«, in: *Klangpunkte* Nr. 14/ 2002 (Doblinger-Verlagsnachrichten), S. 3.

12 Szene überliefert in Brief von Ernst an seine Eltern am 14. September 1894, abgedruckt in Ilona von Dohnányi, *A Song of Life*, Appendix A, S. 203, sowie bei: Bálint Vázsonyi, *Ernö von Dohnányi*; außerdem: Ilona von Dohnányi, a. a. O., S. 14 ff.; Galafrés, *Lives, Loves, Losses*, S. 108 ff.
13 Ivan Szabo (Hrsg.): *Ungarn. Tausend Jahre Zeitgeschehen im Überblick*, Budapest 1999.
14 Dazu: Alan Walker: »Ernst von Dohnányi (1877–1960): A Tribute«, in: *The Hungarian Quarterly* XLIII No. 165, Spring 2002, S. 2; Lajos Lesznai: *Béla Bartók. Sein Leben – seine Werke*, Leipzig o. J., S. 28.
15 Begegnungen bei Balint Vázsonyi, *Ernö von Dohnányi*, beschrieben, außerdem Ilona von Dohnányi, *A Song of Life*, S. 21 f., und Galafrés, *Lives, Loves, Losses*, S. 115 ff.
16 Dieses wichtige Jugendwerk des Künstlers liegt als CD vor. Mitteilung von Dr. Peter Laki, Cleveland.
17 *Budapest Hirlap* vom 17. Juni 1897; abgedruckt bei Ilona von Dohnányi, *A Song of Life*, Appendix C, S. 220.
18 Briefwechsel abgedruckt bei Galafrés, *Lives, Loves, Losses*, S. 119.
19 Zitiert nach Grymes, *A Bio-Bibliography*, S. 2.
20 Kopie im Besitz des Verf., Übersetzung von Melinda Szlabey.
21 Ilona von Dohnanyi, *A Song of Life*, S. 29 f.
22 Brief Frigyes von Dohnányi an Mrs. Oliverson vom 1. November 1898 – Ernö von Dohnányi-Archiv Budapest.
23 Brief Frigyes von Dohnányi an Mrs. Oliverson vom 21. November 1898 – ebenda.
24 Brief Frigyes von Dohnányi an Mrs. Oliverson vom 5. Dezember 1898 – ebenda.
25 Bálint Vázsonyi hat die Rezeption der Konzerte studiert und kommt auch anhand des Presseechos zu diesem Urteil.
26 *The Times* vom 25. Oktober 1898, abgedruckt bei Ilona von Dohnányi, *A Song of Life*, Appendix C, S. 221.
27 Brief von Ernst an Frigyes von Dohnányi vom 4. Juli 1900 (Übersetzung Melinda Szlabey) – Széchényi-Nationalbibliothek Budapest, Musiksammlung.
28 Dieses und die folgenden Zitate befinden sich in der Bartók-Biografie von Lajos Lesznai, S. 35 ff.
29 Brief von Joseph Joachim an den preußischen Bildungsminister vom 8. März 1905 – Königliche akademische Hochschule für Musik zu Berlin, Acta 38c – Archiv der Universität der Künste Berlin. Vgl. ferner: W. Rathert/D. Schenk (Hrsg.): *Pianisten in Berlin. Klavierspiel und Klavierausbildung seit dem 19. Jahrhundert*, Berlin 1999 (= HdK-Archiv, Band 3).
30 Dazu: Werner Süß/Ralf Rytlewski (Hrsg.): *Berlin. Die Hauptstadt. Vergangenheit und Zukunft einer europäischen Metropole*, Berlin 1999.
31 Königliche Akademische Hochschule für Musik in Berlin, Schreiben vom 21. April 1908 – Széchényi-Nationalbibliothek Budapest, Musiksammlung.
32 Königliche Akademische Hochschule für Musik in Berlin, Schreiben vom 30. April 1906, a. a. O.

33 Andor Földes: »Erinnerungen an Ernst von Dohnányi«, in: *Neue Zürcher Zeitung* vom 9. Oktober 1965; ders.: *Erinnerungen*, Berlin 1993.
34 Henriette Brower: *Modern Masters of the Keyboard*, NewYork 1926, S. 105.
35 Korrespondenz Schlesinger'sche Buch- und Musikhandlung mit Ernst von Dohnányi 1897–1903 – Széchényi-Nationalbibliothek Budapest, Musiksammlung.
36 Schreiben von Arthur Schnitzler an Ernst von Dohnányi vom 22. Januar 1912 – Széchényi-Nationalbibliothek Budapest, Musiksammlung.
37 Ebenda, S. 161 f.; Kiszely, Papp, *Ernö Dohnányi*, S. 14.
38 Personalakte Ernst von Dohnányi – Archiv der Universität der Künste Berlin.
39 Zitiert nach Galafrés, *Lives, Loves, Losses*, S. 197.
40 *Dokumenta Bartókiana*, Heft 5, Budapest 1977, S. 35.
41 Zitiert nach Grymes, *Bio-Bibliography*, S. 4.
42 »Eine Künstleraffäre«, in: *8 Uhr Abendblatt*, Berlin, vom 7. Oktober 1918.
43 Zitiert nach Ilona von Dohnányi, *A Song of Life*, S. 74.
44 Tibor Tallián: »Musik in der Geschichte Ungarns«, in: *Österreichische Musikzeitschrift* 7–8 (1992), S. 430 ff.
45 Galafrés, *Lives, Loves, Losses*, S. 261; Ilona von Dohnányi, *A Song of Life*, S. 75.
46 Personalakte Ernst Dohnányi-Archiv der Universität der Künste Berlin.
47 Ebenda.
48 Norman Lebrecht: *Der Mythos vom Maestro*, Zürich-St. Gallen, ²1993, S. 17.
49 Zitiert nach: Galafrés, *Lives, Loves, Losses*, S. 302.
50 Zitiert nach: ebenda, S. 278.
51 Harriette Brower, *Masters of the Keyboard*, S. 111 f.
52 Zitiert nach Ilona von Dohnányi, *A Song of Life*, S. 78.
53 *Thomas Mann und Ungarn*, Akademiai Kiadó, Budapest 1977, S. 485, 498. – Ich verdanke dieses Hinweis Klaus von Dohnanyi.
54 Kiszely-Papp, *Ernö Dohnányi*, S. 19; Ilona von Dohnányi, *A Song of Life*, S. 92 f.
55 Paula J. Willets: »The Dohnányi Collection«, in: *The British Museum Quarterly* Vol. XXV, No. I-2, (1963), S. 4.
56 Mitteilung von Melinda Szlabey an den Verfasser.
57 Galafrés, *Lives, Loves, Losses*, S. 365 f.
58 Mitteilung von Christoph von Dohnányi vom 14. Mai 2003.
59 Brief Elsa Galafrés an »Hally« vom 11. Mai 1939 – Széchényi-Nationalbibliothek Budapest – Musiksammlung.
60 Mitteilung von Gitta Halmy, der Schwiegertochter von Elsa Galafrés.
61 Mitteilungen von Colin Miles, Regional Director Canadian Music Centre,Vancouver, vom 5. Juni 2003 und von Christopher R. Friedrichs, Fachbereich Geschichtswissenschaft der University of British Columbia vom 5. Juni 2003.
62 Mitteilung von Christoph von Dohnányi vom 14. Mai 2003.
63 Dazu die Schilderung der Beziehung von Ilona von Dohnányi, *A Song of Life*, S. 111 ff.

64 Belle Schulhof/Allan Kozinn: *Roundtrip Budapest/NewYork. The Experiences of an Impresario in the MusicWorld,* NewYork 1987, S. 126.
65 Ebenda, S. 27.
66 Ilona von Dohnányi, *A Song of Life,* S. 115.
67 Catherine A. Smith: »Dohnányi as a Teacher«, in: *Clavier. A Magazine for Pianists & Organists,* Vol. XVI, No. 2, February 1977, S. 218.
68 Galafrés, *Lives, Loves, Losses,* S. 397.
69 Mitteilung von Carl Flesch jr. vom 25. Oktober 2002; ders.: »... *und spielst du auch Geige?«,* Zürich 1990, S. 178 f.
70 Schulhof/Kozinn: *Roundtrip Budapest/NewYork,* S. 125.
71 Dazu Kiszely-Papp, *Ernö Dohnányi,* S. 22.
72 Zitiert nach: Programmheft zur Aufführung des »Cantus vitae« am 1. Februar 2004 in der Musikhalle Hamburg, S. 10.
73 Ebenda, S. 3.
74 So die Einschätzung des Dohnányi-Kenners Thomas Schipperges in: H.-W. Heister/W. Sparrer (Hrsg.): *Komponisten der Gegenwart* (KDG), München 1992.
75 Brief von Christine von Dohnanyi an Ernst von Dohnányi vom 2. April 1946; Brief von Ernst von Dohnányi an Christine von Dohnanyi vom 7. August 1946 – BA N 2358/48.
76 Galafrés, *Lives, Loves, Losses,* S. 400 ff.; zum folgenden Zitat Kopie im Besitz des Verfassers, Übersetzung von Melinda Szlabey.
77 Brief Ernst an Mitzi vom 12. (?) November 1945 (Übersetzung Melinda Szlabey) – Széchényi-Nationalbibliothek Budapest, Musiksammlung.
78 Brief Ernst von Dohnányi an Christine von Dohnanyi vom 1. März 1947 – BA N 2358/48.
79 Brief bei Walker, »Ernst von Dohnányi. A Tribute«, S. 5.
80 Brief Ernst an Mitzi vom 12. (?) November 1945, a. a. O.
81 Schulhof/Kozinn: *Roundtrip Budapest/NewYork,* S. 124 ff.
82 Brief Ernst an Mitzi vom 12. (?) November 1945, a. a. O.
83 Brief von Ernst im Februar 1946, a. a. O.
84 Muzsika 2002, 45. Jahrgang, Nr. 8–11.
85 Brief Ernst an Frau Szlabey vom 4. Februar 1948 (im Besitz der Familie Szlabey, Übersetzung Melinda Szlabey).
86 *NewYork Times* vom 9. März 1947 und 16. März 1947, abgedruckt bei Ilona von Dohnányi, *A Song of Life,* Appendix C, S. 223 f.
87 *NewYork Times* vom 20. April 1947, abgedruckt ebenda, S. 225.
88 Der Artikel erschien am 20. November 1948, abgedruckt ebenda, S. 228 f.
89 *Boston Sunday Herald* vom 14. November 1948 und *The Boston Herald* vom 18. November 1948, abgedruckt ebenda, S. 226 f.
90 Schulhof/Kozinn: *Roundtrip Budapest/NewYork,* S. 132.
91 Ilona von Dohnányi, *A Song of Life,* S. 187.
92 Ernst bezog 1955/56 ein Jahresgehalt von $ 8500 – Schreiben des Universitätspräsidenten vom 15. August 1955 – Dohnányi-Collection, War-

ren D. Allen Music Library Tallahassee. – Für Konzertauftritte betrug das Honorar von Ernst $ 500–1000 – Korrespondenz mit Andrew Schulhof – Dohnányi-Collection, Warren D. Allen Music Library Tallahassee.
93 Antal Doráti: *Notes of Seven Decades,* London 1979.
94 William Lee Prior: »Dohnányi at Tallahassee: The Final Chapter, a Personal Reminiscence«, MS, S. 14 – Ernö von Dohnányi-Archiv Budapest.
95 Charles Michael Carroll: »Memories of Dohnányi«, MS, S. 12 – ebenda.
96 I. Podhradsky: »The Works of Ernö Dohnányi. A Catalogue of his Compositions«, in: *Studia Musicologica* VI, 1964, S. 357 ff.
97 *Die Musik in Geschichte und Gegenwart* (MGG), Spalte 1194.
98 *The New Grove,* Ausgabe 1980, Band 5, S. 524.
99 H.-W. Heister/W. Sparrer (Hrsg.): *Komponisten der Gegenwart* (KDG), Lieferung Ernst von Dohnányi, München 1992.
100 Brief von Ernst an Mitzi vom 28. September 1914 – zitiert nach Deborah Kiszelyi-Papp, *Ernö Dohnányi,* S. 27, Anm. 28.
101 Dr. Bálint Vázsonyi an Dr. Ferenc Mádl, Staatspräsident der Republik Ungarn, Schreiben vom 23. September 2002 (Übersetzung Melinda Szlabey, Budapest).
102 Vgl. Deborah Kiszely: »Discography of Ernö Dohnányi«, in: *Studia Musicologica Academiae Scientiarium Hungariae* 36/1–2 (1995), S. 167–180.
103 Ich verdanke diesen wie weitere wertvolle Hinweise auf das Leben und Werk des Künstlers Dr. Peter Laki, Cleveland.
104 *Frankfurter Allgemeine Zeitung* vom 25. Oktober 2003, S. 43.

II. Hans von Dohnanyi

1 Nicolaus Sombart: Jugend in Berlin. 1933–1943. Ein Bericht, Frankfurt/M. [7]1991, S. 12.
2 Grundlegend die materialreiche Studie von Marikje Smid: *Hans von Dohnanyi – Christine Bonhoeffer. Eine Ehe im Widerstand gegen Hitler,* Gütersloh 2002. Dort auch das einfühlsame Geleitwort und Kurzporträt über Hans von Dohnanyi von Peter Steinbach, S. XV-XXIV.
3 Mitteilung von Barbara Bayer-von Dohnanyi, der ich auch den Text des Gedichtes und den Hinweis auf die Zeichnungen ihres Vaters verdanke.
4 Mitteilung von Klaus von Dohnanyi über den Brief seines Großvaters an seinen Vater vom 25. Juni 1917.
5 Brief von Grete an Ernst von Dohnányi vom 10. September 1928 – Széchényi-Nationalbibliothek Budapest, Musiksammlung.
6 Mitteilung von Klaus von Dohnanyi; Smid, *Ehe im Widerstand,* S. 17 f.
7 Vgl. Klaus Hildebrand: *Das vergangene Reich. Deutsche Außenpolitik von Bismarck bis Hitler,* Stuttgart 1995, S. 348; Annelise Thimme: *Hans Delbrück als Kritiker der Wilhelminischen Epoche,* Düsseldorf 1955; Andreas Hillgru-

ber: »Hans Delbrück«, in: Hans-Ulrich Wehler (Hrsg.): *Deutsche Historiker,* Göttingen 1973, S. 416–428.
8 Brief von Paul Boelicke vom 16. März 1918, in: Philipp Witkop (Hrsg.): *Kriegsbriefe gefallener Studenten,* München 1928, S. 349.
9 Grundlegend für diesen Abschnitt: Marikje Schmid, *Ehe im Widerstand,* mit ihrer Beschreibung der Kindheit von Hans von Dohnanyi und Christine Bonhoeffer, außerdem: Eberhard Bethge: *Dietrich Bonhoeffer. Theologe – Christ – Zeitgenosse. Eine Biographie,* Gütersloh, 7. Aufl. 2001; E. Bethge/R. Bethge/C. Gremmels (Hrsg.): *Dietrich Bonhoeffer. Sein Leben in Bildern und Texten,* München ²1989.
10 Mitteilung von Klaus von Dohnanyi.
11 Mitteilung von Klaus von Dohnanyi.
12 Bernhard Meyer: »26 Jahre auf dem Psychiatrie-Lehrstuhl. Der Arzt Karl Bonhoeffer (1868–1948)«, in: *Berlinische Monatsschrift* Heft 9/2000. Edition Luisenstadt.
13 Smid, *Ehe im Widerstand,* S. 25.
14 Zitiert nach Smid, *Ehe im Widerstand,* S. 24.
15 Ebenda.
16 Brief von Christine an Hans vom 7. Oktober 1921 – BA N 2358/7.
17 Briefe von Hans an Christine vom 2. August 1923 – BA N 2358/11 – und vom 17. Mai 1922 – BA N 2358/8.
18 Brief von Hans an Christine vom 12. September 1943 – BA N 2358/32; Smid, *Ehe im Widerstand,* S. 48.
19 Eberhard u. Renate Bethge (Hrsg.): Letzte Briefe im Widerstand. Aus dem Kreis der Familie Bonhoeffer, Gütersloh 1984, S. 60.
20 Johannes Lepsius/Albrecht Mendelssohn-Bartholdy/Friedrich Thimme (Hrsg.): *Die Große Politik der Europäischen Kabinette 1871–1914. Sammlung der Diplomatischen Akten des Auswärtigen Amtes,* 40 Bde., Reihe 1–5, Berlin 1922–1927.
21 BA N 2358/9.
22 Brief von Christine an Hans vom 11. Juli 1923 – BA N 2358/4; Smid, *Ehe im Widerstand,* S. 70.
23 Brief von Hans an Christine vom 14. Juni 1922 – BA N 2358/9.
24 Der Briefwechsel nach der Rathenau-Ermordung befindet sich im Bestand BA N 2358/9.
25 Smid, Ehe im Widerstand, S. 78.
26 Zitiert nach ebenda, S. 70.
27 Briefe von Hans an seine Schwiegereltern vom 22. September 1924 und 4. August 1924 – BA N 2358/17.
28 Grundlegend für diese Jahre: Smid, *Ehe im Widerstand,* S. 83–111.
29 Ebenda, S. 84 f. u. 87.
30 Ebenda, S. 99.
31 Mitteilung von Barbara Bayer-von Dohnanyi.
32 Smid, *Ehe im Widerstand,* S. 93 f.
33 BA N 2358/1 – Lebenslauf von Hans von Dohnanyi vom 25. Februar 1944.

34 E. u. R. Bethge (Hrsg.), *Letzte Briefe im Widerstand,* S. 62.
35 Ebenda, S. 62 ff.
36 Vgl. dazu Jochen Thies: *Architekt der Weltherrschaft. Die »Endziele« Hitlers,* Düsseldorf, ²1976, S. 23 u. 55 ff.
37 M. Franze: »Die Erlanger Studentenschaft 1918–1945«, Diss. Phil., Würzburg 1972, S. 128 ff.
38 Smid, *Ehe im Widerstand,* S. 118.
39 Text bei Max Domarus: *Hitler, Reden und Proklamationen 1932–1945,* Selbstverlag des Verfassers, Würzburg 1962/63, S. 130; Paul Kluke: »Der Fall Potempa«, in: *Vierteljahreshefte für Zeitgeschichte* 5 (1957), S. 279–297.
40 Karl-Dietrich Bracher: *Die Auflösung der Weimarer Republik. Eine Studie zum Problem des Machtverfalls in der Demokratie,* Villingen, ⁵1971; ders., Wolfgang Sauer, Gerhard Schulz: *Die nationalsozialistische Machtergreifung. Studien zur Errichtung des totalitären Herrschaftssystems in Deutschland 1933–1934,* Köln-Opladen, ²1962.
41 Heinrich Brüning: *Memoiren 1918–1934,* Stuttgart 1970.
42 Zitiert nach Smid, *Ehe im Widerstand,* S. 123.
43 Brief Christine an Eltern im November 1932 – BA N 2358/19; Smid, *Ehe im Widerstand,* S. 123.
44 Smid, *Ehe im Widerstand,* S. 127.
45 Zitiert nach einem Artikel von Otto John: »Männer im Kampf gegen Hitler«, Folge VII, in: *Blick in die Welt* Nr. 12, Hamburg 1947/48.
46 Smid, *Ehe im Widerstand,* S. 129.
47 Hans-Adolf Jacobsen: *Nationalsozialistische Außenpolitik 1933–1938,* Frankfurt/M.-Berlin 1968.
48 Zitiert nach Bethge, *Bonhoeffer,* S. 323.
49 Vgl. Lothar Gruchmann: *Justiz im Dritten Reich 1933–1940. Anpassung und Unterwerfung in der Ära Gürtner,* München ³2001.
50 Zitiert nach Smid, *Ehe im Widerstand,* S. 141.
51 Aussage des Justizrats Dr. Rudolf Dix vom 15. August 1946 – BA N 2358/42.
52 Zitiert nach Smid, *Ehe im Widerstand,* S. 172 f.
53 Ebenda, S. 450 u. 144; Gespräche mit Dr. Albrecht Tietze – BA N 2358/38.
54 Zitiert nach Smid, *Ehe im Widerstand,* S. 166.
55 Diese Einschätzung der Lage bei: Ian Kershaw: *Hitler 1936–1945,* Stuttgart 2000, S. 1101, Anm. 228.
56 Smid, *Ehe im Widerstand,* S. 178.
57 BA N 2358/1.
58 Bethge, *Bonhoeffer,* S. 432.
59 Klaus-Jürgen Müller: Das Heer und Hitler. Armee und nationalsozialistisches Regime 1933–1940, Stuttgart 1969.
60 Walter Bussmann: »Zur Entstehung und Überlieferung der Hoßbach-Niederschrift«, in: *Vierteljahrshefte für Zeitgeschichte* 16 (1968), S. 373–384.
61 Zitiert nach Smid, *Ehe im Widerstand,* S. 184.
62 Albert Speer: *Erinnerungen,* mit einem Essay zur Neuausgabe von Jochen Thies, Frankfurt/M.–Berlin 1993.

63 Otto John: »Männer im Kampf gegen Hitler« VII, in: *Blick in die Welt*, Hamburg, Nr. 12 1947/48.
64 Brief von Hans an Christine vom 10. März 1937 – BA N 2358/15, weitere Briefe vom 25./26. Juni und 1. Juli 1935 aus Hahnenklee – BA N 2358/14.
65 Mitteilung von Gitta Halmy.
66 Briefe von Hans an Christine vom 12. Februar 1937 und 9. Mai 1938 – BA N 2358/15.
67 Zitiert nach Smid, *Ehe im Widerstand*, S. 164.
68 Smid, *Ehe im Widerstand*, S. 193.
69 Carl Kirchner teilte dies kurz nach Kriegsende mit – BA N 2358/41.
70 Brief von Hans an Karl Bonhoeffer vom 30. März 1939 – BA N 2358/21.
71 Mitteilung von Gitta Halmy.
72 Brief von Hans an Karl Bonhoeffer vom 20. März 1939 – BA N 2358/21; vgl. Smid, *Ehe im Widerstand*, S. 220 f., die die entscheidende Passage im Brief auslässt; Galafrés, *Lives, Loves, Losses*, S. 393 f.; Ilona von Dohnanyi, *A Song of Life*, S. 116.
73 Mitteilung von Gitta Halmy; Smid, *Ehe im Widerstand*, S. 315.
74 Romedio Galeazzo Graf von Thun-Hohenstein: *Der Verschwörer. General Oster und die Militäropposition*, Berlin 1982.
75 Jochen Thies: »Bomben auf Manhattan. Wie Hitler und seine Militärs New York in Schutt und Asche legen wollten«, in: *Die Zeit Extra*, Sonderausgabe Nr. 39/2001 vom 17. September 2001.
76 Heinz Höhne: *Canaris. Patriot im Zwielicht*, München 1976.
77 H. Krausnick/H. C. Deutsch (Hrsg.): *Hellmuth Groscurth: Tagebücher eines Abwehroffiziers 1938–1940*, Stuttgart 1970, S. 513.
78 Mitteilung von Richard von Weizsäcker vom 23. September 2003.
79 Smid, *Ehe im Widerstand*, S. 245.
80 Smid, *Ehe im Widerstand*, S. 239.
81 Karl-Dietrich Bracher: »Auf dem Weg zum 20. Juli 1944«, in: R. Löwenthal/Patrik von zur Mühlen (Hrsg.): *Widerstand und Verweigerung in Deutschland 1933–1945*, Berlin-Bonn 1982, S. 148.
82 Hans-Ulrich Thamer: *Verführung und Gewalt. Deutschland 1933 bis 1945*, Berlin 1986, S. 730.
83 Otto John, »Männer im Kampf gegen Hitler« VII, in: *Blick in die Welt*, Hamburg, Nr. 12 1947/48.
84 Klaus von Dohnanyi: »Auftrag und Vorbild«, in: R. von Voss/G. Neske (Hrsg.): *Versöhnung mit der Geschichte. Reden am 20. Juli 1984 in Berlin*, Pfullingen 1985, S. 42.
85 Eberhard Fechner: *Die Comedian Harmonists. Sechs Lebensläufe*, Berlin 1988.
86 Vgl. dazu die große Studie von Winfried Meyer: *Unternehmen Sieben. Eine Rettungsaktion für vom Holocaust Bedrohte aus dem Amt Ausland/Abwehr im Oberkommando der Wehrmacht*, Frankfurt/M. 1993, sowie ders.: »Dr. Donner. Hans von Dohnanyi, ein Verschwörer gegen Hitler, wird zum ›Gerechten unter den Völkern‹ ernannt«, in: *Berliner Zeitung* vom 19./20. Juli 2003.
87 Smid, *Ehe im Widerstand*, S. 303.

88 Brief von Otto Riese vom 1. Oktober 1946 – BA N 2358/41.
89 Peter Hoffmann: *Widerstand gegen Hitler und das Attentat vom 20. Juli 1944*, Konstanz, ⁴1994; Smid, *Ehe im Widerstand*, S. 326 f.
90 Zitiert nach: Bodo Scheurig: *Henning von Tresckow. Eine Biographie*, Oldenburg–Hamburg 1973, S. 137 f.
91 Zitiert nach Smid, *Ehe im Widerstand*, S. 292.
92 Fabian von Schlabrendorff: *Offiziere gegen Hitler*, Frankfurt/M. 1960, S. 71 f., sowie das folgende Zitat bei: Klemens von Klemperer: *Die verlassenen Verschwörer. Der deutsche Widerstand auf der Suche nach Verbündeten 1938–1945*, Berlin 1994, S. 140.
93 Meyer, *Unternehmen Sieben*, S. 36 f.; Smid, *Ehe im Widerstand*, S. 208 ff., 228 f.
94 Grundlegend für dieses Kapitel: Smid, *Ehe im Widerstand*, S. 339–455.
95 Beschreibung des Vorgangs und seine Einschätzung im Kreis der Verschwörer bei: F. Freiherr Hiller von Gaertringen (Hrsg.): *Die Hassell-Tagebücher 1938–1944. Aufzeichnungen vom Andern Deutschland*, Berlin 1988, S. 362 – Eintrag vom 20. April 1943.
96 Achim Oster wurde im Zusammenhang mit der *Spiegel*-Affäre öffentlich bekannt, als der damalige Bundesverteidigungsminister Strauß den in Madrid residierenden Militärattaché anwies, für die Verhaftung eines *Spiegel*-Redakteurs zu sorgen. Der Verhaftete, Conrad Ahlers, wurde später Regierungssprecher, Oster Zweisternegeneral in der Bundeswehr.
97 BA N 2358/27.
98 Brief Karl Bonhoeffer an Hans vom 11. April 1943 – BA N 2358/35.
99 Zitiert nach Smid, *Ehe im Widerstand*, S. 376.
100 Brief von Hans an Christine vom 5. April 1943 – BA N 2358/32.
101 Smid, *Ehe im Widerstand*, S. 361.
102 Brief von Hans an Christine vom 8. Mai 1943 – BA N 2358/32.
103 Brief von Hans an Christine vom 12. Mai 1943 – ebenda.
104 Smid, *Ehe im Widerstand*, S. 383 ff.
105 Ebenda, S. 375.
106 Bethge, *Letzte Briefe im Widerstand*, S. 126 f.
107 Brief Hans an Christine vom 23. September 1944 – BA N 2358/33.
108 Winfried Meyer (Hrsg.): *Verschwörer im KZ. Hans von Dohnanyi und die Häftlinge des 20. Juli 1944 im KZ Sachsenhausen*, Berlin 1998; Smid, *Ehe im Widerstand*, S. 422.
109 Zitiert nach Smid, *Ehe im Widerstand*, S. 426.
110 Vgl. Christoph Strohm: *Theologische Ethik im Kampf gegen den Nationalsozialismus. Der Weg Dietrich Bonhoeffers mit den Juristen Hans von Dohnanyi und Gerhard Leibholz in den Widerstand*, München 1989, S. 231 f., Anm. 3.
111 Ebenda, S. 440.
112 Brief Hans an Christine vom 8. Februar 1945 – BA N 2358/33.
113 Bethge, *Letzte Briefe im Widerstand*, S. 87.
114 Meyer, *Unternehmen Sieben*, S. 458. Die Zitate aus den Gesprächen mit Dr. Albrecht Tietze befinden sich in dem Bestand BA N 2358/38 – Brief von Tietze an Christine von Dohnanyi vom 5. Oktober 1946.
115 Annedore Leber (Hrsg.): *Das Gewissen steht auf. 64 Lebensbilder aus dem*

deutschen Widerstand 1933–1945, Berlin-Frankfurt/M. 1954, S. 111; Smid, Ehe im Widerstand, S. 450.
116 Vgl. dazu Elisabeth Chowaniek: *Der »Fall Dohnanyi« 1943–1945. Widerstand, Militärjustiz, SS-Willkür*, München 1991.
117 BA N 2358/43; Smid, *Ehe im Widerstand,* S. 468.
118 Smid, *Ehe im Widerstand,* S. 469.
119 »Das richtige Erbe«, *Frankfurter Allgemeine Zeitung* vom 3. März 2004, S. 39.
120 Brief an Professor Joßmann in Boston – zitiert nach Bethge, *Bonhoeffer,* S. 1044.
121 Bethge, *Bonhoeffer,* S. 1041.
122 Paul Schneider, ein evangelischer Gemeindepfarrer aus dem Hunsrück, wurde nach viermaliger Verhaftung Ende 1937 in das Konzentrationslager Buchenwald eingeliefert, wo er im Juli 1939 starb.
123 Bethge, *Bonhoeffer,* S. 1042.
124 Josef Müller: *Bis zur letzten Konsequenz. Ein Leben für Frieden und Freiheit,* München 1975.
125 Brief von Christine von Dohnanyi an Paula Bonhoeffer vom 30. Dezember 1945 – BA N 2358/46.
126 Brief Christine von Dohnanyi an ihre Eltern vom 24. Juni 1946 – ebenda.
127 Brief von Elza Kunwald an Christine von Dohnanyi vom 14. Juni 1946 – BA N 2358/48.
128 Brief von Harriet Wegener an Christine vom 21. November 1962 – BA N 2358/45.
129 Brief von Ricarda Huch an Christine vom 25. Juli 1946 – BA N 2358/41.
130 Brief von Ernst von Weizsäcker an Christine vom 20. Juli 1947 – BA N 2358/42.
131 Vernehmungsprotokoll Roeder BA N 2358/37; »Der Prozess Huppenkothen«, Dokumentarfilm, Bayerischer Rundfunk 1961, Regie und Buch: Boris Borresholm.
132 Text der Rede in der von der Gedenkstätte Deutscher Widerstand herausgegebenen Broschüre *Erinnerung an Hans von Dohnanyi,* Berlin 2002, S. 15.
133 Brief von Edzard Schmidt-Jorzig an Miles Lerman, Chairman US-Holocaust Memorial Council, vom 4. September 1996.
134 *Frankfurter Allgemeine Zeitung* vom 31. Juli 1997.
135 *Die Welt* vom 15. Mai 1997.

III. Klaus von Dohnanyi

1 Klaus von Dohnanyi: *Hamburg – Mein Standort,* Hamburg 1986, S. 11 ff.
2 Klaus von Dohnanyi: *Brief an die Deutschen Demokratischen Revolutionäre,* München 1990, S. 20.
3 Werner Höfer: »Schillers neuer Boom-Helfer«, in: *Die Zeit* vom 8. März 1968.

4   Die folgenden Zitate stammen aus dem Nachlass der Eltern von Klaus von Dohnanyi – BA N 2358/49.
5   »Die Brücke«. Bundesrepublik Deutschland 1959. Regie: Bernhard Wicki, nach dem Roman von Manfred Gregor.
6   Mitteilung von Richard von Weizsäcker vom 23. September 2003.
7   Dazu: Hans-Peter Schwarz: *Die Ära Adenauer 1949–1957* (= Geschichte der Bundesrepublik Deutschland, Bd. 2). Stuttgart-Wiesbaden 1981, S. 375 ff.
8   Karin Bacherer: »Geschichte, Organisation und Funktion von Infratest« Diss. Phil. Uni Salzburg 1985, S. 64 ff., 75 u. 82.
9   Mitteilung von Yola Laupheimer vom 29. September 2003.
10 Klaus von Dohnanyi: *Im Joch des Profits? Eine deutsche Antwort auf die Globalisierung,* Stuttgart 1997, S. 204.
11 Mitteilung von Horst Ehmke vom 15. November 2003.
12 H. W. Sabais (Hrsg.): *Die Herausforderung. Darmstädter Gespräche,* München 1963, S. 316 f. (Diskussionsbeitrag Klaus von Dohnanyi).
13 C. P. Snow: *The Two Cultures,* Cambridge 1959.
14 Peter Merseburger: *Willy Brandt 1913–1992. Visionär und Realist,* Stuttgart–München 2002, S. 426.
15 Klaus von Dohnanyi: »Regieren aus der Opposition«, in: *Die Neue Gesellschaft* Nr. VI, November/Dezember 1961, 8. Jg., S. 449–454, hier S. 451.
16 Klaus von Dohnanyi: *Deshalb bin ich Sozialdemokrat,* hrsg. vom Vorstand der SPD, Nürnberg 1972.
17 Klaus von Dohnanyi: »Zentralisation der Macht und Dezentralisation des Wissens: Organisationsaufgaben in der Planung«, in: R. Jungk/H. J. Mundt (Hrsg.): *Deutschland ohne Konzeption? Am Beginn einer neuen Epoche,* München-Wien-Basel 1964, S. 503–513.
18 Mitteilung von Horst Ehmke vom 15. November 2003; Horst Ehmke: *Mittendrin. Von der Großen Koalition zur Deutschen Einheit,* Berlin 1994.
19 Rolf Zundel: »Der letzte der Himmelfahrts-Troika«, in: *Die Zeit* vom 4. Februar 1972.
20 Klaus von Dohnanyi: *Japanische Strategien oder Das Deutsche Führungsdefizit,* München 1969.
21 Ebenda, S. 126.
22 Ebenda, S. 174.
23 Jean-Jacques Servan-Schreiber: *Le défi américain,* Paris 1967; deutsch: *Die amerikanische Herausforderung,* Hamburg 1968. – Es erscheint im Übrigen lohnenswert, die Geschichte der Familien Dohnanyi und Servan-Schreiber in einer Art von Familien-Parallel-Vita einmal zu behandeln.
24 Klaus von Dohnanyi: »Historische Gründung Airbusindustrie«. Sonderausgabe des *Vorwärts* vom 11. Mai 1999.
25 Klaus von Dohnanyi: »Gegen die Anrüchigkeit des Erfolgs. Band 7 der ›Berliner Ausgabe‹ Willy Brandts«, in: *Die Neue Gesellschaft/Frankfurter Hefte,* März 2002, S. 185.
26 Carlo Schmid: *Erinnerungen,* Berlin-München-Wien 1979, S. 825.
27 Ulrich Rosenbaum: *Rudolf Scharping. Biographie,* Berlin–Frankfurt/M. 1993, S. 72.

28 Jochen Thies: »Masse und Mitte. Über die Herausbildung einer nationalen Elite«, in: H. Schwilk/U. Schacht (Hrsg.): *Die selbstbewusste Nation*, Frankfurt/M-Berlin 1994, S. 227–236; ders.: »Berlin, Bonn und die politische Klasse Deutschlands«, in: *Europäische Rundschau* 1 (1994), 22. Jg., S. 13–22.
29 Walter Henkels: *Bonner Köpfe in Wort und Bild*, Düsseldorf–Wien 1981, S. 84.
30 Vgl. dazu das gelungene Kurzporträt »Klaus von Dohnanyi. Der pädagogische Stil«, in: Heinz Bäuerlein: *Die Bayern in Bonn*, München 1971, S. 214–221.
31 Klaus von Dohnanyi (Hrsg.): *Die Schulen der Nation*, Düsseldorf 1971; Jürgen Burckhardt: »Von dem Mut, den wir jetzt brauchen. Für eine Bildungsreform von unten«, in: P. Glotz u. a. (Hrsg.): *Vernunft riskieren. Klaus von Dohnanyi zum 60. Geburtstag*, Hamburg 1988, S. 105–114.
32 Beschreibung eines Hauskonzerts, bei dem die Dohnanyis im März 1977 Gäste von Bundeskanzler Helmut Schmidt waren, bei: Mainhardt Graf von Nayhauß: *Helmut Schmidt. Mensch und Macher*, Bergisch Gladbach 1988, S. 154.
33 Klaus von Dohnanyi: *Im Joch des Profits?*, Stuttgart 1997, S. 297, 299 f.
34 D. Lattmann (Hrsg.): *Entwicklungsland Kultur. Dokumentation des zweiten Schriftstellerkongresses des Verbandes deutscher Schriftsteller (VS)*, München 1973.
35 Klaus von Dohnanyi: »1968 und die Folgen«, in: Hankel/Schachtschneider/Starbatty (Hrsg.): *Der Ökonom als Politiker. Europa, Geld und die soziale Frage – Festschrift für Wilhelm Nölling*, Stuttgart, 2003, S. 32 f.
36 Arnulf Baring: *Machtwechsel. Die Ära Brandt-Scheel*, Stuttgart 1982, S. 711 f.
37 Klaus von Dohnanyi: »Ist ›schön‹ noch ›relevant‹? Zur gesellschaftlichen Rolle des Museums«, in: *150 Jahre Wallraf-Richartz-Museum 1824–1974. Ergebnisse eines Jubiläums*, Köln 1975, S. 8.
38 Hans Ulrich Kempski: *Um die Macht. Sternstunden und sonstige Abenteuer mit den Bonner Bundeskanzlern 1949 bis 1999*, Berlin 1999, S. 239.
39 Peter Glotz: »Grenzgänger«, in: ders. u. a. (Hrsg.): *Vernunft riskieren*, a. a. O. (Anm. 32), S. 11.
40 Hans-Dietrich Genscher: *Erinnerungen*, Berlin 1995, S. 328.
41 Klaus von Dohnanyi: *Hamburg – mein Standort*, Hamburg 1986, S. 163.
42 Roy Jenkins: *European Diary 1977–1981*, London 1989, S. 604; außerdem: S. 48 f., 241, 325 f., 444, 503, 515 f., 539, 547, 617 f.
43 Ebenda, S. 45.
44 Ebenda, S. 481 – Eintrag vom 16. Juli 1979.
45 Vgl. die abweichende Version des Gesprächs bei Wolfgang Jäger/Werner Link: *Republik im Wandel 1974–1982. Die Ära Schmidt* (= Geschichte der Bundesrepublik Deutschland, Bd. 5). Stuttgart–Wiesbaden 1987, S. 288.
46 Hans Apel: *Der Abstieg. Politisches Tagebuch 1978–1988*, Stuttgart ³1990, S. 195 ff.
47 Zum vorangegangenen Hofmann-Zitat vgl. »Eine Rarität für das Rathaus«, in: *Die Zeit* vom 19. Juni 1981; Peter Glotz: *Kampagne in Deutschland. Politisches Tagebuch 1981–1983*, Hamburg 1986, S. 73, Eintrag vom 11. Juni 1981; Klaus von Dohnanyi: *Hamburg – mein Standort*, Hamburg 1986, S. 15.
48 Apel, *Der Abstieg*, S. 235 f.

401

49 Walther Leisler Kiep: *Was bleibt, ist große Zuversicht. Ein politisches Tagebuch,* Berlin–Wien 1999, S. 294 – Eintrag vom 11. Juni 1981.
50 »Weil er einfach besser ist« – *Süddeutsche Zeitung* vom 3. Juni 1982.
51 Leisler Kiep, *Was bleibt,* S. 309 – Eintrag vom 19. Dezember 1982.
52 Klaus von Dohnanyi: *Hamburg – mein Standort,* Hamburg 1986.
53 Claus Jacobi: *Fremde, Freunde, Feinde. Eine private Zeitgeschichte,* Berlin–Frankfurt/M. 1991, S. 267.
54 Uli Stein: *Halbzeit. Eine Bilanz ohne Deckung,* Frankfurt/M. 1993.
55 *Psyche, Zeitschrift für Psychoanalyse und ihre Anwendungen, begründet von A. Mitscherlich,* Nr. 10, 40. Jg., Stuttgart 1986, S. 862
56 Dohnanyi, *Hamburg – mein Standort,* S. 107.
57 *Reden anlässlich der Verleihung des Lessing-Preises 1985 an Hartmut von Hentig,* Hamburg 1986, S. 12.
58 Norbert Elias: *Über den Prozess der Zivilisation,* Frankfurt/M. 2001.
59 Dohnanyi, *Hamburg – mein Standort,* S. 8.
60 Klaus von Dohnanyi: *Brief an die Deutschen Demokratischen Revolutionäre,* München 1990, S. 17.
61 Klaus von Dohnanyi: *Zeitcourage contra Political Correctness. Was lehrt uns die Erinnerung an die Vergangenheit?,* München 2003, S. 13; Egon Bahr: *Zu meiner Zeit,* München. ²1996, S. 540, sowie das Reisetagebuch von Dieter S. Lutz in der Festschrift für Klaus von Dohnanyi: Glotz u. a. (Hrsg.): *Vernunft riskieren,* S. 289–305.
62 *Der Spiegel* vom 23. November 1987; sowie *Stern* vom 26. November 1987.
63 Theodor-Heuss-Stiftung (Hrsg.): *Theodor-Heuss-Preis 1988. Grenzgänger zwischen Macht und Geist,* S. 6, 38.
64 »Das hätte ich Dir nicht zugetraut«. Dohnanyi-Sohn Johannes über den Rücktritt seines Vaters, in: *Stern* vom 19. Mai 1988.
65 Dohnanyi, *Brief an die Revolutionäre,* S. 13 f.; sowie zum folgenden Zitat: ders., *Im Joch des Profits?,* S. 186.
66 Dohnanyi: *Zeitcourage contra Political Correctness,* S. 30
67 Heinrich August Winkler: *Der lange Weg nach Westen,* Bd. 2, München 2000, S. 460 f., 603.
68 Dohnanyi, *Das Deutsche Wagnis,* S. 142.
69 Protokoll der Sitzung des SPD-Parteivorstands vom 20. November 1989 – Archiv der Friedrich-Ebert-Stiftung Bonn; Dohnanyi, *Das Deutsche Wagnis,* S. 141.
70 Dohnanyi, *Im Joch des Profits?,* S. 232, 249.
71 R. Runge (Hrsg.): *Kirchentag '89. Berichte und Materialien aus Berlin,* München 1989, S. 111–114.
72 Dieses Zitat stammt von Peter Glotz in seinem Porträt über Klaus von Dohnanyi in: P. Glotz/R. Kasiske/T. Teichert/F. Vahrenholt (Hrsg.): *Vernunft riskieren. Klaus von Dohnanyi zum 60. Geburtstag,* Hamburg 1988, S. 9.
73 Dohnanyi: *Brief an die Revolutionäre,* S. 125.
74 Ebenda, S. 13.
75 Ebenda, S. 30.
76 Ebenda, S. 126; S. 89.
77 Ebenda, S. 186.

78 Klaus von Dohnanyi: *Das Deutsche Wagnis,* München 1990.
79 Bahr, *Zu meiner Zeit,* S. 584.
80 Dohnanyi, *Das Deutsche Wagnis,* S. 297, 201.
81 Ebenda, S. 126.
82 Ebenda, S. 319, 193 f., sowie die vorangegangenen Zitate auf den Seiten 143, 152, 134.
83 Ebenda, S. 227 f.
84 *Die Zeit* vom 7. Dezember 1990.
85 Klaus von Dohnanyi: *Im Joch des Profits?,* Stuttgart 1997.
86 Dohnanyi, *Das Deutsche Wagnis,* S. 67.
87 Helmut Schmidt: *Weggefährten. Erinnerungen und Reflexionen,* Berlin 1996, S. 458.
88 Presseerklärung der TAKRAF und der Treuhandanstalt Berlin am 24. März 1994.
89 »Geschichte und Zukunft des Aufbau Ost«, in: Bundesanstalt für vereinigungsbedingte Sonderaufgaben (Hrsg.): *»Schnell privatisieren, entschlossen sanieren, behutsam stilllegen«. Ein Rückblick auf 13 Jahre Arbeit der Treuhandanstalt und der Bundesanstalt für vereinigungsbedingte Sonderaufgaben,* Berlin 2003, S. 347.
90 Ebenda, S. 357.
91 Dieses und die folgenden Zitate aus: *Der Spiegel* vom 5. April 2004.
92 *Ludwig-Börne-Preis 1996 für Essay, Kritik und Reportage. Reden in der Paulskirche am 10. November 1996.*
93 *Willy Brandt 25 Jahre Friedensnobelpreis,* Schriftenreihe der Bundeskanzler-Willy-Brandt-Stiftung Heft 1 (1998), S. 30 f.
94 Vgl. Jochen Thies: *Helmut Schmidts Rückzug von der Macht. Das Ende der Ära Schmidt aus nächster Nähe,* Stuttgart ²1988, S. 152, 156.
95 Stenographischer Bericht des Deutschen Bundestages. Tag des Gedenkens an die Opfer des Nationalsozialismus. Gedenkstunde des Deutschen Bundestages, 13767 C.
96 Frank Schirrmacher (Hrsg.): *Die Walser-Bubis-Debatte. Eine Dokumentation,* Frankfurt/M. 1999, S. 148.
97 Joseph Rovan: »Das Nein zu Hitler«. Vortrag im Audimax der Ludwig-Maximilian-Universität München am 21. 2. 1994; vgl. auch: Klaus von Dohnanyi: »Verantwortung für die deutsche Geschichte«, in: Michael Wolffsohn/Thomas Brechenmacher (Hrsg.): *Geschichte als Falle. Deutschland und die jüdische Welt,* Neuried 2001, S. 21
98 *Frankfurter Allgemeine Zeitung* vom 14. Juli 1999.
99 Klaus von Dohnanyi: »Haben die Politischen Wissenschaften einen Nutzen für die Politik?« in: R. Nicolaysen (Hrsg.): *Polis und Moderne. Siegfried Landshut in heutiger Sicht,* Berlin-Hamburg 2000, S. 12; für die folgenden Zitate vgl. Dohnanyi, *Im Joch des Profits?,* S. 132 f.
100 Klaus von Dohnanyi: *Hat uns Erinnerung das Richtige gelehrt? Eine kritische Betrachtung der »Vergangenheitsbewältigung«,* Konstanz 2003, S. 20, 30 ff.
101 Englischer Text der Konferenz in einer Broschüre des Bundesministeriums für Bildung und Forschung, Bonn 1999.
102 Dohnanyi, *Im Joch des Profits?,* S. 19, 264.

IV. Christoph von Dohnányi

1 »Halbheiten gibt es nicht« – Interview mit der *Zeit* vom 1. September 1989.
2 »Der Herkunft verpflichtet« – Interview mit *Focus* vom 22. August 1994.
3 »Hässlichkeit muss sein« – Interview mit der *Weltwoche* vom 24. November 1994.
4 Ebenda.
5 Dieses und die folgenden Zitate befinden sich im Nachlass der Eltern von Christoph von Dohnányi – BA N 2358/49.
6 Felix Schmidt: *Hat man Töne? Portraits bedeutender Musiker unserer Zeit*, München 1994, S. 176.
7 Brief Ernst von Dohnányis an Christine von Dohnanyi vom 17. Mai 1947 BA N 2358/48
8 *FAZ*-Magazin vom 24. November 1994
9 »Ein Dirigent darf kein kastrierter Tiger sein« – Interview in *Die Welt* vom 7. August 1989.
10 Ebenda.
11 Ebenda.
12 Dieter Schnebel, »Vom Drum und Dran der Musik«, in: *Schriften*, Köln 1972, S. 34 ff.
13 »Sprengsätze ändern nichts« – *Spiegel*-Interview vom 18. Januar 1988.
14 Ebenda.
15 Schmidt, *Hat man Töne?*, S. 160.
16 Anja Silja: *Die Sehnsucht nach dem Unerreichbaren. Wege und Irrwege*, Berlin ⁵2001, S. 236.
17 »Musik ist mehr als gute Umsätze« – Interview im *Fono Forum* 8/96, S. 33.
18 Rudolf Walter Leonhardt: »Zum dritten Male klingt ein Name«, in: *Die Zeit* vom 26. Juli 1963.
19 Ebenda.
20 Ebenda.
21 »Musik ist mehr als gute Umsätze«, *Focus Forum* 8/96, S. 34.
22 Albrecht Bald/Jörg Skriebeleit: *Das Außenlager Bayreuth des KZ Flossenbürg – Wieland Wagner und Bodo Lafferentz im »Institut für physikalische Forschung«*, Bayreuth 2003.
23 Silja, *Die Sehnsucht*, S. 236.
24 Ebenda, S. 239.
25 Gerhard R. Koch: »Der weite Horizont«, *Frankfurter Allgemeine Zeitung* vom 8. September 1999.
26 »Ich gehe mit gutem Gewissen« – Interview mit der *Frankfurter Neuen Presse* vom 1. Juli 1977.
27 Silja, *Die Sehnsucht*, S. 283.
28 Ebenda, S. 264.
29 »Intendant Christoph von Dohnányi«, in: *Die Zeit* vom 6. Dezember 1974.
30 Silja, *Die Sehnsucht*, S. 264 f.; Peter Dannenberg: *Die Hamburgische Staatsoper 1945–1988. Nachkrieg und Gegenwart*, S. 71–81.

31 »Entwurf für die Oper der Zukunft« – Interview in *Die Zeit* vom 3. August 1984.
32 Vgl. auch das *Spiegel*-Interview vom 18. Januar 1988.
33 Interview mit dem *Stern* vom 7. November 1996.
34 Interview mit der *Zeit* vom 1. September 1989.
35 *Spiegel*-Interview vom 18. Januar 1988.
36 Schmidt, *Hat man Töne?*, S. 163.
37 »Halbheiten gibt es nicht«, a. a. O.
38 Silja, *Die Sehnsucht*, S. 274; Norman Lebrecht, *Der Mythos vom Maestro*, Zürich–St. Gallen ²1993, S. 230.
39 Silja, *Die Sehnsucht*, S. 278.
40 Interview mit dem *Stern* vom 7. November 1996.
41 Silja, *Die Sehnsucht*, S. 236, 242.
42 Ebenda, S. 270.
43 *The New York Times* vom 4. Juni 2002.
44 *The Boston Herald* vom 21. November 2002.
45 S. Jaeger (Hrsg.): *Das Atlantisbuch der Dirigenten*, Zürich 1985, S. 126.
46 »Show allein macht's auch nicht« – Interview mit dem *Stern* vom 20. Oktober 1977.
47 »Halbheiten gibt es nicht« – Interview mit der *Zeit* vom 1. September 1989.
48 »Mit Klugheit an die Spitze« – *Frankfurter Allgemeine Zeitung* vom 8. September 1989.
49 Interview mit *The Guardian* vom 12. Juni 2002.
50 Schmidt, *Hat man Töne?*, S. 158.
51 Interview mit der *Welt* vom 7. August 1989.
52 *Zeit*-Interview vom 13. Juni 2002.
53 *Süddeutsche Zeitung* vom 15. Juli 2003.
54 »Das Unfassbare fassbar machen« – *Neue Zürcher Zeitung* vom 15. Dezember 2003.
55 »Halbheiten gibt es nicht«, a. a. O.
56 »Ein Mann wider alle Taktstriche« – Interview mit der *Berliner Morgenpost* vom 19. März 1992.
57 Silja, *Die Sehnsucht*, S. 243.
58 Interview mit *The Guardian* vom 12. Juni 2002.
59 *Spiegel*-Interview vom 18. Januar 1988.
60 Vgl. dazu auch das Interview mit der *Welt* vom 7. August 1989.
61 *Musiker im Gespräch. Christoph von Dohnányi*, Frankfurt/M.–London–New York 1976, S. 4 f.
62 Ebenda.
63 Interview mit der *Zeit* vom 13. Juni 2002.

Danksagung

Mein abschließender Dank gilt Jonathan Carr, dem großartigen Freund, Vorbild und Wegbegleiter, der den Entstehungsprozess dieses Buches von Anfang an fördernd begleitet hat. Ich danke ferner Professor Dr. Arnulf Baring, Peter Frei, Professor Dr. Klaus Hildebrand, Professor Dr. Peter Steinbach und Dr. Winfried Meyer für die kritische Lektüre des Manuskripts. Professor Dr. Thomas Schipperges und Dr. Peter Laki lasen jene Abschnitte des Buches, die mit musikalischen Fragen zu tun haben. Ihnen gilt mein ganz besonderer Dank. Wertvolle Anregungen erhielt ich von meiner Kollegin im DeutschlandRadio Berlin, Gabriele Kálmár. Dr. Peter Siebenmorgen ermunterte mich schließlich, das Buch zu schreiben.

Besonderes Gastrecht gewährte mir die Stiftung Wissenschaft und Politik (SWP) in Berlin. Ich danke dafür Dr. Christoph Bertram, Dr. Albrecht Zunker und der Bibliothek der SWP mit Bernhard Goldmann. Das Personal von Bibliothek und Archiv des DeutschlandRadio Berlin mit Frau Hannelore Scharf war mir ebenso behilflich wie die Bibliothek der Deutschen Gesellschaft für Auswärtige Politik e. V. mit Rüdiger Wittke. Das geschäftsführende Vorstandsmitglied der Friedrich-Ebert-Stiftung, Dr. Jürgen Burkhardt, unterstützte das Vorhaben in ganz besonderer Weise. Das Archiv der Sozialen Demokratie der Friedrich-Ebert-Stiftung in Bonn und das Bundesarchiv in Berlin verhielten sich sehr kooperativ. Dies gilt auch für Archiv und Bibliothek der Universität der Künste Berlin. Frau Karin Sidow gilt hier mein besonderer Dank. Mein Dank gilt ferner den Mitarbeitern des Archivs von Infratest-Dimap München sowie der Ford-Werke in Köln. Das Archiv der Berliner Humboldt-Universität stellte statistisches Material bereit. Frau Ilona Kalb gilt an dieser Stelle ein besonderer Dank.

In Budapest unterzog sich Melinda Szlabey der Mühe, wochenlang mit großer Sorgfalt die Korrespondenz von Ernst von Dohnányi aus dem Ungarischen ins Deutsche zu übersetzen. Ich danke auch Dr. Deborah Kiszely-Papp für die Unterstützung im Ernst-von-Dohnányi-Archiv in Budapest sowie dem International Dohnányi Research Center, School of Music, Florida State University, Tallahassee. Besondere Unterstützung gewährten mir der kürzlich verstorbene Pianist und Biograf Ernst von Dohnányis, Bálint Vázsonyi, Washington D. C., und seine Frau Barbara.

Hilfreiche Auskünfte erteilten: Dr. Zoltán Ács, Heribert Adelt, Dr. Hans Arnold, Egon Arnold Freiherr von Dohnányi, Dr. Heinz Bäuerlein, Kurt Beck, Dr. Klaus Blech, Dr. Peter Braun, Dr. Margit Dömötör, Johannes von Dohnanyi, Márta Dohnányi, Dr. Monika Dohnányiova, Martin Ebert, Professor Dr. Horst Ehmke, Elisabeth Feldweg, Dr. Carl Flesch jr., Professor Dr. Christopher R. Friedrichs, Professor Dr. Peter Glotz, László Gombos, Dr. Erik von Grawert-May, Dr. James Grymes, Klaus Harpprecht, Dr. Josef Henke, Ullrich Hillenkamp, Hartmut Jennerjahn, Hans-Ulrich Klose, Barbara Koller, Klaus Kröger, Yola Laupheimer, István Mali, Dr. Sean McGlynn, Colin Miles, Dr. Thomas Mirow, Dr. Ondrej Pöss, Dr. Gergely Pröhle, Elisabeth Rajter, Mario Sauder, Dr. Dietmar Schenk, Bundeskanzler a. D. Helmut Schmidt, Dr. Werner P. Schmidt,

Dr. Norbert Seitz, Dr. Werner Sörgel, Selma Steinerová, Dr. Pál Szabó, Dr. Hans-Jochen Vogel, Henning Voscherau, Dr. Joachim Wagner und Bundespräsident a. D. Dr. Richard Freiherr von Weizsäcker.

Großzügige Unterstützung gewährten: Ernst Elitz, Michael Gerwarth, Gerda Hollunder, Dieter Jepsen-Föge, Dr. Josef Joffe, Christine Leciejewski, Dr. Klaus Leciejewski, Ute Henze, Professor Dr. George T. Riordan, Rüdiger Soldt und Dario Valcárcel. Mein besonderer Dank gilt am Ende Karin Graf und Barbara Wenner, Gunter Glücklich, Julika Jänicke, meiner geduldigen, aber auch hartnäckigen Lektorin, ihrem Kollegen Habakuk Traber und Christian Seeger vom Propyläen Verlag.

Dieses Buch wäre nie fertig geworden ohne den Rat und die Hilfe meiner Frau, die ihre Urlaube und viele Abende während der letzten Jahre geopfert hat und mich auf wunderbare Art und Weise seit fünfunddreißig Jahren begleitet. Ihr ist das Buch gewidmet.

Bildnachweis

Sean E. McGlynn	Abb. 1–5, 11–14
Aus: Marikje Smid, *Eine Ehe im Widerstand gegen Hitler,* Gütersloh 2002	Abb. 6, 15–23, 27–29
Aus: Elsa Galafrés, *Lives ... Loves ... Losses,* Vancouver 1973	Abb. 7–10
ullstein bild	Abb. 24–26, 38, 41, 42, 45
Klaus von Dohnanyi	Abb. 30–37, 39, 40, 43, 44, 46, 50, 51, 58
Christoph von Dohnányi	Abb. 47–49, 52–55, 60, 61
Aus: Anja Silja, *Die Sehnsucht nach dem Unerreichbaren.* *Wege und Irrwege,* Berlin 2001	Abb. 56, 57
Barbara von Dohnanyi	Abb. 59

Personenregister

Abendroth, Hermann 341
Abs, Hermann Josef 188
Aczél, György 110
Adenauer, Konrad 188, 209, 237, 248, 254, 267, 307, 380
Adès, Thomas 367
Adorno, Theodor W. 241, 346
Aicher-Scholl, Inge 243
Albert, Eugen d' 32–35
Albrecht, Gerd 341
Anda, Geza 68
Andersen, Franz 349
Andreae, Edith 122
Andrews, John 236
Anschütz, Gerhard 136
Antal, József 111
Apel, Hans 279 f.
Arndt, Klaus Dieter 245, 251
Arnold, Fritz 190 ff.
Atkinson, James David 247
Auden, Wystan Hugh 347
Augstein, Rudolf 244
Aviner, Arnon (→ Landshut, Arnold)

Bachmann, Ingeborg 346
Bahr, Egon 245, 262, 285, 299
Baltsa, Agnes 352
Bamert, Matthias 111
Barenboim, Daniel 375
Baring, Arnulf 301
Barthelme, Hans Adolf 236
Bartók, Béla 11, 13, 22, 25, 29, 42 f., 56 f., 60 ff., 64, 66, 70, 78, 87, 95 ff., 102, 109, 111, 330, 351, 383; *Abb. 5*
Barzel, Rainer 262
Baudissin, Wolf Graf von 285
Bayer, Christoph 213
Bayer, Dorothee 213
Bayer, Wilhelm 213; *Abb. 59*
Beck, Kurt 272 f.

Beck, Ludwig 171, 176, 182 f., 196, 200, 202
Beckmann, Max 27
Beecham, Sir Thomas 106
Beethoven, Ludwig van 17, 37, 44, 70, 106, 286, 333, 351, 370, 378, 382 f.
Behrens, Hildegard 352
Beitz, Berthold 293
Bell, George 210
Benzon, Ellen 50
Berg, Alban 351 ff., 356, 383
Berlioz, Hector 371
Bernstein, Leonard 335, 367
Bertram, Alfred 157
Beshar, Bob 243
Bethge, Eberhard 188, 193, 201, 207, 215, 226
Bethge, Renate 323 f.
Bethmann Hollweg, Theobald von 120
Beust, Ole von 294
Binder, Sepp 279
Bismarck, Otto von 121, 132, 135
Bizet, Georges 350
Blacher, Boris 345
Bludau, Barbara 280
Bodelschwingh, Friedrich von 226
Böhme, Erich 289
Böll, Heinrich 243
Bondy, Luc 356
Bonhoeffer, Christine (→ Dohnanyi) 83, 91 f., 124–139, 141; *Abb. 17*
Bonhoeffer, Dietrich 124, 136, 139, 158, 169, 177, 184 f., 188, 193, 195–198, 200, 203 f., 207 f., 210 ff., 216 f., 221 f., 226 f., 243, 310, 313, 315, 320, 329, 348, 379; *Abb. 26, 27*
Bonhoeffer, Friedrich 125
Bonhoeffer, Margarete (»Grete«; → Dohnányi) 158, 168, 179 f.
Bonhoeffer, Julie 125, 154
Bonhoeffer, Karl 124–127, 131, 136, 144, 161, 169, 173, 177 ff.,

184, 190, 197, 210, 214, 221, 230, 323, 325
Bonhoeffer, Karl-Friedrich 124, 139, 168, 179
Bonhoeffer, Klaus 122, 131, 139, 201, 206 ff., 224, 320
Bonhoeffer, Paula (→ Hase) 126 f., 171, 214, 221, 230
Bonhoeffer, Sabine (→ Leibholz) 124, 139, 156; *Abb. 26*
Bonhoeffer, Susanne 124, 139
Bonhoeffer, Ursula 124, 128, 139, 173, 224, 320
Bonhoeffer, Walter 123 f., 139
Bormann, Martin 168
Bösendorfer, Ludwig 38
Boult, Sir Adrian 86
Bracher, Karl-Dietrich 280
Brahms, Johannes 17, 25, 30 ff., 42, 44, 107, 345, 369, 371
Brandt, Willy 243–251 passim, 256 ff., 262, 265, 267–272, 276 f., 280, 284, 291 f., 294, 296, 307, 312; *Abb. 37*
Brauchitsch, Walther von 187
Braudel, Fernand 275
Bräutigam, Hans-Otto 288
Brecht, Bertolt 339, 351
Breiden, Heinz 326
Bruckner, Anton 337, 371, 383
Brüning, Heinrich 153, 155, 161
Brzezinski, Zbigniew 276
Bubik, Árpád 92 ff.
Bubis, Ignatz 292, 309 ff.; *Abb. 45*
Bumke, Erwin 154 f., 159
Busch, Fritz 102
Busch, Wilhelm 199

Canaris, Wilhelm 114, 148, 171, 175 f., 181–188, 191, 193–196, 204, 207, 216, 243; *Abb. 25*
Carter, James Earl (»Jimmy«) 276
Casals, Pablo 53
Ceauçescu, Nicolaie 264
Chamant, Jean 256
Chopin, Frédéric 20, 27, 105
Clement, Wolfgang 305

Clinton, William (»Bill«) 379
Cluytens, André 348 f.
Coster, Henri de 133
Cotrubas, Ileana 352
Cziffra, György 68

Delbrück, Emmi 39
Delbrück, Hans 119 ff., 132, 140 f., 161
Delbrück, Justus 119, 131, 137, 139, 194, 201, 207; *Abb. 23*
Delbrück, Lina 119
Delors, Jacques 275
Deng Xiaoping 263 f.
Dibelius, Otto 165
Dohnanyi, Babette v. 240; *Abb. 36*
Dohnanyi, Barbara v. 145, 149 f., 155, 172 f., 179, 189, 199, 208, 212 ff., 219, 227 f., 238, 240, 322 ff., 326, 338, 388; *Abb. 18, 19, 21, 22, 31, 59*
Dohnanyi, Benedikt v. 354, 378, 386; *Abb. 57*
Dohnanyi, Christa v. (→ Seidel) 241 f., 264 f., 285, 301; *Abb. 36*
Dohnanyi, Christine v. (→ Bonhoeffer) 143–150, 153 f., 156, 158, 163, 171–174, 176, 178 f., 185 f., 188 f., 195–201, 203, 205, 207–215, 219 f., 223, 227–230, 313 ff., 321, 323 f., 326, 328; *Abb. 17, 18, 30*
Dohnányi, Christoph v. 11, 50, 53, 66, 74, 85, 87, 102, 105, 150, 153, 172 f., 179 f., 180, 189, 208, 211 f., 215, 219, 221, 228–234 passim, 238, 270, 281, 313–389; *Abb. 13, 21, 22, 30, 31, 40, 47–56, 58, 60, 61*
Dohnányi, Elza v. (→ Kunwald) 40 f., 44, 50, 53, 55, 118, 126, 158, 168, 179, 213, 230; *Abb. 6*
Dohnányi, Ernst (Ernö) v. 11–113 passim, 117 ff., 126, 138, 172, 178 ff., 199, 288, 312, 316, 328, 332 ff., 352, 367, 383, 385, 388; *Abb. 1–5, 8, 9, 11–14, 32*
Dohnányi, Friedrich (Frigyes) v. 13, 15–18, 23 f., 33, 36, 41, 71; *Abb. 3*

Dohnányi, Georg v. 14
Dohnányi, Helen v. 99; *Abb. 13*
Dohnányi, Ilona v. (→ Zachár) 110; *Abb. 13, 14*
Dohnányi, Istvan v. 14
Dohnányi, Jakob v. 240; *Abb. 36*
Dohnanyi, Johann Georg (»Hans«) v. 11, 41, 50, 53, 75 f., 83, 92, 102, 114–228 passim, 242, 250, 290, 296, 305, 310 f., 313, 315, 320 ff., 328, 368, 388; *Abb. 6, 15–17, 19–23, 29*
Dohnanyi, Johannes v. 234, 238, 240, 291
Dohnányi, Julia v. 354, 386; *Abb. 57*
Dohnányi, Julius v. (→ Zachár) 99; *Abb. 13*
Dohnányi, Justus v. 339, 386
Dohnányi, Katja v. 339, 386
Dohnanyi, Klaus v. 11, 50, 102, 106, 125 f., 146, 149 f., 157, 172 f., 179, 187, 189, 211–314 passim, 321 f., 325, 326, 332, 338, 360, 378, 383, 387, 389; *Abb. 18, 19, 21, 22, 30, 31–46, 50, 51, 58*
Dohnanyi, Margarete (»Grete«) v. (→ Bonhoeffer) 41, 50, 53, 104, 115, 118 f., 124, 139, 158, 178; *Abb. 6, 20*
Dohnányi, Maria (»Mitzi«) v. (→ Kováts) 16, 19, 41, 58, 71, 82; *Abb. 1, 3, 9*
Dohnányi, Martha v. 81, 111, 278
Dohnányi, Matthias v. 58, 61, 65, 71 f., 81, 83 f., 278; *Abb. 9, 10*
Dohnányi, Olga v. 355, 386; *Abb. 57*
Dohnányi, Ottilie v. (→ Szlabey) 18, 58, 70 f.; *Abb. 3, 9*
Dohnanyi, Renée v. (→ Illing) 215, 332; *Abb. 33, 34*
Dohnanyi, Ulla v. (→ Hahn)
Dömötör, Gitta 72, 81
Dömötör, Lajos 81
Doráti, Antal 27, 102 ff., 213
Dreß, Walter 139
Dreyfuss, Alfred 382
Dröscher, Wilhelm 271
Duckwitz, Georg Ferdinand 243

Duse, Eleonora 65
Duve, Freimut 278
Dvočák, Anton 371

Ehmke, Horst 245, 249 f., 262 f., 270, 274
Eichmann, Adolf 81
Einstein, Albert 120
Eisenhower, Dwight D. 320
Ekholt, Jack 236
Elias, Norbert 286 f.
Elser, Johann Georg 114, 194, 206, 321
Ely, Norbert 335
Englhofer, Karl 83
Eppler, Erhard 262
Erkel, Ferenc 13, 23
Ernst, Lena-Renate 238
Ernst, Wolfgang 238 f., 241 f.; *Abb. 35*
Eschenbach, Christoph 380
Everding, August 355

Falk, Géza 80
Faragó, György 76 f.
Ferenczi, György 76 ff., 90
Fest, Joachim 306
Feuermann, Eduard 369
Fichte, Johann Gottlieb 207
Fischer, Annie 68
Fischer, Joschka 155
Flesch, Carl jr. 77
Flesch, Carl sen. 76 f., 369
Fliess, Julius 190 ff.
Flimm, Jürgen 356
Foerster, Peter v. 294
Földes, Andor 68
Ford, Henry II 236
Forstner, Karl 19 f.
Franck, Mikko 336
François-Poncet, Jean 275
Frank, Reinhold 309
Frankowsky, Rudolf 84, 90
Freisler, Roland 167 f., 174, 203, 224, 250, 320 f.
Freud, Sigmund 125, 359
Freyer, Achim 351
Fricsay, Ferenc 344

Friedrich, Kurt 168
Fritsch, Werner Freiherr v. 170
Fromme, Friedrich-Karl 263
Furtwängler, Wilhelm 330, 341, 360, 384

Gabert, Volkmar 247
Galafrés, Elsa 52–55, 57 f., 64, 71–74, 83 f., 91, 98; *Abb. 7, 9*
Geierhaas, Gustav 331
Geisler-Schubert, Caroline (»Linchie«) 36, 38
Genscher, Hans-Dietrich 272, 275, 278, 284
Gershwin, George 66
Gielen, Michael 354
Gilbert, Felix 232
Gisevius, Hans Bernd 191
Giulini, Carlo Maria 360
Glotz, Peter 259, 270, 279, 296
Goebbels, Joseph 152
Goerdeler, Carl 176
Goethe, Johann Wolfgang v. 380
Gohrbrandt, Erwin 227
Goldmark, Karl 29
Goldovsky, Boris 97
Göndör, Ferenc 97
Göring, Hermann 162
Goth, Ernö 67
Granzow, Hermann 280
Greeve, Bruno de 80
Gruber, Emma 28 f.
Gruber, Henrik 28 f.
Grüber, Klaus Michael 351
Grunenberg, Nina 254, 259
Grünewald, Arnim 253
Guillaume, Günter 267
Gulda, Friedrich 381; *Abb. 52*
Gürtner, Franz 159 ff., 163 f., 166–169, 172 ff., 181 f., 188, 191, 316
Gürtner, Heinz 225
Guttenberg, Karl Ludwig Freiherr v. und zu 194, 207; *Abb. 23*
Gysi, Gregor 300

Haaser, Anni 196
Habermas, Jürgen 241
Haeften, Jan 243
Haeften, Hans v. 243
Hahn, Kurt 211, 228
Hahn, Ulla 301 f.; *Abb. 44*
Halasz, László 335
Halder, Franz 187
Hallgarten, George F. 142
Hamm-Brücher, Hildegard 259, 271
Hanslick, Eduard 42
Harden, Maximilian 135
Harding, Daniel 336
Harnack, Adolf v. 121
Harnack, Waldemar v. 122
Hartmann, Karl Amadeus 331
Hase, Elisabeth v. 233
Hase, Karl Alfred v. 126
Hase, Paula v. (→ Bonhoeffer) 124, 207
Hassell, Ulrich v. 200
Haubach, Theodor 142
Hauff, Wilhelm 346
Haydn, Joseph 17, 103
Heckel, Erich 46
Heifetz, Jascha 368
Heindl, Christian 23
Heine, Heinrich 307
Heisenberg, Werner 274
Heller, Stephen 18, 24
Henkels, Walter 259
Hentig, Hartmut v. 243 f., 286
Henze, Hans Werner 345 f.; *Abb. 53*
Heppe, Hans v. 259
Herzog, Roman 312
Heuss, Theodor 136
Himmler, Heinrich 166, 171, 204 f.
Hindemith, Paul 11, 330
Hindenburg, Paul v. 162, 190
Hirsch, Günter 216
Hitchcock, Alfred 350
Hitler, Adolf 21, 75, 79, 81 f., 89, 102, 114, 120, 151 f., 160–171 passim, 174–177, 180–187, 190–194, 201 f., 204 ff., 209 f., 220, 243 f., 250, 286, 296, 306, 308, 316, 321, 323
Höcherl, Hermann 265

Höfer, Werner 252
Hofmann, Gunter 279
Höger, Fritz 141
Holborn, Hajo 232
Hölderlin, Friedrich 302
Holland, Bernard 379
Honecker, Erich 293, 298
Horkheimer, Max 241
Horthy v. Nagybánya, Miklos 61, 68, 75, 79, 82, 97
Hubay, Jenö 29, 63, 68, 70
Huberman, Bronislaw 52 f., 55, 58, 61, 368
Huberman, Johannes (»Hally«) 52, 57 f., 65, 71–74
Huch, Ricarda 148, 215
Hummel, Johann Nepomuk 13
Huppenkothen, Walter 202, 206 f., 213, 215 f.

Illing, Renée (→ Dohnanyi) 233 f.; *Abb. 33, 34*
Ives, Charles Edward 371, 383

Janáček, Leoš 350, 375, 378
Jenkins, Roy 275
Jenninger, Philipp 291 f.
Joachim, Joseph 41 f., 44 f., 47, 52, 112
Joël, Curt 151 f., 154 f., 161, 165
John, Otto 171
Joßmann, Paul 210

Kádár, János 110
Kalckreuth, Clara Gräfin v. 126 f.
Kalckreuth, Stanislaus v. 126
Kallman, Chester 347
Kálmán, Imre (Emmerich) 25
Kaltenbrunner, Ernst 204
Kandinsky, Wassili 381
Karajan, Herbert v. 347, 352, 373, 384
Károly, Michael 59
Katona, Peter Mario 352, 356
Kaufmann, Erich 231
Keilberth, Joseph 330 f.
Keitel, Wilhelm 195
Kempner, Robert M. W. 215

Kempski, Hans Ulrich 283
Kennedy, John F. 252
Kenton, Egon 97
Kiesinger, Kurt-Georg 249, 251
Kilenyi, Edward jr. 66, 68, 75, 78, 83, 89 f., 95 ff., 105 ff.; *Abb. 11, 14*
Kirchner, Carl 177
Kissinger, Henry 275
Kiszely-Papp, Deborah 112
Kleiber, Erich 360
Klemperer, Otto 360, 368
Klose, Hans-Ulrich 277–280, 312
Knappe, Heinrich 330
Knoeringen, Waldemar v. 245, 247
Koch, Edward I. (»Ed«) 270
Koch-Weser, Caio 155
Koch-Weser, Erich 147, 151 f., 155
Kodály, Zoltán 25, 29, 60–64, 66, 70, 90, 95 ff., 102, 109, 111; *Abb. 5*
Koessler, Hans 25, 29 f., 34, 41, 115
Kohl, Helmut 284, 295 f., 300
Kolisch, Rudolf 363, 368
Koller, Barbara 385
König, Peter 28
Korber, Horst 247
Korngold, Erich Wolfgang 87, 109, 333
Kováts, Ferenc 59, 91; *Abb. 9*
Kováts, Maria (→ Dohnányi) 84, 91, 104, 109 f.
Kranz, Walter 192
Kreisler, Fritz 368 f.
Kresz, Geza 98
Kritzinger, Wilhelm 147
Kuersteiner, Karl 98
Kun, Béla 59, 62, 97
Kunwald, Anton (Antal) 27, 166
Kunwald, Caesar 27 f., 50, 158, 168, 230
Kunwald, Elza (→ Dohnányi,) 27 f., 33, 39, 61, 72, 74, 92, 102, 117, 158, 179, 191, 213, 325
Kunwald, Margit 27, 102, 213
Kunz, Bertha 40
Kutzner, Helmuth 200 f.

Lafontaine, Oskar 293 f.
Lahnstein, Manfred 250

Lahousen, Erwin 193
Landshut, Arnold 154, 157
Landshut, Edith 156
Landshut, Siegfried 156, 158, 310
Lassar, Gerhard 146, 157
Lauritzen, Lauritz 251
Layton, Robert 236, 240
Legge, Walter 376
Lehár, Franz 354
Lehmann, Richard 200
Leibholz, Gerhard 122, 131, 139, 147, 156, 165, 175
Leibholz, Hans 156
Leibholz, Sabine (→ Bonhoeffer) 65, 175, 310
Leibholz, William 156
Leicht, Albert 258
Leisler Kiep, Walther 280, 283
Lenard, Philipp 136
Leonhardt, Rudolf Walter 342 ff., 346
Lessing, Gotthold Ephraim (Dirigent) 340
Lesznai, Lajos 44
Leuschner, Wilhelm 183
Leussink, Hans 259 ff., 265
Levitsky, Mischa 48 f.
Liebermann, Rolf 356, 358
Liebig, Justus 119
Liedig, Franz 183
Lindbergh, Charles 219
Ling, Jahja 365
Liszt, Franz 16, 20, 23 ff., 29, 32, 34, 56, 126, 329
Llewllleyn, Karl N. 233
Löwe, Ferdinand 44
Lubbe, Marinus van der 169, 323
Lück, Hartmut 346
Ludendorff, Erich 120, 160
Lukács, Georg 66
Lüst, Raimar 262 f.
Lutoslawski, Witold 371, 383
Luxemburg, Rosa 46

Maaß, Rudolf 198, 203
Maazel, Lorin 344, 362, 364
Mackensen, August v. 190
Madách, Imre 79
Mádl, Ferenc 111
Mahler, Gustav 11, 319, 360, 369, 371, 382 f.
Malle, Louis 350
Mann, Thomas 66, 307, 359
Manstein, Erich v. 187
Marc, Paul 143
Marcuse, Herbert 269
Margerie, Roland de 214
Marton, Eva 352
Masur, Kurt 380
McGlynn, Seán 101
McNamara, Robert 235
Melchior, Carl 141 f., 156
Mendelssohn, Moses 140
Mendelssohn Bartholdy, Albrecht 140 f., 146, 155, 165
Mendelssohn Bartholdy, Carl 140
Mendelssohn Bartholdy, Felix 20, 41, 67, 140, 320
Menuhin, Yehudi 66
Mettin, Christian 342
Meyer, Winfried 114, 308
Meyerbeer, Giacomo 320
Meza, Luis 277
Michaelis, Rolf 361
Mihalovich, Edmund v. 24
Mihalovich, Ödön 59
Mirow, Thomas 279 f.
Mitropoulos, Dimitri 344
Mitteis, Heinrich 231
Möller, Alex 245, 259 f., 274
Moltke, Helmuth v. 133, 194
Mommsen, Adelheid 128
Mommsen, Hans 308
Mommsen, Theodor 128
Mortier, Gérard 352, 358
Mozart, Wolfgang Amadeus 17, 20, 108, 334, 363, 371, 375, 382 f.
Müller, Hermann 151, 296
Müller, Josef 186 f., 196, 211 f., 214, 228, 230
Müller-Emmert, Adolf 271
Mussbach, Peter 351
Musil, Robert 302

413

Neumann, Franz 232
Niemöller, Martin 139, 162, 165, 221
Nikisch, Arthur 30, 35, 47
Noelte, Rudolf 351
Nolte, Ernst 307
Noske, Erich 182

Oliverson, Marguerite 36, 38
Oster, Hans 114, 170 f., 175 ff., 181 ff., 185, 193–196, 207, 216; Abb. 24
Oswald, Albert 250
Ozawa, Seiji 380

Pacelli, Eugenio (→ Pius XII.) 135
Papen, Franz v. 159
Pawelczyk, Alfons 282
Payne, Joan 73
Penderecki, Krzysztof 345
Pentland, Barbara 73
Penzoldt, Ernst 234
Perels, Friedrich Justus 184, 207
Perels, Kurt 146 f., 157
Pergolesi, Giovanni Battista 334
Petersen, Carl Wilhelm 142, 161
Picasso, Pablo 350
Picht, Georg 269
Pintscher, Matthias 367
Pinzner, Werner 289
Pius XII., Papst 185 f.
Plessner, Helmut 275
Pöhl, Karl Otto 250, 265
Possegger, Hans 327 f.
Pröhle, Gergely 112
Prokofjew, Sergej 352
Puccini, Giacomo 340, 350

Quidde, Ludwig 120

Rabel, Ernst 233
Rajter, Elisabeth 69
Rajter, Lajos 69
Rath, Ernst vom 175
Rathenau, Walther 122, 134 ff., 141
Rau, Johannes 287
Reger, Max 25, 109

Reich-Ranicki, Marcel 302
Rein, Adolf 157
Reiner, Fritz 370
Reinhardt, Max 21, 46, 51
Reinhardt, Matthew 88
Reinitz, Béla 60
Rékai, Andras 90
Rennert, Günter 353, 356
Ribbentrop, Joachim 157
Richter, Hans 35, 37
Riese, Otto 192
Rocard, Michel 275
Roeder, Manfred 196, 199 f., 201, 215
Rohde, Helmut 270
Röhm, Ernst 162, 166, 169
Rohrbach, Paul 120
Rohwedder, Detlev 250
Rommel, Erwin 196, 320
Rosbaud, Hans 330 f.
Rosenberg, Donald 379
Rosenberg, Leo 231
Rostow, Eugene 232
Rothenberger, Carl 157
Rovan, Joseph 309
Rubinstein, Anton 16
Rubinstein, Artur 345

Sabais, Winfried 246
Sack, Karl 200 f., 207
Sánchez, Juan Emilio 277
Sandner, Wolfgang 381
Sándor, Pál 28
Sanjust, Filippo 346
Sas, Gijsbertus Jacobus 185
Sauer, Emil v. 28, 32
Sauerbruch, Ferdinand 200, 227
Scheel, Walter 257, 263
Schenk, Otto 354
Schiller, Karl 245, 251 ff., 256, 260, 274
Schipperges, Thomas 107, 109
Schlabrendorff, Fabian v. 193 f.
Schlegelberger, Franz 154
Schleicher, Renate 226
Schleicher, Rüdiger 139, 165, 173, 201, 206 ff., 224, 226, 320, 325
Schlesinger, Karl 15

Schlöndorff, Volker 350, 386
Schmeidler, Bernhard 151
Schmid, Carlo 241, 246, 258
Schmidhuber, Wilhelm 187, 197
Schmidt, Felix 361
Schmidt, Franz 13, 21 f.
Schmidt, Helmut 256, 258, 260, 267, 270 ff., 276, 278 f., 284, 295 f., 299, 303, 307; *Abb. 39*
Schmidt, Rosl 330
Schmidt, Werner 235
Schmidt-Jorzig, Edzard 217
Schmittlein, Christian 279
Schmoller, Gustav 120
Schmücker, Toni 236
Schnabel, Artur 369
Schneider, Paul 211
Schneider-Wessling, Erich 265
Schnitzler, Arthur 51 f.
Scholl, Sophie 243
Schönberg, Arnold 11, 109, 320, 330, 351 f., 356, 375 f., 381
Schostakowitsch, Dmitri 371
Schreker, Franz 87, 346, 356
Schröder, Gerhard 155, 290
Schubert, Franz 36, 371
Schuch, Ernst v. 51
Schulhof, Andrew 75 f., 78, 95, 97 f., 103, 105 f.
Schulhof, Belle 76, 78, 90, 98, 103, 105 f.
Schulman, Harry 232
Schulz-Dornburg, Stefan 242
Schumann, Clara 36
Schumann, Robert 17 f., 20, 107, 342, 371
Schwalb, Miklos 97
Seidel, Christa (*s. auch* Dohnanyi, Christa v.) 240, 244; *Abb. 36*
Seidel, Jakob 240; *Abb. 36*
Seligman, Rafael 306
Sellner, Rudolf 344
Serkin, Rudolf 369
Servan-Schreiber, Jacques 255
Silja, Anja 341, 348 f., 351, 354, 367, 377 f., 385; *Abb. 56, 57*

Simon, Sven 284
Skinner, Ernest M. 372
Skopnik, Günter 344
Skrjabin, Alexander 109
Slezak, Leo 62
Smend, Rudolf 130
Smetana, Bedřich 13, 371
Smith, Max 65
Snow, C. P. 247
Solti, Georg 68, 231, 327 f., 331, 338 ff., 360
Sombart, Nicolaus 115
Sonderegger, Franz Xaver 196, 201 f., 208
Sörgel, Werner 241 f., 265
Spalding, Albert 333
Späth, Lothar 293
Speer, Albert 171
Spengler, Oswald 54
Springer, Axel Caesar 284
Staden, Berndt v. 276
Stalin, Josef 208
Stauffenberg, Claus v. 162, 206
Stein, Horst 355
Steinbach, Peter 131
Stern, Peter 242
Sternheim, Carl 67
Steward, Clifton 73
Stolpe, Manfred 305
Straube, Karl 316
Strauß, Franz Josef 255 f., 265
Strauss, Richard 47, 347, 352, 375 f., 383 f.
Strawinsky, Igor 331, 340, 376
Stresemann, Gustav 150
Sugár, Jenö 90
Süßmuth, Rita 292
Szálazy, Ferenc 82
Szell, George 362 f., 372
Szlabey, Ernst 23
Szlabey, Ottilie (→ Dohnányi) 16

Talich, Vaclav 64
Tallián, Tibor 62
Taube, Nils Otto v. 224 f.
Teleki v. Szék, Pal 79

Thadden, Adolf v. 244
Thälmann, Ernst 142, 308
Thatcher, Margaret 276
Thimme, Friedrich 129, 132
Thomán, István 18, 24 f., 28
Thorn, Gaston 275
Tietze, Albrecht 206
Tirpitz, Alfred v. 120
Tönnies, Ferdinand 120
Toscanini, Arturo 237, 360, 370, 373, 384
Treitschke, Heinrich v. 120
Tresckow, Henning v. 193, 206, 308
Triepel, Heinrich 130
Troeltsch, Erich 120
Truchseß, Dietrich v. 227
Truman, Harry 232
Tschaikowski, Peter 371

Vagts, Alfred 142, 157
Vagts, Detlev 157, 242
Vahrenholt, Fritz 280
Varady, Julia 352
Varèse, Edgar 371
Vázsonyi, Bálint 37, 54, 70, 86, 105, 108, 110 f.
Vendel, Hedwig 28
Verdi, Giuseppe 352
Vilmar, Wilhelm 121
Vogel, Bernhard 272
Vogel, Hans-Jochen 246, 310
Voigt, Wilhelm 46
Voscherau, Henning 282, 291

Wagner, Richard 65, 241, 353, 361, 371, 379
Wagner, Siegfried 65, 344
Wagner, Wieland 343, 348 f., 352 f.
Wagner, Wolfgang 353
Wahl, Ellen v. 139
Waldbauer, Imre 90
Wallenberg, Raoul 79
Walser, Martin 309, 311
Walter, Bruno 368
Wand, Günter 337

Warburg, Max 141
Wartemann, Max 343
Weber, Alfred 120
Weber, Max 120, 140
Webern, Anton v. 371
Wedekind, Frank 351
Wedemeier, Klaus 293
Wedemeyer, Maria v. 139, 198, 227, 243
Wegener, Harriet 142, 214
Wehner, Herbert 257 f., 268, 278 f., 296; *Abb. 41*
Weiner, Leo 25, 102
Weizsäcker, Ernst v. 182, 184, 192, 215, 230
Weizsäcker, Richard v. 184, 230, 285, 289, 312; *Abb. 46*
Welser-Möst, Franz 373
Whittington, Barbara 105
Wicki, Bernhard 224
Wiedemann, Fritz 170
Wiese, Leopold v. 120
Wilhelm I. v. Oranien 125
Wilhelm II., deutscher Kaiser 121, 126
Wolff, Hermann 47
Wolff, Karl 171
Wolff, Luise 47
Wolff, Theodor 46, 120
Wonder, Erich 351
Wurm, Theophil 165

Zachár, Ilona (→ Dohnányi) 72 ff., 82, 84, 90, 92 ff., 98
Zachár, Julius (→ Dohnányi) 28
Zathureczky, Edward 90
Zemlinsky, Alexander 87, 356
Zillessen, Renate 339, 348
Zinn, Georg-August 250
Zrínyi, Miklós 32
Zuazo, Siles 277
Zuckmayer, Carl 160
Zundel, Rolf 253
Zutt, Jürg 323

SUSANNE 29.07.2004

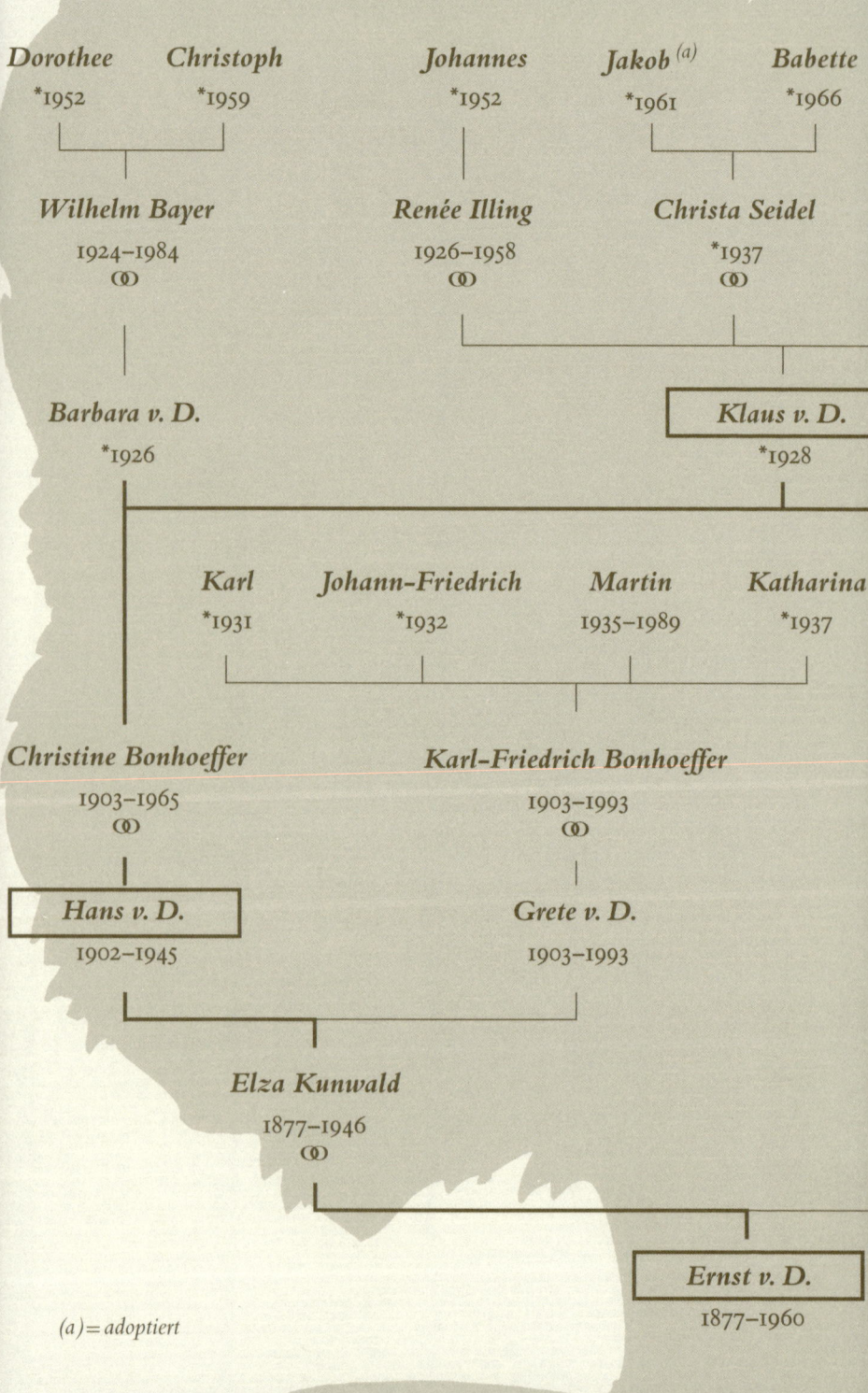